CAD/CAM/CAE 工程应用丛书

ADAMS/Car 汽车底盘动力学虚拟开发

王彦伟　王承凯　编著

机械工业出版社

本书基于编者十多年的工作经验编著而成，主要讲解 ADAMS/Car 模块在汽车底盘动力学（悬架 K&C、整车操纵稳定性、平顺性、载荷）开发中的应用。全书共 14 章，分为 5 个部分：第 1~4 章，软件基本应用；第 5~7 章，常见悬架、稳定杆、转向系统的结构、功能及动力学建模；第 8~10 章，悬架动力学模型调参、K&C 仿真分析、实车 K&C 指标解读及应用；第 11~13 章，整车动力学建模、调参，整车操纵稳定性仿真分析，整车平顺性仿真分析；第 14 章，悬架静态载荷、整车动态载荷的提取与分解。

本书内容具有较强的层次性和系统性，既适合高校车辆工程或机械工程专业的学生学习参考，也适合整车主机厂、第三方技术服务公司、科研单位专业技术工程师用作工程开发参考。

本书包含讲解视频，可直接扫码观看。所配模型等资料，可扫描封底二维码获取。

图书在版编目（CIP）数据

ADAMS/Car 汽车底盘动力学虚拟开发/王彦伟，王承凯编著. —北京：机械工业出版社，2023.9（2024.10 重印）

（CAD/CAM/CAE 工程应用丛书）

ISBN 978-7-111-73716-2

Ⅰ.①A… Ⅱ.①王…②王… Ⅲ.①车辆动力学-计算机仿真-应用软件 Ⅳ.①U270.1-39

中国国家版本馆 CIP 数据核字（2023）第 157907 号

机械工业出版社（北京市百万庄大街 22 号　邮政编码 100037）
策划编辑：赵小花　　　　　责任编辑：赵小花
责任校对：张爱妮　李　婷　责任印制：邓　博
北京盛通数码印刷有限公司印刷
2024 年 10 月第 1 版第 2 次印刷
184mm×260mm・24 印张・669 千字
标准书号：ISBN 978-7-111-73716-2
定价：119.00 元

电话服务　　　　　　　网络服务
客服电话：010-88361066　机　工　官　网：www.cmpbook.com
　　　　　010-88379833　机　工　官　博：weibo.com/cmp1952
　　　　　010-68326294　金　　书　　网：www.golden-book.com
封底无防伪标均为盗版　机工教育服务网：www.cmpedu.com

序

以 ADAMS 为代表的虚拟样机技术在汽车产品开发中发挥了重要作用，早已成为汽车研发流程中的重要环节和技术方法，90%以上的国内外汽车主机厂商选择将 ADAMS 和 ADAMS/Car 作为汽车动力学仿真平台，尤其是底盘动力学性能开发中，ADAMS/Car 是汽车行业公认的第一选择。因此，汽车底盘动力学设计人员和相关学术机构研究人员，迫切需要掌握 ADAMS/Car 底盘动力学仿真的内容及方法，尤其是具有工程实践价值的正确方法。

有鉴于此，本书作者根据自身十多年的汽车主机厂底盘动力学仿真工作经验，在编写过程中，充分考虑软件操作、车辆动力学理论知识、实际工程三者的有机结合，显得弥足珍贵。不能说本书能够完全满足汽车底盘动力学从业者的需求，但已经足够优秀。尤其对于作者分享个人经验的精神，推广 ADAMS/Car 底盘动力学性能开发内容和方法的努力，我们表示由衷的佩服和赞赏！我们需要更多如作者这般有识之士，薪火相传，不断总结完善，让更多的人掌握底盘动力学性能开发的钥匙，这对于提升我国汽车底盘性能设计水平将大有裨益，无疑是极有意义的事情。

本书以指导实际工程开发为主线及目标，全面阐述了 ADAMS/Car 软件操作、悬架及整车建模、悬架 K&C 分析、整车操稳及平顺性分析、载荷提取等内容，一定程度上，堪称底盘动力学性能开发的实用工程手册，这是本书最大的特色所在。相信本书能够为工程设计人员、高校教师和学生所喜爱。

汽车产业正在发生深刻变革，新能源汽车和智能汽车的发展已是大势所趋，汽车底盘动力学性能开发也正被赋予新的内涵，本书设计的方向，也让我们对未来的工作充满期待。

好友提出请我给本书写序，我没有一丝犹豫，欣然应允，因为这真是一本好书，我倍感荣幸。好久都不敢提笔，怕自己不能准确表达本书的要义和精髓，后来释怀了，一蹴而就，因为既然是一本好书，无需多想，全力推荐！

汤涤军

2023 年 6 月 15 日

青岛·海克斯康

前　言

随着汽车行业整体技术的提高，为打造具有竞争力的产品，缩短产品更新迭代周期，抢占市场先机，虚拟样机技术在近 10 年来得到了前所未有的快速发展。虚拟样机技术涉及系统动力学、计算原理及方法、软件工程等多学科技术，它利用专业软件建立整车的虚拟模型，仿真分析和评估部件、系统、整车的目标性能，为物理样车的设计与制造提供重要支撑。

在为数不多的汽车底盘动力学开发软件中，ADAMS 以其从部件（衬套、轮胎等）到子系统（悬架 K&C）再到整车（操纵稳定性、转向、平顺性）的全链架构，在行业内占据应用首位。悬架 K&C 是悬架的灵魂，是底盘动力学的 DNA，实践证明，ADAMS 基于悬架子系统的 K&C 仿真分析完全可以与 MTS 或 ABD 试验台进行精准对标，这是其他软件无法比拟的。

本书基于编者十多年的工作经验编著而成，主要讲解 ADAMS/Car 模块在汽车底盘动力学（悬架 K&C、整车操纵稳定性、平顺性、载荷）开发中的应用，力争做到软件、动力学理论知识、实际工程三者有机结合，使读者在学习过程中不仅知其然，更知其所以然，真正做到软件指导实际工程开发。本书共 14 章，主要包含如下 5 个部分：

1) 第 1 章至第 4 章为 ADAMS/Car 软件的基本应用介绍，包含软件概述、基础操作、建模基础、Postprocessor 基础应用等。

2) 第 5 章至第 7 章结合实际工程，系统地介绍各种前后悬架、稳定杆、EPS 转向系统的结构及工作原理，并着重讲解对应动力学模型的建模过程及方法。

3) 第 8 章至第 10 章从软件应用逐步深入到理论知识及实际工程，在系统性介绍动力学基础知识的基础上，详细讲解了动力学模型的调参及 K&C 分析，也可看作对前几章学习效果的总结及检验。其中，第 10 章是本书的精髓，首先图文并茂地系统介绍了 MTS 及 ABD 试验台的结构及各功能部件、两者测试过程及测试原理相同与不同之处、实车 K&C 测试工况及测试项目，其次重点对 K&C 关键指标进行了深入解读与应用，同时还为读者提供了非常宝贵的常见车型 K&C 数据，以便对分析结果的合理性和适用性给出判断参考。

4) 第 11 章到第 13 章主要讲解整车动力学建模、调参、操纵稳定性及平顺性仿真分析。第 11 章着重讲解各子系统及整车试验的通讯器应用，帮助初学者对最容易让人困惑的通讯器有个全新的认识。第 12、13 章在介绍软件应用的基础上，将整车操纵稳定性、平顺的基础理论知识、试验标准要求、实车客观试验过程、仿真数据处理等结合起来，使读者全面系统地掌握整车操纵稳定性、平顺性仿真分析并指导实际工程。

5) 第 14 章为高阶应用，全面系统地介绍了基于 ADAMS/Car 的动静载荷提取与分解，其思路、方法和步骤完全适用于实际工程，但深层次应用还需要读者不断地探索和研究。

本书具有以下特点：

1) 本书内容具有较强的层次性和系统性，适用于不同水平的人员学习或参阅，即使零基础者，也可快速入门。

2）本书提供了大量的实际工程数据，是一本集 ADAMS/Car 软件、动力学理论知识、实际工程三者为一体的系统性中文参考书籍。

本书适合以下人群学习和参考：

1）主机厂、第三方技术服务公司、汽车研发单位的动力学性能集成工程师、底盘调校工程师、主观评价/客观测试工程师、结构件 CAE 工程师（含强度、疲劳耐久）。

2）主机厂、第三方技术服务公司、汽车研发单位的悬架工程师（含结构件、性能件、车轮）、悬架系统集成工程师、悬架系统架构工程师。

3）高校车辆工程或机械工程的教师、硕博研究生、本科生等。

此书的创作和出版得到了很多人的大力支持，本人在此表示由衷的感谢：感谢"仿真秀"平台的"牵线搭桥"，使我得以结识机械工业出版社编辑，并最终达成合作；感谢海克斯康中国 ADAMS 技术专家汤涤军先生于百忙之中为本书作序，并提出宝贵建议；感谢机械工业出版社编辑从早期的图书内容规划和写稿建议，到中期的审稿，直至最终的图书出版，整个过程中所付出的辛勤劳动与努力；感谢素未谋面的数位网友在本人创作过程中给予的鼓励与支持。最后，让我们共同致力于中国汽车工业的不断发展！

因篇幅所限，部分内容无法详细讲解；同时因时间仓促及编者水平有限，书中难免会有纰漏之处，敬请广大读者予以指正。

最后声明，本书所用素材主要来自编者多年工作积累，部分素材来自网络公开资料，如有引用不当，敬请谅解并及时告知。

编者　王彦伟

目　　录

序
前　言

第1章　ADAMS 软件概述 ………… 1
1.1　ADAMS 软件简介 ……………… 1
　1.1.1　ADAMS 模块构成 ………… 1
　1.1.2　ADAMS/Car 模块介绍 …… 2
1.2　ADAMS 软件安装及配置 ……… 4
　1.2.1　计算机基本配置要求 ……… 4
　1.2.2　软件安装注意事项 ………… 5
　1.2.3　"专家"模式设置 ………… 5
　1.2.4　默认工作目录设置 ………… 5
1.3　ADAMS/Car 软件学习 ………… 6
　1.3.1　基本学习方法 ……………… 6
　1.3.2　底盘动力学理论
　　　　学习参考书籍 ……………… 8

第2章　ADAMS/Car 基础操作 …… 10
2.1　ADAMS/Car 数据结构体系 …… 10
　2.1.1　属性文件（Property
　　　　File）………………………… 11
　2.1.2　模板（Template）………… 11
　2.1.3　子系统（Subsystem）…… 13
　2.1.4　装配体（Assembly）……… 14
2.2　ADAMS/Car 数据库 …………… 16
　2.2.1　ADAMS/Car 自带的
　　　　数据库 ……………………… 16
　2.2.2　数据库的管理 ……………… 18
2.3　界面介绍及基础操作 …………… 20
　2.3.1　建模界面（Template
　　　　Builder）…………………… 20
　2.3.2　标准界面（Standard
　　　　Interface）………………… 30

第3章　ADAMS/Car 建模基础 …… 41
3.1　模板文件基础结构 ……………… 41

　3.1.1　悬架模板文件示例 ………… 41
　3.1.2　模板拓扑结构 ……………… 42
3.2　模板建模要素 …………………… 43
　3.2.1　基本要素 …………………… 44
　3.2.2　位置与方向 ………………… 46
　3.2.3　部件（Part）……………… 48
　3.2.4　几何体（Geometry）……… 51
　3.2.5　约束（Attachment）……… 52
　3.2.6　弹性元件（Force）………… 55
　3.2.7　摩擦力与摩擦力矩
　　　　（Friction）………………… 56
　3.2.8　车轮（Wheel）…………… 57
　3.2.9　齿轮（Gear）……………… 57
　3.2.10　稳定杆（Anti-Roll Bar）… 57
　3.2.11　激励（Actuator）………… 58
　3.2.12　常规数据元素（General
　　　　　Data Element）………… 59
　3.2.13　参变量（Parameter
　　　　　Variable）………………… 60
　3.2.14　悬架参数（Suspension
　　　　　Parameter）……………… 61
　3.2.15　请求（Request）………… 62
　3.2.16　转换模板（Shift
　　　　　Template）……………… 63
　3.2.17　数据元素（Data
　　　　　Element）………………… 63
　3.2.18　系统元素（System
　　　　　Element）………………… 63
3.3　模板建模要素的命名规则 ……… 63
3.4　通讯器 …………………………… 65
　3.4.1　通讯器的属性 ……………… 65
　3.4.2　通讯器的操作 ……………… 66
　3.4.3　悬架试验台通讯器解读 …… 68

目录

第4章 ADAMS/Postprocessor 基础应用 71
4.1 ADAMS/Postprocessor 模块简介 71
4.1.1 ADAMS/Postprocessor 模块用途 71
4.1.2 ADAMS/Postprocessor 模块启动及退出 71
4.1.3 ADAMS/Postprocessor 界面 72
4.2 仿真动画的应用 78
4.3 仿真分析结果的处理及输出 79

第5章 常见悬架结构及动力学建模 83
5.1 底盘动力学硬点 83
5.1.1 底盘动力学硬点的概念 83
5.1.2 底盘动力学硬点的提取原则 83
5.1.3 底盘动力学硬点的命名原则 86
5.2 常见前悬架的结构类型、动力学建模过程 86
5.2.1 麦弗逊前悬架 86
5.2.2 双横臂前悬架 100
5.2.3 多连杆前悬架 101
5.3 常见后悬架的结构类型、动力学建模过程 103
5.3.1 扭力梁半独立悬架 103
5.3.2 多连杆独立悬架 114
5.3.3 多连杆非独立悬架 115

第6章 稳定杆装置的结构、作用及动力学建模 117
6.1 稳定杆装置的结构及作用 117
6.1.1 稳定杆装置的结构 117
6.1.2 稳定杆装置的作用 118
6.2 稳定杆装置的硬点 119
6.2.1 稳定杆装置的硬点提取原则 119
6.2.2 稳定杆装置的硬点命名原则 119
6.3 稳定杆装置的动力学模型 121
6.3.1 多段梁法 121
6.3.2 柔性体法（MNF） 125
6.4 悬架侧倾角刚度调整方法 125

第7章 EPS 转向系统结构及动力学模型 127
7.1 EPS 转向系统的类型、结构、工作原理 127
7.1.1 EPS 转向系统的类型及结构 127
7.1.2 EPS 转向系统的工作原理 129
7.2 软件自带转向模板探讨 130
7.2.1 软件自带转向模板 130
7.2.2 转向模板的基本构成 132
7.3 C-EPS 转向系统基础建模 132
7.3.1 转向系统硬点提取及命名 132
7.3.2 转向系统基础模型建立 133
7.4 EPS 转向助力功能的实现及验证 141
7.4.1 助力模型的建立及实现 142
7.4.2 助力功能的验证 148

第8章 悬架动力学模型调参 150
8.1 悬架动力学模型调参的基本过程 150
8.2 基于整车参数的悬架试验台调参 151
8.3 子系统的调参 151
8.3.1 通用子系统调参 152
8.3.2 稳定杆子系统调参 155
8.3.3 转向子系统调参 155
8.3.4 悬架子系统调参 155

第 9 章 悬架动力学基础知识与仿真分析 …… 164
9.1 悬架动力学基础知识 …… 164
9.1.1 K&C 基本概念 …… 164
9.1.2 K&C 主要研究内容 …… 164
9.1.3 车轮定位参数 …… 166
9.1.4 垂向运动特性 …… 167
9.1.5 侧向及侧倾运动特性 …… 168
9.1.6 纵向运动特性 …… 169
9.1.7 转向运动特性 …… 170
9.1.8 C 特性 …… 170
9.2 悬架动力学仿真分析对话框 …… 171
9.2.1 悬架静态分析 …… 172
9.2.2 悬架动态分析 …… 178
9.2.3 载荷工况创建 …… 179
9.3 悬架 K&C 综合仿真分析 …… 180
9.3.1 垂向跳动分析（Vertical Bounce Simulate）…… 181
9.3.2 侧倾分析（Roll Simulate）…… 184
9.3.3 转向运动分析（Steering Geometry Simulate）…… 186
9.3.4 纵向力柔度（Longitudinal Force Compliance）…… 188
9.3.5 侧向力柔度（Lateral Force Compliance）…… 189
9.3.6 回正力矩柔度（Aligning Torque Compliance）…… 190
9.4 ADAMS/Car Insight 悬架优化设计 …… 191

第 10 章 实车 K&C 指标解读及应用 …… 196
10.1 K&C 测试设备及测试过程 …… 196
10.1.1 MTS 试验台 …… 196
10.1.2 ABD 试验台 …… 199
10.1.3 MTS 试验台与 ABD 试验台对比 …… 201
10.2 试验工况与试验配置 …… 202
10.3 K&C 报告解读基本注意事项 …… 202
10.4 关键 K&C 指标解读及应用 …… 205
10.4.1 垂向跳动工况关键指标 …… 206
10.4.2 侧倾运动关键指标 …… 215
10.4.3 转向工况关键指标 …… 221
10.4.4 纵向力加载工况关键指标 …… 226
10.4.5 侧向力加载工况关键指标 …… 231
10.4.6 回正力矩加载工况关键指标 …… 234

第 11 章 整车动力学模型 …… 237
11.1 整车动力学模型的基本构成 …… 237
11.1.1 车轮模板及子系统 …… 239
11.1.2 车身模板及子系统 …… 240
11.1.3 动力模板及子系统 …… 242
11.1.4 制动模板及子系统 …… 243
11.2 轮胎动力学模型 …… 245
11.3 常见整车试验台 …… 249
11.3.1 标准驱动试验台 MDI_SDI_TESTRIG …… 249
11.3.2 侧翻稳定性试验台 MDI_TILT_TABLE_TESTRIG …… 252
11.3.3 四立柱试验台 ARIDE_FOUR_POST_TESTRIG …… 254
11.3.4 悬架特性试验台 SPMM_TESTRIG …… 255
11.4 整车动力学模型调参 …… 255
11.4.1 整车动力学模型的搭建 …… 255
11.4.2 整车动力学模型的调参及验证 …… 258

目录

11.5 道路模型 ················· 266
  11.5.1 2D 道路 ············ 267
  11.5.2 3D 道路 ············ 272
  11.5.3 路面建模器 ·········· 275

第12章 整车操纵稳定性试验及仿真分析 ············ 281

12.1 整车仿真分析对话框 ········ 281
  12.1.1 开环转向事件 ········ 281
  12.1.2 弯道事件 ············ 289
  12.1.3 直线行驶事件 ········ 292
  12.1.4 路径跟踪事件 ········ 297
  12.1.5 耐久性事件 ·········· 299
  12.1.6 侧翻稳定性事件 ······ 299
  12.1.7 文件驱动事件 ········ 300
  12.1.8 智能驾驶模拟器 ······ 300
  12.1.9 静态推算和准静态推算 ··· 302
  12.1.10 整车级悬架 K&C ········ 306

12.2 整车仿真分析用驱动控制与事件构建器 ·············· 307
  12.2.1 事件文件和事件构建器 ············ 308
  12.2.2 驱动控制文件（Driver Control File，*.dcf) ··· 314
  12.2.3 驱动参数文件（Driver Control Data File，*.dcd) ····· 317

12.3 常见整车操纵稳定性试验仿真 ··············· 320
  12.3.1 操纵稳定性基础知识 ······ 320
  12.3.2 操纵稳定性客观试验 ······ 321
  12.3.3 操纵稳定性主观评价 ······ 323
  12.3.4 国标操纵稳定性试验仿真 ············· 324
  12.3.5 ISO 操纵稳定性试验 ······ 334
  12.3.6 操纵稳定性分析结果的评价及应用 ·········· 338

第13章 整车平顺性仿真分析 ··· 340

13.1 整车平顺性开发方法 ········ 340
  13.1.1 平顺性基础知识 ········ 340
  13.1.2 主观评价 ············ 340

13.2 基于四立柱试验台的整车平顺性仿真分析 ············ 342
  13.2.1 ADAMS/Car Ride 模块简介 ·············· 342
  13.2.2 基于四立柱试验台的整车平顺性仿真分析 ····· 343

13.3 基于道路模型的整车平顺性仿真分析 ·············· 349

第14章 ADAMS/Car 动静载荷提取与分解 ············ 352

14.1 悬架静态载荷提取与分解 ··· 352
  14.1.1 静态载荷提取与分解的主要流程 ·········· 352
  14.1.2 悬架动力学模型的处理 ·············· 352
  14.1.3 车轮输入载荷的计算 ······ 358
  14.1.4 仿真分析及结果输出 ······ 360

14.2 动态载荷的提取与分解 ······ 362
  14.2.1 基于 VPG 技术的虚拟路面动态载荷提取 ······ 363
  14.2.2 基于道路载荷谱的动态载荷提取 ·············· 364

附　录 ························ 371

参考文献 ······················ 372

第 1 章 ADAMS软件概述

本章为 ADAMS 软件概述，主要目的是让大家对 ADAMS 软件有一个最基础的认识，主要内容如下：

1）ADAMS 软件简介。
2）ADAMS 软件安装。
3）ADAMS/Car 模块基本学习方法。

1.1 ADAMS 软件简介

ADAMS 全称 Automatic Dynamic Analysis of Mechanical Systems，是海克斯康（HEXAGON）集团开发的机械系统动力学自动分析软件。其以独特的底层建模功能、专业的部件及系统分析能力、灵活多样的后处理方法等优势，广泛地应用于航空航天、铁道、船舶、军工、工程机械、汽车等诸多行业，并成为部分行业的首选仿真分析软件。

使用 ADAMS 软件，用户可以快速搭建所需复杂机械系统的虚拟样机，调试出足够精确的仿真模型，进行各种针对性的仿真分析及优化，在保证产品功能、性能、质量的前提下，缩短产品开发周期，降低开发费用。

1.1.1 ADAMS 模块构成

ADAMS 软件广泛应用于各种机械行业，根据不同的行业，为提高应用效率和专业化，ADAMS 的诸多模块可分为基础模块、专业模块、功能扩展模块、CAD 接口模块、工具箱五大类，见表 1-1。

表 1-1 ADAMS 模块构成

模块分类	模块用途	模块名称
基础模块	前处理模块	ADAMS/View
	求解器模块	ADAMS/Solver
	后处理模块	ADAMS/Postprocessor
专业模块	汽车模块	ADAMS/Car
	传动模块	ADAMS/Driveline
	柔性体处理模块	ADAMS/Flex
	底盘模块	ADAMS/Chassis
	机械专业模块	ADAMS/Machinery
	…	…

(续)

模块分类	模块用途	模块名称
功能扩展模块	集成优化模块	ADAMS/Insight
	联合仿真模块	ADAMS/Co-simulation
	疲劳耐久模块	ADAMS/Durability
	振动分析模块	ADAMS/Vibration
	线性化求解模块	ADAMS/Linear
	…	…
CAD 接口模块	CAD 数据接口	ADAMS/Exchange
		ADAMS/Translators
工具箱	钢板弹簧工具箱	Leafspring Toolkit

基础模块也称为核心模板，其主要包含前处理模块 ADAMS/View、求解器模块 ADAMS/Solver 和后处理模块 ADAMS/Postprocessor。

（1）前处理模块 ADAMS/View

ADAMS/View 模块是可视化的前处理环境，其主要建立前期的模型，并可以利用内嵌式 ADAMS/Solver 模块对模型进行解算分析。

实际工程中，ADAMS/View 模块大多用于常规通用机械结构的仿真分析。

（2）求解器模块 ADAMS/Solver

ADAMS/Solver 模块是 ADAMS 软件的求解器，其包含了稳定可靠的 Fortran 求解器和功能更为强大的 C++求解器，供用户选择使用。该模块大多数情况下集成在 ADAMS/View、ADAMS/Car 等模块下使用。

（3）后处理模块 ADAMS/Postprocessor

其主要功能是对仿真分析结果及演示动画的处理。

1.1.2　ADAMS/Car 模块介绍

ADAMS/Car 模块是 ADAMS 的汽车专业模块，内置了 ADAMS/Solver 求解器模块及其他即插即用插件，可脱离主模块独立运行。不同于 ADAMS/View，ADAMS/Car 模块以汽车工程语言和思维轻松实现车辆的建模及仿真分析，以其专业性和高效性广泛应用于乘用车和商用车行业。ADAMS/Car 在底盘动力学开发中的主要应用简述如下。

（1）悬架建模及 K&C 仿真分析

悬架建模及 K&C 仿真分析是 ADAMS/Car 最基础的应用之一，其包含悬架模板的建立，悬架子系统和装配体的组建，衬套、弹簧、减振器等弹性元件属性文件的设置，零部件重量的调试，仿真工况设置及结果输出等内容。

悬架 K&C 仿真可以模拟分析悬架在不同工况下的运动特性，如平跳和侧倾工况下的车轮前束角（Toe）、外倾角（Camber）变化特性；转向工况下的主销参数等；纵向力加载工况下的纵向力轮心柔度（Longitudinal Wheel Centre Compliance）等。

悬架 K&C 仿真分析是基于悬架装配体和仿真工况完成的，如图 1-1 所示。

（2）整车建模及操稳仿真分析

相较于悬架建模，整车建模要复杂得多，且工程量也相对较大。整车模型由多个子系统及对应试验台构成，模型调试后可以完成 GB/T 6323 和 ISO 对应的各项操稳试验，同时用户也可自定

第1章 ADAMS 软件概述

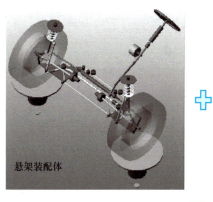 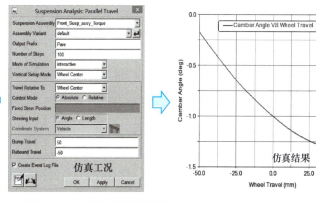

图 1-1 悬架 K&C 仿真分析基础要素

义操稳试验。通过自带的数据处理功能，ADAMS/Car 不仅能输出时域下的各项重要指标，也可输出频域下的关键指标。整车操稳仿真也是基于整车装配体、仿真工况（含路面文件）来完成的，如图 1-2 所示。

  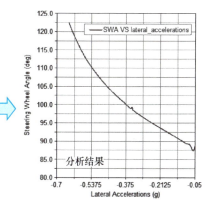

图 1-2 整车操稳仿真分析基础要素

（3）整车建模及平顺性仿真分析

ADAMS/Car 整车平顺性仿真分析有两种方式：一种是基于 ADAMS/Car Ride 的四立柱试验台仿真分析；另一种是基于虚拟路面模拟实车的仿真分析，分别如图 1-3 和图 1-4 所示。

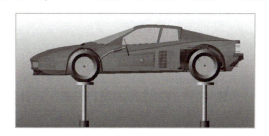 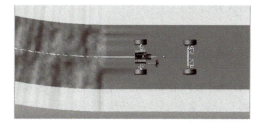

图 1-3 基于四立柱的整车平顺性仿真分析　　图 1-4 基于虚拟路面的整车平顺性仿真分析

（4）静态载荷及动态载荷提取与分解

静态载荷提取与分解主要针对悬架系统，其目的是提取各工况下目标部件的静态载荷，用来分析零部件的结构强度，如图 1-5 所示。

图1-5 静态载荷提取与分解基础要素

动态载荷提取与分解也是提取部件硬点处的力，但不同之处在于其提取的是基于时间历程的动态力，主要用于零部件的疲劳耐久分析。动态载荷提取与分解主要有三种方法，图1-4所示可理解为基于VPG虚拟路面技术的方法，另外两种方法分别是基于路面载荷谱的车身固定法和虚拟迭代法，其中，虚拟迭代法需要联合第三方软件，如FEMFAT LAB。

（5）部件分析

ADAMS/Car模块内嵌有特殊部件分析功能，如液压衬套分析可辨识衬套的重要特性参数，轮胎试验台可进行轮胎动力学模型的建立及分析等，分别如图1-6和图1-7所示。

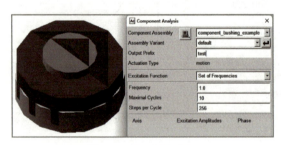

图1-6 液压衬套分析

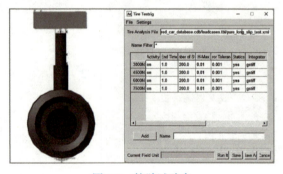

图1-7 轮胎试验台

（6）其他分析

ADAMS/Car模块还可完成其他仿真分析，如集成的ADAMS/Insight可进行试验设计（DOE）优化分析，内置的即插即用插件（如ADAMS/Vibration、ADAMS/Durability）可完成振动分析、疲劳耐久分析等。

1.2 ADAMS软件安装及配置

ADAMS软件的安装和配置相对还是比较容易的，但刚刚接触此软件的用户，由于部分细节的忽略，导致多次安装或配置无法成功。下面基于笔者个人经验，简单介绍一下适用于个人学习的单机版软件安装及配置。

1.2.1 计算机基本配置要求

对于个人研究和学习，ADAMS软件对计算机配置的要求并不是很高，但为了提高模型读取及仿真分析速度，建议主机配置如下。

1）操作系统：Windows 8、Windows 10、Windows 11。
2）CPU：Inter Core I5、Inter Core I7 或 AMD R5、AMD R7，以及更新版本。
3）硬盘：SSD 512GB 及以上。
4）内存：DDR3 或 DDR4，16GB 以上。
5）显卡：独立显卡，显存 4GB 及以上，频率 60Hz 及以上。

1.2.2 软件安装注意事项

关于 ADAMS 软件的安装，网络上有许多介绍，基本都无问题，建议注意如下几点：
1）原始安装包名称及存放目录不能有中文、空格等。
2）计算机名、用户名不可是中文、不能有空格，如图 1-8 和图 1-9 所示。

图 1-8　计算机名

图 1-9　用户（账户）名

3）服务器配置文件和主程序安装目录均不可有中文及空格。
4）所有安装均需以管理员身份运行。

1.2.3 "专家"模式设置

ADAMS/Car 主要工作在 Standard Interface 和 Template Builder，即"标准界面"和"建模界面"模式下。

ADAMS/Car 初次启动时，只存在 Standard Interface 界面。用户可以通过系统自带的"记事本"软件打开并配置位于 C 盘用户文件夹（如 C:\Users\FUTURE）下的 .acar.cfg 文件，设置 expert（专家）模式，以获取 Template Builder 建模界面，如图 1-10 所示。

图 1-10　expert 模式的设置

1.2.4 默认工作目录设置

ADAMS/Car 模型仿真分析完成后，会生成相应的结果文件，其默认情况下自动保存于 C 盘用户文件夹（如 C:\Users\FUTURE）内。此默认工作目录使用极不方便，用户可以通过下面两种方法进行设置。

（1）当前工作目录

当前工作目录适合 ADAMS/Car 软件当前分析结果的存放，软件重启后即失效。

在 Standard Interface 界面或 Template Builder 界面下，通过 File->Select Directory 选择目标文件夹即可，如图 1-11 所示。

（2）永久工作目录

ADAMS/Car 软件的所有分析结果文件均默认保存在此目录下。右击桌面上的软件图标，选择"属性"后选择"快捷方式",将"起始位置"更改成目标文件夹,如 G:\ADAMS_Car\ADAMS_work,单击"确定"按钮即可,如图 1-12 所示。

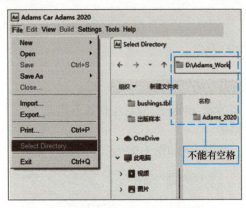

图 1-11　当前工作目录设置

图 1-12　永久工作目录设置

说明:当前工作目录的设置优先权高于永久工作目录。

1.3　ADAMS/Car 软件学习

1.3.1　基本学习方法

实际经历告诉我们,当接触一个新事物或学习一项新的技能时,系统性地入门往往是很困难的。下面基于笔者的个人经验,推荐几个 ADAMS/Car 软件的基本学习方法,供读者参考。

1. 系统性文字资料

与 ADAMS/View 不同,目前关于 ADAMS/Car 软件的系统性文字资料相对较少,而本书根据十多年的工作经验编写,填补了这一空白,相信会让大家有全新的收获。

对于初学者,尤其是实际工作经历较少或尚未踏入工作的读者来说,第一遍学习本书时可能感觉特别吃力,笔者建议,其学习过程可分为下面几个阶段。

(1) 主讲内容认知

先认真研究一下本书的目录,对主讲内容有个大概认知,并根据自己所处阶段制定一个大概的学习计划。

(2) ADAMS/Car 软件的基本认知

ADAMS/Car 软件的基本认知主要指本书的前四章内容,包括了解 ADAMS/Car 软件的可研究内容,掌握 ADAMS/Car 数据结构、数据库处理及基本操作。

(3) 通过各种模型练习掌握基本的动力学建模流程及方法

此阶段主要是对本书第 5~7 章的学习,通过各种模型的反复练习,掌握基本的动力学建模流程及方法。

(4) 在掌握建模的基础上学习悬架 K&C 分析及对标

此阶段主要是对本书第 8~10 章的学习,包含悬架动力学模型调参、悬架动力学基础知识与仿真分析、实车 K&C 指标解读及应用。

(5) 系统深入地学习 ADAMS/Car 的应用

经过前四阶段的学习,相信大家会对 ADAMS/Car 软件及其学习方法形成全新的认识,可以按自我探索得到的方法来学习剩余内容，并在实际项目中不断提升自己的专业技能。

2. 研究软件自带的模型

静心研究软件自带的模型是笔者曾经走过的一条行之有效的学习道路。

软件自带的模型包含模板文件、属性文件、子系统、装配体、仿真工况文件等。以软件自带的麦弗逊悬架模板文件_macpherson. tpl 为例，先研究其基本的构成框架（由 Hardpoints 硬点、Construction Frame 结构框、Parts 部件、Attachment 约束等 10 部分组成），其次研究其所有特征，当对特征里的具体元素不清楚其用途时，可以通过删除的方式来寻找答案，如删除结构框 cfl_wheel_center，会出现图 1-13 所示的警告信息。

图 1-13　删除元素时的警告信息

单击 Highlight List Dependents 按钮，可查看 cfl_wheel_center 的被使用关联信息，如图 1-14 所示。

The objects that depend on the object that you are trying to delete have been added to the Select List and are listed below. These objects must also be deleted before deleting this object.
Dependent objects include:

._macpherson.ground.cfl_hub_compliance
._macpherson.gel_upright.jxl_joint_j_1 } 转向节与轮轴之间的转动副
._macpherson.gel_spindle.jxl_joint_i_1
._macpherson.jolsph_hub_compliance } 转向节与轮轴之间的球头副及衬套
._macpherson.bgl_hub_compliance
...

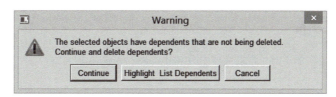

图 1-14　cfl_wheel_center 的被使用关联信息

找到对应的关联信息，即可查到具体的引用关系。抽丝剥茧，层层分析，可逐步掌握每一个具体元素的用途，非常有利于软件的学习。

3. 使用纯英文版软件，养成查看帮助文件的习惯

笔者建议使用纯英文版的软件。目前尽管有汉化版本，但其汉化的深度非常有限，且有汉化错误之处，更不利于学习。

实践证明，对于 ADAMS/Car 软件，自带的帮助文件是最好的教程，因此初学者务必重视 ADAMS/Car 帮助文件的应用。例如，悬架 K&C 仿真分析后处理 Testrig 下的诸多名词，在帮助文件中均能查询其定义，如图 1-15 所示的 Roll Center Location（侧倾中心高）。

软件安装成功后，即可通过 Help 菜单快速进入帮助文件，以系统自带的 IE 为准，此时需允许浏览器运行脚本或 ActiveX 控件，如图 1-16 所示。启动后的帮助文件主页面如图 1-17 所示，读者可以通过“目录”“索引”“搜索”等方式查找所需的内容。如果搜索，建议采用精确和模糊相结合的方式。另外，也可以把自己感兴趣的内容添加到收藏夹，以便下次快速查找。如果觉得在线使用不方便，也可以将所需章节导出为 PDF 文档。

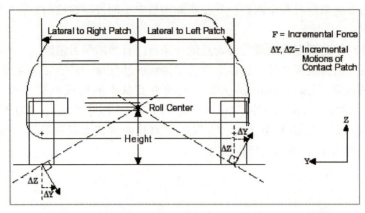

图 1-15 帮助文件中的 Roll Center Location 定义图示

图 1-16 浏览器设置

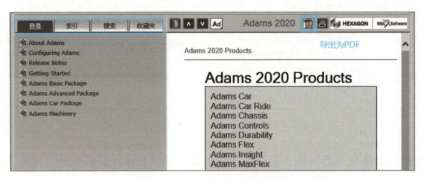

图 1-17 在线帮助文件主页面

4. 及时记录学习过程中所遇到的问题及问题解决过程

对于初学者，学习 ADAMS/Car 软件时肯定会遇到各种各样的问题，而这些问题处理起来又非常棘手。在此，建议大家及时记录学习过程中所遇到的问题现象、排查过程、问题原因及解决方法，形成一个问题资源库，此举非常有利于大家快速进步。常见问题解决方法见右侧链接内容。

常见问题
解决方法

1.3.2 底盘动力学理论学习参考书籍

学习 ADAMS/Car 软件，其最终目的是服务于实际工程的底盘动力学开发，而底盘动力学开发需要一定的汽车理论知识。在此，笔者基于个人经验向大家推荐两本与底盘动力学相关的理论书籍。

1. 清华大学，王霄锋-《汽车悬架和转向系统设计》

如图 1-18 所示，此教材主讲汽车的悬架及转向系统，尤其是悬架系统，许多细节知识在软件后期的学习及实际工作中均会涉及，如阿克曼率、四轮定位参数及其变化特性、抗制动点头性能、轮距变化与侧倾中心的关系。除悬架及转向系统相关内容外，也涉及动力学所必须研究的部件之一：轮胎，同时也系统地介绍了整车操纵稳定性基本原理、概念名词、评价指标等内容。其总体内容深入浅出，易于理解及掌握，是一本非常难得的理论教材。

2. 清华大学，余志生-《汽车理论 第6版》

如图 1-19 所示，此教材着重于汽车基础理论知识的系统性讲解，主要内容含汽车的动力性、经济性、制动性等，并着重讲解了底盘动力学所涉及的汽车操纵稳定性和平顺性的基础理论，不足转向度、转向灵敏度等基本概念。最为难得的是，此教材系统地讲解了整车操纵稳定性与轮胎、悬架、转向三大系统的关系，而此三大系统是研究底盘动力学的关键内容，也是 ADAMS/Car 软件所研究的重点内容。

图 1-18 《汽车悬架和转向系统设计》

图 1-19 《汽车理论 第6版》

如条件许可，读者也可研究底盘动力学相关的外版教材。

另外，应了解 GB/T 6323、GB/T 12549、GB/T 4970、QC/T 480、ISO 3888-1、ISO 7401 等标准，可参阅 MTS 公司的 K&C Test Definition and Analysis，ABD 公司的 SPMM Calculation Reference Manual 等资料。

第 2 章 ADAMS/Car 基础操作

本章主要讲解 ADAMS/Car 基础操作，也是读者必须掌握的内容，主要包含下述 4 个方面：
1) ADAMS/Car 数据结构体系。
2) ADAMS/Car 数据库。
3) 建模界面（Template Builder）。
4) 标准界面（Standard Interface）。

2.1 ADAMS/Car 数据结构体系

不同于其他纯参数化模型，ADAMS/Car 模型是基于结构化和参数化相结合的建模思路，从下向上最基本的构成是模板文件、子系统、装配体，而部分关键的特性参数以属性文件的形式来存储。因此，一个最基础的可用于仿真分析的 ADAMS/Car 动力学模型，其数据结构体系包含下述 4 类文件：
1) 属性文件。
2) 模板文件。
3) 子系统。
4) 装配体。

图 2-1 所示为最常见的前悬架装配体，其由前悬架、转向、稳定杆 3 个子系统构成，在某种意义上，悬架试验台 Testrig 也可以看成一个特殊的子系统，对应的数据结构体系如图 2-2 所示。

图 2-1 前悬架装配体

图 2-2 所示的数据结构体系可以理解如下：
1) ADAMS/Car 动力学模型基于装配体进行仿真分析。
2) 试验台是装配体必不可少的一部分。
3) 装配体由子系统构成，而子系统又由对应的模板文件和属性文件构成。
4) 仿真分析除必需的装配体外，还需要设置对应的仿真工况。

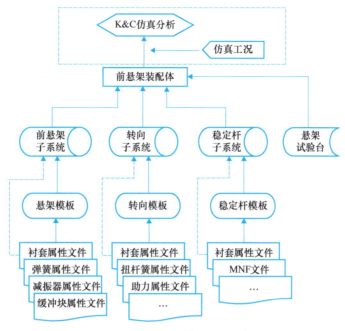

图 2-2 前悬架装配体数据结构体系

图 2-2 还反映了 ADAMS/Car 动力学模型的调参（模型参数调试）思路，建立模板文件时，如调参加载对应自定义的属性文件，则建立子系统和装配体时，属性文件会被自动加载引用；如建立模板文件未调参，则默认使用系统自带的属性文件，而组建好装配体后，可对子系统和装配体进行调参。

2.1.1 属性文件（Property File）

属性文件是定义部件参数的 ASCII 格式文件，可以使用系统自带的记事本打开并进行编辑。对于动力学模型中涉及的弹性部件（如弹簧、减振器、缓冲块等），使用属性文件来快速定义其特征参数，在模型调参时只需要调用此属性文件即可。

以软件自带的 shared_car_database.cdb 为例，此共享数据库下，属性文件按组件或数据的作用分类存放在对应的子库中。分类子库的扩展名均为 .tbl，但库内对应的文件根据类型或用途的不同具有不同的扩展名，如衬套类为 .bus/.xml，弹簧为 .spr/.xml，装配体为 .asy，子系统为 .sub，而模板文件为 .tpl。

不同作用或不同类型的属性文件，对特征参数的定义也不尽相同，但属性文件又有其固定的组成部分，以 mdi_0001.bus 为例，其部分属性文件如图 2-3 所示。

大部分属性文件除用记事本打开外，也可在建模界面使用曲线管理器（Curve Manager）或属性编辑器（Property File Editor）打开，进行直观的查看和编辑。而扩展名为 .xml 的文件仅可使用对应的属性编辑器打开。

2.1.2 模板（Template）

模板是基于实际物理结构而建立的参数化与结构化相结合的模型，其含有标准模型组件的零件参数和物理拓扑结构。模板中的部分部件是受参数驱动的，利用此特征，用户可以使用模板来构建多个不同的子系统，以提高工作效率。

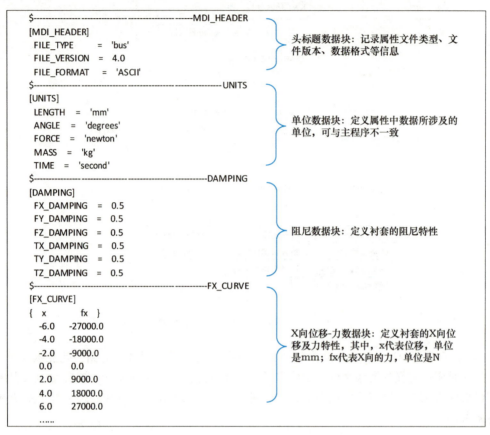

图 2-3　mdi_0001.bus

模板是 ADAMS/Car 动力学模型的最基础要素，其根据不同的用途或类型，具有不同的主特征（Major Role）。模板的主特征在建立时要进行选择，如图 2-4 所示，当基于模板建立对应的子系统时，模板的主特征属性就被子系统所继承。

如果初始建立模板文件时对应的主特征设置错误，则可通过模板另存的方式进行更正，避免重新建模，如图 2-5 所示。

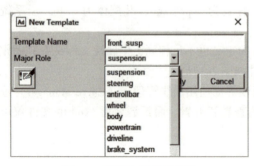

图 2-4　模板主特征的选择

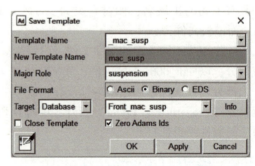

图 2-5　模板另存（主特征的修改）

截至 2020 版本，ADAMS/Car 模板文件共有 14 种主特征，见表 2-1。

第 2 章 ADAMS/Car 基础操作

表 2-1 ADAMS/Car 模板文件的主特征

主特征类型	适用模板	主特征类型	适用模板
suspension	悬架	powertrain	动力系统
steering	转向	driveline	传动
antirollbar	稳定杆	brake_system	制动
wheel	车轮	leaf_spring	板簧
body	车身	environment	环境
analysis	试验台	aride_component	平顺性部件
loading	载荷	instrumentation	自定义要素

模板均保存在对应主数据库下的子库 templates.tbl 内，文件扩展名为 .tpl，保存时会生成扩展名为 .tpq 的备份文件。备份文件的扩展名 .tpq 更改为 .tpl，即可当作模板使用。

模板的默认保存数据格式为 Binary，可以用记事本或写字板打开，但除 MDI_HEADER、TEMPLATE_HEADER、PLUGINS 三个数据块的相关信息外，其他均有乱码现象，如图 2-6 所示。如想查看完整的模板信息，可以将其另存为 ASCII 或 EDS 格式，并用记事本打开。但此两种格式打开后，显示的内容会有所不同。

默认情况下，ADAMS/Car 低版本软件是无法打开高版本模板文件的。如需进行数据交换，则可尝试将模板文件另存为 EDS 格式，并统一替换高版本号为目标版本号后再打开。如用 2014 版本打开 2020 版本所对应的模板文件，结果如图 2-7 所示。

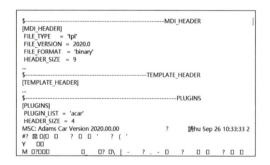

图 2-6 Binary 格式的模板文件

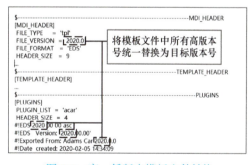

图 2-7 高、低版本模板文件转换

2.1.3 子系统（Subsystem）

子系统是基于模板建立的，即建立子系统的前提是必须有对应的模板，且仅可在标准界面建立。

子系统允许用户执行一些常用的操作，如打开、关闭、新建、更新和同步等。子系统文件如图 2-8 所示，默认保存在主数据库下的子库 subsystems.tbl 内，文件的扩展名为 .sub，与模板文件类似，扩展名为 .suq 的文件是其备份文件。

子系统文件可以直接使用记事本打开，其包含所引用模板文件的详细信息和子系统模型调参信息，如硬点、衬套属性文件、弹簧属性文件等。

与模板文件类似，子系统也有对应的特征属性，由于其特征低于模板，故称之为次特征（Minor Role）。次特征属性在创建子系统时进行设置，主要有 any、front、rear、trailer 四类，见表 2-2。

13

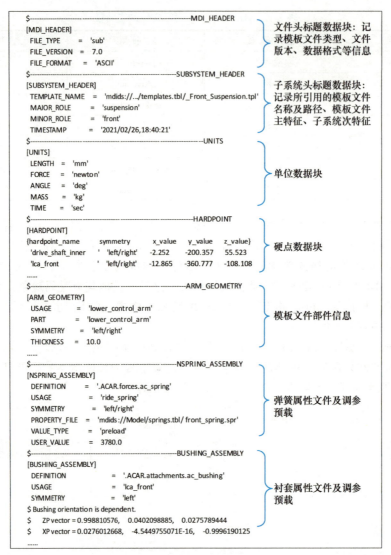

图 2-8 子系统文件

表 2-2 子系统次特征属性

次特征类型	适用对象
any	任一：车身、制动、中置发动机等子系统
front	前：前悬架、转向、前稳定杆、前车轮、前驱动总成等子系统
rear	后：后悬架、后稳定杆、后车轮、后驱动总成等子系统
trailer	挂车

模板文件建立时如有运动学（Kinematic）和顺应学（Compliant）两种模式，则对应的子系统也有两种模式，用户可以在两者之间进行切换，设定约束副（含 Joint 和 Bushing）的状态是激活还是被抑制。

2.1.4　装配体（Assembly）

从图 2-2 可知，一个完整的可用于仿真分析的动力学模型除包含所需的子系统外，还应包含对应的仿真试验台。

装配体文件如图 2-9 所示，默认保存在主数据库下的子库 assemblies.tbl 内，对应的文件扩展

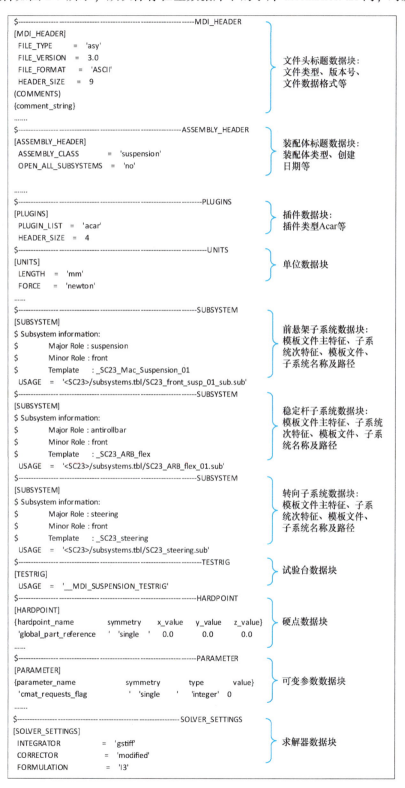

图 2-9 装配体文件

名是.asy，而.asq 是其备份文件。装配体文件可以直接使用记事本打开，其中包含了组成当前装配体所必需的子系统、试验台、求解器等相关信息。

图 2-9 是图 2-1 所示装配体的信息。

装配体文件同样可执行一些常用操作，如打开、修改、保存等。

2.2 ADAMS/Car 数据库

2.2.1 ADAMS/Car 自带的数据库

ADAMS/Car 使用数据库来管理对应的动力学文件。一个装配体由子系统文件、模板文件、属性文件等一系列文件构成，这些文件保存在分层管理的数据库中。

高版本 ADAMS 软件自带许多数据库，分别存储在不同的文件夹下，用户可以根据自己的需求选择使用，与车辆相关的主要数据库存储在如图 2-10 所示的文件夹内。

图 2-10 数据库存储位置

1）shared_car_database.cdb：乘用车共享数据库，在软件中设置了专家模式后，用户可以修改共享数据库下的所有文件，来构建自己的动力学模型，但并不建议直接修改共享数据库里的文件。

2）acar_concept.cdb：直译为概念数据库。此数据库下的模型相对更高级、更复杂一些，如适用于四轮转向的转向模型、带复杂摩擦力及多方式助力的转向模型、四驱整车模型等。

3）achassis_gs.cdb：直译为底盘数据库。此数据库含有更为复杂、高级的整车模型，如图 2-11 所示为带分区配重的整车模型。需要特别说明的是，此数据库需要用户自行添加才能打开里面的数据。

4）shared_truck_database.cdb：直译为商用车数据库，其中包含公交车、多轴挂车、多轴牵引车、双轴转向等诸多整车或部件模型，如图 2-12 所示，对从事商用车动力学研究的读者特别有用。同底盘数据库，用户自行添加方可使用。

图 2-11 底盘数据库下的整车模型

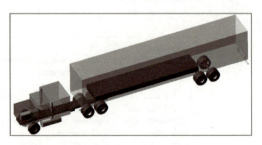

图 2-12 商用车数据库下的多轴牵引车模型

每个数据库由一个总目录（.cdb）和数个子目录（.tbl）构成，子目录种类由其中所含文件的属性决定。子目录主要分为下面几类：

1）模型和拓扑信息（模板、子系统、装配体等）。
2）分析信息（悬挂曲线、工况文件、仿真脚本等）。
3）轮胎、路面、驾驶文件（道路文件、驾驶输入等）。
4）属性文件（衬套、弹簧、减振器、发动机扭矩等）。
5）后处理配置。

每个文件的扩展名由 3 个或 4 个字母组成，并在同一个数据表中是唯一的。主要子目录的功能定义见表 2-3。

表 2-3 子目录功能定义

序 号	子 目 录	定 义	类 型	扩 展 名
1	actuation_inputs.tbl	激励输入	actuation_input	aci
2	aero_forces.tbl	空气阻力	aero_force	aer
3	airsprings.tbl	空气弹簧	airspring	asp
4	assemblies.tbl	装配体	assembly	asy
5	bumpstops.tbl	上跳缓冲块	bumpstop	bum
6	bushings.tbl	衬套	bushing	bus \ fmu \ edb \ lbf
7	complex_springs.tbl	扭簧	complex_spring	tsf
8	dampers.tbl	减振器	damper	dpr \ edd \ str \ ldf
9	differentials.tbl	差速	differential	dif
10	driver_controls.tbl	驾驶控制	driver_control	dcf \ sdf
11	driver_data.tbl	驱动数据	driver_data	dcd \ asc
12	driver_inputs.tbl	驾驶输入	driver_input	din
13	driver_knowledge.tbl	驾驶参数	driver_knowledge	kno
14	driver_loadcases.tbl	驱动工况	driver_loadcase	dri
15	driver_roads.tbl	驱动道路	driver_road	drd
16	flex_bodys.tbl	柔性体部件	flex_body	mnf \ master \ bdf \ afi
17	gear_elements.tbl	齿轮元件	gear_element	gea \ fgf
18	gear_stiffness.tbl	传动刚度	gear_stiffness	gfo \ gfs \ gcp \ fgp
19	gen_splines.tbl	样条曲线	gen_spline	gsp \ spl
20	leafsprings.tbl	板簧	leafspring	ltf
21	loadcases.tbl	载荷工况	loadcase	lcf \ drv
22	motors.tbl	电动机	motor	mtr \ bldc \ stpr
23	plot_configs.tbl	曲线配置	plot_config	plt
24	powertrains.tbl	动力总成	powertrain	pwr \ gpf
25	reboundstops.tbl	下跳缓冲块	reboundstop	reb
26	report_templates.tbl	报告模板	report_templates	rtp
27	req2rpc_maps.tbl	请求列表	req2rpc_map	rrm
28	roads.tbl	路面	road	rdf \ crg

(续)

序 号	子 目 录	定 义	类 型	扩 展 名
29	scripts.tbl	脚本文件	script	cmd
30	shell_graphics.tbl	几何外形体	shell_graphic	shl \ x_t
31	springs.tbl	弹簧	spring	spr \ lsf \ tbf
32	steering_assists.tbl	转向助力	steering_assist	ste
33	subsystems.tbl	子系统	subsystem	sub
34	template.tbl	模板	template	tpl
35	tires.tbl	轮胎	tire	tir
36	torque_converters.tbl	扭矩转换器	torque_converter	tcf
37	vehicle_setups.tbl	车辆设置	vehicle_setup_file	vsf
38	wheel_envelopes.tbl	轮胎包络	wheelenv	wen
39	winds.tbl	横向风	cross_wind	wnd
40	workbooks.tbl	工作手册	workbook	xlsx

2.2.2 数据库的管理

数据库的管理包含：数据库的添加、移除、设置、创建；子系统和装配体的发布；数据库和子目录信息浏览；数据库升级和迁移，如图2-13所示。

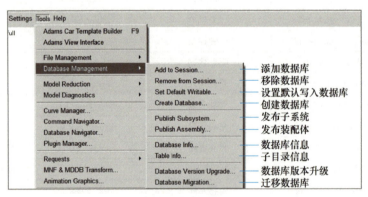

图2-13 数据库管理

（1）添加数据库（Add to Session）

用户如果需要打开外来或软件自带的非自动加载数据库下的装配体，则需将对应的数据库加载到软件里，如图2-14所示。

1）外来的数据库存放目录不能存在中文，且不要随意更改名称。

2）建议数据库索引名称与主数据库名称保持一致，且不带.cdb扩展名。

（2）移除数据库（Remove from Session）

移除数据库是指将已经添加到软件索引里的数据库暂时移除，而非删除本地数据库文件，用户再次需要时，可以重新添加，如图2-15所示。

1）默认数据库不能直接移除，如要移除，需先将其设置为非默认数据库。

2）非必须情况，不建议移除软件自动加载的数据库shared_car_database.cdb。

图 2-14　添加数据库　　　　　　　　图 2-15　移除数据库

（3）设置默认写入数据库（Set Default Writable）

设置默认写入数据库后，所有模型会默认保存到该数据库下，用户可以通过另存的方式，将当前数据保存到其他数据库内。如图 2-16 所示，从下拉列表框里选择要设置的数据库，单击 OK 或 Apply 按钮即可。

（4）创建数据库（Create Database）

创建数据库是创建全新的数据库，创建后主数据库下会自动生成 39 个子目录，但此时所有子目录下均是空的，无任何文件，如图 2-17 所示。

图 2-16　设置默认写入数据库　　　　　图 2-17　创建数据库

（5）发布子系统和装配体（Publish Subsystems/Assembly）

一个符合期望、可仿真的动力学模型，往往需要多轮调参，对应数据库里会存在许多过程文件，也有可能调用其他数据库里的文件，易造成数据管理混乱。使用发布功能，则可将调参后的动力学所涉及的所有装配体、子系统、模板文件、属性文件等集中提取、发布到一个新的数据库中，而摒弃不需要的文件，使数据库文件更为简洁。子系统和装配体的发布操作是相同的，如图 2-18 所示。

（6）数据库版本升级（Database Version Upgrade）

使用此功能可将低版本的单一模板文件、子目录或整个数据库升级到当前软件版本，避免高版本软件打开低版本数据库时的版本升级过程，具体操作如图 2-19 所示。

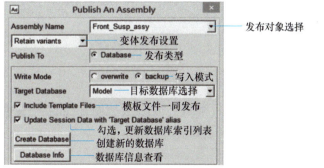

图 2-18　装配体发布　　　　　　　　图 2-19　数据库版本升级

（7）数据库信息（Database Info）

此操作可以查看当前所有已加载到软件里的数据库信息，标记"＊＊"为默认写入数据库，如图 2-20 所示。在 acar.cfg 文件中，可以查看历史加载过的数据库，前面标记有 DEFAULT_

WRITE_DB，为默认写入数据库，如图 2-21 所示。切记，默认写入数据库的存放目录及名称不可随意更改，否则软件无法识别到对应数据库而无法正常打开。

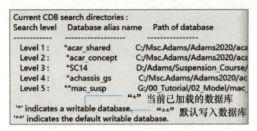

图 2-20 当前数据库信息查看　　　　　图 2-21 历史数据库信息查看

2.3 界面介绍及基础操作

在设置了专家模式后，ADAMS/Car 2020 软件启动后会有两种界面供用户选择，即建模界面（Template Builder）和标准界面（Standard Interface）。另外，用户也可选择打开已经保存的 *.bin 模型文件（当前工作进程文件），如图 2-22 所示。

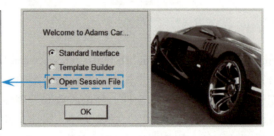

界面介绍及基础操作

图 2-22 ADAMS/Car 启动界面

1）建模界面：用户可以从零开始新建模板或修改软件里自带的模板。如未设置专家模式，则无法进行相应操作。

2）标准界面：用户可以使用自己新建的模板来构建子系统和装配体，或使用软件自带的子系统和装配体来仿真分析。通过〈F9〉键可切换两种界面。

2.3.1 建模界面（Template Builder）

建模界面如图 2-23 所示。

1. 菜单栏

菜单栏主要有 7 个菜单，分别是 File（文件）、Edit（编辑）、View（视图）、Build（建模）、Settings（设置）、Tools（工具）和 Help（帮助），简单介绍如下。

（1）File 菜单

File 菜单主要是针对文件的基础管理和操作，如图 2-24 所示。

1）New：新建模板文件，注意主特征的设置，见表 2-1 和图 2-4（第 12 页）。

2）Open：打开已经存在的模板文件，如图 2-24 所示。

- Search：从已加载的数据库里打开模板文件。
- Browse：从自定义位置打开模板文件，目录中不能带中文。

第 2 章
ADAMS/Car 基础操作

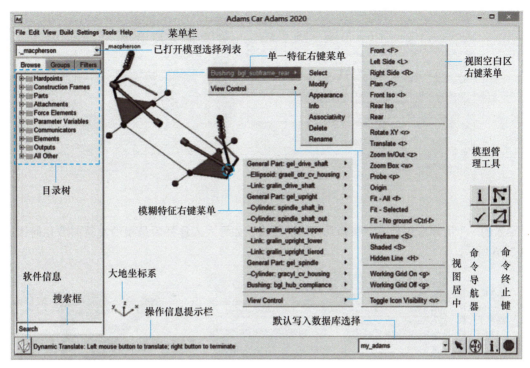

图 2-23　建模界面

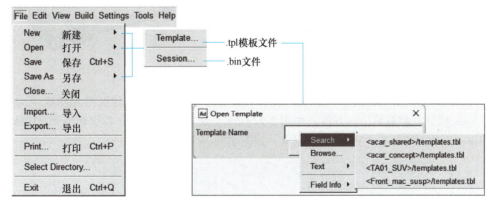

图 2-24　Flie 菜单及打开模板

- ADAMS/Car 可以一次性选择同一目录下的多个模板文件并打开。
- ADAMS/Car 模型（含模板文件、子系统、装配体等）只能通过软件的 Open 功能打开，而不能双击打开。

3）Save：将当前文件保存到默认数据库对应的子目录下。

4）Save As：将当前模板另存为其他模板，如图 2-5 所示（第 12 页）。

5）Close：关闭当前模板。

6）Import 和 Export。

ADAMS/Car 文件的导入和导出属于 ADAMS/Exchange 模块功能，如图 2-25 所示，其可以采用多种格式的文件导入和导出模型数据，便于进行数据交换。文件导入后有其特定的使用界面，如 .res 文件导入后需要在后处理界面查看，而导出功能在后处理模块应用较多，主要是数据的输出。

21

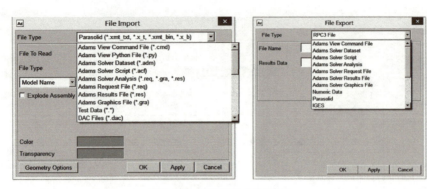

图 2-25　文件的导入和导出

导入的一个简单应用是模型精确几何体的导入，如导入五连杆后悬架的左转向节几何体过程如图 2-26 所示。

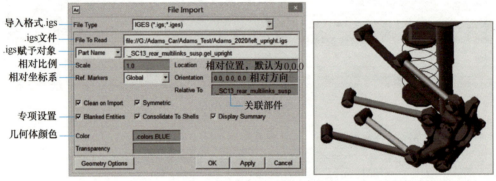

图 2-26　左转向节几何体导入

对于 ADAMS/Car 2020 版本，导入的几何体如要隐藏或恢复显示，建议将 ADAMS/Car 切换到 ADAMS/View 模块，相对简洁和方便，如图 2-27 所示。从 ADAMS/View 界面切换回 ADAMS/Car，可通过 Tools 菜单下的 Select Mode 命令完成，如图 2-28 所示。

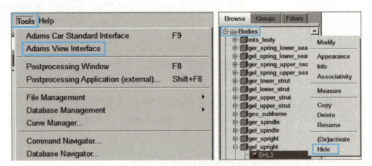

图 2-27　几何体的隐藏和显示

7）Print：打印当前视图。

8）Select Directory：设置当前工作目录，如图 1-11 所示。

（2）Edit 菜单

Edit 菜单主要是对模型的操作，如图 2-29

图 2-28　ADAMS/View 界面切换回 ADAMS/Car

所示。修改、重命名、可视化设置、删除操作与在视图区选中部件后右击可做的操作是等效的。

可视化设置（Appearance）是一个比较有用的功能，后续会经常用到。例如，若经一系列操作后在视图中已找不到部件，便无法进行其他相关操作，此时可以通过 Edit 菜单里的可视化设置来恢复其可见性，对话框如图 2-30 所示。

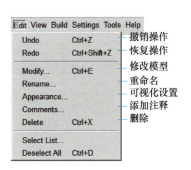

图 2-29　Edit 菜单　　　　　图 2-30　可视化设置

（3）View 菜单

View 菜单主要是对视图窗口及窗口中模型的相关操作或设置，如目录树和状态栏的位置，模型的视图、旋转、缩放，命令窗口、坐标窗口、信息窗口的显示等，其与在模型以外区域的右键快捷菜单操作是等效的。其操作较为简单，如图 2-31 所示。

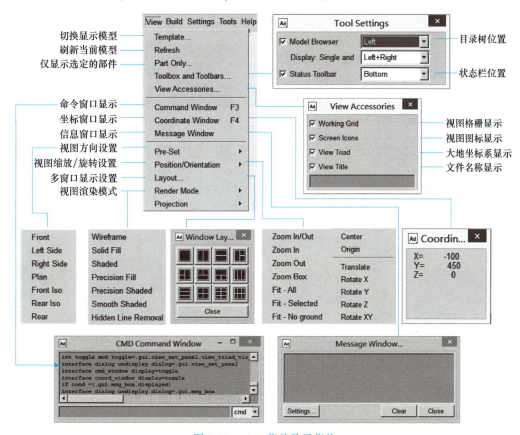

图 2-31　View 菜单及子菜单

（4）Build 菜单

Build 菜单是对模板的建模操作，在此菜单和命令导航器的共同作用下，基本上可完成各种 ADAMS/Car 模板的建立。后面章节会有详细的讲解，在此不再介绍。

（5）Settings 菜单

Settings 菜单主要是针对模型视图显示的设置，如坐标系模式、单位、图标、视图背景颜色、字体格式等，如图 2-32 所示。

下面仅针对 ADAMS/Car 建模过程常用的设置进行介绍，未介绍的项可以通过在线帮助文件了解其应用。

1）Coordinate System：通用使用笛卡儿坐标系（Cartesian）。

2）Units：建议使用国际单位制，如 mm、kg、N、s、deg、Hz。

3）Icons：是对视图中模型图标的统一设置，如刚性连接副、硬点、结构框的大小和颜色等，如图 2-33 所示。实际建模中，用户可以选中特征，通过右键快捷菜单中的 Appearance 进行单独设置。

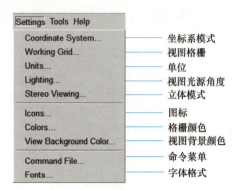

图 2-32　Settings 菜单

4）View Background Color：背景颜色默认为蓝色，改变颜色时先选定目标颜色，勾选 Gradient 时则为渐变色，取消勾选时则为纯色，具体操作如图 2-34 所示。

图 2-33　图标设置

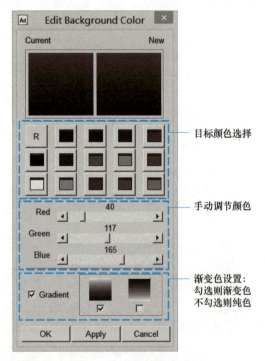

图 2-34　背景颜色设置

（6）Tools 菜单

Tools 菜单的功能十分强大，初学者务必认真研究。

Tools 菜单主要包含界面切换、后处理窗口开启、文件及数据库管理、导航器及插件等功能，主菜单如图 2-35 所示。

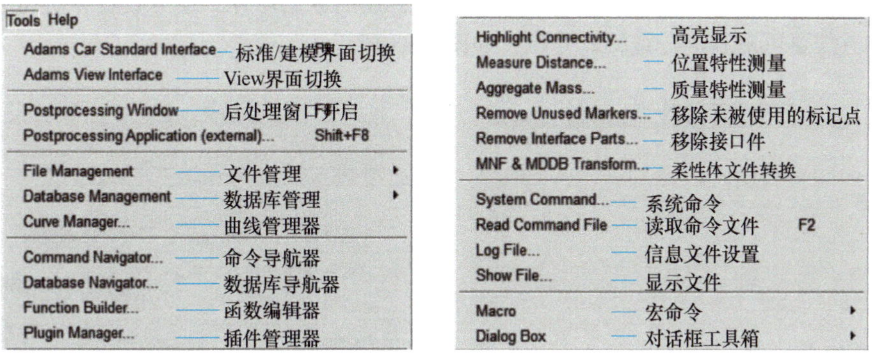

第 2 章
ADAMS/Car 基础操作

图 2-35　Tools 菜单

1）Adams Car Standard Interface：通过快捷键〈F9〉或 Tools 下面的命令进行切换。

2）Adams View Interface：ADAMS/Car 部分操作可能需要切换到 ADAMS/View 模块进行，如几何体隐藏后的可视化恢复。从 ADAMS/View 界面切换到 ADAMS/Car 界面的操作如图 2-28 所示。

3）Postprocessing Window：打开后处理窗口，通过〈F8〉键也可以打开。

4）File Management：主要是针对文件的复制、重命名及删除操作。

5）Database Management：具体操作见 2.2.2 节。

6）Curve Manager：曲线管理器，属性文件的管理工具，适用于衬套（bushing）、上跳缓冲块（bumpstop）、下跳缓冲块（reboundstop）、弹簧（spring）、减振器（damper）、轮胎包络（wheel envelope）、差速器（differential）、扭簧（torsion spring）等 2D 曲线的查看和编辑。2D 曲线的管理和编辑也能以曲线、数表或两者相结合的形式进行，如图 2-36 所示。但笔者建议首选记事本直接编辑，然后加载使用。

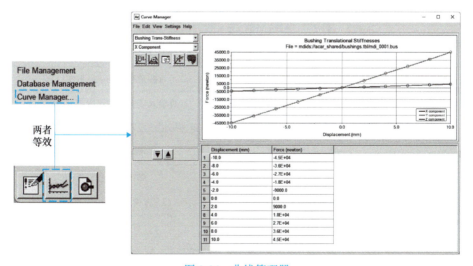

图 2-36　曲线管理器

7）Command Navigator：命令导航器，功能十分强大，可理解为 ADAMS 基础模块所有操作命令在 ADAMS/Car 模块的一个集合，如建立方向盘轮辐的几何体、Group 组均可在命令导航器下完成。如图 2-37 所示，建议读者持续地研究其应用。

8) Database Navigator：数据库导航器，除用户自建的数据库外，还可查看并研究软件自带的试验台，如有需要可对其进行编辑和修改，如图 2-38 所示。

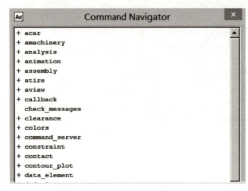

图 2-37　命令导航器

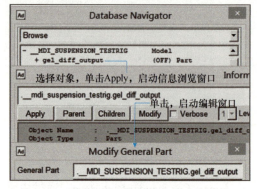

图 2-38　数据库导航器

9) Function Builder：ADAMS 具有强大的函数功能，主要分为 ADAMS/View 和 ADAMS/Slover 两大类函数。ADAMS/View 函数包括设计函数与运行函数两种类型，函数的建立对应有表达式模式和运行模式两种。表达式模式下在设计过程中对设计函数求值，而运行模式下会在仿真过程中对运行函数进行计算更新。ADAMS/Solver 函数支持 ADAMS/View 运行模式下的函数，在仿真过程中采用ADAMS/Solver 解算时对这些函数进行计算更新。

ADAMS/View 设计函数在设计过程中模型定义时有效，而不需要到仿真过程中的仿真分析时再进行计算更新。设计函数可用来将模型参数化，以便进行优化和灵敏度分析。设计函数包括系统提供的函数和用户自定义函数，其简要介绍见表 2-4。如想深入研究，可以参考 ADAMS/View 或 ADAMS/Car 在线帮助文件。

通过 Tools->Function Builder 打开的函数编辑器主界面，如图 2-39 所示。

表 2-4　ADAMS/View 设计函数介绍

序号	函数类型	函数用途
1	Math Functions（数学函数）	对标量和矩阵进行数学计算
2	Location/Orientation（位置/方向函数）	计算输入变量有关位置或方向的参数
3	Modeling Functions（建模函数）	返回标记点或零件之间请求的位移测量值
4	Matrix/Array Functions（矩阵/数组函数）	针对矩阵/数组进行操作
5	String Functions（字符串函数）	对字符串进行操作
6	Database Functions（数据库函数）	方便用户访问数据库
7	File Functions（文件函数）	对文件进行操作
8	Misc. Functions（辅助函数）	包含四类：数据库函数组、用户界面函数组、字符串函数组、系统函数组
9	Constants（常数函数）	对部分常数变量进行定义

10) Plugin Manager：插件管理器。ADAMS 的部分专业模块或扩展模块以插件的形式集成在 ADAMS/Car 模块下，使用插件管理器可实现其即插即用管理，如图 2-40 所示。部分插件勾选后，

软件会自动加载相应的数据库，例如，图 2-40 中勾选了 3 个插件，则数据库中会自动加载对应的 atruck_shared、aride_shared、adriveline_shared 共享数据库，与此同时，在建模界面 Help 菜单的右侧会出现 Driveline Components 菜单，而标准界面会出现 Driveline Components 和 Ride 菜单，如图 2-41 所示。

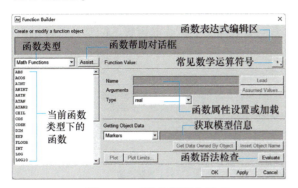

图 2-39　函数编辑器主界面

图 2-40　插件管理器界面

图 2-41　标准界面下的插件菜单

11）Highlight Connectivity：为便于查看某些特征的拓扑关系，可以进行特征高亮显示，如图 2-42 所示。

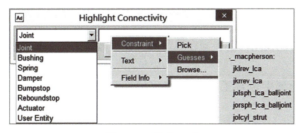

图 2-42　高亮显示

12）Measure Distance：位置特性测量包含相对位置和相对距离测量，如图 2-43 所示，其以

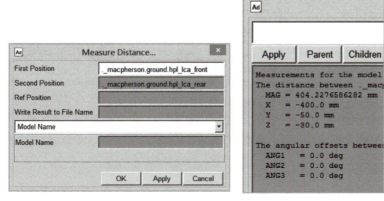

图 2-43　位置特性测量

Second Position 为基准，测量 First Position 的相对位置及相对距离，当 Second Position 为默认空白时，则以大地坐标系原点（0，0，0）为测量基准。测量对象主要包含 Hardpoint（硬点）、Construction Frame（结构框）、Marker（标记点）3 类。

13）Aggregate Mass：质量特性测量包含重量、质心位置及方向、转动惯量，如图 2-44 所示。在建模界面下，可对整个模板或模板中的某一部件（含常规部件、柔性体、有限元件、多段梁）进行质量特性测量，而在标准界面下，则可对整个装配体组件、子系统或模板下的某一部件进行测量。

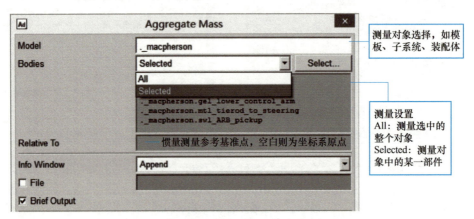

图 2-44 质量特性测量

Tools 菜单下面的其他功能因平时使用较少，在此不再讲解，如欲深入研究，可参考在线帮助文件。

（7）Help 菜单

Help 菜单是关于软件的使用帮助，即在线帮助文件，具体如图 1-16 和图 1-17 所示（第 8 页）。

2. 目录树

对于模板文件，目录树中包含了大部分的建模信息，对于初学者特别重要，3.1 节会着重介绍。

3. 视图右键菜单

视图空白区的右键菜单功能与 View 菜单第三部分的功能（第 23 页图 2-31 所示，Pre-Set 等）基本是相同的，主要是针对模型视图的操作，如图 2-45 所示。

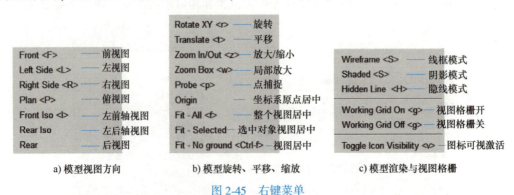

图 2-45 右键菜单

图 2-45b 中的旋转、平移、缩放等操作，其右键菜单命令与对应的快捷键是等效的，需要配

合鼠标左键使用，且仅对当前操作有效，即松开鼠标左键后即失效。如要连续操作，可长按对应鼠标键。

4. 模型管理工具

通过模型管理工具可以查看模型的详细信息。下面以软件自带的 macpherson. tpl 为例，来介绍模型管理工具的应用，如图 2-46 所示。

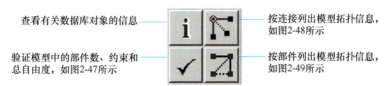

图 2-46 模型管理工具

```
VERIFY MODEL: ._macpherson

-4 Gruebler Count (approximate degrees of freedom)
25 Moving Parts (not including ground)
 3 Cylindrical Joints
 4 Revolute Joints
 6 Spherical Joints
 2 Translational Joints
 6 Convel Joints
10 Fixed Joints
 2 Hooke Joints
 1 Inplane Primitive_Joints
 1 Motions

 2 Degrees of Freedom for ._macpherson

There are 6 redundant constraint equations.

 This constraint:                                        unnecessarily removes this DOF:

 ._macpherson.jolrev_spindle_upright  (Revolute Joint)   Translation of I Marker Along Xg
 ._macpherson.jolrev_spindle_upright  (Revolute Joint)   Translation of I Marker Along Yg
 ._macpherson.jolrev_spindle_upright  (Revolute Joint)   Translation of I Marker Along Zg
 ._macpherson.jorrev_spindle_upright  (Revolute Joint)   Translation of I Marker Along Xg
 ._macpherson.jorrev_spindle_upright  (Revolute Joint)   Translation of I Marker Along Yg
 ._macpherson.jorrev_spindle_upright  (Revolute Joint)   Translation of I Marker Along Zg
```


图 2-47 模型验证信息

```
Topology of model: _macpherson

  Ground Part: ground

  jklrev_lca              connects gel_lower_control_arm  with ges_subframe          (Revolute Joint)
  jkrrev_lca              connects ger_lower_control_arm  with ges_subframe          (Revolute Joint)
  jolsph_lca_balljoint    connects gel_upright            with gel_lower_control_arm (Spherical Joint)
  jorsph_lca_balljoint    connects ger_upright            with ger_lower_control_arm (Spherical Joint)
  jolcyl_strut            connects gel_upright            with gel_upper_strut       (Cylindrical Joint)
  jorcyl_strut            connects ger_upright            with ger_upper_strut       (Cylindrical Joint)
  jolsph_tierod_outer     connects gel_tierod             with gel_upright           (Spherical Joint)
  jorsph_tierod_outer     connects ger_tierod             with ger_upright           (Spherical Joint)
  mtl_fixed_2             connects mtl_tierod_to_steering with ground                (Fixed Joint)
  mtr_fixed_2             connects mtr_tierod_to_steering with ground                (Fixed Joint)
  jolcon_tierod_inner     connects gel_tierod             with mtl_tierod_to_steering (Convel Joint)
  jorcon_tierod_inner     connects ger_tierod             with mtr_tierod_to_steering (Convel Joint)
  mts_fixed_2             connects mts_subframe_to_body   with ground                (Fixed Joint)
  jksfix_subframe_rigid   connects ges_subframe           with mts_subframe_to_body  (Fixed Joint)
```


图 2-48 连接拓扑信息

```
Topology of model: _macpherson

  Part gel_upright
  Is connected to:
    gel_lower_control_arm   via  jolsph_lca_balljoint          (Spherical Joint)
    gel_upper_strut         via  jolcyl_strut                  (Cylindrical Joint)
    gel_tierod              via  jolsph_tierod_outer           (Spherical Joint)
    gel_upper_strut         via  bul_jounce_bumper.force       (Single_Component_Force)
    gel_upper_strut         via  dal_ride_damper.force         (Single_Component_Force)
    swl_ARB_pickup          via  swl_fixed_1                   (Fixed Joint)
    gel_upper_strut         via  nsl_ride_spring.force         (Single_Component_Force)
    gel_upper_strut         via  nsl_ride_spring.spdp_force    (Translational Spring_damper)
    gel_upper_strut         via  rel_rebound_bumper.force      (Single_Component_Force)
    gel_spindle             via  jolrev_spindle_upright        (Revolute Joint)
    gel_spindle             via  bgl_hub_compliance.field      (Field)
    gel_spindle             via  jolsph_hub_compliance         (Spherical Joint)
```


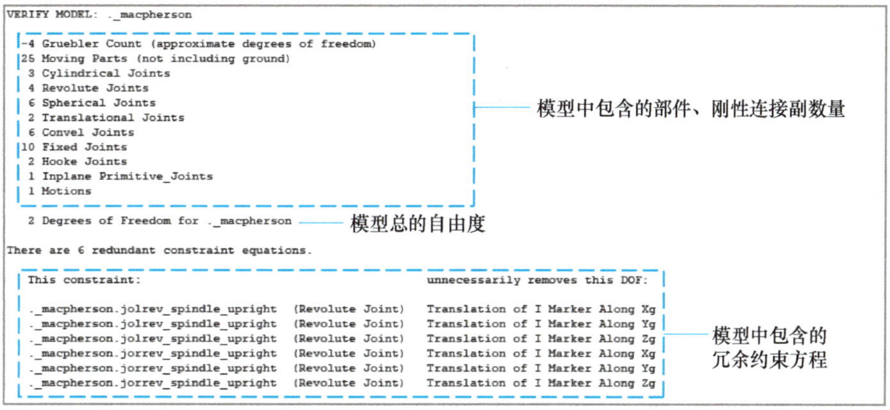

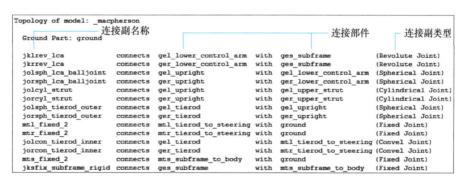

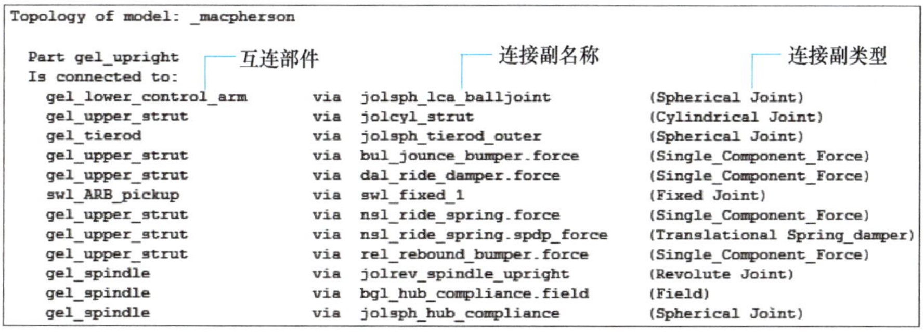

图 2-49 部件拓扑信息

2.3.2 标准界面（Standard Interface）

标准界面的主体构成与建模界面基本相同，如图 2-50 所示，但因用途的不同，会有部分差异，下面仅介绍有差异的部分。

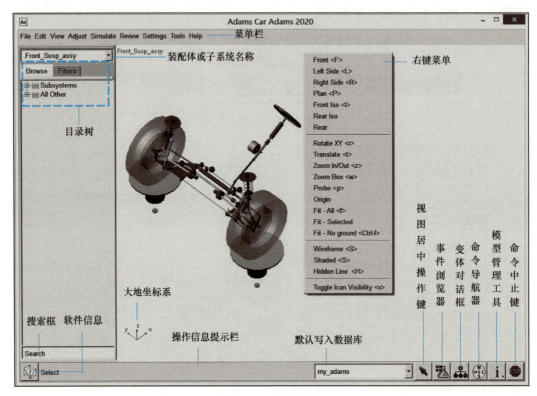

图 2-50 标准界面

1. 菜单栏

标准界面主菜单栏共有 9 个菜单，分别是 File（文件）、Edit（编辑）、View（视图）、Adjust（调整）、Simulate（仿真）、Review（查看）、Settings（设置）、Tools（工具）和 Help（帮助）。

（1）File 菜单

与建模界面相比，标准界面的 File 菜单主要多了对子系统和装配体的管理及信息浏览功能，如图 2-51 所示。对于较为简单的操作不再做详细讲解，读者仅需自己操作即可掌握其应用。下面介绍其中几个操作。

1）Subsystem/Assembly Variants：子系统/装配体变体。

当 testrig 定义模型拓扑（如零件和连接）时，子系统文件会按照设计者的意图填充该模型拓扑。在 ADAMS/Car 的早期版本中，该设计意图的单一变化无法在同一子系统文件中捕获，因此每一个小变化都需要一个新的子系统文件，也需要一个新的装配体文件。与 ADAMS/Car 2020 之前的版本相比，使用子系统和装配体变体可以大大减少需要维护的文件数量。

子系统/装配体变体是 ADAMS/Car 2018 及以上版本所具有的新功能，应用之一见 12.1.6 节。

2）Toggle Subsystem Activity：切换子系统。

切换子系统可以对当前装配体里的子系统进行激活和抑制。如图 2-52 所示的前悬架装配体，如想分析有无稳定杆、悬架侧倾角刚度的变化，则使用切换子系统功能比移除子系统功能要方便

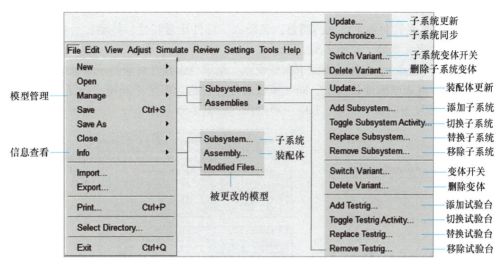

图 2-51　File 菜单

些。移除子系统，则对应的子系统在当前装配体中不再存在；而切换子系统后，对应的子系统仍存在于当前装配体，但被抑制了，在分析中不再起作用。被勾选项的转向及前悬架子系统处于激活状态，未勾选的前稳定杆子系统处于抑制状态，如要激活稳定杆，则勾选即可。

图 2-52　子系统的激活与抑制

3）Replace Testrig：替换试验台。

对于 ADAMS/Car，默认悬架试验台仅有一个，即 _MDI_SUSPENSION_TESTRIG，但对于整车而言，试验车则有若干个。对于已经调好参的整车装配体，如想进行不同类型的仿真分析，则可使用替换试验台的方法，快速搭建所需模型，如图 2-53 所示。

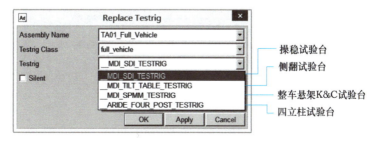

图 2-53　替换试验台

（2）Edit 菜单和 View 菜单

标准界面的 Edit 菜单和 View 菜单主体功能及操作与建模界面基本相同，详见图 2-29 及图 2-31。

(3) Adjust 菜单

Adjust 菜单主要是针对各子系统的调整，含硬点、部件质量特性、传动比、参变量、运动学及顺应性、通用数据元素等，如图 2-54 所示。

1) Hardpoint（硬点）。在标准界面下调整硬点，结果会保存在对应的子系统中，并不会影响对应的模板文件。此做法的好处在于，同一模板文件可以构建多个不同硬点的子系统和装配体。Hardpoint 子菜单涉及 Modify、Table、Info 三项操作，如图 2-55 所示。

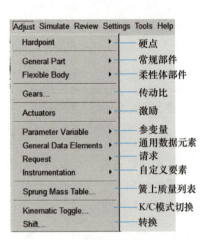

图 2-54　Adjust 菜单

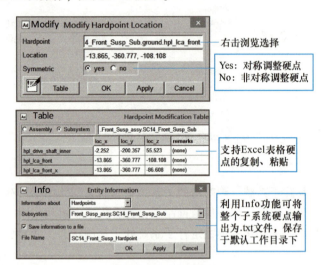

图 2-55　硬点操作

说明：利用硬点的非对称调整，可以做特殊目的研究，如非对称硬点对车辆行驶跑偏的影响分析。

2) General Part（常规部件）。General Part 主要涉及常规部件质量特性的调整及刚性部件替换为柔性体部件。质量特性的调整在第 8 章悬架动力学模型调参中会重点讲解，在此仅介绍刚性部件替换为柔性体部件的基本操作，如图 2-56 所示。

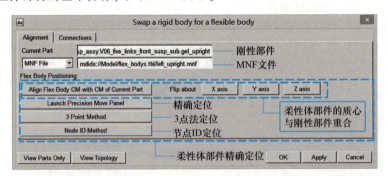

图 2-56　刚性部件替换为柔性体部件

需特别注意，此处仅为刚性部件替换为柔性体部件，而非刚性部件转换为柔性体部件。

3) Gears（传动比）。Gears 主要针对当前模型中涉及的传动比进行调整，如转向子系统中齿轮齿条间的角线传动比，如图 2-57 所示。

4) Actuators（激励）。ADAMS/Car 标准的仿真分析均是通过试验台进行激励的，除此之外，用户也可以自定义激励进行仿真分析。对于标准试验下的激励，默认情况下是不可修改的，但研究这些激励有利于用户更为深入地了解和掌握 ADAMS/Car 仿真原理，如图 2-58 所示。

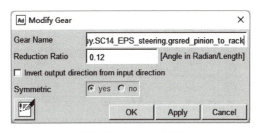

图 2-57　Gears 功能

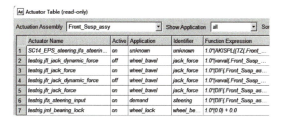

图 2-58　Actuators 功能

5）Parameter Variable（参变量）。Parameter Variable 是指可以修改的常数型变量，其包含实数值（Real）、开关值（Integer）及字符串值（String）3 类。除子系统的参变量可调整外，试验台的参变量也可调整，但仅对当前有效，软件重启后即恢复默认值，如图 2-59 所示。

6）General Data Elements（通用数据元素）。

通用数据元素是其值存储在属性文件中的元素，包含 General Spline（样条曲线）、General Parameter（通用参数）、General Variable（通用变量）3 类，它们的差异会在 3.2 节讲到。

通用数据元素只有在模型中定义过才能被读取并修改，如 EPS 转向模型中的助力曲线，如图 2-60 所示。

图 2-59　参变量修改

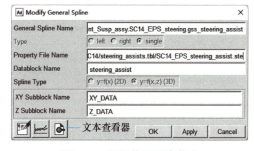

图 2-60　通用数据元素修改

7）Request（请求）。Request 可以简单理解为目标输出对象，其包含用户自定义的请求，及软件试验台自带的请求。通常情况下，用户请求多在模板中定义，在标准界面也可以新建请求。另外，通过 Modify 功能，用户可以研究试验台自带的请求，结合帮助文件可掌握软件的深层次应用，如图 2-61 所示。

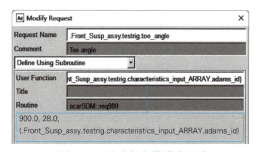

图 2-61　试验台自带请求查看

8）Sprung Mass Table（簧上质量列表）。

Sprung Mass Table 目的是调整零部件对簧上质量的占比，此功能是 ADAMS 2018 及以上版本具有的新功能。对于悬架装配体，零部件对簧上质量或簧下质量的占比应由其连接关系及位置所决定。如对于转向节总成，即使强制调整其为 100%簧上质量，但通过轴荷可以验证，其仍属于 100%簧下质量；而对于整车装配体，对于涉及簧下质量的部件，占比要精确调整，不然会影响到整车静态参数分析 SVC 中的部分结果，如系统偏频等，如图 2-62 所示。

对于零部件对簧上质量的占比，按常规经验设置即可。如想精确分析，则可在其他条件均不变的情况下调整零部件的质量，查看轮荷的变化，从而得出精确占比。

9) Kinematic Toggle（K/C 状态切换）。

在建模时，刚性连接副及衬套可以设置不同的工作状态，即一直激活、运动学（Kinematic）和顺应性（Compliant）3 种状态。与之对应，在子系统和装配体中，可以通过 Kenimatic Toggle 功能切换不同的工作状态。如图 2-63 所示的控制臂与副车架连接处同时建立了刚性转动副和前、后衬套，按常规建模原则，刚性转动副工作于运动学状态下，而前、后衬套工作于顺应性状态下。

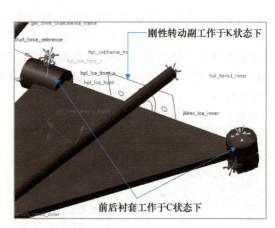

图 2-62 零部件质量及簧上占比调整

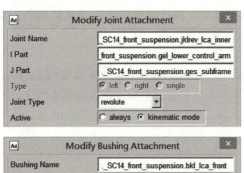

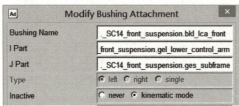

图 2-63 刚性连接副和衬套不同工作状态示意

使用此功能可以做特殊目的研究，如分析控制臂衬套对悬架刚度的影响。需要注意的是，如果连接副及衬套被设置成一直激活，则不受 K/C 状态切换功能的限制。

10) Shift（转换）。Shift 功能可以快速对各子系统进行前后、上下的整体移动，即实现硬点的整体转换，如图 2-64 所示。

（4）Simulate 菜单

装配体及特殊部件的仿真分析在图 2-65 所示的菜单下进行，后面会详细讲解。

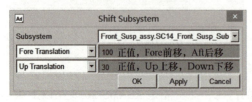

图 2-64 Shift 功能

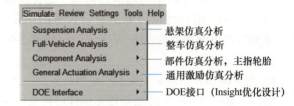

图 2-65 Simulate 菜单

（5）Review 菜单

Review 菜单主要是针对仿真分析结果的查看和处理，后续章节会详细讲解。

（6）Settings 菜单

相较于建模界面，标准界面下的 Settings 菜单下多了 Force Graphics、Solver、Real Time Animation，如图 2-66 所示。

1）Force Graphics（力值显示）。悬架和整车仿真分析完成后，在进行动画观察时，默认情况下会实时显示轮荷的大小及方向，可以通过 Force Graphics 或动画播放按钮进行设置，如图 2-67 所示。

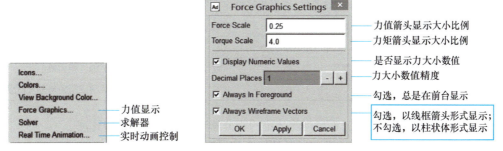

图 2-66　Settings 菜单　　　　图 2-67　动画力值显示设置

2）Solver（求解器）。Solver 是 ADAMS 的核心模块之一，其涉及多体运动学求解的理论，深入理解可见参考文献［4］或在线帮助文件，其主对话框如图 2-68 所示。

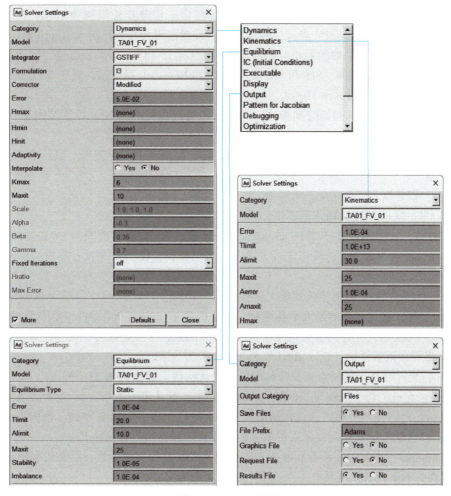

图 2-68　Solver 设置

下面仅介绍最主要的选项。

a) Dynamics（动力学模拟）：是用于研究零件随时间推移的运动的瞬态或时变模拟，这些运动是力和约束关系共同作用的结果。

- Integrator（积分器）/Formulation（积分方法）：主要积分器及方法简单对比见表2-5。

表2-5 主要积分器及方法对比

积分器及方法	求解精度	稳定性	求解速度	适用模型
GSTIFF I3	位移精度高	一般	快	中低频刚性模型和具有速度输入的模型
GSTIFF SI2	位移、速度、加速精度高	高	一般	具有接触或摩擦的高频模型
HHT	一般	一般	一般	具有柔性体的模型或高频率耐久模型

- Corrector（校正器）：指定要与当前选定的积分器一起使用的校正器算法。
  - Original：指定使用 Adams Solver 早期版本中可用的校正器。
  - Modified：指定要使用修改的校正器。
  - Original (Constant)：指定在模拟期间，ADAMS/Solver 不能从原始校正器切换到修改的校正器。
- Error：积分器误差。整车如不能正常仿真，建议适当调整该值。
- Hmax：积分器允许采取的最大时间步长。如指定，积分步长限制为 Hmax 指定的值。如果未定义 Hmax，最大积分步长为输出步长。设置范围为 $0 < Hmin \leqslant Hinit \leqslant Hmax$。
- Hmin：积分器允许采取的最小时间步长。对于 GSTIF 和 WSTIFF 积分器，默认值为 $1.0E-6 * Hmax$，对于 ABAM、SI1 和 SI2 以及 HHT 和 Newmark 积分器，默认为机器精度。设置范围为 $0 < Hmin \leqslant Hinit \leqslant Hmax$。
- Hinit：积分器尝试的初始时间步长。默认值为输出步长的 1/20。设置范围为 $0 < Hmin \leqslant Hinit \leqslant Hmax$。
- Adaptivity：校正器收敛困难时可指定此值，在正常情况下不应使用。默认为0，设置值应大于0。
- Kmax：积分器可以使用的最大阶数。
  - ABAM：默认为12，输入范围 $1 \leqslant Kmax \leqslant 12$。
  - GSTIFF、WSTIFF、HASTIFF、Constant BDF：默认为6，输入范围为 $1 \leqslant Kmax \leqslant 6$。

b) Kinematics：为运动学仿真指定最大误差和其他参数，仅当系统具有零自由度时，运动仿真才适用。

- Error：允许的每个时间步长的最大位移误差。默认值为 1.0E-4，范围为 Error>0。
- Tlimit：每次迭代允许的最大平移增量。默认值为 1.0E10（无限制），范围为 Tlimit>0。
- Alimit：每次迭代允许的最大角度增量。Alimit 的默认单位是弧度，要指定 Alimit 以度为单位，需要在值后添加 "D"。默认值为 30D，范围为 Alimit>0。
- Maxit：允许在某个时间点查找位移的最大迭代次数。默认值为25，范围为 Maxit>0。
- Aerror：允许的每个时间步长的最大加速度误差。默认值为 1.0E-4，范围为 Aerror>0。
- Amaxit：允许在某个时间点查找加速度的最大迭代次数。默认值为25，范围为 Amaxit>0。
- Hmax：运动学解算器允许采取的最大时间步长。默认值是输出步长。

c) Equilibrium：指定静态平衡和准静态模拟的最大误差和其他参数。静态或准静态平衡分析仅适用于惯性力不重要且系统具有一个或多个自由度的情况。

- Error：相对校正积分误差。默认值为 1.0E-04，范围为>0。

- Tlimit：在模拟期间，每次迭代允许的最大平移增量。默认值为 20，范围为 Tlimit>0。
- Alimit：每次迭代允许的最大角度增量。默认值为 10°，范围为 Alimit>0。还需输入当前建模单位的值（默认值为度）。
- Maxit：查找静态平衡所允许的最大迭代次数。默认值为 25，范围为 Maxit>0。

d）Output：设置模拟分析结果文件的输出类型、方式、存储位置等。
- Flies：输出文件类型：Graphics（图形）、Request（请求）、Results（结果）。
- Database Storage：是否将分析结果存储在默认数据库。
- Results（.res）Options：设置结果文件选择。
- Results（.res）Content：设置结果文件内容。

3）Real Time Animation（实时动画）。ADAMS/Car 2019 及以上版本才具有的新功能，其目的是当仿真中使用 ADAMS FMU 时，允许用户在线可视化模型。目前，实时动画组件仅在特定的 Linux 平台上受支持，读者有兴趣可以自行研究。

（7）Tools 菜单

标准界面下的 Tools 菜单部分功能与建模界面基本相同，下面主要介绍模型诊断和请求管理部分的内容，如图 2-69 所示。

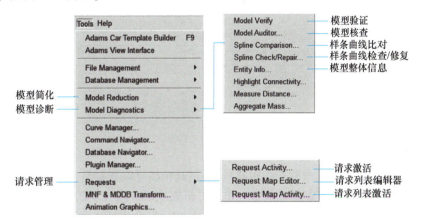

图 2-69 Tools 菜单

1）Model Diagnostics（模型诊断）。
- Model Verify（模型验证）：其与模型管理工具中的"√"按钮功能相同，如图 2-46 所示。
- Model Auditor（模型核查）：此工具使用用户输入的公差核查整车模型，结果显示在屏幕上并保存到文本文件中。可以核查的内容如图 2-70 所示。

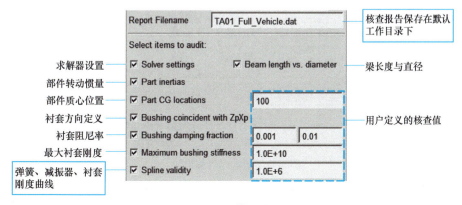

图 2-70 模型核查

- Solver settings（求解器设置）：求解器的核查结果可能和设置结果不一致，但并不能说明模型一定有问题。
- Beam length vs. diameter（梁长度与直径）：默认梁的长度应小于梁的直径，对于非圆形截面的梁，直径 D＝2Sqrt（面积/pi）。
- Part inertia（部件转动惯量）：零部件转动惯量要具有物理意义，即 Ixx+Iyy>＝Izz，Ixx+Izz>＝Iyy，Iyy+Izz>＝Ixx。
- Part CG locations（部件质心位置）：主要指前悬架、后悬架、转向及动力系统。

关于详细核查结果，用户可以自行查看位于默认工作目录的核查报告。

2) Requests（请求管理）。

Requests 可实现模型请求的管理，如激活、列表查看、列表激活等，具有较为实用的功能，建议读者认真研究。

● Request Activity（请求激活）：以悬架为例，仿真分析完成后，后处理中除默认加载试验台的请求（即输出结果）外，还会加载衬套、弹簧、缓冲块、减振器、轮荷等请求，但不会自动加载刚性连接副的相关请求。而使用 Request Activity 可以有选择性地加载所需请求，如图 2-71 所示。

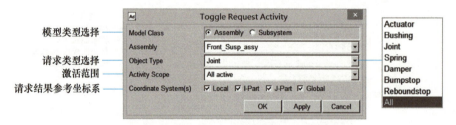

图 2-71　请求激活

● Request Map Editor（请求列表编辑器）：通过此功能可以查看整个装配体或子系统中的所有请求列表，也可进行删除和新建，仿真分析完成后，后处理的请求清单中会随之更新。以图 2-1 所示的前悬架装配体（含前悬架、转向、前稳定杆 3 个子系统）为例，请求列表编辑器如图 2-72 所示。

图 2-72　请求列表编辑器

- Request Map Activity（请求列表激活）：请求列表激活如图 2-73 所示，前提条件是当前模型中已加载请求列表，即按图 2-72 所示执行过 Apply to Model 操作。利用请求列表编辑功能，用户可以自定义所需要的请求列表，并进行分组配置及管理，如模型中所有衬套的载荷为 B1 组，所有刚性连接副的载荷为 B2 组，再利用请求列表激活功能，即可分组提取出所需要的载荷。

（8）Help 菜单

标准界面的 Help 菜单与建模界面相同，具体操作见图 1-16、图 1-17（第 8 页）对应的相关说明。

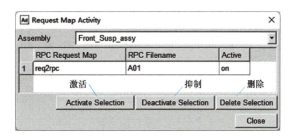

图 2-73　请求列表激活

2. 目录树

标准界面的目录树主体结构与建模界面相似，显示的内容会有一定差异，如图 2-74 所示。在装配体或子系统的目录树中，凡是能双击修改的，均可进行调整。

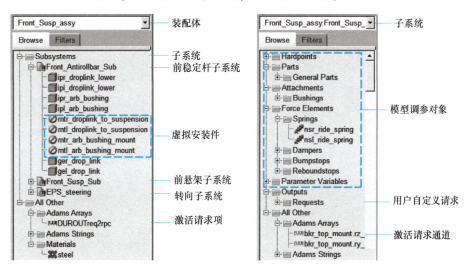

图 2-74　标准界面目录树

3. 事件浏览器

使用事件浏览器（Event Browser）可以快速查看当前装配体在本次打开后所进行的所有仿真分析及具体的仿真工况设置，并可修改工况进行新的仿真分析，如图 2-75 所示。

至此，ADAMS/Car 界面介绍及基础操作讲解完毕，未讲解的部分项目在后面章节中会有涉及，其他项目读者可参考帮助文件自行研究。

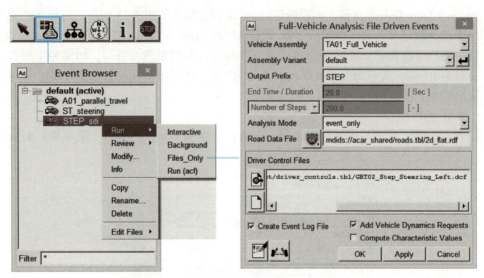

图 2-75　事件浏览器

第 3 章

ADAMS/Car建模基础

本章主要讲解 ADAMS/Car 的建模基础,是读者必须掌握的内容,主要包含下述 3 个方面:
1) 模板文件的基础结构。
2) 模板建模要素。
3) 输入、输出通讯器。

3.1 模板文件基础结构

模板是动力学模型的基础。对于初学者,研究模板的基础结构,有利于感性地了解并掌握模板的建模流程和思路。下面以最常见的麦弗逊前悬架为基准,讲解一下模板文件的基础结构。

3.1.1 悬架模板文件示例

图 3-1a 所示为麦弗逊悬架的 3D 模型,图 3-1b 所示为其动力学模板模型。从 3D 模型直观感性地看,其主要由副车架,左、右控制臂,左、右滑柱,左、右转向节总成,左、右横拉杆等部件构成。

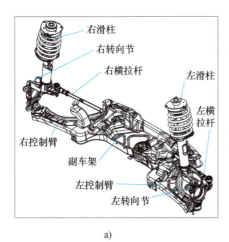 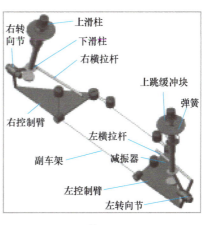

a)   b)

图 3-1 麦弗逊悬架 3D 模型与动力学模型对比

3D 模型和动力学模型对比如下:
1) 3D 模型着重表达零部件相对位置及装配关系,具有相对精确的几何外形;而动力学模型主要研究部件之间的运动关系或力的关系,通常不太追求部件的几何外形精度。
2) 动力学模型必须包含转向节和转向横拉杆部件,否则车轮无法进行导向和定位。
3) 3D 模型中的左、右滑柱总成属于单个总成部件,但实际运动关系决定,它们在动力学模型中要进行拆分,即拆分成上滑柱和下滑柱部件。

4)除上述拆分外,动力学模型中,前滑柱还拆分成弹簧、减振器、上/下跳缓冲块等弹性元件。

模板文件的基础结构主要通过其目录树来体现,基于上述基本思想,目录树就更好理解了,如图3-2所示。

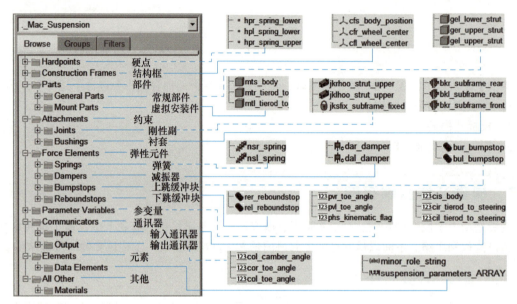

图3-2 麦弗逊悬架模板文件基础结构

从图3-2可知:

1)悬架模板基础结构由Hardpoints(硬点)、Construction Frames(结构框)、Parts(部件)、Attachments(约束)、Force Elements(弹性元件)、Parameter Variables(参变量)、Communicators(通讯器)、Elements(元素)、All Other(其他)等基础元素构成。

2)上述前7个基础元素均是需要用户建立的,而后两个元素则是自动生成的。

3)根据功能的不同,部分基础元素可能包含不同的子元素,如Force Elements下包含了弹簧、减振器、上跳缓冲块、下跳缓冲块。

4)根据模型的复杂程度,可能包含更多不同类型的基础元素。

3.1.2 模板拓扑结构

动力学模型主要是研究部件与部件之间的相对运动关系及相互力的关系,那么部件和部件之间肯定存在一定的连接关系,这就涉及模型的拓扑结构。研究模型的拓扑结构,有利于快速并深入地掌握模型的连接关系。图3-1所示的模型中,左转向节和副车架的拓扑关系如图3-3和图3-4所示。

从图3-3可以看出,与左转向节有连接关系的部件是左下滑柱、左横拉杆、左下控制臂、左轮轴,所使用的连接副依次是固定副、球头副、球头副、转动副。

图3-4中,左、右控制臂除使用前、后衬套固定到副车架上,其与副车架之间还有一个刚性转动副,这说明有两种连接类型。通常情况下每种连接类型均对应一种工作状态,即衬套工作于"C"状态,而刚性转动副工作于"K"状态。副车架与虚拟的车身安装件之间也是如此。此处多

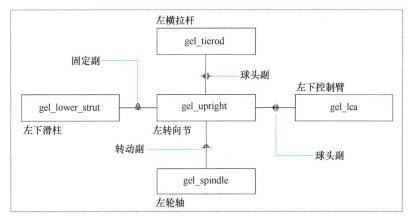

图 3-3　左转向节的拓扑关系

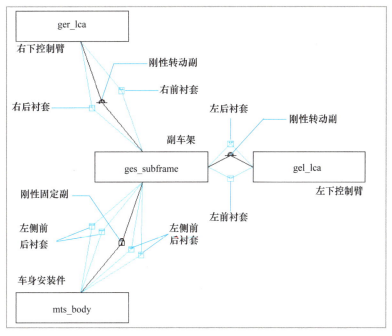

图 3-4　副车架的拓扑关系

说明一点，悬架装配体组建后，虚拟的车身安装件则默认固定于大地上，从而保证每个部件都有稳定可靠的连接约束关系。

3.2　模板建模要素

模板的建模要素主要集成在建模界面的 Build 菜单下。在不同的建模模式下，Build 菜单的内容可能会不一样，下面以悬架模板的 Build 菜单做一个简单介绍，如图 3-5 所示。

上述悬架模板共有 33 个建模要素，下面将主要介绍比较常用的建模要素，未讲到的要素，读者可参考帮助文件进行深入研究。

ADAMS/Car 汽车底盘动力学虚拟开发

图 3-5 悬架模板的 Build 菜单

3.2.1 基本要素

ADAMS/Car 模板建模基本要素主要包含 Hardpoint（硬点）、Construction Frame（结构框）和 Marker（标记点）3 类。

1. Hardpoint（硬点）

硬点是悬架布置设计及动力学建模最基础的要素之一。此处所述硬点均指输入式的点，在动力学模型中其隶属于 Ground（大地），在空间中仅具有位置特性。Hardpoint 子菜单具有 5 个选项，对应功能如图 3-6 所示。

1) Modify（修改）：选择性修改已经存在的硬点。

2) Table（列表）：以列表形式显示当前模型的硬点，用户可以根据需要选择显示左侧、右侧或全部硬点，并可进行修改，支持对 Excel 表格里的硬点数据进行复制粘贴。

3) New（新建）：新建目标硬点，硬点名称须以英文字母开头，其他仅可使用下画线"_"

44

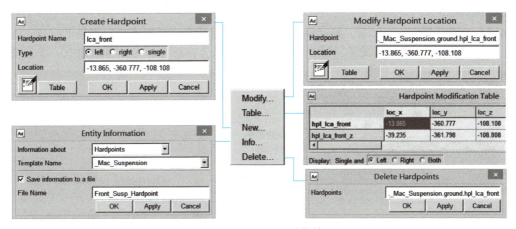

图 3-6　Hardpoint 子菜单

和数字；另需特别注意对称性（Type）与具体数据的对应性，X/Y/Z 坐标值之间仅可用英文","隔开。

4）Info（信息）：查看当前模型中的所有硬点，并可将结果输出成 .txt 文件，保存在默认工作目录下。

5）Delete（删除）：选择性删除已经存在的硬点，如硬点已被其他特征引用，删除前会出现相应的警告信息。

2. Construction Frame（结构框）

结构框是一种特殊的基本要素，其隶属于 Ground。与硬点相比，其不仅具有位置特性，而且还有方向特性，两者的直观对比如图 3-7 所示。

结构框也可进行修改、新建及删除操作。因同时具有位置和方向特性，结构框的建立要复杂许多，同时也需要设置其对称性，如图 3-8 所示。

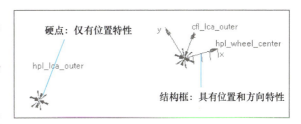

图 3-7　硬点与结构框对比

在悬架建模中，通常情况下，轮心处的结构是必须建立的，且必须使用 toe_angle、camber_angle 通讯器来定义其方向，其目的是手动调整前束和外倾角参数，保证试验台的车轮随之变化。

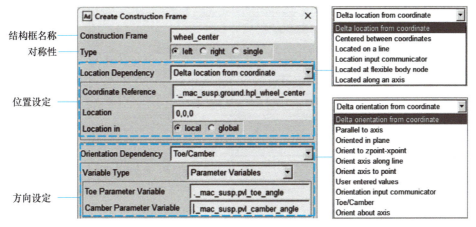

图 3-8　结构框的建立

3. Marker（标记点）

标记点是属于部件的点元素，其同样具有位置和方向特性，可用来标记部件的位置、方向等特性，如图 3-9 所示。默认情况下，每个部件建立后，都会在部件位置处自动建立一个局部坐标系的标记点 inertia_frame，如图 3-10 所示。

图 3-9　标记点的新建

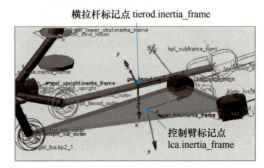

图 3-10　部件自带的标记点

3.2.2　位置与方向

一个物体在三维空间里需同时具有位置和方向特性，才具有完整的定位。在 ADAMS/Car 建模中，除上述结构框和标记点外，还有许多其他元素或特征需要同时具有位置及方向特性，如部件（Part）、衬套（Bushing）、连接副（Joint）等。ADAMS/Car 提供了多种位置及方向的设置方法，见表 3-1 和表 3-2。

表 3-1　位置的设置

序号	设置选项	说明
1	Location Dependency: Delta location from coordinate Coordinate Reference: c_Suspension.ground.hpl_wheel_center —— 已存在位置：硬点或结构框 Location: 0,0,0 —— X/Y/Z 方向相对距离 Location in: local / global —— 相对基准方式：局部、全局	相对于一个已存在位置的距离来设定目标位置
2	Location Dependency: Centered between coordinates Centered between: Three Coordinates —— 参考位置数量 Coordinate Reference #1: Mac_Suspension.ground.hpl_lca_front Coordinate Reference #2: Mac_Suspension.ground.hpl_lca_rear Coordinate Reference #3: Mac_Suspension.ground.hpl_lca_outer —— 参考位置：硬点或结构框 Coordinate Reference #4:	通过设置位于指定位置的中心来定义目标位置
3	Location Dependency: Located on a line Coordinate Reference #1: ac_Suspension.ground.hpl_strut_upper Coordinate Reference #2: ac_Suspension.ground.hpl_strut_lower —— 参考位置：硬点或结构框 Relative Location (%): —— 相对于 #1 的位置	通过设置位于两点连线和与第一个点的相对位置来定义目标位置

（续）

序号	设置选项		说明
4	Location Dependency: Location input communicator Input Communicator: Mac_Suspension.cil_tierod_to_steering	右键选择输入通讯器	使用输入通讯器所确定的位置来定义目标位置
5	Location Dependency: Located at flexible body node Flexible Body: rsion_beam_rear_sus.fbs_torsion_beam Left Node Id: 1 Right Node Id: 2	柔性体部件 节点号	使用柔性体节点号所对应的位置来定义目标位置（不适用于部件）
6	Location Dependency: Located along an axis Construction Frame: c_Suspension.ground.cfl_wheel_center Distance: 100 Axis: ○X ○Y ⊙Z	结构框 相对位置 结构框局部坐标系方向	通过设置位于一条坐标轴上和相对于结构框的位置来定义目标位置
7	Location Dependency: User-entered location Location values: 200, -751.747, -108.023	坐标值	使用输入式硬点来定义目标位置（不适用于结构框）

表 3-2 方向的设置

序号	设置选项		说明
1	Orientation Dependency: Delta orientation from coordinate Construction Frame: _Suspension.ground.cfl_strut_upper_ref Left Orientation: 0,0,0 Right Orientation: 0,0,0	已有结构框 左侧，旋转角度 右侧，旋转角度	使用一个已有结构框来设定目标方向。默认旋转规则为313（见帮助文件）
2	Orientation Dependency: Parallel to axis Construction Frame: c_Suspension.ground.cfl_wheel_center Axis on Entity: ⊙Z ○X Axis on Frame: ○+Z ○-Z ⊙+X ○-X	已有结构框 目标方向的Z轴、X轴 已有结构框的Z、X轴及方向	目标方向的一条坐标轴（Z轴）平行于已有结构框的一条坐标轴（X轴）并指向X正向
3	Orientation Dependency: Oriented in plane Coordinate Reference #1: _Mac_Suspension.ground.hpl_lca_front Coordinate Reference #2: _Mac_Suspension.ground.hpl_lca_rear Coordinate Reference #3: _Mac_Suspension.ground.hpl_lca_outer Axes: ⊙ZX ○XZ	3个已有硬点或结构框 坐标轴方向选择	目标方向的Z轴和X轴平行于3点所构成的平面 ZX：Z轴平行于#1、#2连线且指向#2 XZ：X轴平行于#1、#2连线且指向#2
4	Orientation Dependency: Orient to zpoint-xpoint Coordinate Reference #1: _Mac_Suspension.ground.hpl_lca_front Coordinate Reference #2: _Mac_Suspension.ground.hpl_lca_rear Axes: ⊙ZX ○XZ	2个已有硬点或结构框 坐标轴方向选择	使用2个已有的参考点来定义目标方向的Z轴和X轴 ZX：Z轴指点#1 XZ：X轴指点#1
5	Orientation Dependency: Orient axis along line Coordinate Reference #1: _Mac_Suspension.ground.hpl_lca_front Coordinate Reference #2: _Mac_Suspension.ground.hpl_lca_rear Axis: ⊙Z ○X	已有硬点或结构框 目标方向的Z轴或X轴	目标方向的Z轴或X轴平行#1、#2的连线，且指向#2

(续)

序号	设置选项	说明
6	Orientation Dependency: Orient axis to point — 已有硬点或结构框 Coordinate Reference: _Mac_Suspension.ground.hpl_lca_rear Axis: ⊙Z ○X — 目标方向的Z轴或X轴	目标方向的Z轴或X轴指向参考点
7	Orientation Dependency: User entered values Orient using: ⊙Euler Angles ○Direction Vectors — 定位方式：欧拉角、方向向量 Euler Angles: 0,0,0 — 欧拉角，默认为313输入法 X Vector: 1.0,0.0,0.0 Z Vector: 0.0,0.0,1.0 — 方向向量	使用欧拉角或方向向量来定义目标方向
8	Orientation Dependency: Orientation input communicator Input Communicator: Mac_Suspension.cil_tierod_to_steering — 输入通讯器	使用输入通讯器方位角定义目标方向
9	Orientation Dependency: Toe/Camber Variable Type: Parameter Variables Toe Parameter Variable: _Mac_Suspension.pvl_toe_angle Camber Parameter Variable: ac_Suspension.pvl_camber_angle — 前束角及外倾角	使用前束角和外倾角参变量定义目标方向，定义后目标的Z轴主体指向车辆外侧，X轴指向车辆后侧

3.2.3 部件（Part）

ADAMS/Car 中的部件主要有如下7种，前4种均是有质量特性的部件，而后3种是无质量特性的，另外，大地（Ground）也可理解为一种虚拟部件。Parts 子菜单如图 3-11 所示，其中，开关转换件使用不多，本小节不做讲解。

图 3-11　Parts 子菜单

1. General Part（常规部件）

常规部件常指刚体部件，其具有位置、方向、质量、质心、惯量等特性。根据建模需要，部分常规部件需具有几何体，如控制臂，而部分可能无需几何体，如上、下滑柱。

常规部件有两种建立方式：New（新建）和 Wizard（向导）。New 方法先建立具有位置、方向、质量等特性的部件，再根据实际情况考虑是否建立几何体，如转向节 Upright。而对于外形类似于三角臂和连杆状的部件，则可使用 Wizard 方法快速建立。两者分别如图 3-12 和图 3-13 所示。

第 3 章
ADAMS/Car 建模基础

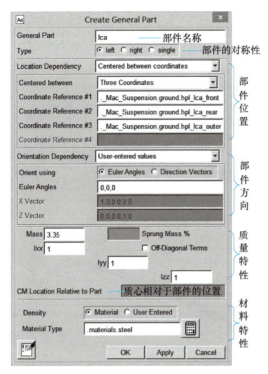

图 3-12　New 方法

图 3-13　Wizard 方法

2. Flexible Body（柔性体部件）

柔性体部件是指使用模态中性文件（Model Neutral File，MNF）建立的部件。MNF 文件常由有限元软件使用部件网格数据转换而来。柔性体部件子菜单除常规的更改、新建、信息查看、删除等功能外，还有模式管理、MNF&MDDB 转换、柔性体查看功能，如图 3-14 所示。

（1）New（新建）

为保证建模的正确性，MNF 文件制作时，原始数据须位于整车坐标系下的相应位置，因此，柔性体部件建模时，部件的位置和方向就可按图 3-15 所示方法建立。

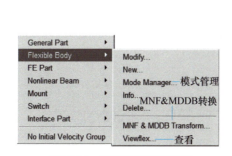

图 3-14　柔性体部件子菜单

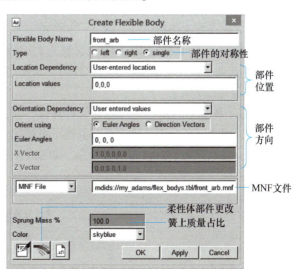

图 3-15　柔性体部件位置和方向的建立

49

（2）Mode Manager（模式管理）

模式管理和上述的柔性体部件更改功能是一样的，通过对应的对话框（如图3-16所示），用户可以查看柔性体的模态、振型等信息。

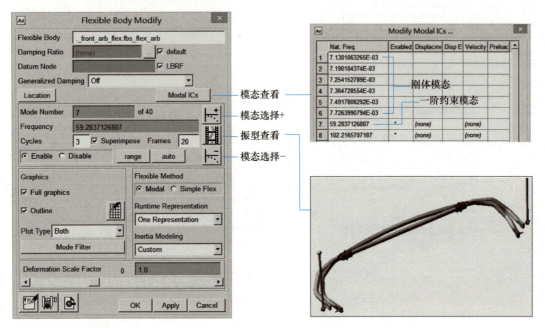

图3-16 柔性体的模态及振型查看

MNF&MDDB 转换等其他操作，读者可参考帮助文件自行研究，此处不再讲解。

3. FE Part（有限元部件）

上述柔性体部件使用有限元软件生成的模态中性文件的方法又称为模态迭代法，ADAMS 还提供了另一种柔性体部件的建模方法，即 FE Part 法。以稳定杆为例，使用 FE Part 方法，可对稳定杆两端施加载荷或者位移，得到稳定杆刚度，通过与理论计算值对比，可验证模型的精度。读者可参考帮助文件进行深入研究。

4. Nonlinear Beam（多段梁）

多段梁又称为非线性梁，顾名思义，其建模思想是将梁分成多个小段连接而成。它适用于具有扭转特性的部件的非精细化建模，如稳定杆本体、扭力梁部件的横向扭梁等。低版本的 ADAMS/Car 就是通过此功能来建立稳定杆的，其使用方法与 Anti-Roll Bar 基本相同。

5. Mount（安装件）

Mount 是一种虚拟的部件，其仅有位置特性，而无方向和质量特性。Mount 能够构建一个虚拟的安装件，用于部件的安装固定及与其他子系统的匹配连接，故建立完成后，会自动建立一个输入通讯器，接收其他子系统的输出信息。如稳定杆建立的 arb_bushing_to_suaframe 安装件，定义了稳定杆到副车架的固定，如图3-17所示。

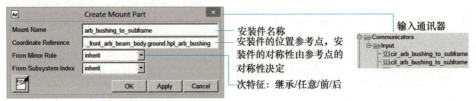

图3-17 安装件新建对话框及对应的输入通讯器

第 3 章 ADAMS/Car 建模基础

6. Interface Part（接口件）

早期的 ADAMS 版本中，刚体件和柔性体件不能直接连接，而必须通过接口件过渡连接，即需提前建立对应的接口件。自 2018 版本后，刚体件和柔性体件可以直接连接，不需要再建立接口件。接口件的新建如图 3-18 所示。

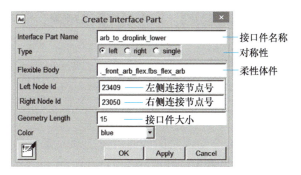

图 3-18　接口件的新建

3.2.4　几何体（Geometry）

为了更直观地查看和应用模型，部分部件是需要赋予几何体的，而部分部件则不需要。Build 菜单下的几何体主要有三角臂、连杆、圆柱体、椭球体、线框、样条线 6 种，如图 3-19 所示。对于类似于方向盘的圆环状几何体，则可通过命令导航器建立，主体步骤：geometry->create->shape->torus。

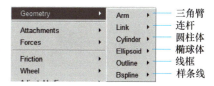

图 3-19　Geometry 子菜单

1）Arm 和 Link：Arm 和 Link 较为简单，前面已有涉及，如图 3-13 所示。

2）Cylinder：建立圆柱体时，必须使用结构框进行定位，如图 3-20 所示。

3）Ellipsoid：椭球体建立也比较简单，如图 3-21 所示。需要说明的是，Method 如果选择 scaled off link，则建立的几何体与所选的 Link 属于同一部件；如选择 by entering size，则需选择所属部件。

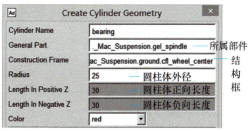

图 3-20　圆柱体的新建

图 3-21　椭球体的新建

4）Outline：悬架建模中，副车架常用线框形式来建立其几何体，如图 3-22 所示。

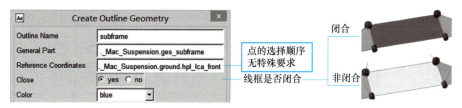

图 3-22　线框的新建

3.2.5 约束（Attachment）

低版本的约束主要有两种类型，即 Joint（刚性副）和 Bushing（衬套），而 2020 版本增加了 Connector（连接）和 Torsional Joint（扭转副），如图 3-23 所示。

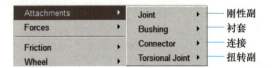

图 3-23　Attachments 子菜单

1. Joint（刚性副）

Joint 统称为刚性副，其定义了两个部件之间的约束及运动关系，对自由度有明确的定义。ADAMS/Car 常用的刚性副有 14 个，见表 3-3。

表 3-3　ADAMS/Car 常用刚性副

序号	名称	图标	图示	功能说明	允许自由度	名称前缀
1	Translational（移动副）			I 部件只能沿 J 部件的中心线移动	1	jo[lrs]tra jk[lrs]tra
2	Revolute（转动副）			I 部件相对于 J 部件绕公共轴线旋转	1	jo[lrs]rev jk[lrs]rev
3	Cylindrical（圆柱副）			I 部件相对于 J 部件沿轴线移动，绕轴线转动	2	jo[lrs]cyl jk[lrs]cyl
4	Spherical（球副）			I 部件相对于 J 部件绕固定点转动	3	jo[lrs]sph jk[lrs]sph
5	Planar（平面副）			I 部件相对于 J 部件沿平面移动，并绕垂直于平面的轴线转动	3	jo[lrs]pla jk[lrs]pla
6	Fixed（固定副）			I 部件固定于 J 部件上	0	jo[lrs]fix jk[lrs]fix
7	Inline（点线副）			I 部件相对于 J 部件 1 个平移，3 个转动（I 部件上一点位于 J 部件的一条线上）	4	jo[lrs]inl jk[lrs]inl

(续)

序号	名称	图标	图示	功能说明	允许自由度	名称前缀
8	Inplane（点面副）			I 部件相对于 J 部件 2 个平移，3 个转动（I 部件上一点位于 J 部件某一平面）	5	jo[lrs]inp jk[lrs]inp
9	Orientation（定向副）			I 部件的方向与 J 部件保持一致，不限制平移	3	jo[lrs]ori jk[lrs]ori
10	Parallel_axes（轴平行副）			I 部件的某一轴线与 J 部件一条轴线保持平行	4	jo[lrs]par jk[lrs]par
11	Perpendicular（垂直副）			I 部件的某一轴线与 J 部件一条轴线保持垂直	5	jo[lrs]per jk[lrs]per
12	Convel（同速副）			I 部件相对于 J 部件绕重合点转动，且旋转保持恒定速度	2	jo[lrs]con jk[lrs]con
13	Hooke（虎克副）			I 部件相对于 J 部件绕过重合点的两条轴线转动	2	jo[lrs]hoo jk[lrs]hoo
14	Universal（万向副）			I 部件相对于 J 部件绕过重合点的两条轴线转动	2	jo[lrs]uni jk[lrs]uni

注：上述"jk[lrs]"中 k-k 模式下激活，l-左侧，r-右侧，s-单一。

表 3-3 中，5、7、8、9、10 刚性副使用频率较低，其他均经常使用。下面以转动副为例来介绍刚性副的建立，如图 3-24 所示。

2. Bushing（衬套）

橡胶衬套在现代车辆上使用极为普遍，其起到缓冲、过滤、承载、连接等作用。ADAMS/Car 建立衬套时，首先要确定拓扑连接关系，即选择对应的连接部件，然后确定其位置及方向，再设置衬套的几何体大小及属性文件，如图 3-25 所示。

对于 X/Y 径向刚度相同的衬套，常使用一点定义其安装轴线方向，即 Z 向；对于 X/Y 径向刚度不同的衬套，使用两点定义其 Z/X 轴，Y 向遵循右手法则，图 3-25 模型图中红色箭头所指方向为衬套 X 向。衬套的六向刚度通过属性文件定义并加载使用，通常在子系统下对刚度进行调参。

根据分析目的的不同，衬套可有两种工作模式：never 为一直工作；kinematic mode 代表 K 模式下不工作。

图 3-24 刚性转动副的建立

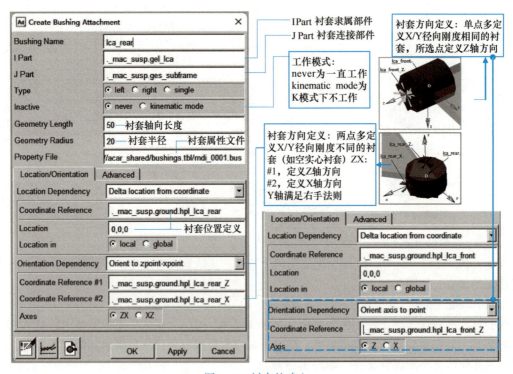

图 3-25 衬套的建立

3. Connector（连接）、Torsional Joint（扭转副）

Connector、Torsional Joint 为高版本 ADAMS 新增内容，常规建模中使用较少，读者可参考帮助文件自行研究。

3.2.6 弹性元件（Force）

Build 菜单中的 Forces 要素主要指弹性元件，即在悬架中起到支撑、承载作用的部件，主要包含弹簧、减振器、上跳与下跳缓冲块、空气阻力等。ADAMS/Car 2020 共有 7 种弹性元件，如图 3-26 所示。下面介绍其中几种。

图 3-26　弹性元件

1. Spring（螺旋弹簧）

Spring 通常指螺旋弹簧，其定义两部件之间的力-位移关系，表征其特性的物理量为刚度，单位为 N/mm。此刚度可以是线性的，也可以是非线性的，具体通过对应的属性文件来定义。其建立过程如图 3-27 所示。

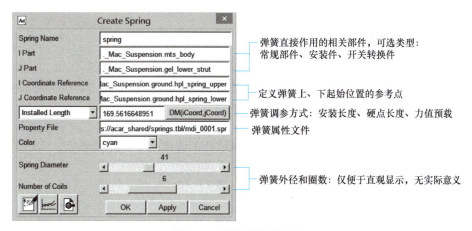

图 3-27　螺旋弹簧的建立

ADAMS/Car 2020 建模界面下仍然无法直接建立空气弹簧，但可在标准界面下将子系统中的螺旋弹簧替换成空气弹簧，并加载相应的属性文件，从而实现空气悬架的建模和调参。替换过程如图 3-28 所示。

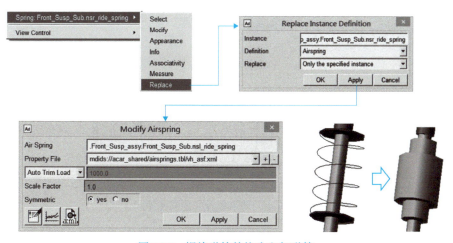

图 3-28　螺旋弹簧替换为空气弹簧

2. Damper（减振器）

减振器定义了两部件之间的力-速度关系，其新建对话框及属性文件如图3-29所示。在属性文件中，正值代表拉伸力（又称为复原力），负值代表压缩力。

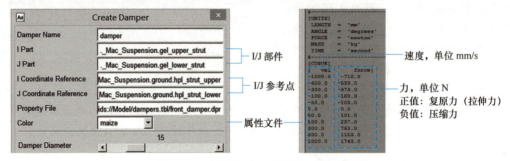

图3-29　减振器新建对话框及属性文件

3. Bumpstop（上跳缓冲块）、Reboundstop（下跳缓冲块）

上跳缓冲块在限制悬架上跳行程的同时，也起到对极限工况的承载支撑作用。下跳缓冲块限制车轮的下跳行程。两者均定义了相关的两个部件在经过一段空行程后，靠缓冲块的弹性力阻止部件的相对运行。力-位移特性通过其属性文件进行定义。

在实际工程中，上跳缓冲块一般肉眼可见，常集成在减振器防尘罩内，也有外置的，其材料主要有橡胶和聚氨酯两大类。而下跳缓冲块位于减振器下筒体内，一般不可见。下面着重讲解上跳缓冲块的建立，如图3-30和图3-31所示。

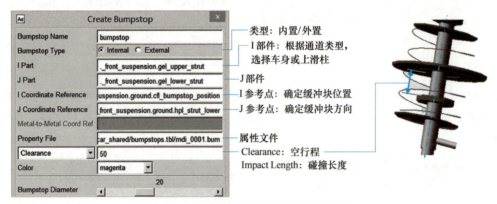

图3-30　上跳缓冲块新建对话框和图示

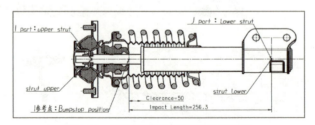

图3-31　空行程和碰撞长度参考图示

3.2.7　摩擦力与摩擦力矩（Friction）

为提高模型精度，ADAMS/Car中可以对部分刚性连接副建立摩擦力或摩擦力矩，这些刚性副主要包含圆柱副、移动副、虎克副、转动副、万向副和球副。刚性副摩擦力的设置可查看主程序下的 ADAMS/View 相关帮助文件，文件位置：主程序安装目录 \ MSC. Software \ ADAMS_2020 \ help \ adams_view，名称文件为"building_models_joints. pdf"。

3.2.8 车轮（Wheel）

此处的 Wheel 是指轮胎和轮辋的组合件。车轮中最为复杂的部件是轮胎，其动力学模型一般由专业的轮胎试验室提供，因此读者可借用软件里自带的轮胎模板文件，通过调用试验室提供的轮胎动力学属性文件来实现建模。

3.2.9 齿轮（Gear）

因齿轮具有改变速度的功能，故此处的 Gear 也可理解为传动比，其主要将两个或多个运动副的运动以一定的速度比关联起来。

ADAMS/Car 2020 的 Gears 子菜单包含 Differential Gear（差速齿轮）、Reduction Gear（变速齿轮）和 Adams Machinery Gear（机械齿轮），下面简单介绍 Reduction Gear。

以 EPS 转向系统为例，助力电机转子的转动需要转换为助力输出轴的转动，此处需要一个耦合副。助力输出轴通过十字轴将其转动输入给小齿轮，而小齿轮与齿条啮合，将转动转换为齿条的平移，此处也需要一个耦合副。两个耦合副（其他耦合副略，第7章中会详细讲解），也需要建立两个减速齿轮，如图 3-32 和图 3-33 所示。

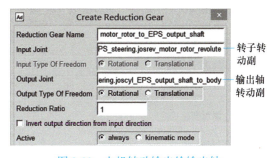

图 3-32　电机转动输出给输出轴

图 3-33　小齿轮转动转换为齿条平移

3.2.10 稳定杆（Anti-Roll Bar）

稳定杆在现代车辆中具有重要角色，已是必不可少的部件之一。

低版本的 ADAMS/Car 是在 Parts 子菜单下建立多段梁式稳定杆，而高版本软件新增了专门的稳定杆建模功能，建议首选此方式建模。对话框如图 3-34 及表 3-4 所示。

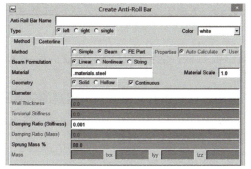
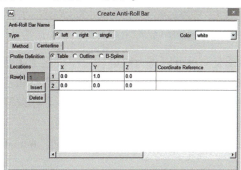

图 3-34　稳定杆创建对话框

表 3-4 稳定杆创建选项解释

Type			对　称　性
Method 选项卡（建模方法）	Method[1]	Simple	两个刚性部件通过旋转副和扭转弹簧连接。适用于中心线为直线状的稳定杆。此种方法建模需要用户定义稳定杆的扭转刚度（Torsional Stiffness）
		Beam	由矢量力所连接的一系列梁单元的组合。梁单元模型是物理系统的真实表示，因此无须调整模型即可获得正确的扭转刚度
		FE Part	使用有限元部件
	Beam Formulation		梁模式：线性/非线性/绳状
	Material		稳定杆材质
	Geometry		几何体：Sloid（实心）/Hollow（空心）。Continuous：中心线连续性设置，如未勾选，则中心线是断开的，适用于中心有其他连接部件（如主动稳定杆）的情况；其他情况下均需勾选，保持连续。FE Part 不支持中心线连续
	Diameter		稳定杆外径
	Wall Thickness		空心稳定杆壁厚
	Torsional Stiffness		扭转刚度，适用于 Simple 方法
	Damping Ratio（Stiffness）		阻尼率
	Damping Ratio（Mass）		质量损失率
	Sprung Mass %		簧上质量比例
Centerline 选项卡（中心线）	Profile Definition	Table	使用列表式定义稳定杆中心线的位置
		Outline	使用轮廓线定义稳定杆中心，此方法需要提前建立中心线的 Outline
		B-Spline	使用 B 样条曲线来定义稳定杆的中心线，同上，需提前建立所需要的 B-spline。对于左右对称且中心线连续的情况，B 样条曲线最后一点的 Y 坐标应设置为零

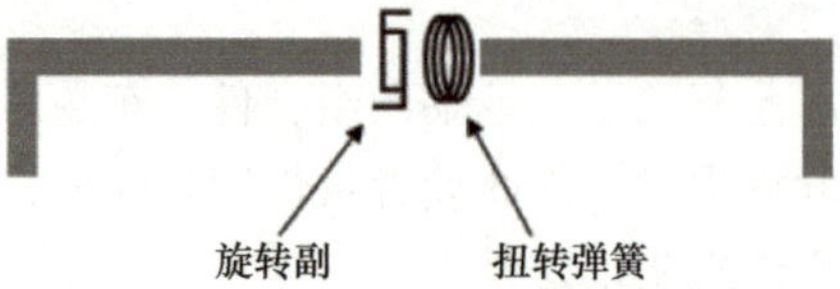

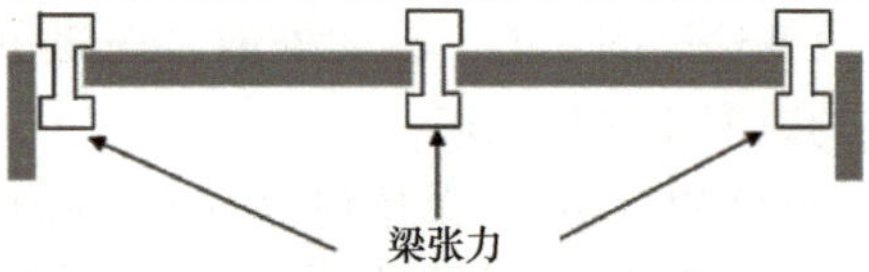

[1] 在对几何形状更复杂的稳定杆建模时，Beam 和 FE Part 方法尤其有利。当需要更高的精度时，用户可以选择这些选项。Simple 稳定杆可以在没有详细的几何图形时使用，或者在尝试最小化 CPU 时间时使用。

3.2.11　激励（Actuator）

激励是一种可以将力或运动功能应用于模板的建模元素，能够满足特定功能的应用和实现。如果激励是对称的，可以定义单独的左功能和右功能。

每个激励可以有一个应用区域和一个标识符。应用区域提供有关激励预期用途的信息；而标识符应用于描述该应用区域的激励实例。

ADAMS/Car 建模器提供了 5 种激励，Actuators 子菜单如图 3-35 所示。

(1) 连接副力激励

连接副力激励定义了作用在用户定义的连接副连接的两个部件之间的平移或旋转单分力。其适用于下述3种连接副。

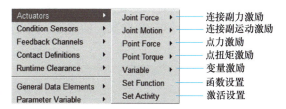

图 3-35 Actuators 子菜单

1) Revolute（转动副）：选择转动副会使模板生成器自动切换到旋转并禁用自由类型选项。单分力是作用在旋转关节连接的两个物体之间的旋转力。

2) Translational（移动副）：移动副会使模板生成器自动切换到平移并禁用自由类型选项。单分力是作用在平移关节连接的两个物体之间的平移力。

3) Cylindrical（圆柱副）：因圆柱副具有绕轴线转动和沿轴线平移的功能，故使用圆柱副会同时激活平移和旋转，以指定使用旋转力还是平移力，进而决定是创建扭矩还是创建力。

连接副力激励的一个典型应用是 EPS 转向系统中助力的输出，如 7.4.1 节 第5部分（第144页），就是在电机转子的转动副处创建了一个助力激励。

(2) 连接副运动激励

连接副运动激励定义了连接副所连接的两个部件之间作用的平移或旋转运动。同上，其也有 Revolute（转动副）、Translational（移动副）、Cylindrical（圆柱副）3 种类型的连接副，不同的是其定义部件之间的平移或旋转运动，而非力或力矩。

(3) 点力激励

点力激励定义了作用在 I 部件和 J 部件之间所指定的两个零件之间的平移单分力。其有下述 3 种定义方法。

1) Line of Sight（中心线）：力作用在 I 和 J 标记之间的连线上。可以通过选择两个施力点来定义力的方向，这两个点可以是硬点位置，也可以是构造框架位置。

2) Moving with Body（随部件移动）：仅作用于 I 部件的力，力的方向取决于 J 部件的运动。I 部件和 J 部件可以使用相同的主体。用户可以使用常规方法定义力的初始方向及位置。

3) Space Fixed（空间固定）：仅作用于 I 部件的力，方向将保持固定。用户可以使用常规方法定义力的初始方向及位置。

(4) 点扭矩激励

点扭矩激励定义了作用在 I 部件和 J 部件之间指定的两个部分之间的作用力和反作用力或仅作用旋转单分量扭矩。用户可以在对话框中自定义力或扭矩的位置及方向。如果将激励定义为仅动作，则 J 部件的文本框将被禁用，且不会产生任何反应。

(5) 变量激励

变量激励是由数据元素变量和一系列附加元素（如字符串和数组）组成的用户定义元素。当部件或连接副不能被引用时，变量激励尤其有用。

3.2.12 常规数据元素（General Data Element）

常规数据元素是其值存储在属性文件中的元素。ADAMS/Car 模块支持 3 种常规数据元素。

(1) 常规样条曲线（General Spline）

常规样条曲线是其值存储在属性文件中的样条曲线，属性文件必须是模板所支持的格式。这种创建样条曲线的方法具有很大的灵活性：一方面，其可以根据选定属性文件的数值内容在模型中定义样条曲线；另一方面，在模板中读取特性文件时，也会自动更新样条曲线实体。

创建样条曲线时，主数据块和子数据块名称必须与属性文件对应起来，典型应用之一是 EPS 助力曲线（它是一条 3D 曲线）的创建。其对话框如图 3-36 所示。

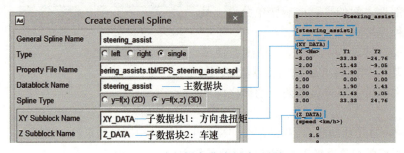

图 3-36　常规样条曲线创建对话框

（2）常规参数（General Parameter）

常规参数是一个 ADAMS/View 变量，其实际值存储于属性文件数据块中。创建对话框中需指定属性文件中的数据块和属性名称，对应的数值会从属性文件中读取并加载，如液压转向助力中的活塞面积，如图 3-37 所示。

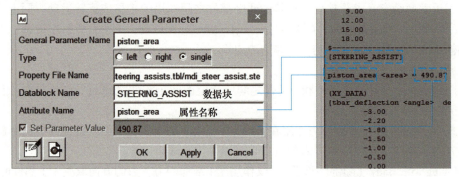

图 3-37　常规参数创建对话框

（3）常规变量（General Variable）

常规变量是 ADAMS 解算器（数据元素）变量，其实际值存储在属性文件数据块中。对话框中根据数据块和属性名称，从属性文件中读取相应数据。如属性文件中找不到指定的数据块或属性名称，则会发出警告，并且常规变量将保留其默认值 0。常规变量创建对话框如图 3-38 所示。

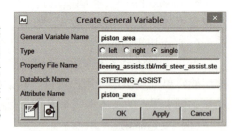

图 3-38　常规变量创建对话框

3.2.13　参变量（Parameter Variable）

不同于上述常规数据元素，参变量是指用户可以直接定义，而无须使用属性文件定义，且仿真分析过程中不会变化的变量，其可以定义各种元素和实体。

参变量有下述 3 种类型。

1）字符串值（String Value）：不包含单位信息，仅包含字符串值。
2）整数值（Integer Value）：不包含单位信息，仅包含整数值。
3）实数值（Rear Value）：可以包含实数和单位。

无论参变量类型如何,都可以选择对标准用户隐藏。将参变量指定为隐藏时,标准用户将无法使用标准界面中的修改参变量及创建对话框来访问它,如图 3-39 所示。

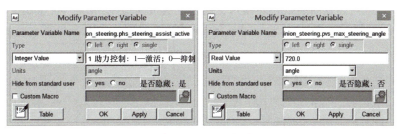

图 3-39 参变量修改及创建对话框

3.2.14 悬架参数(Suspension Parameter)

悬架参数包含两部分内容:悬架特征阵列及定位参数(前束角/外倾角)。

1. 悬架特征阵列(Characteristics array)

悬架特征阵列即悬架主销轴线。基于 ADAMS/Car 的悬架模板,无论是否为转向悬架,均需要设置主销轴线。软件提供两种主销轴线设置方法:几何法和瞬时轴法。

(1)几何法(Geometric)

使用两个非相交点来计算转向轴。此方法必须识别固定转向轴的一个或多个零件和两个硬点。常规的麦弗逊、标准双横臂转向悬架常使用此方法,如图 3-40 所示。

(2)瞬时轴法(Instant Axis)

瞬时轴法的思想是根据悬架的柔度矩阵计算来控制转向轴线。为了计算给定悬架的转向轴线,ADAMS/Car 首先锁定弹簧行程,并在所有方向上施加增量转向扭矩或力(3 个力和 3 个扭矩),然后根据车轮中心轴线的平移和旋转计算出每个车轮的瞬时旋转轴,即转向轴。

使用瞬时轴法时,必须确定能锁定弹簧行程的部件和硬点。ADAMS/Car 通过在选定的硬点位置锁定所识别零件的垂直运动来锁定弹簧行程。用户可以使用任何零件和硬点,前提是在该位置锁定该零件的垂直运动可锁定弹簧行程。例如,在使用螺旋弹簧的悬架中,最好选择较低的弹簧座。

当悬架装配中不存在转向子系统时,瞬时轴法计算的转向轴对于可转向悬架通常是不准确的,因为转向横拉杆固定在地面上,不能自由横向移动。因此,对于具有瞬时虚拟主销的悬架,做主要定位参数分析时,必须加入转向子系统。

多连杆前悬架和后悬架多使用瞬时轴法来设置主销。两种主销设置分别如图 3-40 和图 3-41 所示。

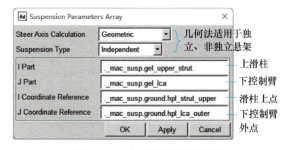

图 3-40 几何法设置主销轴线

图 3-41 瞬时轴法设置主销轴线

设置主销轴线后,会自动生成对应的输出通讯器 cos_suspension_parameters_ARRAY。

特别提示:对于初学者来说,需特别注意主销轴线的设置,因为其不在模型目录树中显示,很容易被忽略掉。

2. 前束角/外倾角（Toe/Camber）

悬架建模时，通过设置前束角和外倾角，会自动生成对应的 pvl/r_toe_angle、pvl/r_camber_angle 参变量和 col/r_toe_angle、col/r_camber_angle 输出通讯器，如图3-42所示。

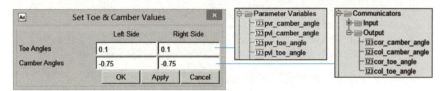

图 3-42　前束角/外倾角设置

3.2.15　请求（Request）

请求是用户期望的一种表达方式或表达语言。用户可以使用请求创建对话框来创建基于模板的产品使用请求语句和辅助变量。请求语句表示希望 ADAMS/Solver 在请求文件（.req）中输出的一组数据。用户可以执行以下操作：

1) 输出一组相对于模板中现有标记的位移、速度、加速度或力。
2) 定义通用请求函数。
3) 使用用户编写的子例程 REQSUB 定义非标准输出。有关用户编写的子程序的信息，请参见 ADAMS/Solver 子程序。

下面以提取转向横拉杆外点（外球头副）的载荷（六分力）为例介绍一下创建请求的对话框，如图3-43所示。

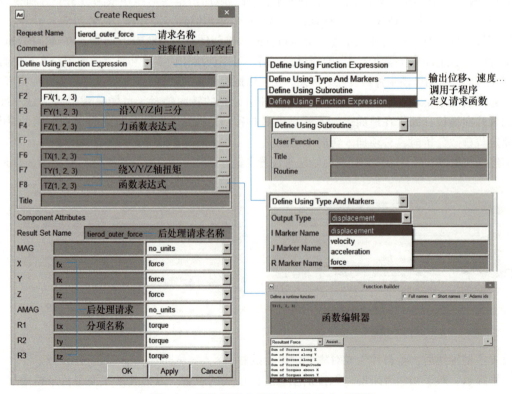

图 3-43　横拉杆外点的载荷创建请求对话框

注意事项：

1) 函数表达式遵循 ADAMS 函数定义。

2) 后处理中的请求名称（Result Set Name）可任意定义，如空白，则默认与请求名称（Request Name）相同；后处理请求分项名称可自定义，如空白，则遵循软件默认定义。

3) 后处理中，自定义的请求位于对应的子系统下。

3.2.16 转换模板（Shift Template）

转换模板可实现模板的快速整体前后、上下平移。平移后，模板中的硬点等相关特征均随之发生变化，具体操作如图 2-64 所示。

3.2.17 数据元素（Data Element）

不同于上述常规数据元素，此处的数据元素是指在模型中存储字母数字信息的元素，包含数组（Array）、曲线（Curve）、样条曲线（Spline）、矩阵（Matrix）和字符串（String）。

数据元素本身不起任何作用。它们只是保存其他 ADAMS 元素、用户函数表达式或用户编写子例程的支持数据。例如，在线性状态方程的定义中可引用矩阵。此外，线性状态方程可以使用变量数组定义输入、输出和状态特征，也可以使用曲线创建接触约束。

有关数据元素的创建操作及深入应用，读者可参阅 ADAMS/View 在线帮助文件。

3.2.18 系统元素（System Element）

系统元素允许用户将自己的代数和微分方程以及相应的状态添加到模型中。ADAMS/Solver 方程可与从其他建模元素生成的方程同时求解。

用户定义的方程可以依赖模型中的任何状态，如时间、零件运动、力或其他用户定义的状态。反过来，也可以在力、系统元素和其他建模元素中引用状态。

通过系统元素，用户可以对不太容易表示的系统或零部件进行建模。系统元素可用于自身具有动力学的组件或子系统建模。例如，可以使用系统元素来表示控制系统，或对机电、液压或气动激励的动力学进行建模。还可以使用系统元素来计算模拟输出。

适用于 ADAMS/Car 模板的系统元素主要有 5 类，分别是状态变量（State Variable）、微分方程（Differential Equation）、传递函数（Transfer Function）、线性状态方程（Linear State Equation）、常规状态方程（General State Equation）5 类，见表 3-5。

表 3-5　系统元素类型

元素类型	定义或解释
状态变量	独立使用的标量代数方程，或作为设备输入、设备输出、数组数据元素的一部分
微分方程	用时间导数描述用户定义的变量
传递函数	当与相关阵列数据元素一起使用时，单输入单输出传递函数为拉普拉斯域中两个多项式的比率
线性状态方程	与相关数组和矩阵数据元素一起使用时，采用经典状态空间格式的常系数、显式、微分和代数方程组
常规状态方程	状态空间形式的微分方程和代数方程组，使用数组数据元素指定输入、输出和语句

有关系统元素的创建操作及深入应用，读者可参阅 ADAMS/View 在线帮助文件。

3.3 模板建模要素的命名规则

上述建模要素创建后，ADAMS/Car 建模器会按照约定的规则根据要素的特性自动增加一个前缀。主要规则见表 3-6，[lrs]中，l 代表左、r 代表右、s 代表单一部件。

表 3-6 常见建模要素命名规则

序号	分类	前缀	实体类别	主体规则
1	基本要素	hp[lrs]_	Hardpoint（硬点）	前2位代表要素的特征，第3位为对称性标识
2		cf[lrs]_	Construction Frame（结构框）	
3	部件	ge[lrs]_	General Part（常规部件）	前2位代表要素的特征，第3位为对称性标识
4		mt[lrs]_	Mount（安装件）	
5		sw[lrs]_	Switch（开关转换件）	
6		fb[lrs]_	Flexible Body（柔性体部件）	
7		ip[lrs]_	Interface Part（接口件）	
8		nr[lrs]_	Nonlinear Beam（多段梁）	
9		ma[lrs]_	Marker（标记点）	
10	几何体	graarm_	Arm Geometry（三角臂几何体）	前3位为gra，后3位为几何体类型。因几何体隶属于部件，故其名称前缀中没有对称性标识，即没有[lrs]标识
11		gralin_	Link Geometry（连杆几何体）	
12		gracyl_	Cylinder Geometry（圆柱体几何体）	
13		graell_	Ellipsoid Geometry（椭球体几何体）	
14		graout_	Outline Geometry（线框几何体）	
15	刚性副	jo[lrs]tra_	Translational Joint（移动副）	前2位jo代表joint，第3位为对称性标识，后3位为刚性副类型 jo：总是激活 jk：K模式下激活
16		jo[lrs]rev_	Revolute Joint（转动副）	
17		jk[lrs]rev_	Revolute Joint（转动副）	
18		jo[lrs]cyl_	Cylindrical Joint（圆柱副）	
19		jo[lrs]sph_	Spherical Joint（球副）	
20		jo[lrs]fix_	Fixed Joint（固定副）	
21		jo[lrs]con_	Convel Joint（同速副）	
22		jo[lrs]hoo_	Hooke Joint（虎克副）	
23		jo[lrs]uni_	Universal Joint（万向副）	
24	衬套	bk[lrs]_	Bushing（K模式下不工作的衬套）	第1位b代表bushing，第2位k代表K模式下不激活，g代表一直激活
25		bg[lrs]_	Bushing（一直工作的衬套）	
26	弹性元件	ns[lrs]_	Spring（弹簧）	前2位代表要素的特征，第3位为对称性标识
27		da[lrs]_	Damper（减振器）	
28		bu[lrs]_	Bumpstop（上跳缓冲块）	
29		re[lrs]_	Reboundstop（下跳缓冲块）	
30		ue[lrs]_	Torsional Spring（扭杆弹簧）	
31		tb[lrs]_	Torsional Beam spring（扭梁弹簧）	
32	齿轮	gr[lrs]red_	Reduction Gear（变速齿轮）	gr：总是激活；gk：K模式下激活
33		gk[lrs]red_	Reduction Gear（变速齿轮）	
34	激励	jf[lrs]_	Joint Force Actuator（连接副力激励）	前2位代表要素的特征，第3位为对称性标识
35		jm[lrs]_	Joint Motion Actuator（连接副运动激励）	
36		pf[lrs]_	Point Force Actuator（点力激励）	
37		pt[lrs]_	Point Torque Actuator（点力矩激励）	
38		va[lrs]_	Variable Actuator（变量激励）	

(续)

序号	分类	前缀	实体类别	主体规则
39	常规数据元素	gs[lrs]_	General Spline（常规样条曲线）	前2位代表要素的特征，第3位为对称性标识
40		gp[lrs]_	General Parameter（常规参数）	
41		gv[lrs]_	General Variable（常规变量）	
42	参变量	ph[lrs]_	Hidden Parameter Variable（隐藏参变量）	前2位代表要素的特征，第3位为对称性标识
43		pv[lrs]_	Parameter Variable（可视参变量）	
44	通讯器	ci[lrs]_	Input Communicator（输入通讯器）	前2位代表要素的特征，第3位为对称性标识
45		co[lrs]_	Output Communicator（输出通讯器）	

3.4 通讯器

实际工程中，系统与系统之间大多是通过紧固件进行连接的，而 ADAMS/Car 中，则是使用通讯器进行匹配连接。因此，通讯器是模板的关键要素之一。其创建于模板中，用于子系统与子系统或子系统与试验台之间的连接及数据传递，是以成对方式实现其功能的。

通讯器是一种 ADAMS/View 变量，在一个通讯器中包含对象、实数值、字符串等信息。基于其作用，通讯器除自身的名称（Communicator Name）外，还有匹配名（Matching Name）、类型（Type）、实体类别（Entity Class）、次特征（Minor Roles）等多重属性。

通讯器只能在模板里建立，在子系统和装配模式下是无法更改和删除的。因此，模板建立后，进行当前模板与关联模板或试验台之间的通讯器匹配测试是很重要的。

3.4.1 通讯器的属性

（1）通讯器的名称

通讯器的名称是通讯器的一种称呼，如同人的姓名一样，其不具有唯一性。通讯器创建后，模板会自动赋予通讯器一个前缀，定义如下。

1）ci[lrs]_：ci 代表输入通讯器，l、r 为左、右标识，s 为单一性标识。

2）co[lrs]_：co 代表输出通讯器，l、r 为左、右标识，s 为单一性标识。

（2）匹配名

通讯器用于子系统之间或子系统与试验台之间的匹配连接，则要求彼此遵循共同的规则，此规则即为匹配名必须保持相同。子系统之间的通讯中，匹配名用户可以自己定义，只要保持一致即可；而当子系统与试验台之间的通讯器匹配时，子系统中的匹配名必须与试验台保持一致，不可随便定义。

由上可知，彼此匹配的两个通讯器，其名称可以不一样，但匹配名必须保持相同。

（3）类型

根据其功能，通讯器有输入和输出两大类。

1）输入通讯器（Input Communicator）：当前子系统接收其他子系统或试验台的信息。

2）输出通讯器（Output Communicator）：将当前子系统的相关信息输出给其他子系统或试验台。

一个输出通讯器可以同时匹配多个输入通讯器，而一个输入通讯器仅能对应一个输出通讯器。

(4) 实体类别

实体类别是指通讯器之间彼此交换信息的种类,如稳定杆固定到副车架对应的通讯器为安装(Mount)类别,悬架试验台的轮胎放置到期望的轮心位置则为位置(Location)类别,而方向盘的转动则为转动副的运动(joint for motion)类别。

常见输入、输出通讯器的实体类别见表3-7。同其他模板要素一样,通讯器可以建成左、右对称或单一的,但Array、Differential Equation、Solver Variable、Spline只能建成单一的。

表3-7 通讯器实体类别

序号	类别	对称性	载体	交换的信息
1	Array	s	ADAMS求解器数组名称	求解器数组
2	Bushing	l/r/s	衬套名称	衬套
3	Differential Equation	s	微分方程名称	微分方程
4	Force	l/r/s	力的名称	力值
5	Joint for Motion	l/r/s	连接副的名称	连接副的运动
6	Joint	l/r/s	连接副的名称	连接副
7	Location	l/r/s	硬点或结构框的名称	位置信息
8	Marker	l/r/s	结构框或部件的名称	位置与方向信息
9	Motion	l/r/s	运动名称	运动
10	Mount	l/r/s	部件名称	固定连接
11	Orientation	l/r/s	方位参照的结构框	方位
12	Parameter Integer	l/r/s	整数型参变量名称	整数值
13	Parameter Real	l/r/s	实数型参变量名称	变量值
14	Part	l/r/s	部件名称	部件
15	Solver Variable	s	ADAMS求解器变量名称	求解器变量
16	Spline	s	样条线名称	样条线数据
17	Contact Geometry	l/r/s	几何体名称	几何体参数

(5) 次特征

次特征用于定义通讯器在装配体中的位置。ADAMS/Car通讯器的次特征主要有任意(Any)、继承(Inherit)、前(Front)、后(Rear)、挂车(Trailer)5类,其中,继承是指通讯器的次特性与模板对应的子系统的次特性相同。

3.4.2 通讯器的操作

通讯器的操作主要包含创建、修改、信息查看、匹配测试等。

(1) 通讯器的创建

输入通讯器菜单命令:建模界面->Build->Communicator->Input->New。

输出通讯器菜单命令:建模界面->Build->Communicator->Output->New。

以输出通讯器与例,其创建对话框如图3-44所示。

通讯器的创建需要注意下面几点:

1) 模板里建立安装件(Mount)时,会自动创建对应的安装(Mount)类别输入通讯器,其匹配名默认与安装件名称保持相同,用户可以单独修改此名称。另外,此安装类别的输入通讯器依附于对应的安装件,不能单独删除,如一定要删除,则需提前删除对应的安装件。

2) 悬架模板设置了前束角、外倾角后,软件会自动创建toe_angle、camber_angle输出通讯器,用户不需要自己建立,也不可自己另行创建。

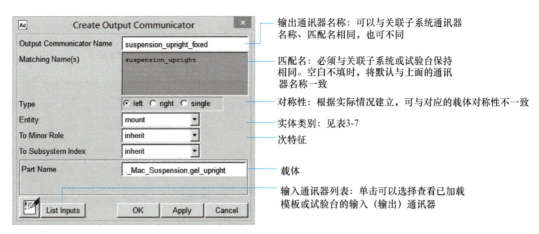

图 3-44　输出通讯器创建对话框

3) 悬架模板设置了主销参数后，输出通讯器 cos_suspension_parameters_ARRAY 即被自动创建，用户不需要自己建立，也不可自己另行创建。

(2) 通讯器的修改

输入通讯器菜单命令：建模界面->Build->Communicator->Input->Modify。

输出通讯器菜单命令：建模界面->Build->Communicator->Output->Modify。

安装件对应自动建立的输入类型通讯器，仅可更改输入通讯器名称和匹配名，其他均不可更改。更改输入通讯器名称时，对应的安装件名称也会一同更改，还会提示用户是否更改匹配名。

输出通讯器创建后，对称性、实体类别两项是不可修改的，其他均可修改。

(3) 通讯器的信息查看

通过信息查看功能，可以选择浏览当前已加载模板和试验台的所有通讯器信息，对话框如图 3-45 所示。

菜单命令：建模界面->Build->Communicator->Info。

(4) 通讯器的匹配测试

通讯器匹配测试的目的是检查彼此关联的模板中的输入、输出通讯器设置是否正确。测试结果中，匹配成功及未匹配的通讯器均会以列表显示。匹配测试对话框及测试结果如图 3-46 和图 3-47 所示。

图 3-45　通讯器信息查看对话框

图 3-46　通讯器匹配测试对话框

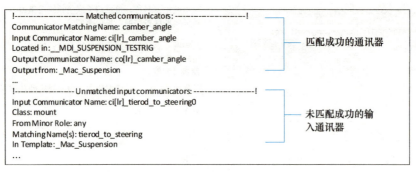

图 3-47 通讯器匹配测试结果（仅部分）

菜单命令：建模界面->Build->Communicator->Test。

关于通讯器的匹配测试，说明如下几点。

1）通讯器的匹配测试仅根据匹配名进行匹配检测，并不会深入检测载体、类别等信息，即使匹配测试顺利，也并不保证实际匹配连接一定能成功。

2）个别未匹配功能的通讯器，可能不会影响仿真分析，如悬架模板中的车身安装件输入通讯器未匹配，悬架分析时车身会被固定到大地上。

3.4.3　悬架试验台通讯器解读

下面以图 2-1 所示的悬架装配体为例，详细解读一下悬架试验台的通讯器，以提高读者对通讯器的应用能力。

1. 装配体组件

装配体组件打开时，信息窗口内的信息如图 3-48 所示，解释如下：

```
Opening the assembly: 'Front_Susp_assy'...
Opening the front steering subsystem: 'EPS_steering'...
Opening the front suspension subsystem: 'Front_Susp_Sub'...
Opening the front antirollbar subsystem:
'Front_Antirollbar_Sub'...
Assembling subsystems...
Assigning communicators...
WARNING: The following input communicators were not
assigned during assembly:
testrig.cil_jack_frame (attached to ground)
testrig.cir_jack_frame (attached to ground)
testrig.cis_leaf_adjustment_steps
testrig.cis_powertrain_to_body (attached to ground)
testrig.cil_spring_lower_marker
testrig.cil_spring_upper_marker
testrig.cir_spring_lower_marker
testrig.cir_spring_upper_marker
testrig.cil_damper_lower_marker
testrig.cil_damper_upper_marker
testrig.cir_damper_lower_marker
testrig.cir_damper_upper_marker
testrig.cis_pseudo_velocity
EPS_steering.cis_column_to_body (attached to ground)
Front_Susp_Sub.cis_body (attached to ground)
Assignment of communicators completed.
Assembly of subsystems completed.
Suspension assembly ready.
```

图 3-48 组件打开信息

1）装配体组件由 Front_Susp_Sub、EPS_steering、Front_Antirollbar_Sub 3 个子系统构成，另含悬架试验台 Testrig。

2）子系统及悬架试验台未匹配的输入通讯器以警告信息的形式列出。

3）子系统及悬架试验台未匹配的安装类型的输入通讯器均被连接到大地上。

4）子系统及悬架试验台未匹配的输出通讯器未出现在信息窗口中。

2. 悬架试验台

标准悬架试验台 ._MDI_SUSPENSION_TESTRIG 共包含 30 个输入通讯器、8 个输出通讯器，各自功能定义见表 3-8。

表 3-8　悬架试验台输入、输出通讯器功能定义

悬架试验台输入通讯器列表						
序号	输入通讯器名称	实体类别	次特征	匹配名	默认值	功能定义
1	ci[lr]_camber_angle	parameter_real	any	camber_angle	0	接收来自悬架子系统的外倾角参数
2	ci[lr]_damper_lower_marker	marker	any	damper_lower_marker	._MDI_SUSPENSION_TESTRIG.ground._cv_marker	减振器下点标记点
3	ci[lr]_damper_upper_marker	marker	any	damper_upper_marker	._MDI_SUSPENSION_TESTRIG.ground._cv_marker	减振器上点标记点
4	ci[lr]_diff_tripot	location	any	tripot_to_differential	{0, 0, 0}	接受悬架子系统的内球笼位置信息
5	ci[lr]_jack_frame	mount	any	jack_frame	._MDI_SUSPENSION_TESTRIG.mtl_jack_frame	试验台支柱固定于大地
6	ci[lr]_spring_lower_marker	marker	any	spring_lower_marker	._MDI_SUSPENSION_TESTRIG.ground._cv_marker	弹簧下点标记点
7	ci[lr]_spring_upper_marker	marker	any	spring_upper_marker	._MDI_SUSPENSION_TESTRIG.ground._cv_marker	弹簧上点标记点
8	ci[lr]_suspension_mount	mount	any	suspension_mount	._MDI_SUSPENSION_TESTRIG.mtl_suspension_mount	主轴连接固定于悬架试验台的车轮轴上
9	ci[lr]_suspension_upright	mount	any	suspension_upright	._MDI_SUSPENSION_TESTRIG.mtl_suspension_upright	悬架转向节固定于试验台的车轮上
10	ci[lr]_toe_angle	parameter_real	any	toe_angle	0	接收悬架子系统的前束角参数
11	ci[lr]_wheel_center	location	any	wheel_center	{0, 0, 0}	接收悬架子系统的轮心位置信息
12	cis_driveline_active	parameter_integer	any	driveline_active	0	接收悬架传动轴状态的1、0实数值
13	cis_leaf_adjustment_steps	parameter_integer	any	leaf_adjustment_steps	0	
14	cis_powertrain_to_body	mount	any	powertrain_to_body	._MDI_SUSPENSION_TESTRIG.mts_powertrain_to_body	动力系统固定于试验台
15	cis_pseudo_velocity	solver_variable	any	pseudo_velocity	._MDI_SUSPENSION_TESTRIG._cv_solver_variable	
16	cis_steering_rack_joint	joint_for_motion	any	steering_rack_joint	._MDI_SUSPENSION_TESTRIG._cv_joint_for_motion	以齿条行程模式控制转向
17	cis_steering_wheel_joint	joint_for_motion	any	steering_wheel_joint	._MDI_SUSPENSION_TESTRIG._cv_joint_for_motion	以方向盘转角模式控制转向
18	cis_subframe	mount	any	subframe	._MDI_SUSPENSION_TESTRIG.mts_subframe	副车架与试验台连接固定
19	cis_suspension_parameters_array	array	any	suspension_parameters_array	._MDI_SUSPENSION_TESTRIG._cv_array	接收悬架子系统的数组参数(主销参数)

（续）

			悬架试验台输出通讯器列表			
序号	输出通讯器名称	实体类别	次特征	匹配名	交换实体	功能定义
1	co[lr]_tripot_to_differential	mount	any	tripot_to_differential	.__MDI_SUSPENSION_TESTRIG.gel_diff_output	连接固定传动轴内球笼
2	co[lr]_wheel_cm_on_body	marker	any	wheel_cm_on_body	.__MDI_SUSPENSION_TESTRIG.mtl_jack_frame.coomarker_3	
3	co[lr]_wheel_cm_on_wheel	marker	any	wheel_cm_on_wheel	.__MDI_SUSPENSION_TESTRIG.whl_wheel.coomarker_1	
4	cos_characteristics_input_array	array	any	characteristics_input_array	.__MDI_SUSPENSION_TESTRIG.characteristics_input_array	

3. 其他子系统

图 2-1 所示的悬架装配体对应的悬架、稳定杆、转向子系统的通讯器详细解读见后续章节中的表 5-7（第 97 页）、图 6-18（第 124 页，相应文字说明）、表 7-9（第 140 页）。

第 4 章

ADAMS/Postprocessor基础应用

本章讲解 ADAMS/Postprocessor 的基础应用,它是学习和使用 ADAMS/Car 模块必须掌握的内容之一,主要内容如下:

1) ADAMS/Postprocessor 模块简介。
2) ADAMS/Postprocessor 输出仿真动画。
3) ADAMS/Postprocessor 输出仿真结果曲线图。

4.1 ADAMS/Postprocessor 模块简介

ADAMS/Postprocessor 是一个功能强大的后处理工具,可用于查看使用任何 ADAMS 模块得到的模拟执行结果。

4.1.1 ADAMS/Postprocessor 模块用途

ADAMS/Postprocessor 允许用户快速查看 ADAMS 分析结果,使用户更容易理解模型的行为。ADAMS/Postprocessor 支持用户完成整个模型开发周期,具体如下。

1) 调试:ADAMS/Postprocessor 通过查看运动中的模型,帮助用户调试模型,还可以隔离单个柔性体,以关注其变形。

2) 验证:要验证结果,可以导入测试数据,并将其与在 ADAMS 分析的数值结果进行对比,还可以对绘图曲线执行数学运算和统计分析。

3) 改进:用户可以通过图形方式比较两个或更多模拟的结果。此外,只需单击几下鼠标,就可以自动更新绘图结果。通过加快模拟结果的查看速度,可以尝试观察模型的更多变化。用户还可以检查碰撞,并在动画的每一帧生成包含部件彼此之间最近距离的报告,以帮助改进设计。

4) 呈现结果:ADAMS/Postprocessor 帮助用户在 ADAMS 中呈现分析结果。要增强设计评审和报告,可以更改绘图的外观,并为其添加标题和注释。用户还可以将结果显示为表格。要增强动画的显示效果,可以将 CAD 几何图形导入动画,也可以从动画中创建视频,并将视频添加到演示文稿中。最后,可以显示三维几何图形的同步动画以及绘图,并将结果发布到网络上。

4.1.2 ADAMS/Postprocessor 模块启动及退出

ADAMS/Postprocessor 是 ADAMS 软件的后处理器,其可以单独运行,也可以集成在其他模块下运行。

(1) 单独运行

打开步骤:双击桌面上的 ADAMS/Postprocessor 图标,或单击"开始"程序里的相应图标。因是独立运行,打开后的窗口是空白的,不会加载已完成的仿真分析结果。

（2）ADAMS/View 模块下的运行

ADAMS/View 模块下的后处理器启动方法如图 4-1 所示。

图 4-1　ADAMS View 模块下的后处理器启动方法

（3）ADAMS/Car 模块下的运行

建模界面：按〈F8〉键。

标准界面：按〈F8〉键，或用菜单操作：Review->Postprocessor Window，如图 4-2 所示。如当前模型中仿真分析执行成功，ADAMS/Postprocessor 会自动加载仿真分析结果。

图 4-2　ADAMS/Car 标准界面下的后处理器启动方法

4.1.3　ADAMS/Postprocessor 界面

ADAMS/Car 装配体仿真分析成功后，打开的后处理器界面默认状态如图 4-3 所示。

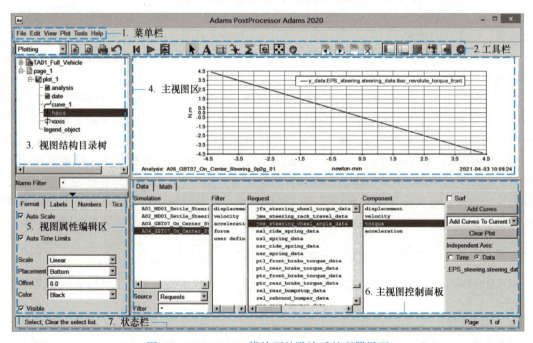

图 4-3　ADAMS/Car 模块下的默认后处理器界面

1. 菜单栏

菜单栏由 File（文件）、Edit（编辑）、View（浏览）、Plot（绘图）、Tools（工具）、Help（帮助）6 个菜单构成。下面介绍其中几个。

（1）File 菜单

根据实际工程中可能用到的功能，下面仅着重介绍导入（Import）和导出（Export）功能及相关操作，导入、导出文件类型如图 4-4 所示。其他未介绍的项目，读者可结合帮助文件自行研究。

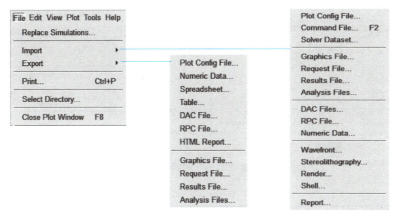

图 4-4　导入、导出文件类型

图 4-4 中各文件类型的定义见表 4-1。

表 4-1　文件类型定义

文件类型	描　　述
Plot Config File	用户自定义模板的曲线文件
Command File（.cmd）	一套 ADAMS/View 的命令，包含模型信息。用它调入分析文件
Solver Dataset（.adm）	用 ADAMS/Solver 数据语言描述模型信息
Graphics File（.gra） Request File（.req） Results File（.res）	三种分析文件 .gra：包含来自仿真的图形输出，并包含能描述模型中各部件位置和方向的时间序列数据，可使 ADAMS/Postprocessor 生成模型动画 .req：包含使 ADAMS/Postprocessor 产生仿真结果曲线的信息，也包含基于用户自定义信息的输出数据 .res：包含在仿真过程中 ADAMS/Postprocessor 计算得出的一套基本的状态变量信息。可导入整套或者单个数据文件
DAC Flies RPC Flies Numeric Data…	按列编排的 ASCII 文件，包含其他应用程序输出的数据
Wavefront，Stereolithography，Render，Shell	曲面
Report	以 HTML 或 ASCII 格式表示的报告数据
Spreadsheet（.tab） Table（.tab）	表格类数据，可用记事本打开

ADAMS/Car 仿真分析完成后,后处理中默认输出的曲线页面格式可能不太符合用户的期望。如图 4-5a 所示的平跳前束变化,其纵、横坐标的表示信息并不完整,此时就需要对曲线属性进行编辑。当输出结果较多时,逐一编辑曲线属性会耗费大量的时间。对此,用户可以对同一仿真工况下的多条曲线进行配置(配置方法见 4.3 节相关内容),并输出为配置文件,如图 4-6 所示。配置文件创建成功后,其他模型再做同类工况仿真分析时,便可直接调用上述配置文件,根据需要选择对应曲线,如图 4-7 所示。注意:图 4-5b 中的变化梯度数值(−9.4)需根据实际仿真结果进行更改。

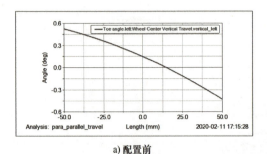
a)配置前

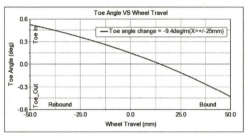
b)配置后

图 4-5　平跳前束变化曲线配置前后对比

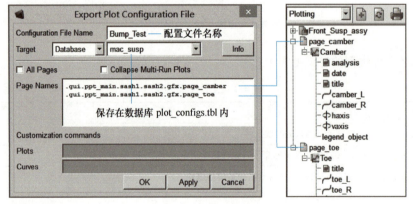

图 4-6　创建配置文件

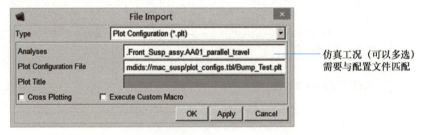

图 4-7　导入配置文件

(2) Edit 菜单

Edit 菜单较为简单,下面简单介绍一下删除(Delete)、重命名(Rename)和自定义(Preferences)操作。

第 4 章
ADAMS/Postprocessor 基础应用

1) 删除和重命名操作说明如图 4-8 所示。
2) 自定义主要是针对后处理输出结果的统一设置，如图 4-9 所示。

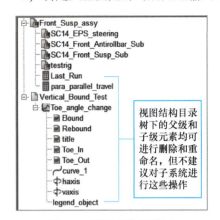

图 4-8　视图结构目录树

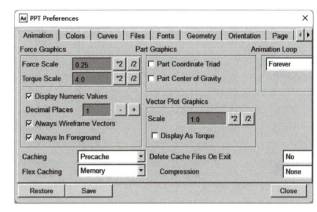

图 4-9　自定义设置

（3）View 菜单

View 菜单主要是针对视图的操作，其主要功能等同于主工具栏（Main Toolbar）的操作，后续会讲解。

（4）Plot 菜单

Plot 菜单主要用来绘制各种仿真分析结果，如图 4-10 所示。

1) 其中，FFT 和 FFT 3D 涉及傅里叶变换，读者可参阅帮助文件。
2) 波德图（Bode Plots）在后面的整车操稳仿真分析中会讲到。
3) 创建注释（Create Note）在绘制配置文件中会用到，如图 4-5b 中的 Rebound、Bound 标识。

2. 工具栏

工具栏可通过 View 菜单下的 Toolbars 打开和关闭，如图 4-11 所示，其具有较为实用的功能。

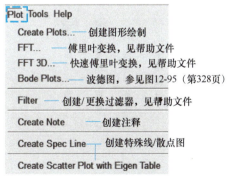

图 4-10　Plot 菜单

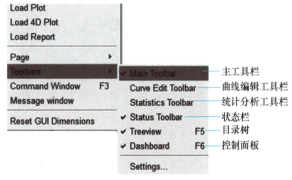

图 4-11　Toolbars

1) 主工具栏所含项目及功能定义如图 4-12 和表 4-2 所示。

图 4-12　主工具栏

表 4-2　主工具栏各图标功能定义

序号	图标	功能表述	序号	图标	功能表述	序号	图标	功能表述
1	Plotting	功能模式选择，Animation/Ploting 等	10	A	Add Text 添加文字	19		Create a New Page 新建视图
2		Import a File 数据文件导入	11		Create a Spline 创建新曲线	20		Delete the Current Page 删除当前视图
3		Reload Simulation 重新加载仿真	12		Plot Tracking 数据统计分析	21		Toggle Treeview Visibility 隐藏左侧目录树
4		Print 打印主视图	13		Curve Edit Toolbar 曲线编辑工具	22		Toggle Dashboard Visibility 隐藏下侧控制面板
5		Undo/Redo 撤销/重做	14		Zoom Plot 局部视图放大	23		Page Layouts 多视图显示
6		Reset Animation 动画重设	15		Fit Plot 视图适合	24		Expand View Layout 视图展开
7		Animation Page 动画播放	16		Pan Plot 平移视图	25		Swap View Layout 切换视图
8		Toggle Animation Dashboard 切换动画控制面板	17		Previous Page 上一视图	26		Close Postprocessor 退出后处理界面
9		Select, Clear the Select List 选择/清除选择	18		Next Page 下一视图			

2) 曲线编辑工具栏如图 4-13 所示。

图 4-13　曲线编辑工具栏

3) 统计分析工具栏主要是针对选定曲线的数据查看，如图 4-14 及表 4-3 所示。

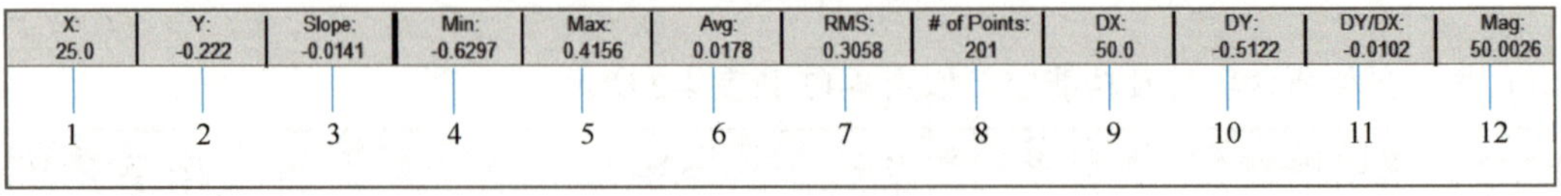

图 4-14　统计分析工具栏

表 4-3 统计分析工具栏各项符号功能定义

序号	符 号	功 能 表 述	序号	符 号	功 能 表 述
1	X	当前点的横坐标值（X 轴）	7	RMS	整个数据段内的均方根值
2	Y	当前点的纵坐标值（Y 轴）	8	# of Points	整个数据段内的采样数量
3	Slope	当前点的切线斜率（dY/dX，又称梯度）	9	DX	选定数据段的 X 轴差值（△X）
4	Min	整个数据段内的最小值	10	DY	选定数据段的 Y 轴差值（△Y）
5	Max	整个数据段内的最大值	11	DY/DX	选定数据段的斜率（△Y/△X，又称梯度）
6	Avg	整个数据段内的平均值	12	Mag	测量两点间的距离

3. 视图结构目录树

视图结构目录树根据功能模式的不同而不同，读者可自行研究。

4. 主视图区

主视图区主要显示仿真分析结果或动画。当视图区空白时，可以右击，加载显示内容。另外，通过主工具栏上的 Page Layouts 可同时显示多个视图，如图 4-15 所示。

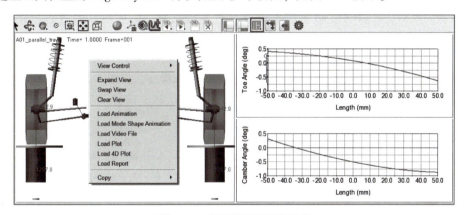

图 4-15 主视图区可显示内容

5. 视图属性编辑区

视图属性编辑区主要是针对选中项目的属性编辑，如线型、颜色、字体大小等信息，4.3 节会详细讲到。

6. 主视图控制面板

主视图控制面板主要是针对仿真分析结果的选择和添加，其由图 4-16 所示的几个部分构成。

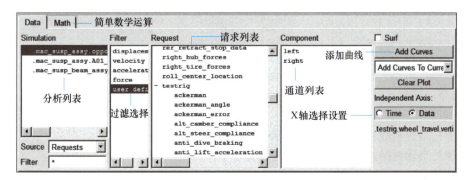

图 4-16 主视图控制面板构成

选中分析曲线，单击 Math 标签，进入图 4-17 所示的界面，可以进行曲线名称编辑和曲线数学运算。

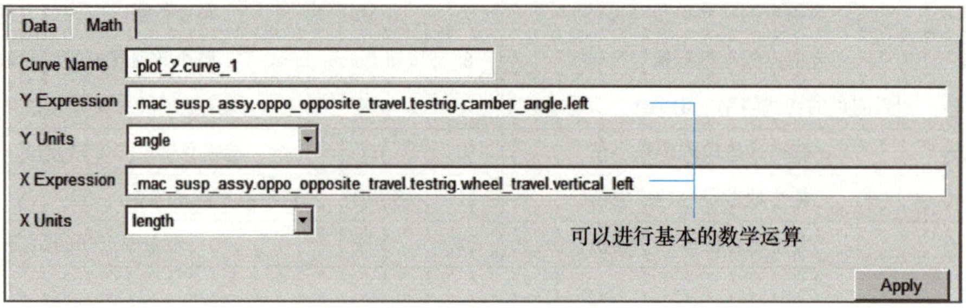

图 4-17　Math 界面

4.2　仿真动画的应用

仿真分析完成后，可以通过动画初步查看分析是否正常，也可对动画进行精细化设置及输出。

1. 主界面动画应用

仿真成功后，可在主界面里直接调用动画并进行简易的操作，如图 4-18 所示。

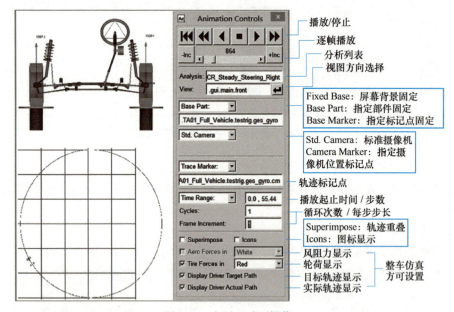

图 4-18　主界面动画操作

菜单命令：标准界面->Review->Animation Controls。
说明几点：
1) 只有仿真分析成功的工况才能进行动画播放。
2) 悬架仿真动画播放默认自动显示轮胎载荷（合力）。
3) 悬架仿真动画播放如过快，可以勾选 Icons，减慢动画播放速度。
4) 悬架仿真中，Frame Range = 1 对应下极限起点。

5) 整车仿真动画播放，注意选择合适的固定方式。

2. 后处理动画应用

仿真分析成功后，按〈F8〉键进入后处理界面，也可以查看动画，并进行精细化操作，如图 4-19 所示。

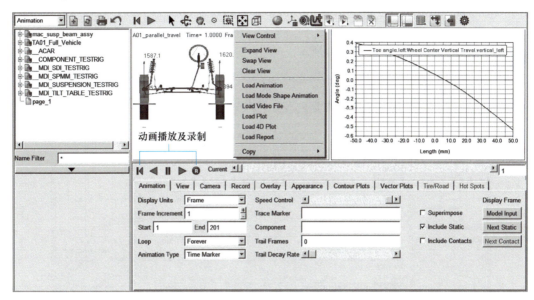

图 4-19　后处理界面动画操作

菜单命令：标准界面->Review->Animation Controls。

基本步骤如下：

1) 功能模式选择 Animation。
2) 在空白的主视图区右击，选择对应的仿真分析即可。
3) 如需多窗口显示，单击 Page Layouts 图标。
4) 如需多窗口显示不同内容，先单击空白主视图区，再进行相应的功能模式选择，如图 4-19 所示的曲线图。

后处理界面中，动画的精细化操作主要是对 Animation、View、Camera、Record 等项目的设置，其操作也较为简单，读者可参阅帮助文件，此处不再详细讲解。

说明一点，动画播放时单击 R 按钮可进行动画录制，文件保存在默认工作目录下。

4.3　仿真分析结果的处理及输出

对于实际工程而言，用户往往更关注的是分析结果，此时就涉及分析结果的处理及输出。ADAMS/Car 分析结果在后处理界面大多以 2D 或 3D 曲线图的形式存在，对于底盘动力学的研究，2D 曲线图用得更多。

（1）分析结果的加载

仿真分析成功后，按〈F8〉键进入后处理界面。默认功能模式为 Plotting，主视图为网格空白状态。用户可以按下述步骤选择加载所需结果：

1) 在控制面板右下角选择 Time 或 Data。选择设置横坐标轴，步骤同下述步骤 2) 至 6)。
2) 从 Simulation 栏选择对应的仿真列表。

3）根据需要设置 Source 项，常设置为 Requests。
4）根据需要从 Filter 栏选择过滤项目，通常不选。
5）从 Request 栏选择期望指标。
6）从 Component 栏选择对应的通道。
7）单击 Add Curves，在主视图区显示分析结果。如勾选 Surf，选定通道后会自动加载分析结果。

加载结果后的后处理界面如图 4-20 所示。

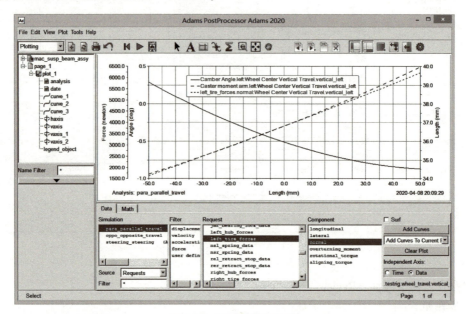

图 4-20 后处理结果加载

(2) 分析结果的删除

分析结果的删除有下述 3 种方式。

1）删除整个视图：将光标移到视图空白区，右击，选择 Clean View，或在视图结构目录树中选择待删 plot，通过 Edit 菜单中的 Delete 命令删除。如需添加分析结果，先单击空白区，待出现网格后，再选择分析结果。

2）删除整个视图里的分析结果：单击 Clear Plot 按钮，或在视图结构目录树中选择待删 page，通过 Edit 菜单中的 Delete 命令删除。

3）删除某一分析结果：在主视图区选中待删曲线，右击，选择 Delete，或在视图结构目录树中选择待删曲线，通过 Edit 菜单中的 Delete 命令删除。

(3) 分析结果的属性编辑

分析结果的属性编辑是必不可少的，基本操作介绍如下。

1）视图页眉、页脚属性编辑：单击视图结构目录树中的 page_1，如图 4-21 所示。打开 Header、Footer 选项卡可对页眉、页脚进行左、中、右添加和编辑。

2）视图标题、网格整体属性编辑：单击视图结构目录树中的 plot_1，如图 4-22 所示。

- General：视图标题及副标题的添加与编辑，分析名称及时间显示设置等，也可用表格（Table）显示结果。
- Border：视图边框线型、颜色、线宽、边框大小等属性编辑。

  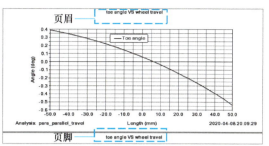

图 4-21　视图页眉、页脚属性编辑

图 4-22　视图标题、网格整体属性编辑

- Grid：主网格大小、数据分段数等属性编辑。
- 2nd Grid：副网格属性编辑。

3）分析名称、时间印迹属性编辑：单击视图结构目录树中的 analysis、date，属性编辑如图 4-23 所示。

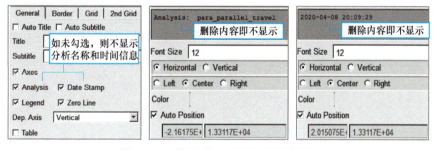

图 4-23　分析名称、时间印迹属性编辑

4）仿真曲线名称属性编辑：单击目录树中的 curve_1、legend_object，如图 4-24 所示。

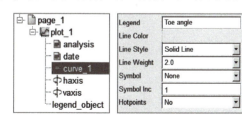 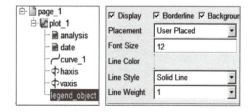

图 4-24　仿真曲线名称属性编辑

5）纵、横坐标轴属性编辑：单击目录树中的 haxis、vaxis，如图 4-25 所示。
- Format：坐标轴值域范围等属性设置及编辑。

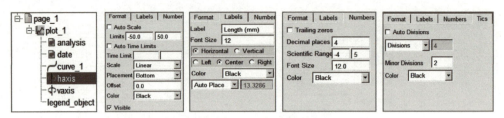

图 4-25　纵、横坐标轴属性编辑

- Labels：坐标轴标签名称、字体大小、位置等信息编辑。
- Numbers：坐标轴数值精度、字体大小、字体颜色等信息编辑。
- Tics：坐标轴数值分段数、每段内网格数等属性编辑。

设置好的曲线如图 4-26 所示，为便于后续同类工况、同指标快速输出，可按图 4-6、图 4-7 所示内容输出为配置模板文件并调用。

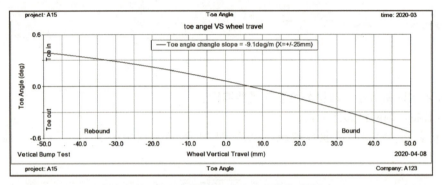

图 4-26　各项属性编辑完成后的仿真曲线图

第 5 章 常见悬架结构及动力学建模

本章结合工程实际，讲解常见悬架结构类型及其动力学建模过程，主要内容如下：
1）底盘动力学硬点的概念、提取原则及参考命名规则。
2）常见前悬架的结构类型、工作原理，麦弗逊悬架动力学建模过程。
3）常见后悬架的结构类型、工作原理，扭力梁悬架动力学建模过程。

5.1 底盘动力学硬点

为便于后续章节各种悬架的动力学建模，本节先介绍底盘动力学硬点的相关概念、提取原则及参考命名规则。

5.1.1 底盘动力学硬点的概念

底盘动力学硬点很难用几句话完整、准确地定义。以悬架为例，笔者理解为决定悬架主体布置和运动特性的点即为硬点。

前面 3.2.1 节讲到的硬点是其于 ADAMS/Car 软件所定义的输入式点，本节所述硬点是基于实际工程的，两者主体思想是一样的，实际运用时可能会有些差异。

实际工程中存在主硬点和定向参考点，如控制臂实心衬套涉及主硬点和 Z 向参考点，而空心衬套则需要主硬点，还需 X 向和 Z 向定位参考点。参考点既可以是输入式点，也可以是其他方式定义的点。

5.1.2 底盘动力学硬点的提取原则

实际工程中，硬点主要来源有两种。
1）正向开发：来自系统架构定义，即满足系统布置和系统运动性能的点。
2）逆向开发：来自标杆车，即通过三坐标测量仪等专业设备对标杆车进行扫描，并使用软件进行拟合而提取出的点。

本节所述硬点主要基于已有的 3D 模型而提取。

1. 硬点提取原则

以悬架为例，基于 3D 模型，不同部件的硬点提取如下。
1）衬套类产品：安装轴线上橡胶衬套几何体中心点。
2）刚性固定类产品：安装孔中心轴线与安装配合平面的交点。
3）球头类产品：球头销球体几何中心点。
4）螺旋弹簧：弹簧端部截面的最高或最低点向弹簧力中心轴线的投影点。
5）传动轴：传动芯轴上左、右两端球体的几何中心点。

6) 车轮：轮胎或轮辋几何中心点。

上述均指主硬点，除主硬点外，部分特性的建模还涉及定向参考点。

1) 控制臂衬套：Z 向参考点定义为安装轴线与衬套内骨架端面的交点（安装轴线上非主硬点的任意一点均可）；X 向参考点定义为位于过主硬点垂直于安装轴线所定义的平面内，指向衬套空心方向的任意一点；Y 向遵循右手法则。

2) 运动副参考点：避开主硬点，安装线上的任一点。

2. 各硬点提取图示

各硬点提取图示见表 5-1。

表 5-1 各硬点提取图示

零部件	硬点提取	
	刚性固定	衬套柔性固定
副车架	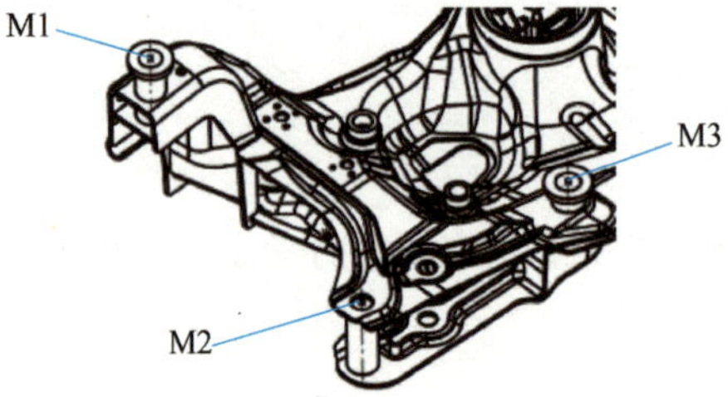 M1、M2、M3 图示	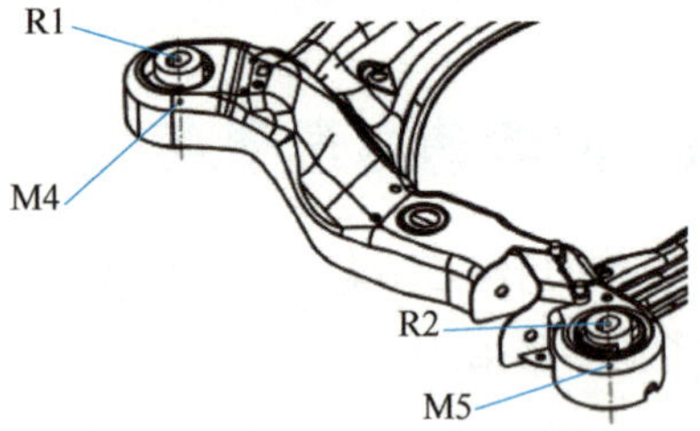 R1、R2、M4、M5 图示
	• 主硬点：M1、M2、M3，固定孔轴线与安装面的交点；M4、M5，衬套橡胶体几何中心 • 衬套 Z 向参考点：R1、R2，安装轴线与衬套内骨架端面的交点	
	麦弗逊悬架	多连杆悬架
前控制臂	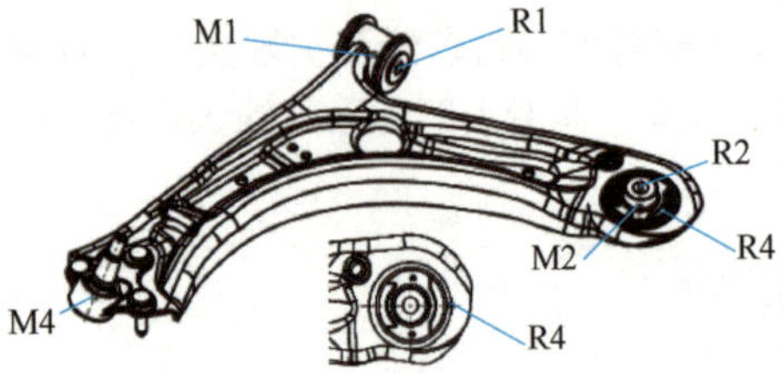 M1、R1、M2、R2、M4、R4 图示	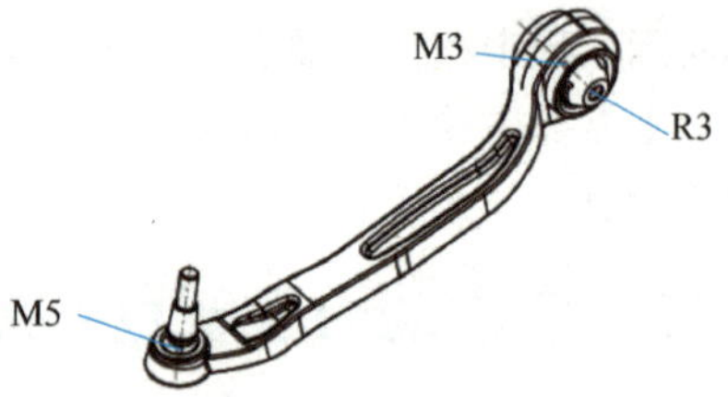 M3、R3、M5 图示
	• 主硬点：M1、M2、M3，衬套橡胶体几何中心；M4、M5，球头几何中心 • 衬套 Z 向参考点：R1、R2、R3，安装轴线与衬套内骨架端面的交点；衬套 X 向参考点（空心方向）：R4，过主硬点垂直于安装轴线的平面内，指向空心径向上任一点	
	后下控制臂	纵臂
后控制臂	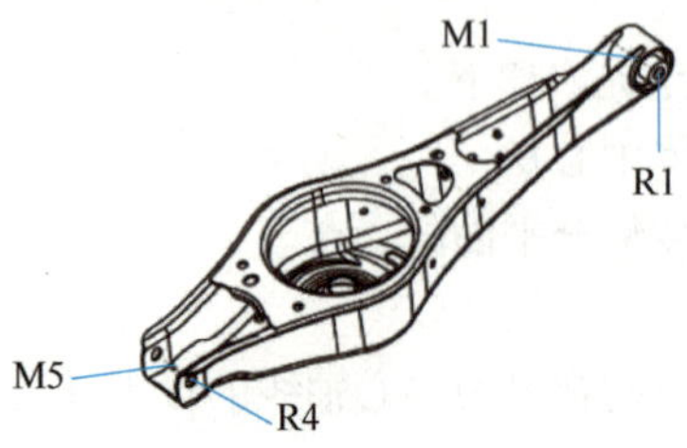 M1、R1、M5、R4 图示	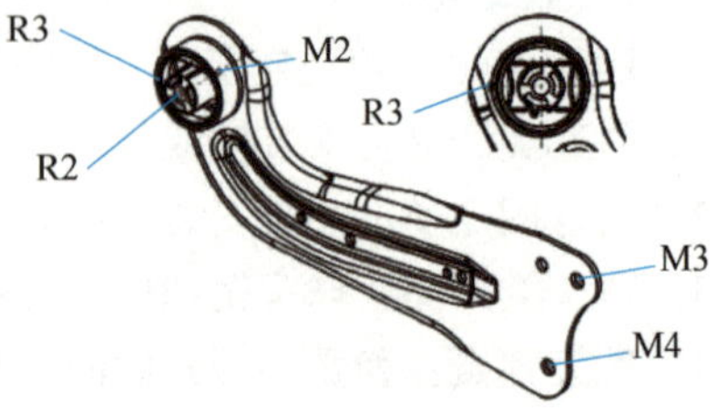 R3、M2、R3、R2、M3、M4 图示

(续)

零 部 件	硬 点 提 取
后控制臂	• 主硬点：M1、M2，衬套橡胶体几何中心；M3、M4，安装孔轴线与配合面的交点；M5，配合衬套橡胶体几何中心 • 衬套 Z 向参考点：R1、R2、R4，安装轴线与衬套内骨架端面的交点；衬套 X 向参考点（空心方向）：R3，过主硬点垂直于安装轴线的平面内，指向空心径向上任一点
前滑柱总成	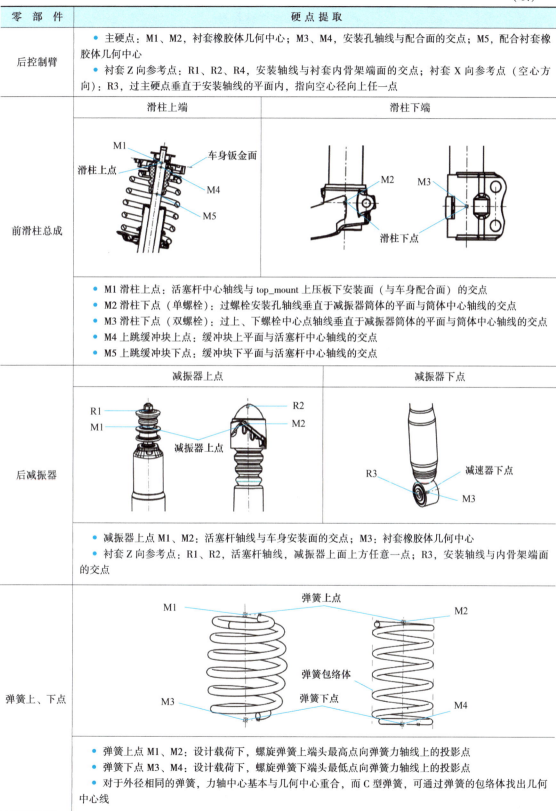 • M1 滑柱上点：活塞杆中心轴线与 top_mount 上压板下安装面（与车身配合面）的交点 • M2 滑柱下点（单螺栓）：过螺栓安装孔轴线垂直于减振器筒体的平面与筒体中心轴线的交点 • M3 滑柱下点（双螺栓）：过上、下螺栓中心点轴线垂直于减振器筒体的平面与筒体中心轴线的交点 • M4 上跳缓冲块上点：缓冲块上平面与活塞杆中心轴线的交点 • M5 上跳缓冲块下点：缓冲块下平面与活塞杆中心轴线的交点
后减振器	• 减振器上点 M1、M2：活塞杆轴线与车身安装面的交点；M3：衬套橡胶体几何中心 • 衬套 Z 向参考点：R1、R2，活塞杆轴线，减振器上面上方任意一点；R3，安装轴线与内骨架端面的交点
弹簧上、下点	• 弹簧上点 M1、M2：设计载荷下，螺旋弹簧上端头最高点向弹簧力轴线上的投影点 • 弹簧下点 M3、M4：设计载荷下，螺旋弹簧下端头最低点向弹簧力轴线上的投影点 • 对于外径相同的弹簧，力轴中心基本与几何中心重合，而 C 型弹簧，可通过弹簧的包络体找出几何中心线

(续)

零部件	硬点提取	
	轮胎	车轮
轮胎、轮辋	M1	M2
	• 车轮中心点 M1：轮胎几何中心 • 车轮中心点 M2：轮辋几何中心点	

说明几点：

1) 上述提取原则仅为笔者经验，各公司标准可能略有不同，应以相应标准为主。

2) 硬点提取要结合分析目的而进行，如分析双螺栓紧固滑柱下端固定支架的强度，则可能需要提取两个下点。

3) 弹簧上、下点的提取是非常重要也是相对较难的，一般来说，要保证提取出的上、下点对应的长度与 2D 图样上设计状态长度相等。

4) 转向和稳定杆装置的硬点提取将在相应章节里分别讲解。

5.1.3 底盘动力学硬点的命名原则

硬点的命名应遵循以下原则：

1) 硬点的命名尽可能简洁明了。

2) 体现部件的名称或用途，和所属部件对应起来。

3) 体现硬点所处的内外、前后、上下位置，如 spring_upper。

4) 如有必要，体现出部件的连接关系，如 droplink_to_lower_strut。

悬架、转向、稳定杆等模板的硬点命名将在后续章节中体现，此处不再举例。

5.2 常见前悬架的结构类型、动力学建模过程

在常见乘用车中，前悬架均是转向悬架，主要有麦弗逊、双横臂、多连杆 3 种。

5.2.1 麦弗逊前悬架

麦弗逊前悬架是乘用车中使用最为广泛的悬架类型之一，其具有结构简单、技术成熟、横向布置空间大、成本相对较低等诸多优点。

1. 结构特点

图 5-1 所示为一款乘用车的麦弗逊前独立悬架，基本结构由前滑柱总成 C1、转向节 C2、控制臂总成 C3、转向横拉杆 C4、副车架 C5 等部件构成，各部件主要功能简介如下。

1) 前滑柱总成：由弹簧和减振器构成，其上端固定到车身上，下端连接到转向节。弹簧起到承载、支撑作用，减振器用于簧上质量的振动衰减；另外，滑柱总成通过转向节对车轮进行定

位及导向，此为麦弗逊悬架区别于其他悬架的本质特点。

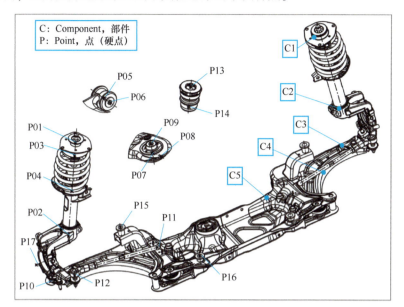

麦弗逊前悬架
动力学建模

传动轴建模

图 5-1　麦弗逊前独立悬架

2）转向节：实际工程中多指转向节带制动器总成，常划归于制动系统，其起到连接前滑柱和前下控制臂的作用；另外，也用于固定车轮总成。

3）控制臂总成：其内侧通过衬套固定到副车架上，并绕副车架转动，满足悬架上、下运动；外侧则通过球头销连接转向节，在横拉杆的作用下，满足车轮转向功能。

4）转向横拉杆：外端通过球头销连接到转向节，内侧连接到转向器齿条上。齿条水平运动时，横拉杆带动转向节绕主销轴线转动，从而实现车辆的转向。需特别注意的是，实际工程中转向横拉杆多隶属于转向系统，但动力学建模中不可缺少此部件，否则车轮无法进行定位和导向。

5）副车架：自身通过紧固件与车身固定在一起，两侧连接左、右控制臂总成，同时也用来固定前稳定杆和转向器总成。

2. 硬点

硬点标识如图 5-1 所示，命名及坐标值见表 5-2。

表 5-2　麦弗逊前悬架硬点清单

代　号	Name	名　　称	对　称　性	X	Y	Z
P01	strut_upper	滑柱上点	left/right	67.417	-579.522	540.563
P02	strut_lower	滑柱下点	left/right	11.402	-645.852	115.632
P03	spring_upper	弹簧上点	left/right	62.458	-585.149	504.838
P04	spring_lower	弹簧下点	left/right	41.809	-622.225	340.673
P05	lca_front	控制臂前衬套点	left/right	-12.865	-360.777	-108.108
P06	lca_front_Z	前衬套Z向参考点	left/right	11.505	-359.756	-107.407
P07	lca_rear	控制臂后衬套点	left/right	287.021	-348.664	-99.8
P08	lca_rear_X	后衬套X向参考点	left/right	294.485	-380.295	-99.8
P09	lca_rear_Z	后衬套Z向参考点	left/right	287.021	-348.664	-75.3

(续)

代号	Name	名称	对称性	X	Y	Z
P10	lca_outer	控制臂外点	left/right	-16.737	-751.747	-108.023
P11	tierod_inner	转向横拉杆内点	left/right	176.25	-338.774	-29.2
P12	tierod_outer	转向横拉杆外点	left/right	136.452	-707.335	-11.539
P13	bumpstop_upper	上跳缓冲块上点	left/right	65.863	-581.295	529.307
P14	bumpstop_lower	上跳缓冲块下点	left/right	57.019	-591.968	460.918
P15	subframe_front	副车架前固定点	left/right	59	-436.5	20
P16	subframe_rear	副车架后固定点	left/right	308	-215	-91
P17	wheel_center	轮心点	left/right	-2.429	-783.248	3.9

3. 动力学建模过程

本着让读者更易掌握的原则，下述建模考虑如下几点：
1）尽可能采用最简单的方式建模。
2）零部件质量特性（质量和惯量）暂设置为1，后面调参时进行调整。
3）弹性件属性文件均使用软件默认文件，后面章节中再进行调参处理。
4）模型建立采用K和C两种模式。

说明：下述模板建立过程以截图形式展示，因篇幅限制，部分截图仅显示关键内容。

（1）新建悬架模板

菜单命令：建模界面->Build->New->Template。

输入模板名称mac_susp，选择主特征suspension，单击OK按钮，如图5-2所示。

（2）硬点输入

菜单命令：建模界面->Build->Hardpoint->New。

根据硬点清单表5-2，输入硬点名称及对应坐标值，选择设置硬点对称性，单击Apply按钮。

单击Apply按钮后，接着输入下一个硬点，直至全部结束。单击OK按钮则会关闭硬点输入对话框，输入其他硬点需要重新打开对话框，如图5-3所示。

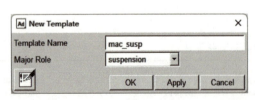

图5-2 新建模板文件

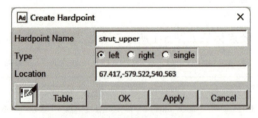

图5-3 硬点输入对话框

（3）结构框

建立表5-3所示结构框清单，便于后续建模。

表5-3 结构框清单

序号	结构框	对称性	使用元素	功能或目的	图示
1	wheel_center	left/right	轮心硬点；toe_angle、camber_angle参变量（前束角、外倾角参变量定义wheel_center结构框的方向）	定义轮轴瞬时方向，以便后续调整前束角、外倾角时，试验台轮胎能随之调整角度	图5-5

(续)

序号	结构框	对称性	使用元素	功能或目的	图示
2	body_position	single	副车架前后硬点	定义副车架刚性固定副位置	图 5-6
3	strut_upper_Z	left/right	滑柱上点	定义滑柱上点虎克副方向	图 5-7

在悬架建模中，wheel_center 结构框是必须建立的，其目的是在后续组装装配体时对试验台中的车轮进行位置和方向确定。为保证装配体中调节前束角和外倾角时，轮胎能跟随调整，wheel_center 结构框建立时需要使用 toe_angle、camber_angle 参变量来定义其方向，故需先设置 toe_angle、camber_angle 来快速建立对应的参变量及通讯器，对话框如图 5-4 所示。

图 5-4 前束角、外倾角设置

菜单命令：建模界面->Build->Suspension Parameter->Toe/Camber Value。

菜单命令：建模界面->Build->Construction->New。

建立后的 wheel_center 结构框，其 Z 向主体指向大地坐标的 -Y 向，如图 5-5 所示。

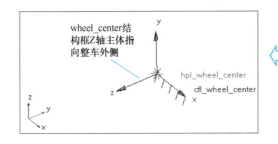

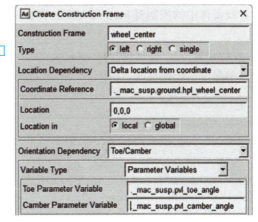

图 5-5 wheel_center 结构框

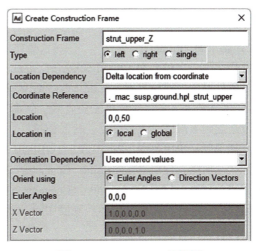

图 5-6 body_position 结构框　　图 5-7 strut_upper_Z 结构框

(4) 部件

部件分为常规部件和安装件两大类，见表5-4。

表5-4 部件清单

序号	部件类型	部件对象	对称性	位置特殊要求	方向特殊要求	几何体	图示
1	常规部件	控制臂 lca	left/right	无	无	三角臂	图5-8
2		转向横拉杆 tierod	left/right	无	无	连杆	图5-9
3		副车架 subframe	single	无	无	轮廓线	图5-10、图5-11
4		转向节 upright	left/right	无	无	杆状、柱状几何体	图5-12~图5-15
5		轮轴 spindle	left/right	无	有	柱状几何体	图5-16、图5-17
6		上滑柱 upper_strut	left/right	无	无	无	图5-18
7		下滑柱 lower_strut	left/right	无	无	无	图5-19
8	安装件	虚拟车身 F_susp_to_body	single	无	无	无	图5-20
9		虚拟齿条 tierod_to_steering	left/right	无	无	无	图5-21

常规部件中的控制臂 lca、转向横拉杆 tierod 使用 Wizard 方式快速建立，其他均使用常规方法建立。

1) 控制臂 lca、转向横拉杆 tierod。

菜单命令：建模界面->Build->Part->General Part->Wizard，如图5-8和图5-9所示。

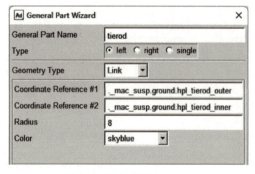

图5-8 控制臂 lca　　　　　　图5-9 转向横拉杆 tierod

2) 副车架 subframe。

常规部件：建模界面->Build->Part->General Part->New，如图5-10所示。

几何外形体：建模界面->Build->Geometry->Outline->New，如图5-11所示。

3) 转向节 upright。为使模型更直观，转向节一个部件需要建立3个杆状几何体，分别代表转向节连接到下滑柱、下控制臂、转向横拉杆；另需建一个柱状几何体，象征着轮毂轴承座。

常规部件：建模界面->Build->Parts->General Part->New，如图5-12所示。

杆状几何体：建模界面->Build->Geometry->Link->New，如图5-13和图5-14所示。

柱状几何体：建模界面->Build->Geometry->Cylinder->new，如图5-15所示。

建议同一部件的不同几何体外观使用同一颜色，以使部件层次看着更直观。

第 5 章 常见悬架结构及动力学建模

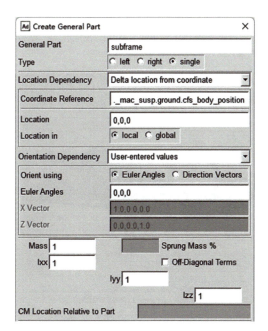

图 5-10 副车架 subframe 部件

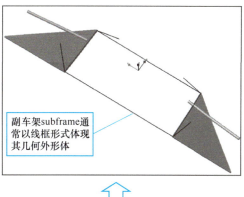

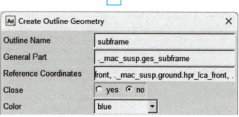

图 5-11 副车架 subframe 几何体

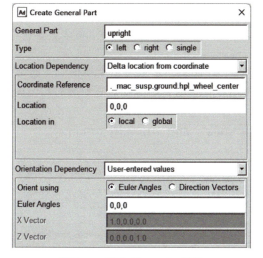

图 5-12 转向节 upright 部件

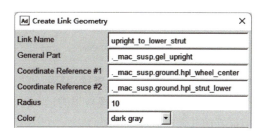

图 5-13 upright 杆状几何体 1、2

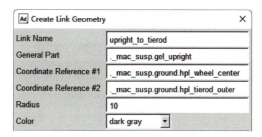

图 5-14 upright 杆状几何体 3

图 5-15 upright 柱状几何体

4) 轮轴 spindle

轮轴 spindle 起到连接固定试验台车轮轴的作用，其需要使用 wheel_center 结构框定义部件的方向及对应柱状几何体的方向。

常规部件：建模界面->Build->Parts->General Part->New，如图 5-16 所示。

柱状几何体：建模界面->Build->Geometry->Cylinder->new，如图 5-17 所示。

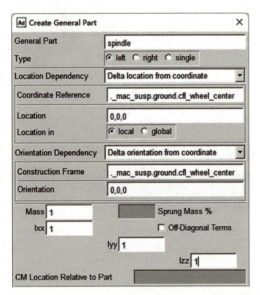

图 5-16　轮轴 spindle　　　　图 5-17　spindle 柱状几何体

5) 上滑柱 upper_strut、下滑柱 lower_sturt。不同于 3D 模型，悬架动力学建模时需将滑柱总成拆为上、下两个滑柱，以实现悬架的运动。上、下滑柱建模时，不需要建立专属的几何体，而是以减振器的几何体代替。

常规部件：建模界面->Build->Parts->General Part->New，如图 5-18 和图 5-19 所示。

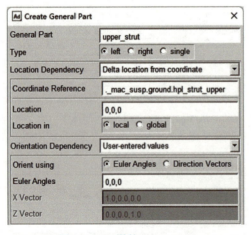 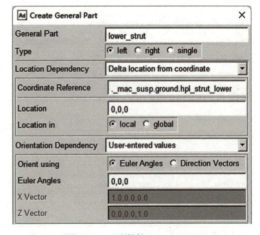

图 5-18　上滑柱 upper_strut　　　　图 5-19　下滑柱 lower_strut

6) 安装件 F_susp_to_body、tierod_to_steering。

菜单命令：建模界面->Build->Parts->Mount->New，如图 5-20 和图 5-21 所示。

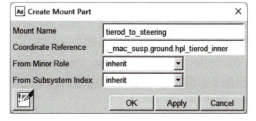

图 5-20　F_susp_to_body 安装件　　　　图 5-21　tierod_to_steering 安装件

说明：安装件的对称性由所选参考点的对称性所决定。

（5）弹性元件

所建模型中的弹性元件主要含弹簧、减振器、上跳缓冲块 3 类，且暂使用软件默认的属性文件。此处建模的滑柱上支座为双通道结构，故弹簧、上跳缓冲块与减振器的 I 部件选择不同，而 J 部件是相同的。

1）弹簧 spring。

菜单命令：建模界面->Build->Forces->Spring->New，如图 5-22 所示。

2）上跳缓冲块 bumpstop。

菜单命令：建模界面->Build->Forces->Bumpstop->New，如图 5-23 所示。

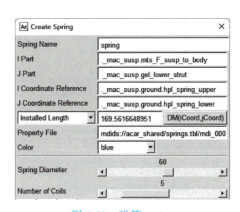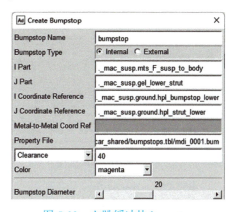

图 5-22　弹簧 spring　　　　图 5-23　上跳缓冲块 bumpstop

3）减振器 damper。

菜单命令：建模界面->Build->Forces->Damper->New，如图 5-24 所示。

建立完成后的弹性元件如图 5-25 所示。

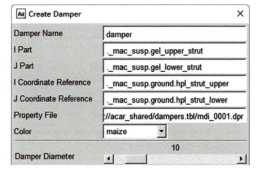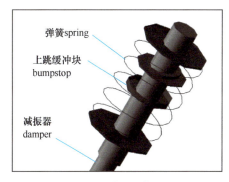

图 5-24　减振器 damper　　　　图 5-25　弹性元件图示

说明：现代乘用车的前滑柱上端大多为双通道结构，故弹簧 spring、上跳缓冲块 bumpstop 是建立在下滑柱 lower_strut 和车身 F_susp_to_body 之间的，而减振器 damper 建立在上、下滑柱之间，后续在上滑柱与车身之间还需要建立一个衬套。上述下跳缓冲块未建立，读者可尝试自己建立。

（6）约束

部件及弹簧元件建完后，开始建立约束。本模型部分约束副建立 K、C 两种模式。

1）刚性副，见表 5-5。

表 5-5 刚性副清单

序号	名称	类型	对称性	激活模式	连接部件	图示
1	subframe_fixed	固定副	single	K 模式	副车架、车身	图 5-26
2	strut_lower	固定副	left/right	always/总是	下滑柱、转向节	图 5-27
3	lca_revolute	转动副	left/right	K 模式	控制臂、副车架	图 5-28
4	spindle_to_upright	转动副	left/right	always/总是	轮轴、转向节	图 5-29
5	strut_upper	虎克副	left/right	K 模式	上滑柱、车身	图 5-30
6	tierod_inner	虎克副	left/right	always/总是	横拉杆、齿条	图 5-31
7	tierod_outer	球头副	left/right	always/总是	转向节、横拉杆	图 5-32
8	lca_outer	球头副	left/right	always/总是	控制臂、转向节	图 5-33
9	strut	圆柱副	left/right	always/总是	上滑柱、下滑柱	图 5-34

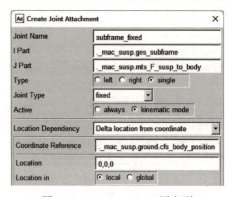

图 5-26 subframe_fixed 固定副

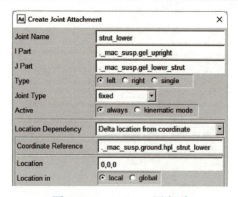

图 5-27 strut_lower 固定副

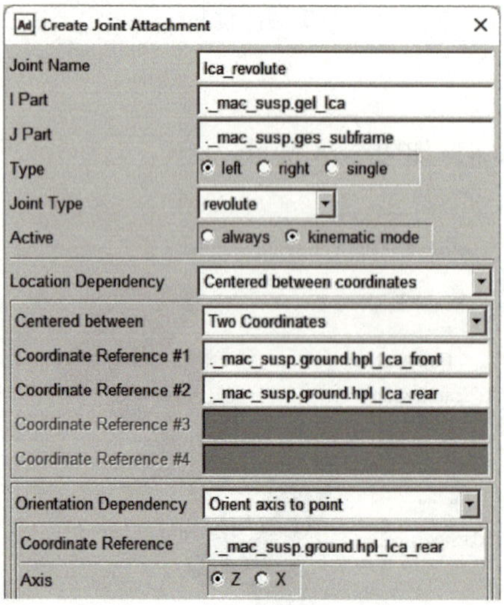

图 5-28 lca_revolute 转动副

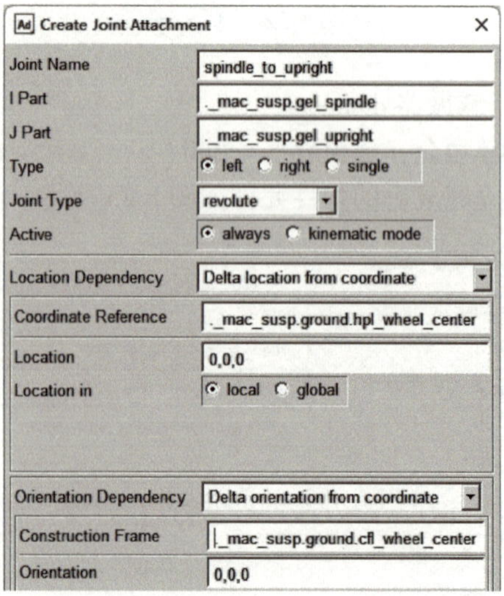

图 5-29 spindle_to_upright 转动副

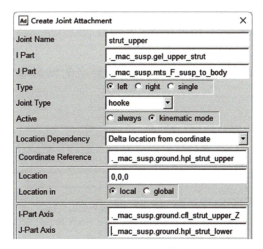

图 5-30　strut_upper 虎克副

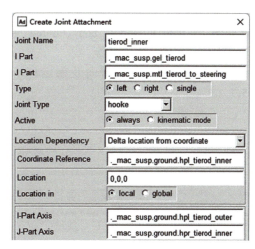

图 5-31　tierod_inner 虎克副

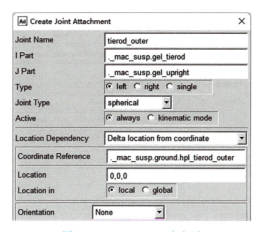

图 5-32　tierod_outer 球头副

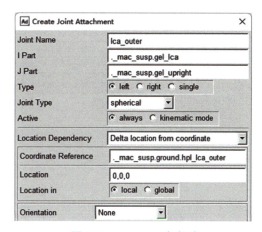

图 5-33　lca_outer 球头副

2）衬套。模型中衬套清单见表 5-6，结合表 5-5，所有衬套均在 C 模式激活。

表 5-6　衬套清单

序号	名　称	对　称　性	激活模式	连接部件	图　示
1	sturt_upper	left/right	C 模式	上滑柱、车身	图 5-35
2	subframe_front	left/right	C 模式	副车架、车身	图 5-36
3	subframe_rear	left/right	C 模式	副车架、车身	图 5-37
4	lca_front	left/right	C 模式	控制臂、副车架	图 5-38
5	lca_rear	left/right	C 模式	控制臂、副车架	图 5-39

（7）设置悬架参数数组（悬架主销轴线）

悬架参数数组（Suspension Parameters Array）有两种设置方式，对于麦弗逊、标准双横臂转向悬架，建议首先用几何法设置轴线，如图 5-40 所示，也可使用瞬时轴法，如图 5-41 所示。主销轴线设置后，会自动生成悬架参数数组输出通讯器 cos_suspension_parameters_ARRAY。

（8）通讯器

前面建立安装件 F_susp_to_body、tierod_to_steering 时，已自动建立了对应的输入通讯器，模型暂不需要建立其他输入通讯器。

为便于和悬架试验台、转向及稳定杆子系统建立通讯连接，模型需建立的输出通讯器见表 5-7。

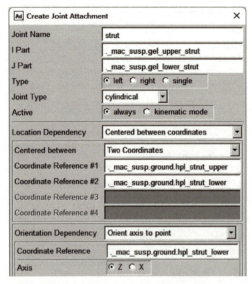

图 5-34 strut 圆柱副

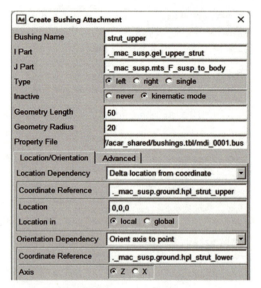

图 5-35 sturt_upper 衬套

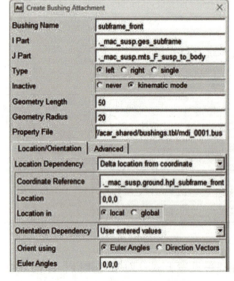

图 5-36 subframe_front 衬套

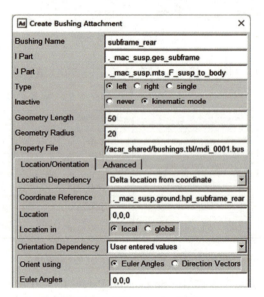

图 5-37 subframe_rear 衬套

第 5 章 常见悬架结构及动力学建模

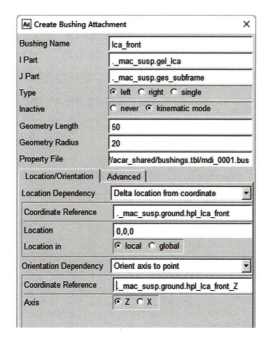

图 5-38 lca_front 衬套 　　　　　　图 5-39 lca_rear 衬套

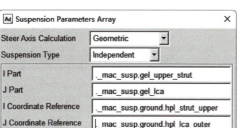

图 5-40 几何法设置主销轴线

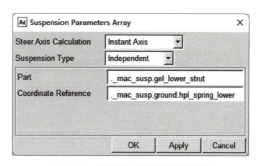

图 5-41 瞬时轴法设置主销轴线

表 5-7 前悬架输出通讯器信息

序号	输出通讯器名称	实体类别	次特征	匹 配 名	交 换 实 体	功 能 定 义	图 示
1	toe_angle	parameter rear	inherit	toe_angle	toe_angle	前束角输出给试验台	自动建立
2	camber_angle	parameter rear	inherit	camber_angle	camber_angle	外倾角输出给试验台	自动建立
3	suspension_parameters_ARRAY	array	inherit	suspension_parameters_ARRAY	suspension_parameters_ARRAY	悬架参数数组输出给试验台	自动建立
4	suspension_mount	mount	inherit	suspension_mount	spindle	连接试验台车轮轴	图 5-42
5	suspension_upright	mount	inherit	suspension_upright	upright	连接试验台车轮总成	图 5-43
6	wheel_center	location	inherit	wheel_center	wheel_center	将轮心位置输出给试验台	图 5-44

(续)

序号	输出通讯器名称	实体类别	次特征	匹 配 名	交换实体	功能定义	图 示
7	subframe	mount	inherit	subframe	subframe	副车架连接固定到试验台	图 5-45（可以不建）
8	droplink_to_strut	mount	inherit	droplink_to_strut	lower_strut	稳定杆连接到下滑柱	图 5-46
9	arb_bushing_mount	mount	inherit	arb_bushing_mount	subframe	稳定杆本体固定到副车架	图 5-47
10	steering_mount	mount	inherit	steering_mount	subframe	转向器固定到副车架	图 5-48

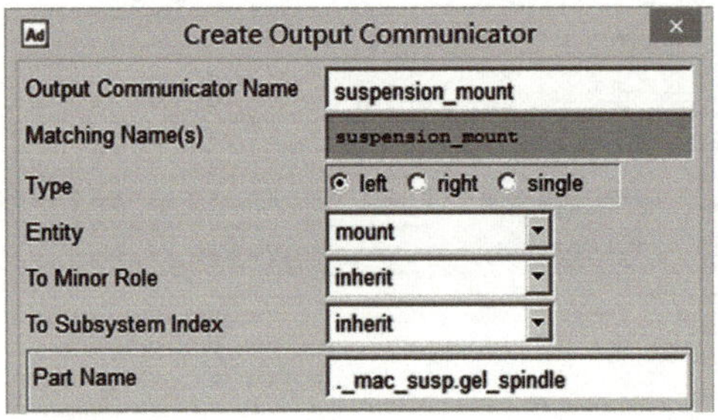

图 5-42　suspension_mount 输出通讯器

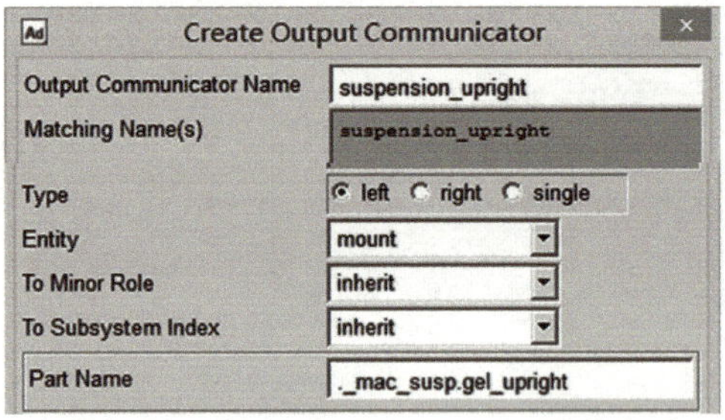

图 5-43　suspension_upright 输出通讯器

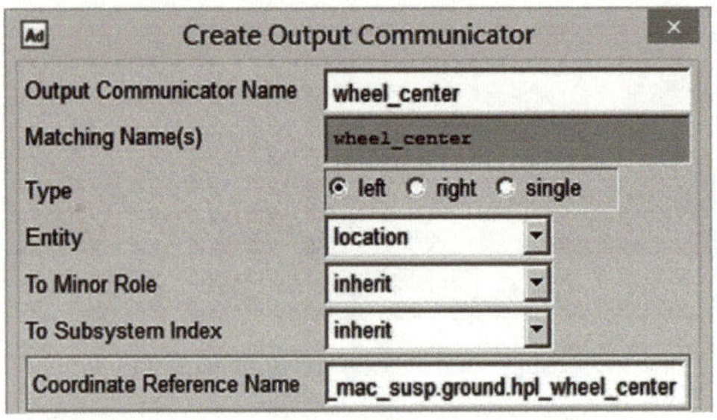

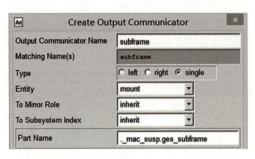

图 5-44　wheel_center 输出通讯器

图 5-45　subframe 输出通讯器（可以省略不建）

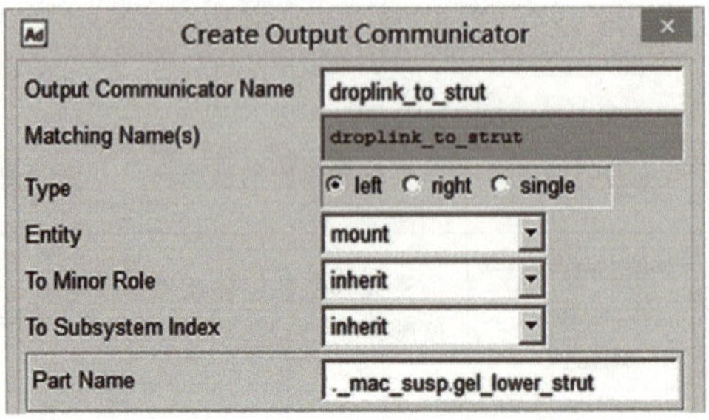

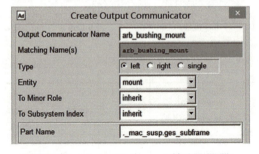

图 5-46　droplink_to_strut 输出通讯器

图 5-47　arb_bushing_mount 输出通讯器

通讯器建立完成后，需与悬架试验台进行匹配测试，以验证通讯器是否正确，如图 5-49 所示。经测试，共有 7 个通讯器与试验台匹配成功，如图 5-50 所示。建完后的模板如图 5-51 所示。
菜单命令：建模界面->Build->New->Communicator->Test。

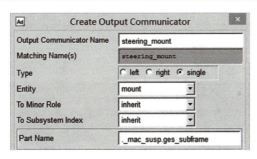

图 5-48 steering_mount 输出通讯器　　　　图 5-49 通讯器匹配测试

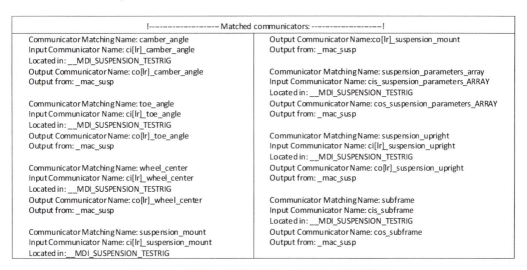

图 5-50 通讯器匹配测试结果（页面经过重新排版）

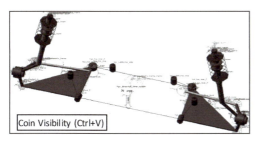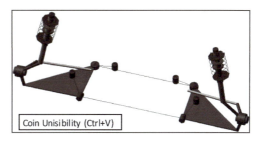

图 5-51 悬架动力学模板

（9）悬架子系统和装配体建立

悬架模板建立完成后，按图 5-52 和图 5-53 所示建立悬架子系统和装配体，两者名称不可相同，建立后装配体的 K、C 模式分别如图 5-54 和图 5-55 所示。

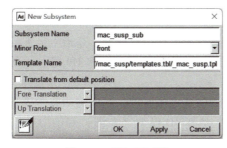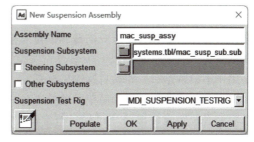

图 5-52 悬架子系统　　　　图 5-53 悬架装配体

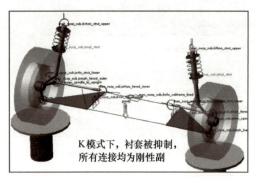
图 5-54　K 模式下的悬架装配体

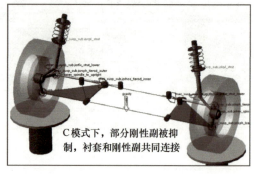
图 5-55　C 模式下的悬架装配体

(10) 装配体仿真分析

分别在 K、C 模式下执行一个平行轮跳仿真分析，验证模型是否可以进行静态解析并分析计算。若模型可完成分析计算，而动画显示运动不正常，极可能是因为默认的弹簧属性文件与模型不匹配而导致，如自由长度与硬点长度不协调。根据项目实际情况，适当调整弹簧属性文件，再次仿真分析即可，分析结果如图 5-56 所示（弹簧刚度 K=29N/mm，自由长度 L=310mm）。

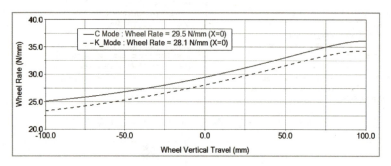

图 5-56　悬架刚度仿真分析

图 5-56 中，C 模式下悬架刚度比 K 模式下略大，说明衬套对悬架刚度有影响，这正是模型建立 K、C 两种模式的目的之一。

4. 驱动半轴建模及 Group（组集）应用

部分悬架模板里还建有传动轴模型，并且在装配体中可进行传动的激活和抑制，此涉及 Group 功能及其应用。由于篇幅受限，此处不再详细讲解，感兴趣的读者可参考软件自带的_macpherson.tpl 模板自行研究。

5.2.2　双横臂前悬架

乘用车前转向悬架除麦弗逊悬架外，较为常见的还有双横臂悬架和多连杆悬架。

图 5-57a 所示为标准双横臂悬架，又称为双叉臂悬架，其因上、下控制臂呈标准的叉臂结构而得名。双横臂悬架分为高位双横臂和低位双横臂两类。所谓高位双横臂，是指上、下控制臂的相对高度较大，多用于 B 级以上轿车或 SUV，如吉利博瑞、本田雅阁、哈弗 H9 等；而低位双横臂主要用于小型轿跑车，如马自达 MX-5 等。

由于标准双横臂悬架较为简单，此处不再介绍其结构及工作原理。对应的动力学模型，读者可参考麦弗逊悬架建模思路和过程自行尝试，图 5-57 是其 3D 模型（左图）和动力学模型（模板，右图）的对比。

图 5-57 双横臂前悬架 3D 模型及动力学模型

5.2.3 多连杆前悬架

和上述双横臂悬架相比，多连杆前悬架用得相对更多一些，主要用于中高端乘用车，尤其是德系和美系，国产高端新能源车辆使用也较为普遍。就其本质而言，多连杆前悬架是双横臂悬架的变形，即上、下控制臂同时或某一个控制臂变形为两根独立的控制臂，如图 5-58 所示。

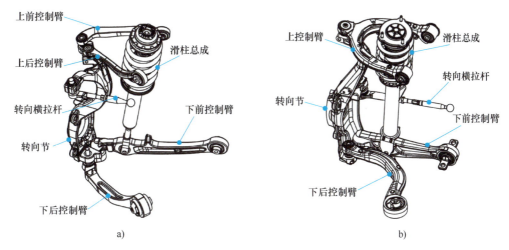

图 5-58 多连杆前悬架

1. 结构特点

1) 图 5-58a 中，因上、下 4 个控制臂和转向横拉杆通过转向节对车轮起精确的定位和导向作用，故称为五连杆悬架。图 5-58b 中，上控制臂为一个标准的叉形臂，而下部是两个独立杆状控制臂，行业内称之为多连杆或双叉臂悬架。

2) 与标准双横臂悬架相比，除控制臂的结构差异外，多连杆悬架的最大差异在于其主销轴线是瞬时虚拟主销。尽管硬点调校空间较大，但对调校能力要求也较高，如调校不当，易出现主销偏置距变化较大，从而带来一系列问题。图 5-60 所示为一款多连杆悬架（结构同图 5-58b）车辆主销偏置距的 K&C 测试结果，转向后半行程中，主销偏置距特别大，需要较大的转向力，这也是此类车大多使用 R-EPS 的原因之一。

3) 图 5-58a 所示的五连杆悬架，外侧共有 4 个球头销，上、下两个球头销彼此组合可构成 4 根主销轴线，几何法做主销轴线时可等效为一根瞬时主销轴线，即上控制臂内衬套点和外球销点的连线在俯视图是交点构成上虚拟球销点，同理可构建下虚拟球销点，两虚拟球销点的连线便可构成瞬时虚拟主销轴线,如图 5-59 所示。但此方法得到的主销参数和仿真分析结果可能会有较大差异,应以分析结果为准,如图 5-61 所示。

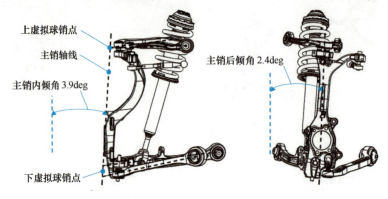

图 5-59　多连杆转向悬架主销轴线定义

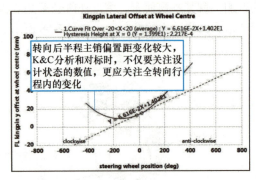

图 5-60　多连杆前悬架主销偏距 K&C 测试结果

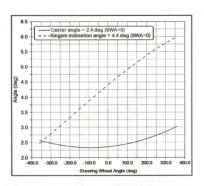

图 5-61　主销内、后倾角分析结果

2. 动力学模型

因篇幅有限,本书无法详细讲解其建模过程,现说明如下几点:

1)如模板建立 K、C 两种模式,在建 K 模式时,图 5-58a 所示的 5 个导向杆件一侧使用球头副,另一侧需使用虎克副或同速副,即同一杆件两侧不可同时使用球头副。

2)多连杆前悬架需使用瞬时轴(Instant Axis)法来设置主销轴线,具体要求及应用见 3.2.14 节内容。分析主销参数时一定要加入转向子系统,并在转向工况下进行分析,否则结果可能差异较大,如图 5-62 所示。

3)五连杆前悬架具有侧向支撑性高、车轮定位精度高、舒适性调校空间大等优点,还有一个优点是轮心处和接地点处的主销偏置距均可控制在较小值,如图 5-63 所示。

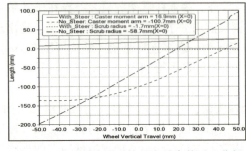

图 5-62　有无转向子系统的主销参数对比分析

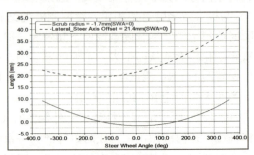

图 5-63　主销偏置距

4) 五连杆前悬架动力学模板及装配体如图 5-64 所示,模型中导入了转向节几何体。

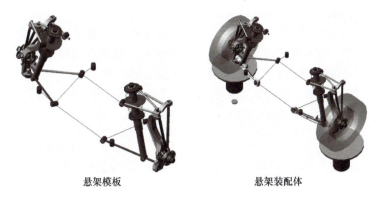

悬架模板　　　　　　　　　悬架装配体

图 5-64　五连杆前悬架动力学模板及装配体

5.3　常见后悬架的结构类型、动力学建模过程

在常见乘用车中,后悬架主要有下面几种类型:
1) 扭力梁半独立悬架。
2) 多连杆独立悬架。
3) 多连杆非独立悬架。

5.3.1　扭力梁半独立悬架

扭力梁悬架在现代乘用车,尤其是紧凑型家用三厢轿车上使用极为普遍,其具有结构和制造工艺简单、车轮定位参数较易控制、零部件成本及制造工艺装备投入相对较低等诸多优点。

1. 结构特点

为便于初学者更好地了解扭力梁悬架,下面简单介绍一下其结构特点。

1) 如图 5-65 所示,扭力梁悬架装置由扭力梁总成 C1、减振器总成 C2、上软垫 C3、弹簧 C4、下软垫 C5、缓冲块 C6 等部件构成,是常见后悬架中部件组成最简单的悬架装置之一。

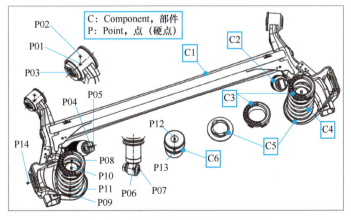

图 5-65　扭力梁悬架装置及系统硬点

2) 根据其与减振器的关系,上跳缓冲块 C6 分为内置和外置两种类型。图 5-65 所示为外置

型，其上端固定到车身钣金座内（图中未标出），下端经历一段空行程后与弹簧下端钣金接触，具有悬架支撑和车轮上跳极限行程限位功能。

3）扭力梁总成结构较为简单，由焊接总成和前衬套构成，前衬套过盈压装到焊接总成上。由于纵梁结构关系，左、右前衬套通常斜向布置，两侧或一侧加有活动式橡胶垫、硫化橡胶垫，起到增大侧向支撑和消除极限工况下与车身固定支架撞击异响的功能。

4）焊接总成主体呈 H 形，两侧纵梁前端通过衬套连接到车身，后端用于固定制动器总成和弹簧下端，横梁位于纵梁纵向中心偏前位置，如图 5-66 所示。

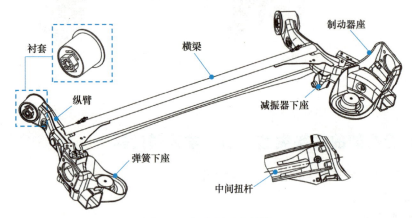

图 5-66　扭力梁总成结构

5）两侧纵梁有标准圆管一体液压成型式，也有上、下成型钣金对焊式。中间横梁截面有开口式，也有封闭式，封闭截面多采用液压工艺成型，可降低横梁的截面应力，提高总成使用寿命，故在现有车辆中，封闭截面横梁使用较为广泛。

6）根据结构特点，两侧纵梁可以绕横梁进行一定程度的反向扭转，故扭力梁悬架又称为半独立悬架。扭力梁总成的扭转刚度基于整车操稳性能而定，对于扭转刚度要求较高的扭力梁，横梁下方可加焊一根扭杆，如图 5-66 右下角所示。

2. 硬点

扭力梁悬架装置的硬点标识如图 5-65 所示，硬点命名及坐标值见表 5-8。

表 5-8　扭力梁悬架装置硬点清单

代号	Name	名　称	对　称　性	X	Y	Z	备　注
P01	trail_arm_front	纵臂前衬套中心点	left/right	2146.998	-592.455	-84.513	使用 Node id
P02	trail_arm_front_x	衬套 X 向参考点	left/right	2144.664	-593.315	-69.565	
P03	trail_arm_front_z	衬套 Z 向参考点	left/right	2135.252	-565.669	-84.807	
P04	damper_upper	减振器上衬套点	left/right	2548.119	-474.965	111.797	
P05	damper_upper_z	上衬套 Z 向参考点	left/right	2547.257	-460.581	110.176	
P06	damper_lower	减振器下衬套点	left/right	2394.960	-512.967	-172.800	使用 Node id
P07	damper_lower_z	下衬套 Z 向参考点	left/right	2394.277	-502.054	-174.092	
P08	spring_upper_bushing	弹簧上座	left/right	2564.052	-570.000	58.294	
P09	spring_lower_bushing	弹簧下座	left/right	2561.947	-570.000	-160.371	使用 Node id
P10	spring_upper	弹簧上点	left/right	2566.663	-568.972	46.911	

（续）

代号	Name	名　　称	对　称　性	X	Y	Z	备　　注
P11	spring_lower	弹簧下点	left/right	2561.810	-570.539	-155.087	
P12	bumpstop_upper	缓冲块上点	left/right	2566.558	-570.000	12.462	
P13	bumpstop_lower	缓冲块下点	left/right	2569.001	-570.000	-83.420	
P14	wheel_center	轮心点	left/right	2547.846	-826.937	-43.110	使用 Node id

3. 动力学建模过程

针对建模说明如下几点：

1）因扭力梁结构与麦弗逊悬架结构有较大差异，下面将详细讲解其从 0 到 1 的建模过程。

2）为节省篇幅，部分与麦弗逊悬架结构相同的操作，仅提示，不再详细讲解。

3）本小节会演示弹簧上、下软垫的建立方法及过程。

4）弹性件属性文件均使用软件默认文件。

5）仅建立 C 模式模型。

(1) 扭力梁焊接总成 MNF 文件的准备

因扭力梁两侧纵臂可以绕中间横梁反向扭转，为保证建模的精度，扭力梁建模通常需提前准备好焊接总成的 MNF 文件，即模态中性文件。模态中性文件是反映材料或部件模态及刚度特性的一种文件，其使用有限元软件制作并转化，主体过程如下：

1）使用有限元软件对部件进行网格处理。扭力梁通常采取抽中心面的方法来处理，对于焊缝，建议使用 Shell 处理，而非 REB2。

2）设置材料属性（含板厚、密度、泊松比、截面模量）和截面属性。

3）添加刚性连接点，设置连接方式及约束关系。

4）设置输出文件格式，选择求解器并输出目标 MNF 文件。

MNF 文件制作完成后，可以使用 ADAMS/Flex 模块查看对应的 MNF 文件信息，以初步判断 MNF 文件的有效性。

操作步骤：双击桌面 ADAMS/Flex 图标->选择 MNF 文件->预览信息设置->单击查看，如图 5-67 和图 5-68 所示。

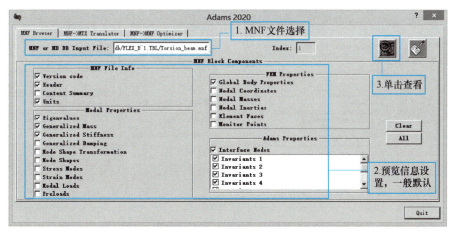

图 5-67　MNF 信息查看设置

ADAMS/Car 汽车底盘动力学虚拟开发

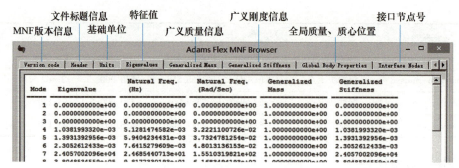

图 5-68　MNF 信息查看结果

因扭力梁 MNF 文件制作较为复杂，建议由专业的结构 CAE 工程师协助处理。正式建模前，需将 MNF 文件放置到目标数据库的 flex_bodys.tbl 子目录下，以便后继引用。

（2）硬点

系统硬点清单见表 5-8。下述建模会介绍 MNF 文件中 Node id 的参考引用，故表 5-8 中备注"使用 Node id"的输入式硬点不会被使用，不需要全部创建。

（3）结构框

扭力梁动力学模型所需结构框见表 5-9。

表 5-9　结构框清单

序号	结 构 框	使 用 元 素	功 能 或 目 的	图 示
1	wheel_center	Node id = 5/6、toe_angle、camber_angle 参变量（前束角、外倾角参变量定义 wheel_center 结构框的方向，参变量建立过程见图 5-4）	定义轮轴 Spindle 方向，以便后续调整前束角、外倾角值时，试验台轮胎能随之调整角度	图 5-69
2	trail_arm_front	Node id = 1/2	使用 Node id 定义纵臂前点	图 5-70
3	damper_lower	Node id = 3/4	使用 Node id 定义滑柱下点	图 5-71
4	spring_lower_seat	Node id = 7/8	使用 Node id 定义弹簧下软垫点	图 5-72

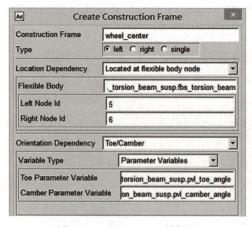

图 5-69　wheel_center 结构框

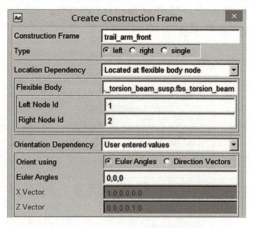

图 5-70　trail_arm_front 结构框

注意，表 5-9 中的结构框均使用了 MNF 的 Node id，故建立结构框前需建立对应的柔性体部件（建立过程见后续"部件"部分的图 5-74），否则将无法引用 Node id。建立后的柔性体部件会显示出每一个连接点的 Node id，如图 5-73 所示，每个 Node id 的定义见表 5-10。

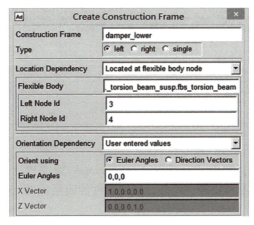 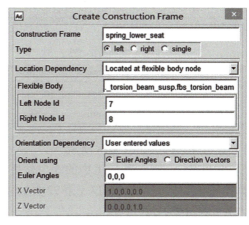

图 5-71　damper_lower 结构框　　　　图 5-72　spring_lower_seat 结构框

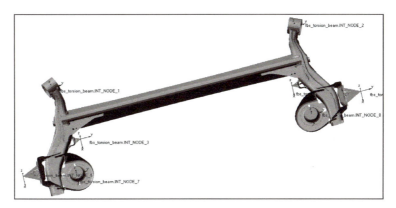

图 5-73　柔性体部件的 Node id 图示

表 5-10　Node id 编号与功能定义

序号	Node id	功能定义
1	INT_NODE_1/2	纵臂前点-左/右
2	INT_NODE_3/4	减振器下点-左/右
3	INT_NODE_5/6	轮心点-左/右
4	INT_NODE_7/8	弹簧下座-左/右

另外，建立 wheel_center 结构框时需要使用 toe_angle 和 camber_angle 参变量定义其方向，故也需提前设置定位参数或建立 toe_angles 和 camber_angles 参变量，如图 5-4 所示。

（4）部件

扭力梁悬架动力学模型需要创建 3 类部件，具体清单见表 5-11。

表 5-11　部件清单

序号	部件类型	部件对象	对称性	位置特殊要求	方向特殊要求	几何体	图示
1	柔性体部件	扭力梁本体 torsion_beam	single	全局	全局		图 5-74
2	常规部件	轮轴 spindle	left/right	无	有	柱状几何体	图 5-75
3		弹簧上座 upper_spring_seat	left/right	无	无		图 5-76

(续)

序号	部件类型	部 件 对 象	对称性	位置特殊要求	方向特殊要求	几何体	图 示
4	常规部件	弹簧下座 lower_spring_seat	left/right	无	无		图 5-77
5		上减振器 upper_damper	left/right	无	无		图 5-78
6		下减振器 lower_damper	left/right	无	无		图 5-79
7	安装件	虚拟车身 body_position	single	无	无		图 5-80、图 5-81

1) 柔性体部件，如图 5-74 所示。

2) 常规部件。对于表 5-11 中的 5 个常规部件，根据实际情况，只有 spindle 需要建立几何体，具体建立方法可参见图 5-17（第 92 页），此处不再讲解。另外，常规部件的质量特性均暂设为 1（不予截图展示）。

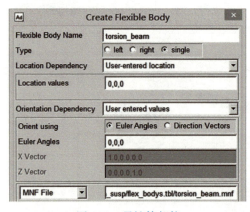

图 5-74　柔性体部件

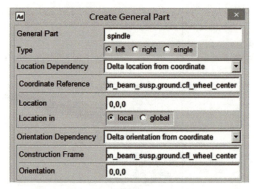

图 5-75　spindle 常规部件

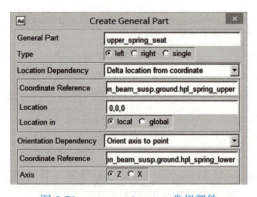

图 5-76　upper_spring_seat 常规部件

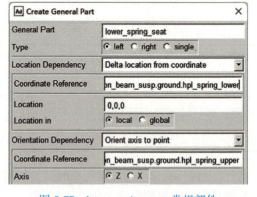

图 5-77　lower_spring_seat 常规部件

3) 安装件。整个模型只需建立一个安装件，即虚拟车身，以便其他部件的连接固定。因车身的对称性是 single，故需先建立一个对称性也为 single 的结构框来确定安装件的位置，再建立对应的车身安装件，分别如图 5-80 和图 5-81 所示。

（5）弹性元件

所建模型中的弹性元件主要含弹簧、减振器、上跳缓冲块 3 类，暂使用软件默认的属性文件。

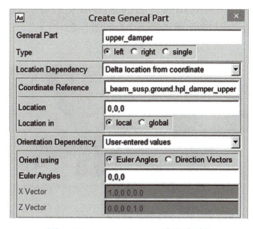

图 5-78 upper_damper 常规部件

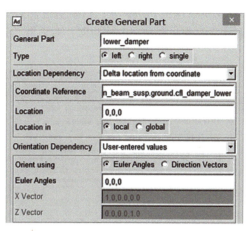

图 5-79 lower_damper 常规部件

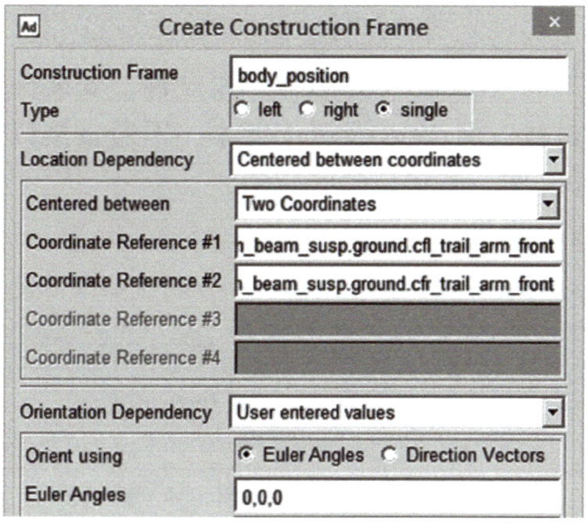

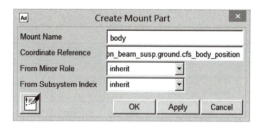

图 5-80 body_position 结构框

图 5-81 body 安装件

1) 弹簧 spring：弹性元件弹簧建立于上、下弹簧座之间，如图 5-82 所示。
2) 减振器 damper：建立上、下减振器部件，如图 5-83 所示。

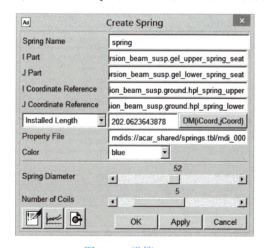

图 5-82 弹簧 spring

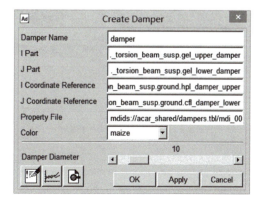

图 5-83 减振器 damper

3）上跳缓冲块 bumpstop：根据结构，上跳缓冲块为外置结构，与内置结构建立方法的不同之处在于 J 参考元素是一个结构框，对话框和建立后的模型分别如图 5-84 和图 5-85 所示。

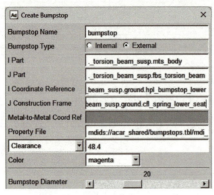

图 5-84　上跳缓冲块 bumpstop

图 5-85　弹性件图示

（6）约束

部件之间通过约束进行连接或固定。对于低版本的 ADAMS/Car 软件，刚性件、安装件和柔性体部件是不能直接连接的，而要通过接口件进行过渡，而 2018 及以上版本，不通过接口件即可直接连接。下面仅以刚性副 spindle_revolute 来简单介绍一下接口件的应用。

1）刚性副。模型中需建立的刚性副见表 5-12 所示清单。

表 5-12　刚性副清单

序号	名称	类型	对称性	激活模式	连接部件	图示
1	spindle_revolute_int/ spindle_revolute	转动副	left/right	always/总是	轮轴、扭力梁	图 5-87、图 5-88（仅建立其中一个即可，不可同时建立）
2	damper	圆柱副	left/right	always/总是	上、下减振器	参见图 5-34（第 96 页）

A. 轮心处的转动副。

① 通过接口件过渡连接，接口件如图 5-86 所示，转动副如图 5-87 所示。

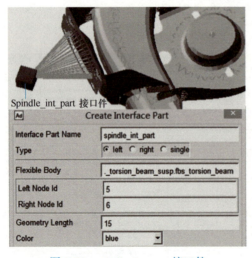

图 5-86　spindle_int_part 接口件

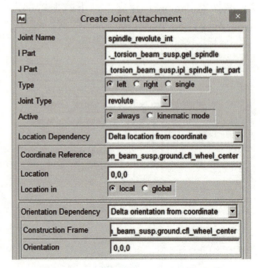

图 5-87　spindle_revolute_int 转动副

② 直接连接（不使用接口件）。直连法对话框如图 5-88 所示，建立后，图示直观上少了接口件，但其功能是完全一样的。接口件过渡连接和直连法对比结果如图 5-89 所示。

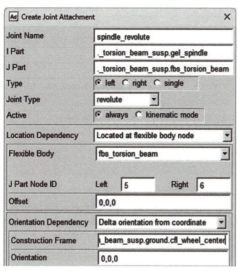

图 5-88　直连法 spindle_revolute 转动副　　　　图 5-89　两种方法结果对比

B. 圆柱副。

圆柱副建立在上、下减振器之间，建立方法参考图 5-34（第 96 页），此处不再展示。

2）衬套。在麦弗逊悬架建模中，弹簧上、下端均未建立弹簧软垫，本小节予以建立。

实际工程中，弹簧上软垫位于弹簧与车身钣金之间，下软垫位于弹簧与扭力梁弹簧下钣金座之间。而动力学建模中，因弹簧为弹性元件，不能被选作部件，故软垫不能直接建立于弹簧和其他部件之间。对此，可构建两个部件弹簧上座 upper_spring_seat 和弹簧下座 lower_spring_seat（如图 5-76、图 5-77 所示），弹簧建于上、下座之间，而软垫建于上、下座与对应部件之间即可。

模型中衬套清单见表 5-13，所有衬套均为一直激活。

表 5-13　衬套清单

序号	名　　称	对　称　性	激活模式	连接部件	图　　示
1	spring_upper_bushing	left/right	一直激活	弹簧上座、车身	图 5-90
2	spring_lower_bushing	left/right	一直激活	弹簧下座、扭力梁	图 5-91
3	damper_upper_bushing	left/right	一直激活	上减振器、车身	图 5-92
4	damper_lower_bushing	left/right	一直激活	下减振器、扭力梁	图 5-93
5	trail_arm_front	left/right	一直激活	扭力梁、车身	图 5-94

（7）参变量

整车模型仅需 3 个参变量：toe_angle、camber_angle、kinematic_flag，前面的建模过程中已自动建立完成。

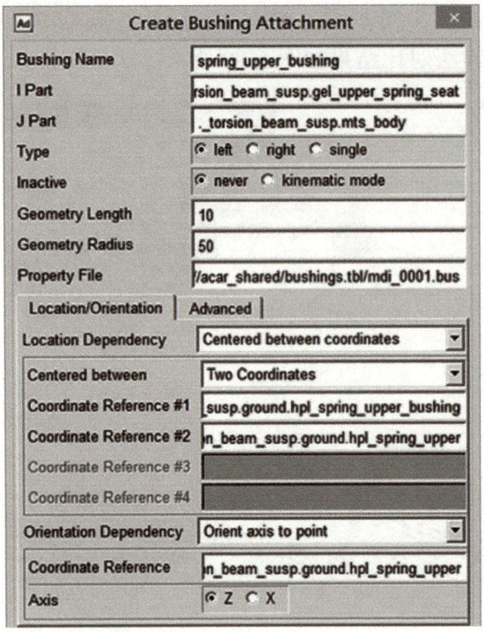

图 5-90　spring_upper_bushing 软垫

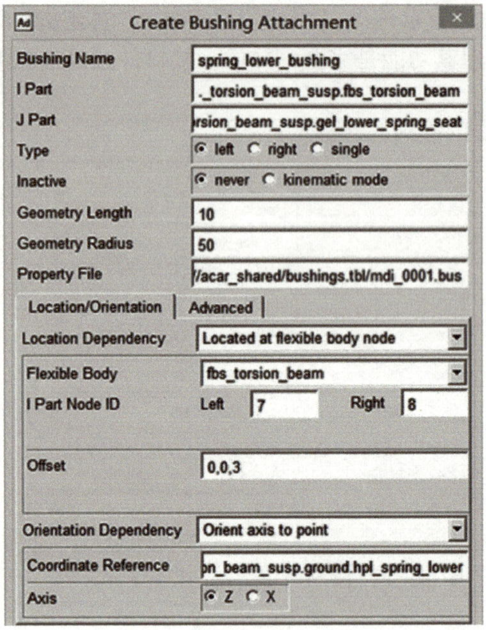

图 5-91　spring_lower_bushing 软垫

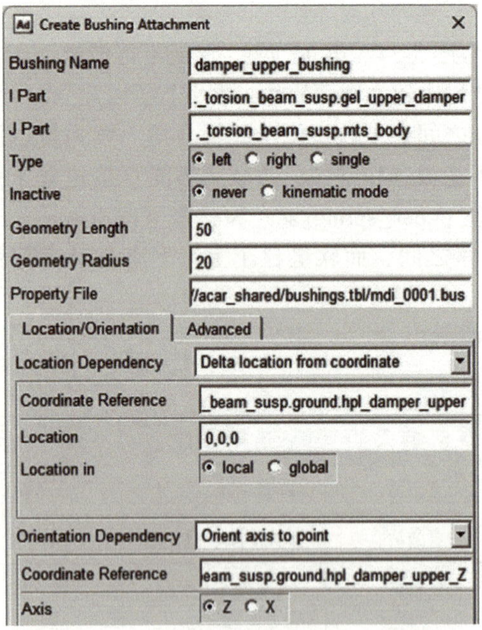

图 5-92　damper_upper_bushing 上衬套

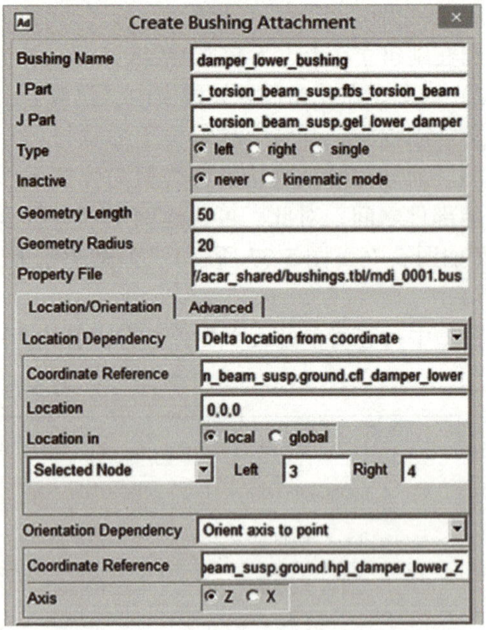

图 5-93　damper_lower_bushing 下衬套

（8）设置悬架参数数组（悬架主销轴线）

对于非转向悬架，主销轴线设置采用瞬时轴法，部件和参考点的选择参见图 3-41（第 61 页）及对应的文字说明，创建过程如图 5-95 所示。

（9）通讯器

前面建立安装件 body 时，已自动建立了相应的输入通讯器 cis_body，模型不需要建立其他输入通讯器。为便于和悬架试验台通讯，模型需要建立输出通讯器，见表 5-14。

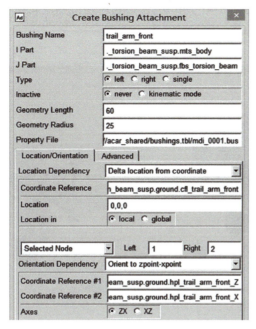

图 5-94　trail_arm_front 衬套

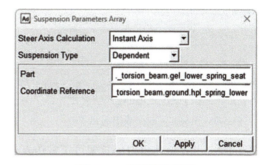

图 5-95　主销轴线设置

表 5-14　扭力梁输出通讯器信息

序号	输出通讯器名称	实体类别	次特征	匹配名	交换实体	功能定义	图示
1	toe_angle	parameter rear	inherit	toe_angle	toe_angle	前束角输出给试验台	自动建立
2	camber_angle	parameter rear	inherit	camber_angle	camber_angle	外倾角输出给试验台	自动建立
3	suspension_parameters_ARRAY	array	inherit	suspension_parameters_array	suspension_parameters_ARRAY	悬架参数数组输出给试验台	自动建立
4	suspension_mount	mount	inherit	suspension_mount	spindle	车轮轴连接至试验台	图 5-96
5	suspension_upright	mount	inherit	suspension_upright	torsion_beam	试验台车轮固定于转向节	图 5-97
6	wheel_center	location	inherit	wheel_center	wheel_center	将轮心位置输出给试验台	图 5-98

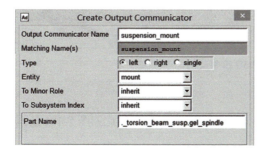

图 5-96　suspension_mount 输出通讯器

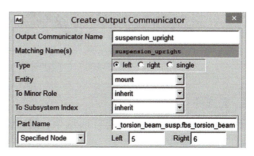

图 5-97　suspension_upright 输出通讯器

通讯器建立完成，模型与试验台的匹配测试见图 3-46（第 67 页）及相应说明，此处不再讲解。

（10）子系统及装配体组建

子系统及装配体的搭建过程同图 5-52 和图 5-53（第 99 页），但需注意子系统的次特征为 rear。组建后的悬架装配体如图 5-99 所示。

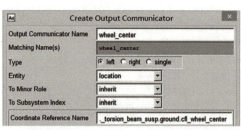

图 5-98 wheel_center 输出通讯器

图 5-99 装配体模型

经试验，上述所建扭力梁悬架可正常仿真分析。

5.3.2 多连杆独立悬架

乘用车多连杆独立悬架主要有 E 型多连杆、五连杆、支柱式多连杆、H 臂多连杆等几种类型。

1. E 型多连杆

E 型多连杆悬架因俯视图上三根横向控制臂与转向节连接后呈大写的 E 字而得名。根据结构特点，其又可称为纵臂四连杆悬架，是紧凑型 SUV 使用最为普遍的后独立悬架类型之一。3D 模型与动力学模型（模板）对比如图 5-100 所示。

图 5-100 E 型多连杆后悬架 3D 模型及动力学模型

2. 五连杆

五连杆后悬架基本同五连杆前悬架，3D 模型与动力学模型（模板）对比如图 5-101 所示。

3. 支柱式多连杆

图 5-102 所示为支柱式多连杆悬架，因支柱对车轮起到了定位和导向作用，其本质上仍是麦弗逊悬架，乘用车上也有使用。

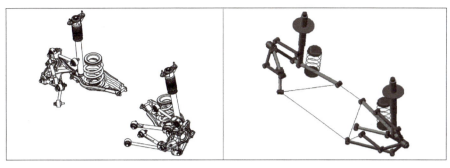

图 5-101　五连杆后悬架 3D 模型及动力学模型

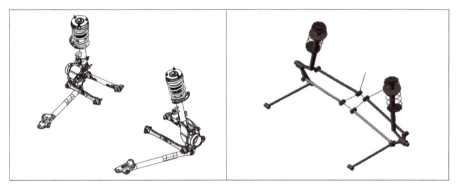

图 5-102　支柱式多连杆后悬架 3D 模型及动力学模型

4. H 臂多连杆

图 5-103 所示为 H 臂多连杆悬架装置，其因下控制臂呈 H 状而得名，根据结构特点，行业内又称之为梯形臂悬架。典型的 H 臂悬架有图 5-103 所示的垂向连杆，其可以解耦车轮的受力，同时兼顾操稳性和舒适性，主要用于中高端车型。

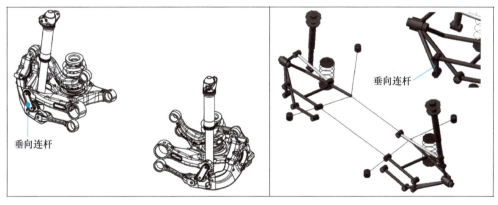

图 5-103　H 臂多连杆后悬架 3D 模型及动力学模型

5.3.3　多连杆非独立悬架

多连杆非独立悬架在乘用车上也有应用，呈现两个极端状态。图 5-104 所示为拖曳臂悬架，又可称为三连杆非独立悬架，主要用于 A00 微型车或低速电动车。而图 5-105 所示为纵臂五连杆非独立悬架，主要用于高端四驱越野车，如奔驰的 G 系列。

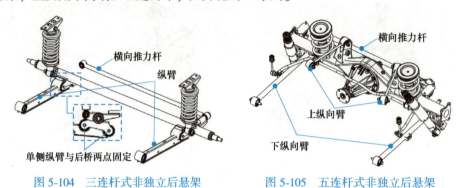

图 5-104　三连杆式非独立后悬架　　　　图 5-105　五连杆式非独立后悬架

1）无论是三连杆还是五连杆，横向推力杆是必不可少的，其一端连接至后桥，另一端连接到车身，以保证侧向导向性。

2）图 5-104 所示的三连杆式悬架，为防止后桥翻转，每侧纵臂与后桥须两点固定。弹簧和减振器可以采取分离式，也可使用一体式。

3）多连杆非独立后悬架的车轮定位参数大多情况下是不可调整的，由零部件的设计及制造精度所确定。

第 6 章 稳定杆装置的结构、作用及动力学建模

本章讲解稳定杆装置的结构、作用及动力学建模，主要内容如下：
1）稳定杆装置的结构及作用。
2）多段梁稳定杆动力学建模。

6.1 稳定杆装置的结构及作用

稳定杆装置在现代车辆上使用极为普遍，是一个极其重要的被动安全装置。第 5 章所讲的各种常见悬架类型中，除扭力梁和三连杆非独立后悬架中很少见到稳定杆装置外，其他悬架均有配置。

6.1.1 稳定杆装置的结构

图 6-1 所示为常见的前悬架稳定杆装置。

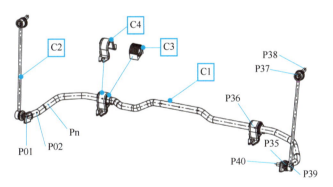

图 6-1 稳定杆装置构成及硬点

1）稳定杆装置由稳定杆本体 C1、左/右连接杆 C2、衬套 C3、固定夹 C4 构成。

2）稳定杆本体 C1 通过衬套 C3、固定夹 C4 固定于副车架或车身上，两端通过左/右连接杆 C2 连接到下滑柱或前下控制臂。

3）车辆在平直路面行驶时，两侧车轮几乎做同频、同副、同向的垂直运动，稳定杆两端在连接杆的带动下绕衬套 C3 也做同频、同副、同向的转动，两端不发生相对扭转，即稳定杆本体不参与工作。

4）车辆在转弯工况时，因轮荷转移和离心力的作用，内侧车轮下跳、外侧车轮上跳，稳定杆本体两端做相反方向的运动，即发生相对转动。此时，悬架的侧倾角刚度增大，车身侧倾角减小。

6.1.2 稳定杆装置的作用

图 6-2a、b 所示为一款紧凑型 SUV 前悬架有无稳定杆装置时所测得的轮胎接地点处悬架侧倾角刚度结果，从中可以看出，稳定杆装置对前悬架侧倾角刚度贡献比约为（1305.02－632.16）/1305.02＝51.6％。

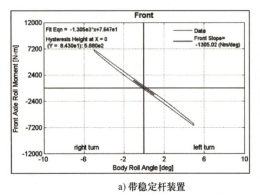
a) 带稳定杆装置

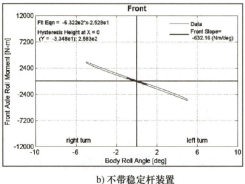
b) 不带稳定杆装置

图 6-2 有无稳定杆装置悬架侧倾角刚度测试对比

稳定杆装置的主要作用可简单概述为如下两点：
1）车辆转弯时，增大悬架的侧倾角刚度，降低车身侧倾角梯度及侧倾角，提高车辆转向安全性。
2）调整前、后悬架侧倾角刚度比值，以获得合理的整车不足转向度。

下面以实车的 K&C 数据来定量探讨一下作用1），见表 6-1。

表 6-1 稳定杆对悬架侧倾角刚度的贡献比

	序　号	1	2	3	4	5	6	7	8	9	均　值
	类　别	紧凑型 SUV			中大型 SUV			中大型三厢轿车			
前悬架	有稳定杆/(N·m/deg)	1368	1337	1451	1624	1978	1686	1225	1290	1182	
	无稳定杆/(N·m/deg)	578	604	546	573	793	773	671	568	625	
	稳定杆贡献比	57.7%	54.8%	62.4%	64.7%	59.9%	54.2%	45.2%	56.0%	47.1%	55.8%
后悬架	有稳定杆/(N·m/deg)	896	891	804	1261	1342	1192	762	1062	729	
	无稳定杆/(N·m/deg)	524	664	586	725	854	669	584	567	575	
	稳定杆贡献比	41.5%	25.5%	27.1%	42.5%	36.4%	43.9%	23.4%	46.6%	21.1%	34.2%

注：表中均指轮胎接地点处悬架侧倾角刚度。

从表 6-1 可以得到如下基本信息：
1）前悬架中，稳定杆装置的贡献率基本都在 50% 以上。
2）与前悬架不同，后悬架中稳定杆装置的贡献率基本都在 50% 以下。
3）不同的车型，稳定杆装置的贡献率是不同的，如 SUV 车型，前悬架中稳定杆装置的贡献率基本在 55%～65%；三厢轿车，贡献率基本在 45%～55% 之间。此与车辆自身的特点和用途有极大关系：SUV 车型质心高，又追求一定的运动性能，故其悬架侧倾角刚度相对偏大；相对而言，三厢轿车自身质心低，着重于舒适性。

6.2 稳定杆装置的硬点

6.2.1 稳定杆装置的硬点提取原则

稳定杆装置的硬点（见图 6-3）提取遵循以下基本原则。
1) 稳定杆连接杆主硬点：上、下球头销几何中心。
2) 稳定杆连接杆参考点：上、下球头杆螺纹端面几何中心。
3) 衬套固定点：衬套几何中心。
4) 对称稳定杆本体：从对称中心点（Y=0）开始，仅取左半部分中心脊线。对于直线段，两点间距≤75mm；弧长<40mm时，相切起始点各取一点，弧长>50mm时，在圆弧中间取一点。
5) 非对称稳定杆本体：从一侧稳定杆连杆安装中心孔开始向另一侧取，主体要求同上。

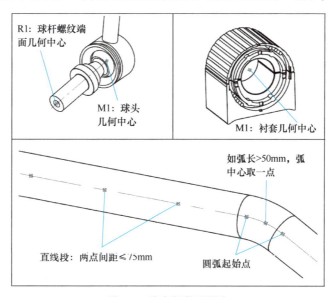

图 6-3 稳定杆装置硬点

6.2.2 稳定杆装置的硬点命名原则

稳定杆装置的硬点命名原则主体同悬架装置，见 5.1.3 小节具体内容。对于多段梁法建立的稳定杆模型，稳定杆本体的命名建议按一定的编号次序进行。

表 6-2 所示为非对称前稳定杆装置的硬点名称及坐标值。

表 6-2 非对称前稳定杆装置硬点清单

代 号	硬点名称	中文名称	对 称 性	X	Y	Z
P01	arb_body_1	本体点 01	single	-95.036	526	-16.574
P02	arb_body_2	本体点 02	single	-59.951	525.991	-37.636
P03	arb_body_3	本体点 03	single	-11.822	525.976	-59.994
P04	arb_body_4	本体点 04	single	9.973	522.852	-65.544
P05	arb_body_5	本体点 05	single	30.423	512.273	-63.17

(续)

代号	硬点名称	中文名称	对称性	X	Y	Z
P06	arb_body_6	本体点06	single	68.654	486.492	−50.689
P07	arb_body_7	本体点07	single	87.817	459.89	−45.009
P08	arb_body_8	本体点08	single	108.035	397.118	−42.731
P09	arb_body_9	本体点09	single	111.962	366.682	−42.874
P10	arb_body_10	本体点10	single	112.147	323.605	−43.003
P11	arb_body_11	本体点11	single	112.333	280.528	−43.133
P12	arb_body_12	本体点12	single	106.065	254.274	−42.353
P13	arb_body_13	本体点13	single	99.194	242.97	−41.834
P14	arb_body_14	本体点14	single	91.887	216.945	−41.536
P15	arb_body_15	本体点15	single	91.887	183.612	−41.536
P16	arb_body_16	本体点16	single	99.912	154.774	−37.075
P17	arb_body_17	本体点17	single	116.558	128.829	−29.429
P18	arb_body_18	本体点18	single	125.088	100.128	−26.078
P19	arb_body_19	本体点19	single	125.093	43.765	−25.706
P20	arb_body_20	本体点20	single	125.097	−11.598	−25.334
P21	arb_body_21	本体点21	single	125.102	−68.961	−24.961
P22	arb_body_22	本体点22	single	122.333	−90.931	−29.064
P23	arb_body_23	本体点23	single	115.769	−115.309	−38.796
P24	arb_body_24	本体点24	single	113	−137.001	−42.9
P25	arb_body_25	本体点25	single	113	−212.385	−42.9
P26	arb_body_26	本体点26	single	113	−289.769	−42.9
P27	arb_body_27	本体点27	single	113	−366.153	−42.9
P28	arb_body_28	本体点28	single	108.078	−396.984	−42.727
P29	arb_body_29	本体点29	single	87.819	−459.882	−45.009
P30	arb_body_30	本体点30	single	68.698	−486.457	−50.675
P31	arb_body_31	本体点31	single	30.488	−512.281	−63.148
P32	arb_body_32	本体点32	single	10.028	−522.875	−65.541
P33	arb_body_33	本体点33	single	−11.791	−525.991	−60.009
P34	arb_body_34	本体点34	single	−59.951	−525.991	−37.636
P35	arb_body_35	本体点35	single	−95.036	−526	−16.574
P36	arb_bushing	衬套固定点	left/right	113	−309.65	−42.901
P37	droplink_upper	连接杆上点	left/right	36.23	−564.82	290.98
P38	droplink_upper_Z	连接杆上点参考点	left/right	86.313	−564.82	284.51
P39	droplink_lower	连接杆下点	left/right	−95.036	−549	−16.574
P40	droplink_lower_Z	连接杆下点参考点	left/right	−95.036	−498.5	−16.574

6.3 稳定杆装置的动力学模型

根据 3.2.10 小节的内容,稳定杆装置的动力学建模有 Simple、Beam、FE Part 3 种方法。除此之外,还有一种相对比较精确的建模方法是柔性体法,即使用模态中性文件(MNF)建模。经笔者验证,对于 ADAMS 2020,使用 3.2.10 小节中的方法建立稳定杆的动力学模型,在后续调整杆体直径时会出现错误,故本节主要使用 Build->Parts 中的 Nonlinear Beam。

6.3.1 多段梁法

1. 新建稳定杆模板

菜单命令:建模界面->File->New->Template。

输入模板名称 front_arb_beam,设置主特征 antirollbar,单击 OK 按钮,如图 6-4 所示。

2. 硬点

硬点清单见表 6-2,常规输入方法参考图 5-3(第 88 页)。

因稳定杆本体硬点相对较多,且命名有一定次序,故可以通过批处理方法创建本体的硬点名称,并进行 Excel 格式硬点数据的复制粘贴。

将图 6-5 所示文件另存为 acar_point.cmd 格式,在模板界面导入(Import)对应的 cmd 文件,单击 OK 按钮,一次创建所有稳定杆本体硬点,如图 6-6 和图 6-7 所示。

图 6-4 新建模板文件

图 6-5 硬点批处理文件原始程序

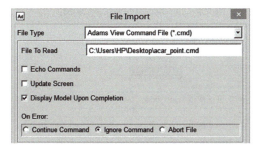

图 6-6 cmd 文件导入

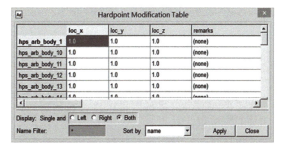

图 6-7 默认创建的硬点列表

图 6-7 中默认的硬点排序方式并不支持大批量复制粘贴,需将排序更改一下,将 Sort by 设置为 remarks 或 loc_x,从 1 到 35 重排硬点顺序。复制粘贴 Excel 文件中编号为 1~35 的硬点数据,单击 Apply 按钮即可快速完成本体硬点的更改,如图 6-8 和图 6-9 所示。

为避免可能的错误,表 6-2 中的 P36~P40 硬点建议单独输入,对称性为 left/right。

3. 结构框

根据实际情况,多段梁稳定杆动力学模型不需要建立结构框。

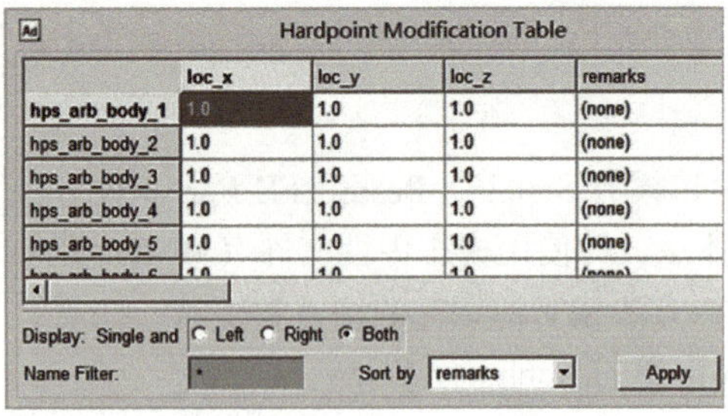

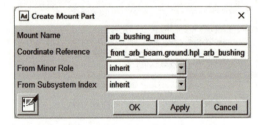
图6-8 硬点名称重新排序

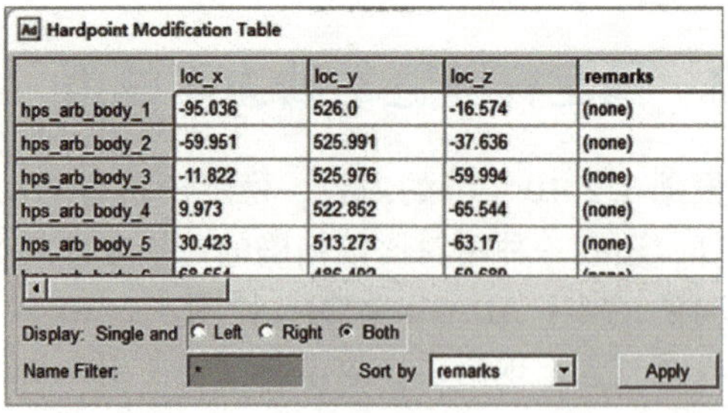

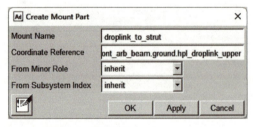
图6-9 复制粘贴后的硬点数据

4. 部件及稳定杆

部件清单见表6-3。

表6-3 部件清单

序号	部件类型	部件对象	对称性	位置特殊要求	方向特殊要求	几何体	图示
1	安装件	虚拟副车架 arb_bushing_mount	left/right	有	无	无	图6-10
2		虚拟下滑柱 droplink_to_strut	left/right	有	无	无	图6-11
3	稳定杆部件	稳定杆本体 arb_body	single	无	无	多段梁	图6-12
4	常规部件	稳定杆连杆 droplink	left/right	无	无	连杆	图6-13

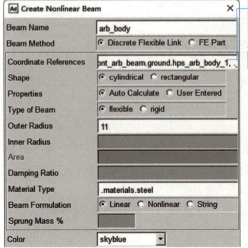
图6-10 安装件 arb_bushing_mount

图6-11 安装件 droplink_to_strut

图6-12 稳定杆本体 arb_body

图6-13 稳定杆连杆 droplink

第 6 章 稳定杆装置的结构、作用及动力学建模

5. 约束

稳定杆动力学模型所需约束较为简单，清单见表 6-4。

表 6-4 约束清单

序号	名 称	类型	对称性	激活模式	连 接 部 件	图 示
1	droplink_upper	球头副	left/right	always/总是	连接杆、虚拟下滑柱	图 6-14
2	droplink_lower_left	虎克副	single	always/总是	左连接杆、稳定杆本体	图 6-15
3	droplink_ lower _right	虎克副	single	always/总是	右连接杆、稳定杆本体	参考图 6-15
4	arb_bushing_left	衬套	single	always/总是	稳定杆本体 nrs_26、虚拟副车架	图 6-16
5	arb_bushing_right	衬套	single	always/总是	稳定杆本体 nrs_10、虚拟副车架	图 6-17

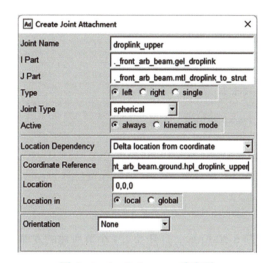

图 6-14 droplink_upper 球头副

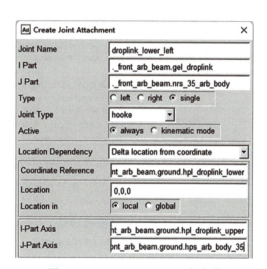

图 6-15 droplink_lower_left 虎克副

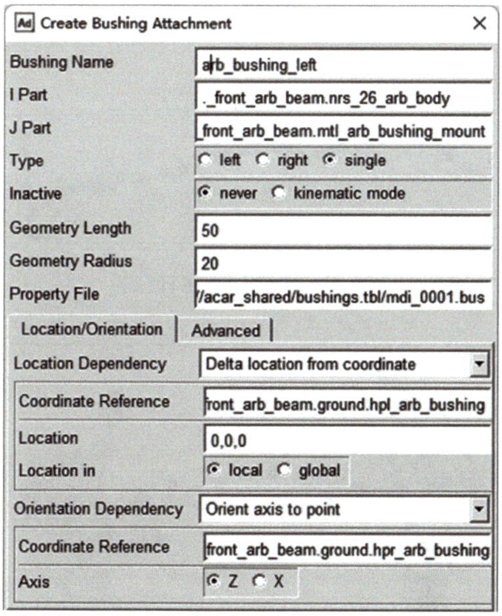

图 6-16 arb_bushing_left 衬套

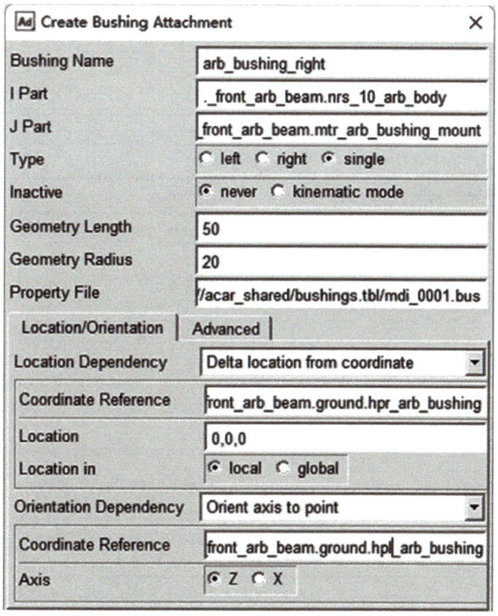

图 6-17 arb_bushing_right 衬套

说明：上述连接杆下端与稳定杆本体之间的虎克副、稳定杆本体固定衬套的特性均为 single，是因为对应的连接部件稳定杆本体的特性是 single。

6. 参变量

根据实际情况，稳定杆动力学模型仅需一个参变量 phs_kinematic_flag，其已自动建立。

7. 通讯器

前面建立安装件 arb_bushing_mount、droplink_to_strut 时，已自动建立了对应的输入通讯器。根据实际情况，稳定杆动力学模型不需要建立输出通讯器。

与 5.2.1 小节所建的麦弗逊前悬架的通讯器匹配测试结果如图 6-18 所示。

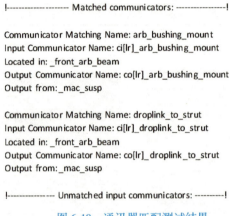

图 6-18　通讯器匹配测试结果

8. 稳定杆子系统建立、装配体组建

子系统搭建过程及对应的模型分别如图 6-19 和图 6-20 所示。打开 5.2.1 小节所建的麦弗逊前悬架装配体，通过装配体管理功能添加稳定杆子系统如图 6-21 所示，最终的悬架装配体如图 6-22 所示。经仿真验证，上述所建稳定杆动力学模型可正常使用。

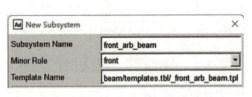

图 6-19　稳定杆子系统

图 6-20　多段梁稳定杆模板

图 6-21　添加子系统，组建装配体

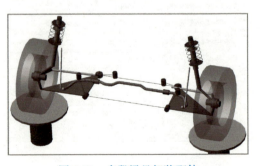

图 6-22　多段梁悬架装配体

6.3.2 柔性体法（MNF）

柔性体法在后期的模型精确对标时使用更为广泛，其建模主要过程和扭力梁悬架类似，可参考 5.3 节扭力梁悬架建模方法自行建立，本节不再讲解。

建模完成后的模板及装配体如图 6-23 和图 6-24 所示。

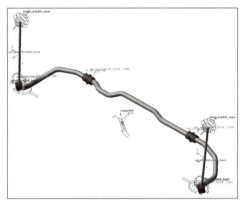 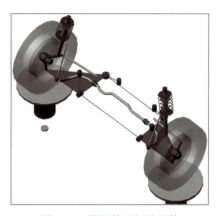

图 6-23　柔性体稳定杆模板　　　　　图 6-24　柔性体悬架装配体

对上述两种方法建立的同一稳定杆装置的动力学模型，做同条件侧倾工况分析，轮胎接地点悬架侧倾角刚度对比如图 6-25 所示，误差率约为（1384-1339）/1384≈3.3%，说明多段梁硬点提取原则基本可行。

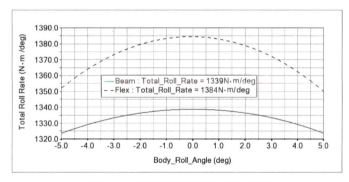

图 6-25　悬架侧倾角刚度对比分析

因为调整稳定杆直径较为方便，多段梁法适用于项目初期的悬架及整车仿真分析。而柔性体法则适用于项目中后期的动力学模型与实车 K&C 数据的精确对标。

6.4　悬架侧倾角刚度调整方法

在悬架硬点已确定的情况下，调整悬架侧倾角刚度，除调整弹簧线刚度外，最常见的方法是调整稳定杆装置的相关参数，主要有下述 3 种方法。

（1）调整稳定杆本体直径

调整稳定杆本体直径是调整悬架侧倾角刚度最有效的方法之一，也是实车底盘操稳、平顺调校时主要调校的内容之一，如图 6-26 所示。

(2) 调整稳定杆衬套径向刚度

乘用车中，前稳定杆衬套多为全橡胶结构，有分离式或硫化一体式，其径向刚度通常较小，为 2000~3000N/mm；而后稳定杆衬套多与本体硫化成一体，对于内嵌有塑料或金属骨架的衬套，其径向刚度相对较大，可达 8000~10000N/mm。对于同一模型，两者对悬架侧倾角刚度的影响对比如图 6-27 所示。

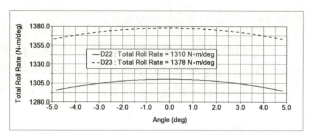

图 6-26　稳定杆直径对悬架侧倾角刚度的影响

(3) 调整左右稳定杆衬套横向跨距

实际工程中，为充分利用稳定杆的特性，在布置空间允许的情况下，应尽可能加大左右稳定杆衬套的横向跨距，对比结果如图 6-28 所示。

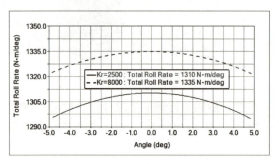

图 6-27　调整衬套径向刚度对比结果

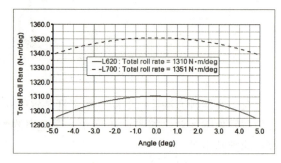

图 6-28　调整衬套横向跨距对比结果

第 7 章

EPS转向系统结构及动力学模型

本章着重讲解 EPS 转向系统结构及动力学模型,主要内容如下:
1) EPS 转向系统的类型、结构、工作原理。
2) EPS 转向系统动力学模型的基本构成。
3) C-EPS 转向系统动力学建模。
4) C-EPS 转向助力控制策略的实现及验证。

7.1 EPS 转向系统的类型、结构、工作原理

EPS(Electrical Power Steering)转向系统在现代乘用车上使用极为普遍,相较于传统机械和液压助力转向,其具有助力控制精准、助力大小可随车速变化而变化、回正性好、工作噪声低等诸多优点。随着线控底盘和智能驾驶技术的发展,EPS 转向系统将被赋予更多的角色和功能。

7.1.1 EPS 转向系统的类型及结构

乘用车常用 EPS 主要有下面几种类型。

1. C-EPS

C-EPS(Column Electrical Power Steering,管柱式电子助力转向)的助力装置集成在转向管柱上。C-EPS 转向系统装置结构及部件构成如图 7-1 所示。

C-EPS 是现代乘用车使用最为普遍的电子助力转向装置,具有结构简单、控制技术成熟、成本较低等显著优点,广泛应用于紧凑型家用三厢轿车及 SUV。C-EPS 的缺点主要在于助力功率有限,不适用于转向轴荷较大的车型。

2. R-EPS

R-EPS(Rack Electrical Power Steering,齿条式电子助力转向)的助力装置集成在转向器上,直接对齿条施加助力。R-EPS 是除 C-EPS 外使用相对较为普遍的电子助力转向装置,结构及部件构成如图 7-2 所示。

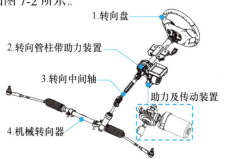

图 7-1 C-EPS 转向系统装置

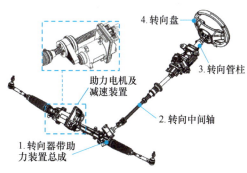

图 7-2 R-EPS 转向系统装置

从图 7-2 可以看出，助力电机的转子通过齿形带带动蜗轮减速装置转动，涡轮减速装置通过循环球带动蜗杆轴向移动，从而实现电机对齿条的助力。由于有蜗杆、蜗轮及循环球减速增力装置，R-EPS 可实现较大的助力，故其可用于转向轴荷相对较大的乘用车型，从 B 级到 E 级车型均有广泛应用。

3. P-EPS

P-EPS（Pinion Electrical Power Steering，小齿轮式电子助力转向）的助力装置集成在转向器的输入小齿轮上，通过蜗杆传动装置对小齿轮施加助力。P-EPS 转向装置结构及部件构成如图 7-3 所示。

同 C-EPS，助力电机仅通过蜗杆传动装置将电机转子力传递给转向器输入小齿轮，而无额外的减速增力装置，其助力功率是有限的，在乘用车上使用相对较少。

4. DP-EPS

DP-EPS（Double Pinion Electrical Power Steering，双小齿轮式电子助力转向）的转向器上有两个小齿轮，如图 7-4 所示，小齿轮 1 用于驾驶员的输入，小齿轮 2 用于电机助力。

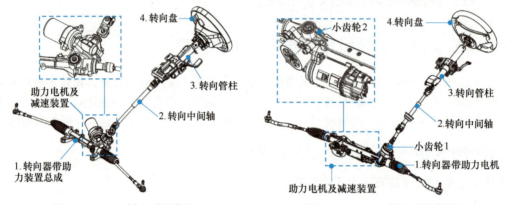

图 7-3　P-EPS 转向系统装置　　　　图 7-4　DP-EPS 转向系统装置

图 7-4 中，助力电机端部的空间较大，可布置减速比相对较大的传动装置，故相较于常规的 C-EPS 和 P-EPS，DP-EPS 可实现较大的助力效果，其应用也较 P-EPS 更多一些。

图 7-5 表明了不同类型 EPS 转向系统能实现的齿条输出力大小，以及各自适用的车型。相对而言，C-EPS 可实现的助力最小，而 R-EPS 最大。

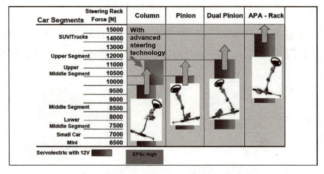

图 7-5　不同类型 EPS 齿条输出力大小

图 7-6 显示了不同类型 EPS 转向系统在合资车型上的具体应用，总体而言，C-EPS 主要适用于 A+ 以下的车型，而 R-EPS 可适用于 B 级至 E 级车。在国产车型中，紧凑型三厢轿车及 SUV 基本都使用 C-EPS。

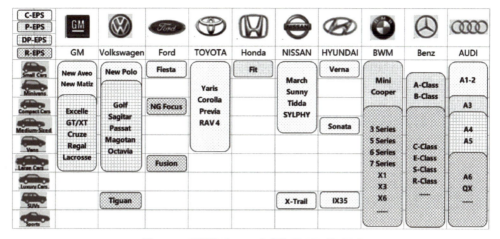

图 7-6　不同类型 EPS 在合资车型上的应用

7.1.2　EPS 转向系统的工作原理

EPS 转向系统是一个极其复杂的系统，实际工程中，其涉及诸多方面的标定，并经实车调校和主观评价等方能最终定型。其标定参数主要包含助力增益、主动回正系数、力矩微分系数、阻尼补偿系数、惯性补偿系数、摩擦补偿系数等，如图 7-7 所示。

ADAMS/Car 软件里的基础转向模板目前主要是实现助力功能，需借助第三方软件方可实现主动回正、阻尼补偿等高级功能。下面以 C-EPS 为基准，简单介绍一下 EPS 转向系统的工作原理，为后面的动力学建模提供一定的基础知识。C-EPS 系统框图如图 7-8 所示。

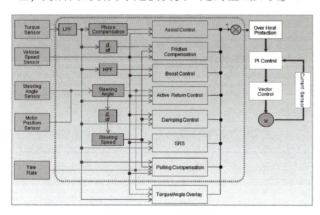

图 7-7　EPS 工作逻辑

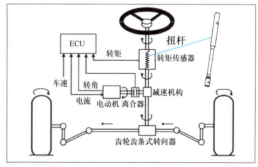

图 7-8　C-EPS 系统框图

EPS 的工作原理基本如下：
1）驾驶员给方向盘一个输入力，转向轴带动扭杆转动一定角度。
2）扭矩传感器会检测扭杆转动角度，并根据预设的扭杆刚度计算出方向盘输入力矩，反馈给 ECU。同时，实车车速也会反馈给 ECU。
3）ECU 获取方向盘输入的扭矩和车速信号后，根据预设的助力曲线，使用插值法计算出实时助力输出扭矩，通过机械传动装置传递给齿条，实现车轮的转向。

上述扭杆可理解为扭杆弹簧，其扭转刚度通常为 1.8~2.5N·m/deg，可工作最大扭转角度为 3~5deg。

7.2 软件自带转向模板探讨

转向系统看似简单，实则极其复杂，ADAMS/Car 2020 自带了一些转向模板，可供大家学习研究，下面做一简单介绍。

7.2.1 软件自带转向模板

ADAMS/Car 2020 的两个乘用车数据库中自带了 10 个齿轮齿条式转向模板，见表 7-1。

表 7-1 软件自带齿轮齿条式转向模板

序号	数据库	模板	主要特征	备注
1	shared_car_database.cdb	_rack_pinion_steering.tpl	基础转向模型，齿轮齿条传动比以耦合副定义	
2		_rack_pinion_steering_MachineryGear.tpl	齿轮齿条传动关系以实际齿轮参数定义，使用简化齿轮力	图 7-9
3		_rack_pinion_steering_MachineryGear_3D.tpl	齿轮齿条传动关系以实际齿轮参数定义，使用 3D 齿轮力	图 7-10
4		_rack_pinion_steering_MachineryMotor.tpl	电机提供额外的辅助力矩	图 7-11
5	acar_concept.cdb	_rack_pinion_steering.tpl	基础转向模型，齿轮齿条传动比以耦合副定义	详见帮助文件
6		_rack_pinion_steering_advanced.tpl	高级转向模板，部分刚性副设置了摩擦力	详见帮助文件
7		_rack_pinion_steering_simple.tpl		详见帮助文件
8		_rack_pinion_steering_simple_four_steer.tpl	简易四轮转向模板	详见帮助文件
9		_rack_pinion_tilt_3ujoint_steering.tpl	转向中间轴增加了上、下段柔度	详见帮助文件
10		_rack_pinion_tilt_bracket_steering.tpl	带管柱角度调节装置	详见帮助文件

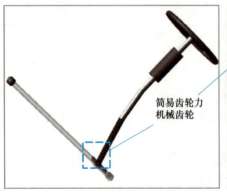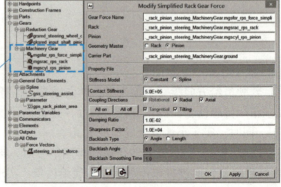

图 7-9 _rack_pinion_steering_MachineryGear.tpl

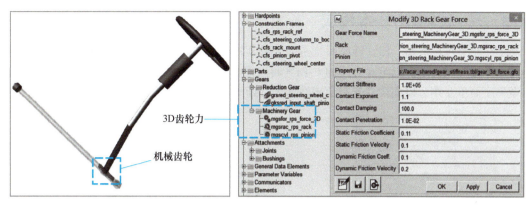

图 7-10　_rack_pinion_steering_MachineryGear_3D.tpl

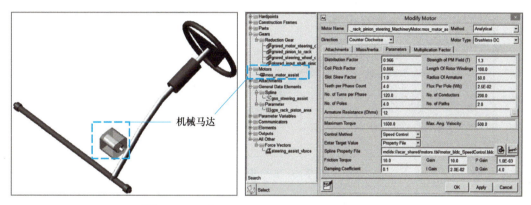

图 7-11　_rack_pinion_steering_MachineryMotor.tpl

表 7-1 中仅概要性地介绍了 shared_car_database.cdb 数据库中的转向模板，而对于 acar_concept.cdb 数据库中的转向模板，帮助文件给出了更为详细的介绍，如图 7-12 所示的详细拓扑关系。研究清楚 acar_concept.cdb 数据库中的任一转向模板，相信都会对提升建模能力有非常大的帮助。

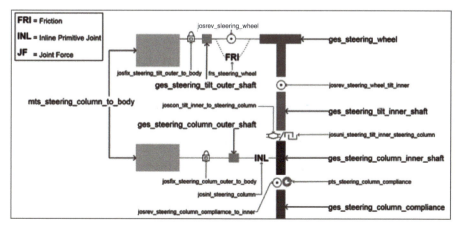

图 7-12　_rack_pinion_steering_advanced.tpl 的详细拓扑关系

7.2.2 转向模板的基本构成

从上一小节可以看出，EPS 转向系统是一个极其复杂的系统，为便于读者更好地掌握其动力学建模及基础应用，下面以笔者自建的 C-EPS 转向模型为基准，从架构的角度对转向模板的基本构成做一个简单介绍，以使读者先有个感性认识，如图 7-13 所示。

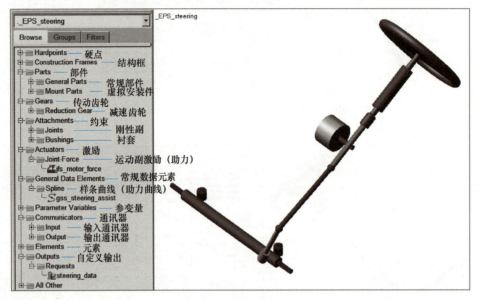

图 7-13 EPS 模板构成

1) EPS 转向模板由硬点（Hardpoints）、结构框（Construction Frames）、部件（Parts）、传动齿轮（Gears）、约束（Attachments）、激励（Actuators）、常规数据元素（General Data Elements）、参变量（Parameter Variables）、通讯器（Communicators）等基础要素构成。

2) 上述基础要素中，既有与悬架模板相同之处，也有不同之处。相同之处是，悬架模板中的建模方法基本上均适用于转向模板。

3) 上述基础要素中，齿轮目的是将系统中的运动副进行耦合，使之成为有联系的整体，一般转向模板里需 3~4 个齿轮。

4) 使用运动副激励（Joint-Force）实现助力功能，此为 EPS 助力功能的关键点之一。

5) 常规数据元素使用 Spline 定义助力特性，并被运动副激励所引用，以实现助力功能。

6) 自定义输出使用自定义请求来验证助力功能设置是否正确。

7.3 C-EPS 转向系统基础建模

本节主要讲解 C-EPS 的建模过程，其建模思想和方法基本上均适用于其他类型的 EPS 系统建模，需读者反复研究和实操练习。

7.3.1 转向系统硬点提取及命名

转向系统涉及的硬点相对较少，其提取原则及命名如图 7-14 及表 7-2 所示。

说明一点，前面已讲解到，悬架建模是必含转向横拉杆的，故转向动力学模型中不含转向横拉杆部件。

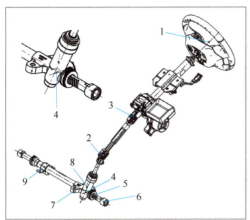
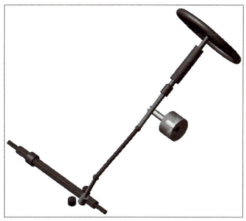

图 7-14　C-EPS 转向系统硬点及动力学模型

表 7-2　C-EPS 硬点清单

代号	硬点名称	中文名称	对称性	X	Y	Z	备 注
1	steering_wheel_center	方向盘中心	single	911.35	-345	675.293	方向盘辐圈中心面与安装轴线交点
2	intermediate_shaft_forward	转向中间轴前点	single	187.866	-258.557	144.463	转向中间轴前十字节中心点
3	intermediate_shaft_rearward	转向中间轴后点	single	395.689	-345	392.386	转向中间轴后十字节中心点
4	pinion_pivot	齿轮啮合点	single	157.978	-199.582	-29.244	齿条中心线、小齿轮中心线与调节装置中心线交点的中点
5	tierod_inner	横拉杆内点	left/right	176.25	-338.774	-29.2	齿条两端横拉杆内球头中心点
6	rack_house_side	壳体端部点	left/right	176.25	-268.774	-29.2	转向器壳体对齿条行程限位平面与齿条中心轴线交点
7	left_rack_house_mount_front	转向器左前固定点	single	126.25	-153.774	-49.2	左前安装点下安装面与中心轴线交点
8	left_rack_house_mount_rear	转向器左后固定点	single	226.25	-153.774	-49.2	左后安装点下安装面与中心轴线交点
9	right_rack_house_mount	转向器右内侧固定点	single	176.25	173.774	-29.2	右固定抱箍中心面与齿条中心线交点

7.3.2　转向系统基础模型建立

同麦弗逊建模思路一样，先建立基础的转向模型，即纯机械转向模型，保证其能正常仿真的情况下再建立助力功能并进行验证。

1. 新建模板文件

文件名称 EPS_steering，主特征选择 steering，图略。

2. 硬点

硬点清单见表 7-2。本建模过程仅输入了前 5 个硬点，其他硬点使用结构框进行构建，以便后续可快速更改转向模型，提高其适应性，如更改横拉杆内点坐标，转向器壳体和固定衬套随之一同变动。硬点输入过程略。

3. 结构框

根据实际建模需要，结构框清单见表7-3。

表7-3 结构框清单

序号	结构框名称	对称性	主 要 目 的	图 示
1	pinion_pivot	single	定义转动副、小齿轮部件方向等	图7-15
2	steering_wheel	single	定义转动副、方向盘部件方向等	图7-16
3	EPS_output_shaft_rear	single	定义扭杆衬套位置、方向等	图7-17
4	column_housing	single	定义转向管柱安装件位置、方向等	图7-18
5	rack_housing_side	left/right	定义转向器壳体两侧端点	图7-19
6	rack_house_fixed_position	single	定义转向器壳体位置、方向等	图7-20
7	left_rack_house_mount_front	single	定义转向器左前衬套位置、方向等	图7-21
8	left_rack_house_mount_rear	single	定义转向器左后衬套位置、方向等	图7-22
9	right_rack_house_mount	single	定义转向器右侧衬套位置、方向等	图7-23
10	motor_postion	single	定义助力电机位置、方向等	图7-24

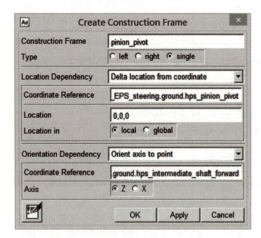

图7-15 pinion_pivot 结构框

图7-16 steering_wheel 结构框

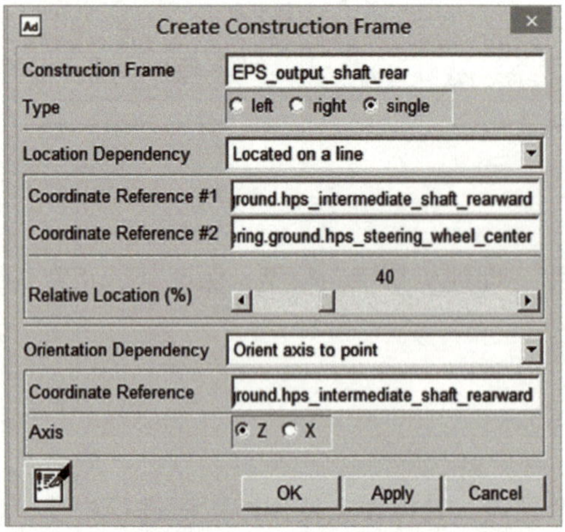

图7-17 EPS_output_shaft_rear 结构框

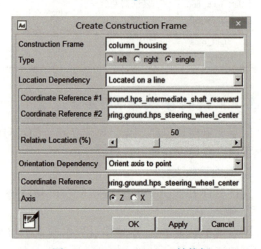

图7-18 column_housing 结构框

第 7 章 EPS 转向系统结构及动力学模型

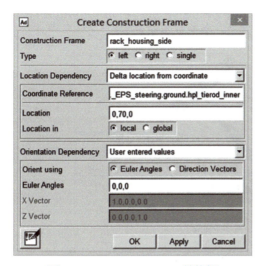

图 7-19 rack_housing_side 结构框

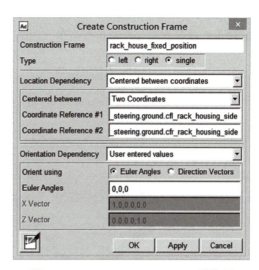

图 7-20 rack_house_fixed_position 结构框

图 7-21 left_rack_house_mount_front 结构框

图 7-22 left_rack_house_mount_rear 结构框

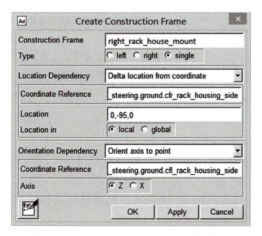

图 7-23 right_rack_house_mount 结构框

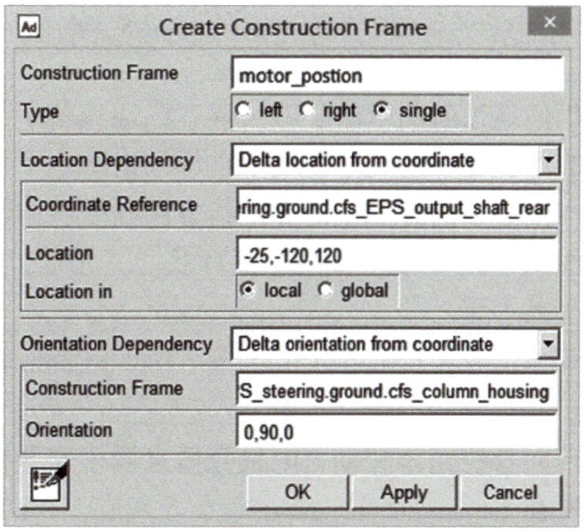

图 7-24 motor_postion 结构框

4. 部件

部件主要有常规部件及安装件两类，如图 7-25 所示，清单见表 7-4。

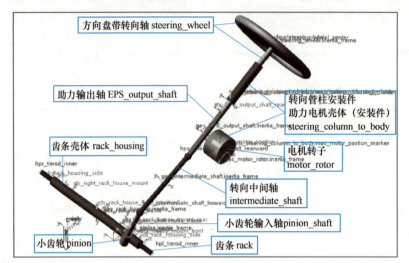

图 7-25　部件完成后的模型图示

表 7-4　部件清单

序号	部件类型	部 件 对 象	对称性	位置特殊要求	方向特殊要求	图　　示
1	常规部件	方向盘 steering_wheel	single	有	有	图 7-27 ~ 图 7-30
2		助力输出轴 EPS_output_shaft	single	无	无	读者自建
3		转向中间轴 intermediate_shaft	single	无	无	读者自建
4		小齿轮 pinion	single	无	有	读者自建
5		小齿轮输入轴 pinion_shaft	single	有	有	读者自建
6		齿条 rack	single	有	无	读者自建
7		齿条壳体 rack_housing	single	无	无	读者自建
8		电机转子 motor_rotor	single	有	有	读者自建
9	安装件	虚拟副车架 steering_mount	single	有	无	读者自建
10		虚拟车身 steering_column_to_body	single	有	无	读者自建

相信通过前两章的学习，读者已经具备了一定的基础模型建立能力，故本章 C-EPS 转向装置涉及的部分部件建立过程就不再详细讲解。下面着重讲解一下方向盘几何外形的建模过程。

本模型中的方向盘部件是指方向盘带转向轴总成，其几何体包含圆环状、三角状、杆状三部分，如图 7-26 所示。其中，圆环状、三角状几何体在 Command Navigator 命令下完成，如图 7-27 和图 7-28 所示。

菜单命令：Template Builder->Tool->Command Navigator->Geometry->Create->Shape->Torus/Cylinder。

转向管柱壳体和助力电机壳体隶属于安装件 steering_column_to_body，其圆柱状几何体的建立也需要在 Command Navigator 命令下完成，如图 7-29 所示。

第 7 章 EPS 转向系统结构及动力学模型

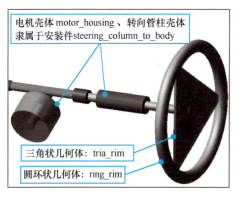

图 7-26 steering_wheel 部件

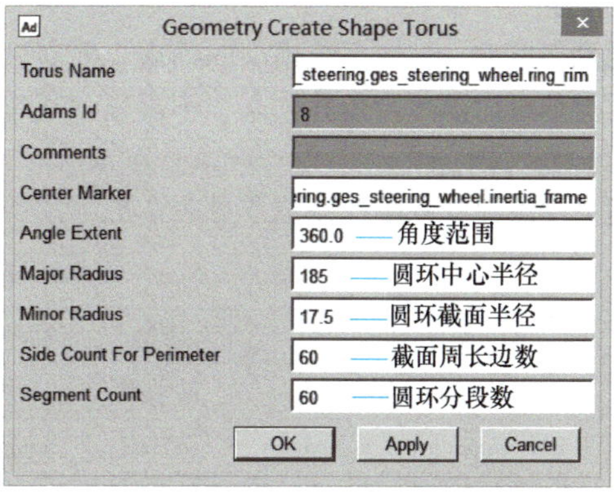

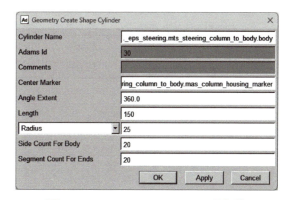

图 7-27 方向盘圆环状几何体

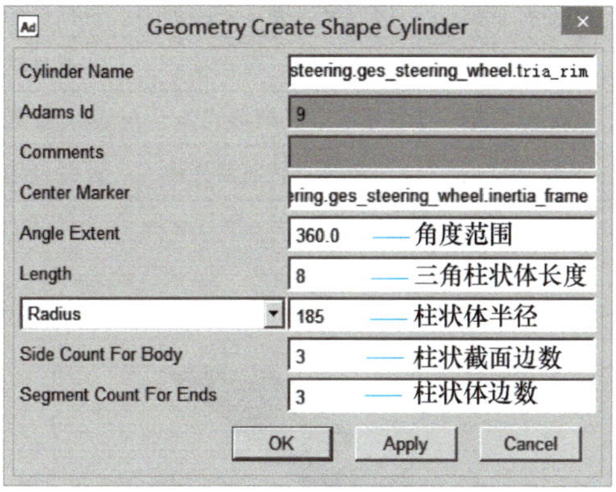

图 7-28 方向盘三角状几何体

图 7-29 steering_column_to_body 几何体

上述建模需用到中心标记点，此标记点必须隶属于对应部件（方向盘 steering_wheel 和管柱安装件 mts_steering_column_to_body），且其 Z 轴沿中心线方向。图 7-27、图 7-28 使用方向盘部件自带的标记点，图 7-29 使用自建的标记点。建立后，几何体如果显示不出来，则需切换到 ADAMS/View 进行处理，并更换几何体颜色，如图 7-30 所示。

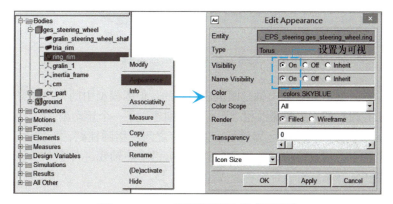

图 7-30 View 界面设置几何体的可视化

ADAMS/Car 界面切换到 ADAMS/View 界面：Tools->ADAMS View Interface。

5. 约束

同悬架模型，转向系统模型的约束主要有两类：刚性副（Joint）和衬套（Bushing）。下面仅列出两类约束的清单及拓扑关系，不再显示其建模过程，读者请自行尝试。

（1）刚性副

模型中需建立的刚性副清单见表7-5。

表7-5 刚性副清单

序号	名称	类型	对称性	工作模式	连接部件	备注
1	steering_wheel_to_body	转动副	single	always/总是	方向盘、车身	读者自建
2	EPS_output_shaft_to_body	圆柱副	single	always/总是	助力输出轴、车身	图7-31
3	motor_rotor_revolute	转动副	single	always/总是	电机转子、电机壳体	读者自建
4	pinion_shaft_to_rack_housing	转动副	single	always/总是	齿轮轴、转向器壳体	读者自建
5	intermediate_shaft_rear	虎克副	single	always/总是	助力输出轴、中间轴	读者自建
6	intermediate_shaft_front	虎克副	single	always/总是	中间轴、齿轮轴	读者自建
7	rack_to_rack_housing	移动副	single	always/总是	齿条、转向器壳体	读者自建
8	pinion_to_rack_housing	转动副	single	always/总是	小齿轮、转向器壳体	读者自建

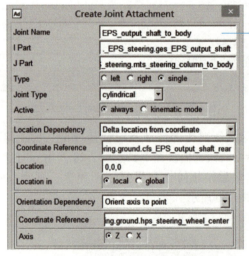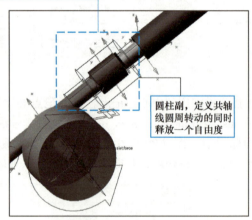

图7-31 EPS_output_shaft_to_body 圆柱副

实际产品中，方向盘和EPS输出轴是固定成一体的，但因模型中助力功能需要，将在两部件间建立一个衬套来替代扭杆，故两部件相对于车身分别建立了一个转动副。

图7-31中，EPS输出轴与车身（即管柱安装件）之间使用圆柱副，一方面上定义EPS输出轴相对于车身绕管柱中心轴线转动，另一方面定义其可沿中心轴线进行上、下移动，释放一个自由度，保证系统可正常静态解析，否则将造成过约束。

（2）衬套

模型中的衬套主要有两大类型。

1）固定转向器的3个衬套，见表7-6，其具有六向刚度特性。

第 7 章 EPS 转向系统结构及动力学模型

表 7-6 衬套清单

序号	名 称	对 称 性	激活模式	连接部件	备注
1	left_rack_house_mount_front	single	always	转向器壳体、副车架安装件	读者自建
2	left_rack_house_mount_rear	single	always	转向器壳体、副车架安装件	读者自建
3	right_rack_house_mount	single	always	转向器壳体、副车架安装件	读者自建

2）扭杆衬套：根据图 7-8 所示（第 129 页），方向盘转轴和助力输出轴之间需建立一个衬套，代替扭杆。此扭杆为助力策略提供方向盘输入扭矩，即有助力的情况下才起作用，故此衬套先不建立，以保证基础模型可正常仿真分析。

6. 传动耦合副

实际工程中，方向盘的转动最终输出为齿条的左、右移动，故模型中需要建立传动耦合，将上述的几个运动副关联起来，并根据实际情况设置对应的传动比。传动耦合副清单见表 7-7，前 3 个耦合副均是将转动副与转动副耦合起来，传动比是 1，而第 4 个耦合是将齿轮的转动与齿条的平移耦合起来，且传动比为 0.12rad/mm（弧度制，输入/输出）。通过上述耦合，方向盘的转动最终转化为齿条的平移。模型如图 7-36 所示。

表 7-7 传动耦合副清单

序号	名 称	耦合运动副	传 动 比	图 示
1	grsred_steering_wheel_column	方向盘、助力输出轴转动副	1	图 7-32
2	grsred_pinion_shaft_to_pinion	齿轮轴、齿轮转动副	1	图 7-33
3	grsred_motor_rotor_to_EPS_output_shaft	电机转子转动副、助力输出轴圆柱副	1	图 7-34
4	grsred_pinion_to_rack	齿轮转动副、齿条移动副	0.12	图 7-35

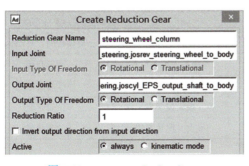

图 7-32 steering_wheel_column

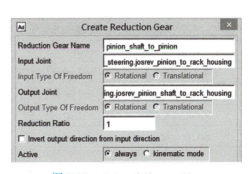

图 7-33 pinion_shaft_to_pinion

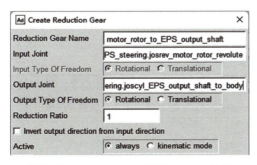

图 7-34 motor_rotor_to_EPS_output_shaft

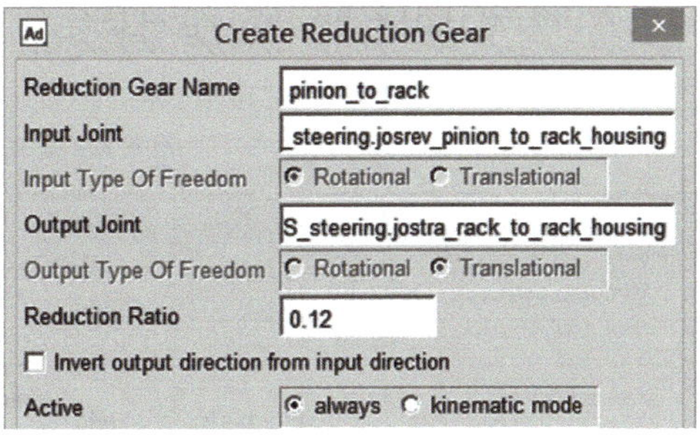

图 7-35 pinion_to_rack

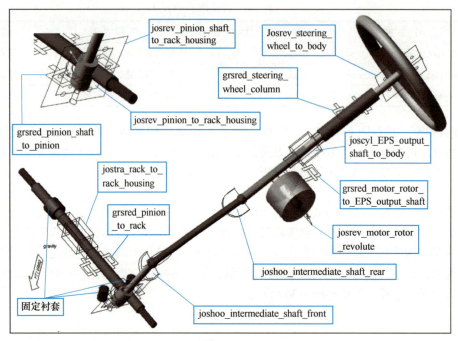

图 7-36　耦合副建立完成后的模型

7. 参变量

参变量清单见表 7-8，读者可参考软件自带的转向模板"_rack_pinion_steering.tpl"自行建立。这些参变量主要用来构建对应的输出通讯器，以便与整车试验台进行通讯。

表 7-8　参变量清单

序号	名称	实体类型	对称性	释义	图示
1	kinematic_flag	integer value	single	K 模式标识	新建模板时，自动创建
2	max_rack_displacement	real value	single	单侧最大齿条行程	读者自建
3	max_steering_angle	real value	single	单侧最大方向盘转角	读者自建
4	max_rack_force	real value	single	最大齿条力	读者自建
5	max_steering_torque	real value	single	最大方向盘扭矩	读者自建

8. 通讯器

上述建立安装件 steering_mount、steering_column_to_body 时自动建立了对应的输入通讯器，已将齿条壳体固定到副车架，转向管柱固定到车身上。

输出通讯器清单见表 7-9。

表 7-9　转向系统输出通讯器

序号	输出通讯器名称	实体类别	次特征	对称性	交换实体	匹配对象	功能定义	图示
1	steering_rack_joint	joint for motion	inherit	single	jostra_rack_to_rack_housing	悬架/整车试验台	齿条行程模式控制转向运动	图 7-37
2	steering_wheel_joint	joint for motion	inherit	single	josrev_steering_wheel_to_body	悬架/整车试验台	方向盘转角模式控制转向运动	图 7-38

（续）

序号	输出通讯器名称	实体类别	次特征	对称性	交换实体	匹配对象	功能定义	图示
3	max_steering_angle	parameter real	inherit	single	pvs_max_steering_angle	整车试验台	最大方向盘转角输出给整车试验台	读者自建
4	max_rack_displacement	parameter real	inherit	single	pvs_max_rack_displacement	整车试验台	最大齿条行程输出给整车试验台	读者自建
5	max_rack_force	parameter real	inherit	single	pvs_max_rack_force	整车试验台	最大齿条力输出给整车试验台	读者自建
6	max_steering_torque	parameter real	inherit	single	pvs_max_steering_torque	整车试验台	最大方向盘力矩输出给整车试验台	读者自建
7	tierod_to_steering	mount	inherit	left/right	ges_rack	悬架子系统	转向拉杆连接到齿条	读者自建

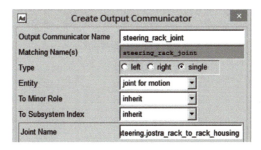

图 7-37　steering_rack_joint 输出通讯器　　　图 7-38　steering_wheel_joint 输出通讯器

上述 steering_rack_joint、steering_wheel_joint 输出通讯器分别为实现齿条行程模式、方向盘转角模式控制转向，对于悬架和整车试验台均是必需的，匹配测试过程略。

9. 机械转向模型验证

搭建对应子系统及悬架装配体，如图 7-39 所示。做转向运动仿真，验证结果如图 7-40 所示，说明无助力转向模板可正常工作。

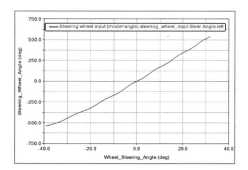

图 7-39　子系统及悬架装配体　　　图 7-40　模型验证（转向分析）

7.4　EPS 转向助力功能的实现及验证

7.3 节的转向模型尽管建立了电机部件，但由于没有设置助力功能，其仍是一个无助力的机械转向系统。本节将在上述模型的基础上实现 EPS 助力功能，并对其进行验证。

7.4.1 助力模型的建立及实现

1. 扭杆衬套

图 7-8（第 129 页）中，方向盘转轴与助力输出轴有一个扭杆，其通过扭矩传感器为 ECU 提供方向盘输入扭矩，作为助力策略的一个基础条件。在动力学模型中，可使用一个仅有绕 Z 轴扭转刚度特性的衬套替代扭杆。衬套建立过程和刚度特性分别如图 7-41 和图 7-42 所示。

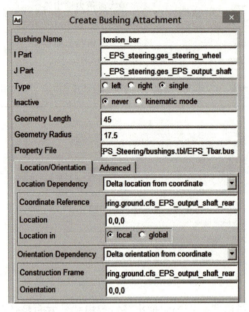

图 7-41　衬套建立过程　　　　　　　　图 7-42　衬套刚度特性

2. 电机转动耦合副

图 7-36 中，电机转动副与助力输出轴的圆柱副需要耦合关联起来，才能将电机的扭矩输出，实现助力。耦合副的创建如图 7-34 所示。

3. 助力属性文件

助力曲线是通过属性文件来存储的。低版本的 ADAMS/Car 软件中，助力属性文件扩展名为 ".ste"，默认保存在数据库下的 "steering_assists.tbl" 文件夹内。而 ADAMS/Car 2020 中，助力属性文件的扩展名须为 ".spl"，且保存在 "gen_splines.tbl" 文件夹内，以方便后续调用。

用户可以根据实车调校数据或经验来编辑此属性文件，如图 7-43 所示。

上述助力曲线本质上是一组 3D 曲线，其自变量为方向盘输入扭矩和车速，因变量（纵坐标）为助力扭矩，如图 7-44 所示。

从图 7-44 可以得出如下几点基本信息：
1）助力曲线主体呈 "V" 对称状，即左转、右转助力程度是相同的。
2）助力曲线在车速上是不连续的，根据实时车速和方向盘扭矩进行插值计算。
3）车速越低，助力程度较大（图中曲线斜率越大）；车速越高，助力程度越小。故车辆高速行驶可能会感觉到方向盘转动力矩更大一些，这主要是为了保证高速行驶的安全性。

4. 样条数据元素

上述助力属性文件要通过样条数据元素来引用，创建过程如图 7-45 所示。

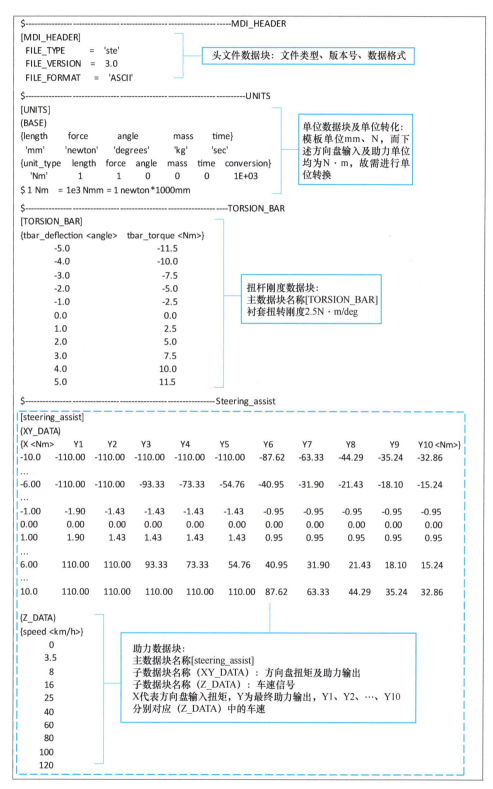

图 7-43 EPS 助力属性文件

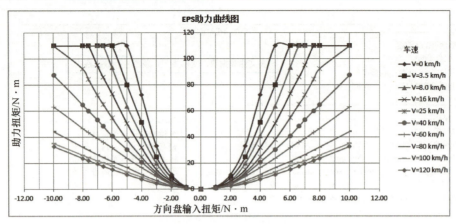

图 7-44 EPS 助力曲线

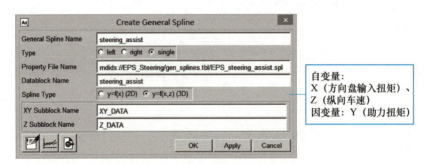

图 7-45 样条数据元素创建

5. 助力激励

实际工程中，电机力矩通过蜗杆减速装置输出到助力输出轴，实现助力，而模型中则将助力激励施加在电机转子的转动副上。

（1）扭杆衬套力矩

在 ADAMS/Car 的函数编辑器中，函数的表达有三种方式，即 Full Name、Short Name、ADAMS id。"TZ（1，2，2）/1000" 是 ADAMS id 表达方式，目的是计算扭杆衬套绕中心轴线的实时扭矩，即方向盘的实时输入扭矩。其建立过程如图 7-46 和图 7-47 所示。

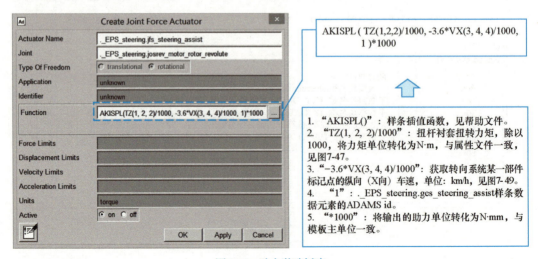

图 7-46 助力激励创建

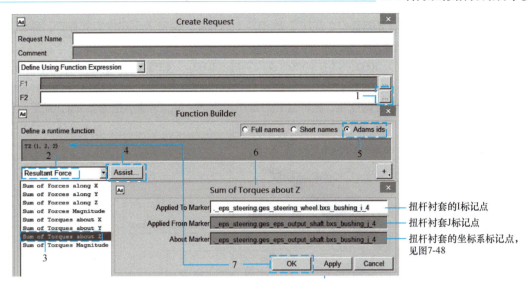

图 7-47 扭杆衬套 TZ (1, 2, 2) 创建

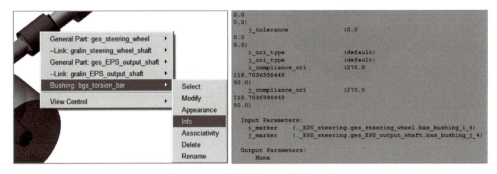

图 7-48 扭杆衬套的 I/J 信息查看

菜单命令：建模界面->Build->Request->New。

上述扭杆衬套力矩函数 TZ (1, 2, 2) 创建后，复制备份。说明：因建模差异或 Request 建立顺序不同，上述 id 可能会发生变化，此为正常现象。

(2) 车速

同上，VX (3, 4, 4) 是 ADAMS id 表达方式，其目的是获取转向系统某一部件（图 7-49 所示为转向器壳体）标记点在全局坐标系下的纵向车速。

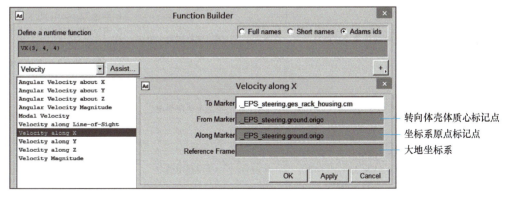

图 7-49 纵向车速 VX (3, 4, 4) 创建

VX（3，4，4）创建后，复制备份。在图 7-46 中的 Function 一栏输入下述内容并保存，即创建插值函数：

AKISPL（TZ（1，2，2）/1000，-3.6 * VX（3，4，4）/1000，._EPS_steering.gss_steering_assist）* 1000

需特别注意上述过程中单位的变化，扭杆衬套力矩单位为 N·m，车速单位为 km/h，最终输出助力的单位为 N·mm。

助力激励创建完成后的局部模型如图 7-50 所示。

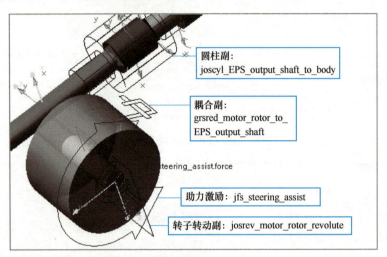

图 7-50　助力激励图示

6. 助力功能的验证措施

为验证上述助力设置是否正确，以及输出的助力大小是否符合期望，现建立一些自定义请求，以便在整车装配下进行侧面验证。各请求的功能定义及作用见表 7-10。

表 7-10　自定义请求功能定义及作用

序号	请求名称	函数表达式	数值单位	功能定义	作　用
1	tbar_revolute_angle	AZ（1，2）	deg	定义扭杆衬套角度	1. 有助力情况下，扭杆衬套工作角度<5deg，无助力情况下为 0 2. 有助力情况下，和方向盘角度进行比对，其不等于方向盘转角
2	tbar_revolute_torque	TZ（1，2，2）/1000	N·m	定义扭杆衬套力矩	1. 验证 TZ/AZ=衬套刚度 2. 有助力情况下，计算衬套扭矩为输出助力提供验证条件 3. 无助力情况下，其值为 0
3	longitudinal_speed	-3.6 * VX（3，4，4）/1000	km/h	定义纵向车速	1. 获取标记点车速，验证与仿真工况定义的车速是否一致 2. 有助力情况下，计算衬套扭矩为输出助力提供验证条件
4	EPS_output_torque	AKISPL(TZ（1，2，2）/1000，-3.6 * VX（3，4，4）/1000，1) * 1000	N·m	定义输出助力	根据扭杆衬套力矩和对应车速信号，计算当前输出助力大小，与助力曲线里的结果进行比对

第7章 EPS 转向系统结构及动力学模型

（续）

序号	请求名称	函数表达式	数值单位	功能定义	作用
5	steering_wheel_angle	AZ（5, 6）	deg	定义方向盘角度	1. 验证方向盘转角与仿真工况对应的输入转角是否一致 2. 验证方向盘转角是否与扭杆衬套角度是否相同

自定义请求的建立过程如图 7-51 所示。

图 7-51　自定义请求建立过程

7. 助力的激活与抑制

上述对助力功能的侧面验证需在有无助力情况下进行比对验证，故还需要对助力功能进行激活和抑制设置。其主要思想是，在激活状态下，助力功能正常，扭杆衬套参与传递扭矩，故方向盘与助力输出轴之间的耦合副 grsred_steering_wheel_column 不能工作；而在抑制状态下，与助力相关的部件（含几何体）、耦合副、运动副、助力激励、扭杆衬套均不能工作，但耦合副 grsred_steering_wheel_column 是工作的，否则，方向盘与助力输出轴之间将失去运动关联。激活、抑制建立过程与 5.2.1 节（第 100 页）的传动轴基本相同。

1）创建助力激活参变量 steering_assist_active，且在标准界面可见，如图 7-52 所示。

图 7-52　steering_assist_active 参变量

147

2) 创建激活组集 steering_assist_active，如图 7-53 所示。

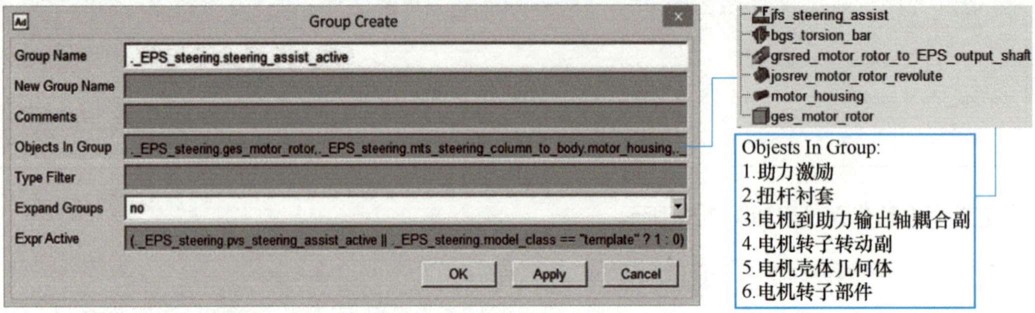

图 7-53 steering_assist_active 组集

菜单命令：建模界面->Tools->Command Navigator->Group->Create。

3) 创建抑制组集 steering_assist_inactive，如图 7-54 所示。

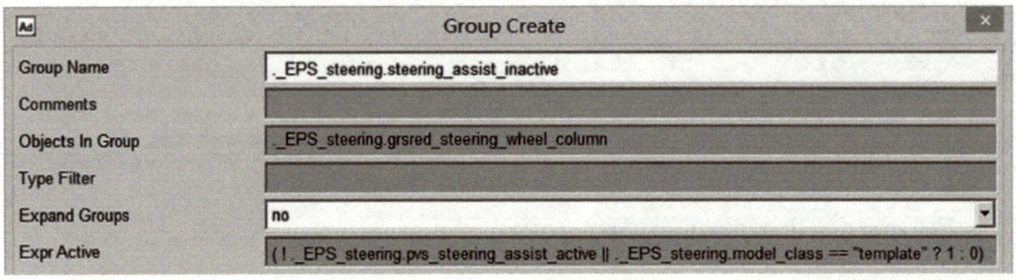

图 7-54 steering_assist_inactive 组集

注意：图 7-54 中的控制策略（Expr Active）表达式最前面有个感叹号"!"，其目的是设置助力在抑制状态时，耦合副 grsred_steering_wheel_column 是工作的。

建立完成后保存模板文件，打开 6.3 节所组建的悬架装配体，将转向子系统添加到装配体中，激活、抑制状态的模型分别如图 7-55 和图 7-56 所示。

图 7-55 助力激活模型图示

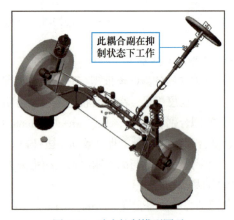

图 7-56 助力抑制模型图示

7.4.2 助力功能的验证

使用整车模型进行转向中区试验（V=100km/h），助力功能验证结果如图 7-57~图 7-59 所示，说明所建 EPS 转向系统模型正确，助力功能正常。注意，在替换原整车模型的转向系统前，需进行新建

EPS 转向模板与原车身、悬架模板的通信器匹配测试，确保彼此之间接通讯器无问题。

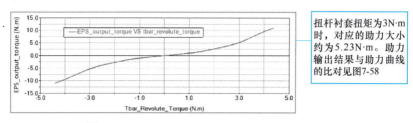

图 7-57　EPS_output_torque VS tbar_revolute_torque

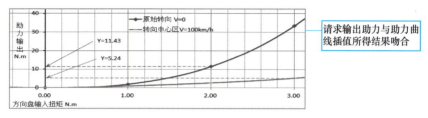

图 7-58　请求助力与助力曲线结果比对

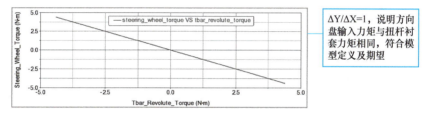

图 7-59　方向盘输入力矩与扭杆衬套力矩比对

第8章

悬架动力学模型调参

建立好基础动力学模型后,调参是必不可少的。动力学模型调参又可称为模型调校、调整或调试,其目的和意义是使虚拟动力学模型各项参数更接近实际工程项目,以便分析出来的结果更具有参考价值,更好地服务于实际工程。

本章以第7章最后验证时建立的悬架装配体(如图7-55所示)为基础,讲解动力学模型的调参内容和调参过程,主要内容如下:

1) 子系统调参所涉及的范围、基本流程及调参基本方法。
2) 基于整车参数的悬架试验台调参内容及方法。
3) 调参后模型的验证内容及方法。

8.1 悬架动力学模型调参的基本过程

图2-2(第11页)告知我们悬架动力学模型调参主要分为构成装配体的各个子系统的调参和基于整车参数的悬架试验台调参。

在图2-2中,如果模板文件在建模过程中已部分或全部调参,则建立子系统时,调参内容会自动加载并引用到对应的子系统中。为便于同一模板文件对应的多个子系统进行扩展,强烈建议在子系统层面下进行调参,而非模板层面。

根据笔者经验,悬架动力学模型调参及验证的基本过程如图8-1所示。

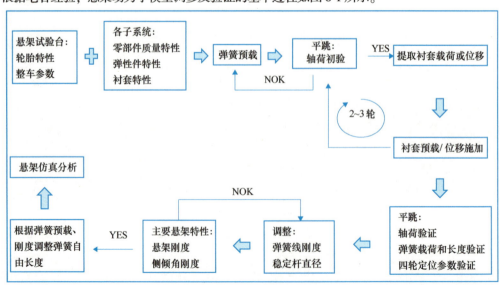

图8-1 悬架动力学模型调参基本过程

8.2 基于整车参数的悬架试验台调参

悬架是构成整车的重要子系统，部分悬架特性的仿真分析，需先设置基于整车的悬架参数，也即悬架试验台参数，如图8-2所示。

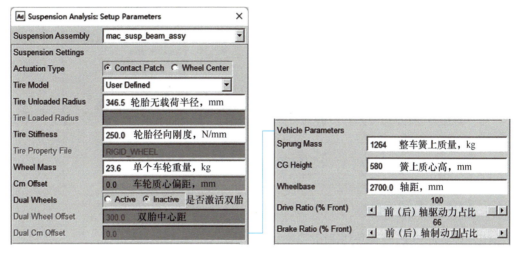

图8-2 悬架试验台调参

菜单命令：标准界面->Simulate->Suspension Analysis->Set Suspension Parameters，或主界面右击试验台轮胎，选择Modify。

图8-2中各参数说明如下。

1) 轮胎无载荷半径：可根据轮胎型号，以GB/T 2978对应的新胎外直径一半为准。如235/50R18轮胎，无载荷半径为693/2=346.5（mm）。

2) 单个车轮重量：如精细化调参，单个车轮质量应含轮胎、轮辋、车轮螺母或螺栓、装饰罩等附件。在非精细化调参的情况下，可直接调整车轮的重量，代替所有簧下质量部件的重量。

3) 整车簧上质量：其等于设计状态下的整车重量-前后轴总簧下质量。

4) 制动力占比：不同轴荷分配比下，制动力占比不一样，前悬架常取60%~70%，建议向制动工程师索取。

5) 悬架K&C分析，常输入轮胎径向刚度即可，不需要使用轮胎属性文件。

6) 悬架仿真分析抗点头率、点头强度、抗抬升率、抬升强度、后蹲率、侧倾中心高等指标时，会用到簧上质心高、轴距、整车簧上质量、轮胎刚度这些变量。

7) 悬架仿真分析悬架刚度时，接地点侧倾角刚度指标会用到轮胎径向刚度。

试验台调参后，其调参结果保存于装配体，不会保存到子系统内。

8.3 子系统的调参

子系统的调参对象及内容主要体现在对应的目录树中，如图8-3所示。

不同的子系统根据其结构、功能的不同，调参的对象和内容也会有差异，如悬架子系统需要调整车轮定位参数、弹簧等，但也有着相同类型的对象，如硬点、衬套等。

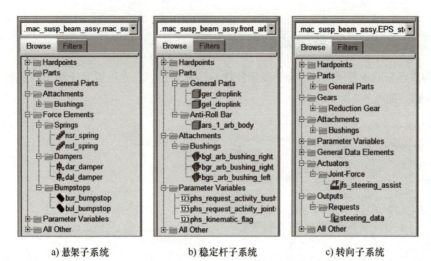

a) 悬架子系统　　　　　b) 稳定杆子系统　　　　　c) 转向子系统

图 8-3　前悬架组件各子系统调参对象及内容

8.3.1　通用子系统调参

下面几项调参对于各个子系统均适用。

1. 整体移动

如果子系统的位置和期望位置相差较大，可使用 Shift 功能对子系统进行 X、Z 向的快速移动，如图 8-4 所示。移动后，子系统的硬点会做整体的调整。

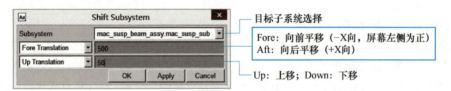

图 8-4　子系统的快速平移

2. 硬点

如果基于同一模板文件扩展建立不同的子系统，调整硬点的方法如下。

1) 菜单命令：标准界面->Adjust->Hardpoints->Modify/Table。Modify 针对单一硬点，Table 以表格形式列出子系统的所有硬点，其支持 Excel 数据的复制和粘贴。

2) 目录树操作：双击 Hardpoints，展开硬点列表，双击所需硬点即可更改。

Table 对于对称式硬点，只能对称式更改，如图 8-5 所示。而 Modify 则可实现左、右对称式硬点的非对称更改（左、右侧均单独调整），如图 8-6 所示。

3. 常规部件的质量特性

零件部的重量会影响到悬架的轴荷，尤其是簧下质量部件，建议按常规方法逐一调整零部件的质量特性，其主要包含部件的重量、转动惯量、质心位置等。

双击目录下的对应常规部件即可调整，如图 8-7 所示。

对于常规部件的质量特性调参说明如下几点：

1) 部件对簧上或簧下质量的占比，由部件位置及连接关系所决定，悬架 K&C 仿真分析可以不予关注，但整车仿真分析中需要正确调整。

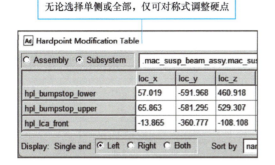

图 8-5　Table 列表式显示和调整硬点

图 8-6　Modify 调整硬点

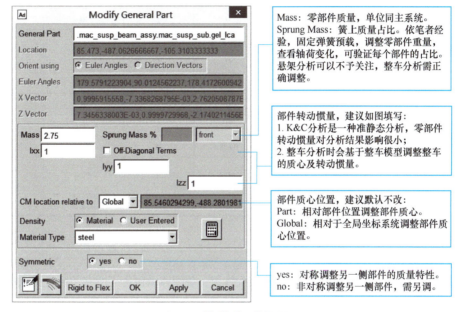

图 8-7　零部件质量特性的调整

2) 对于前悬架中的滑柱总成，尽管实物是一个总成部件，但因建模需要须拆分成两个部件。下滑柱固定于转向节上，属于簧下质量部件，因弹簧无法单独设置质量特性，故在对部件进行质量划分时应特别包含弹簧的质量。笔者的常规做法是，上滑柱质量占 1/3，下滑柱占 2/3。

3) 对于转向系统的齿轮齿条转向器，建模时其拆分成齿条、壳体、小齿轮、齿轮输入轴等部件，但因其完全属于簧上质量部件，后续弹簧调参时使用弹簧预载调参，每个单独部件的质量对轴荷无影响，故无须进行精确质量划分。也就是说，使用弹簧预载调参时，完全属于簧上质量的部件可以不进行质量特性调参。

4) 使用弹簧预载调参时，簧下质量部件会影响到最终轮荷，如有可能建议在整车坐标系下准确调整其质心位置。

5) 对于非对称的左、右部件，如为不等长左、右半轴，则需单独调参。

零部件对于簧上、簧下质量的占比，往往基于经验法估算，笔者借助 ADAMS/Car 软件，使用固定弹簧预载，调整零部件重量，利用对比轴荷变化的方法验证出各部件对簧下质量的占比情况见表 8-1。

表 8-1 麦弗逊前悬架装配体零部件质量簧下质量占比

系统	序号	零部件	单件重量/kg	簧下质量占比	数量	簧下贡献值/kg	备注
悬架子系统	1	前副车架总成	12.7	0	1	0	含紧固件
	2	控制臂总成	4.4	35%	2	3.1	含紧固件
	3	上滑柱	3.3	0	2	0	
	4	下滑柱	6.7	97%	2	13	含弹簧
	5	内等速万向节	1.5	0	2	0	
	6	外等速万向节	1.5	100%	2	3	
	7	左传动轴	7.0	49%	1	3.4	
	8	右传动轴	4.7	49%	1	2.3	
	9	转向横拉杆	1.2	48%	2	1.2	
稳定杆子系统	10	稳定杆本体	4.1	0	1	0	
	11	稳定杆连杆	0.5	92%	2	0.9	
转向子系统	12	方向盘	1.2	0	1	0	
	13	EPS 转向管柱	8.5	0	1	0	
	14	十字中间轴	1.2	0	1	0	
	15	机械转向器	5.4	0	1	0	不含横拉杆
车轮系统	16	车轮总成	23.6	100%	2	47.2	含轮胎、车轮等
制动系统	17	转向节带制动器总成	22.9	100%	2	45.8	
合计簧下质量						119.9	

上述结果和经验计算结果基本接近。

4. 参变量调整

参变量调整分为子系统级（含试验台）和装配体级，装配体级包含了所有子系统及试验台的可调参变量，分别如图 8-8 和图 8-9 所示。

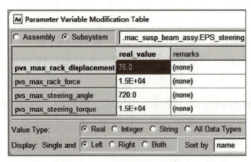 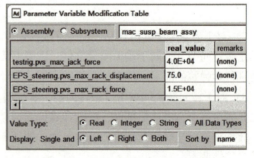

图 8-8 子系统参变量调整　　　　图 8-9 装配体参变量调整

对于特种悬架仿真，如商用车板簧悬架，可能会出现试验台力值超限而导致仿真失败问题，此时可通过图 8-9 所示方法调整悬架试验台的驱动力（jack_force）上、下限值。

5. 请求调整

用户自定义的请求创建于模板中，在子系统中可以对其进行更改或建立新的请求。

6. K/C 模式切换

如果模板中建立了 K/C 两种模式，在装配体中根据仿真需要，可对子系统进行 K/C 模式切换，如图 8-10 所示。此功能的一个典型应用是分析衬套对悬架系统的寄生刚度。

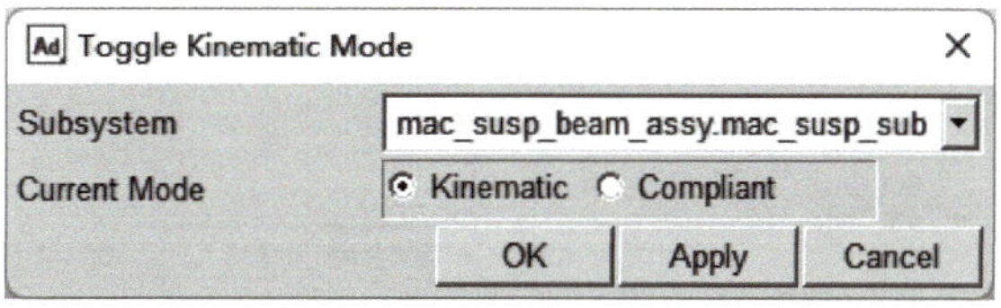

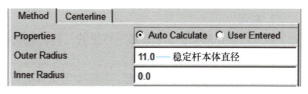

图 8-10　子系统 K/C 模式切换

8.3.2　稳定杆子系统调参

稳定杆子系统的调参主要包含两方面。

1) 稳定杆固定衬套：调参方法同悬架子系统。

2) 稳定杆本体直径：稳定杆本体直径大小对悬架侧倾角刚度有直接决定作用，故是调参对象，调整方法如图 8-11 所示。

图 8-11　稳定杆本体直径调整

8.3.3　转向子系统调参

转向子系统比较特殊的调参主要包含如下。

（1）耦合副传动比

常规情况下，可能需要调整传动比的耦合副，主要是齿轮与齿条之间的耦合副，即调整转向器的角线传动比，如图 8-12 所示。

（2）助力属性文件

如需更改助力曲线，建议使用记事本直接修改助力属性文件，另存为新的助力文件，并在子系统里修改引用，如图 8-13 所示。

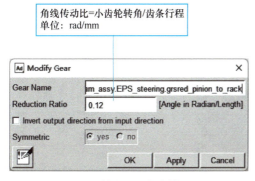

图 8-12　转向器的角线传动比

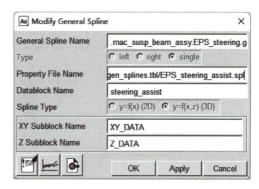

图 8-13　助力属性文件加载

8.3.4　悬架子系统调参

悬架子系统调参在整个悬架装配体调参中占据最大工作量，除上述常用对象的调参外，悬架子系统的调参还包含如下对象和内容。

1. 悬架参数调整

悬架参数调整主要包含悬架主销轴线和车轮定位参数的调整，如图 8-14 和图 8-15 所示。

装配体界面下的主销轴线调整，有利于用户快速对比验证瞬时轴法和几何法对应的不同主销参数。车轮定位参数的调整也可在参变量中进行，如图 8-15 所示。

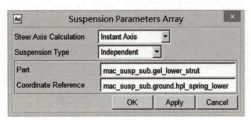
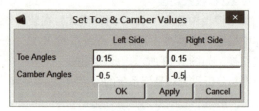

图 8-14 悬架主销轴线调整　　　　　图 8-15 车轮定位参数调整

2. 衬套

橡胶衬套在悬架系统中是必不可少的，其起到隔振、缓冲、过滤等作用，对整车的操纵稳定性和平顺性有着直接的影响。

ADAMS/Car 里所建立的衬套，其刚度定义及仿真分析后处理里自带的请求，均是基于衬套自身的局部坐标系来定义的，见表 8-2。

表 8-2　衬套局部坐标系定义

类型	动力学模型	3D 模型	辅 助 视 图
全实心衬套			
空实心衬套			

衬套调参主要包含下述几方面内容。

（1）衬套的位置与方向

衬套的位置与方向在模板中通过硬点或参考点已进行了定义，在标准界面如需要调整，则可更改对应的硬点和参考点，不建议在衬套的 Modify 界面对其方向进行重新定义。

（2）衬套的刚度特性

对于悬架及整车操稳、平顺性仿真分析，实际工程中大多仅关注其静刚度特性，而很少关注其动刚度特性。

基于性能要求，工程师往往期望衬套的静刚度具有较大的线性区，而实际产品中很难完全兼顾。图 8-16 所示为 E 型多连杆纵臂前衬套，#2 为其 Y 向静刚度理想设计线，#1 为产品实测线，其后段表现出明显的非线性特性。另外，其测量范围径向仅±1.5mm，不满足实际产品使用需求。因目前 ADAMS/Car 尚不支持#1 所示的封闭特性，在动力学衬套调参过程中，对此可按下述基本方法处理：

1）由实测线#1 得出其拟合线#3 及对应拟合公式。

2）按拟合公式计算出实际工程所需范围内的特性线，可假定为±5mm（图中因版面限制，仅拟合到±2mm 的特性）。

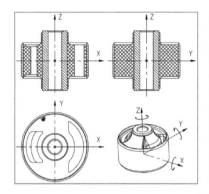
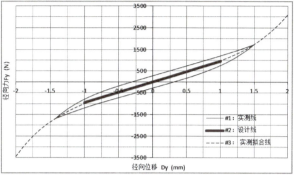

图 8-16　衬套的刚度特性

ADAMS/Car 通过属性文件来定义衬套的 6 向刚度（沿 X/Y/Z 轴 3 向线刚度和绕 X/Y/Z 轴 3 向扭转刚度），属性文件可以用曲线编辑器打开并编辑，也可以使用记事本。完整的衬套属性文件如图 8-17 所示。

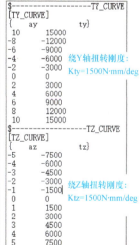

图 8-17　衬套的属性文件

注意图 8-17 的属性文件中，位移或扭转角度必须遵循从上向下为负值向正值的变化趋势，且对应的 Y 值也不能有突变现象。

(3) 衬套属性文件的引用

衬套属性文件定义完成后，需在子系统下单击目录树下对应的衬套，或在视图区右击选择对应的衬套，进行加载，选择对应的属性文件并保存，如图 8-18 所示。

(4) 衬套的预载和位移

模型建立于硬点状态，仿真分析时，因受力，衬套会发生一定的变形，即在对应的静平衡时刻

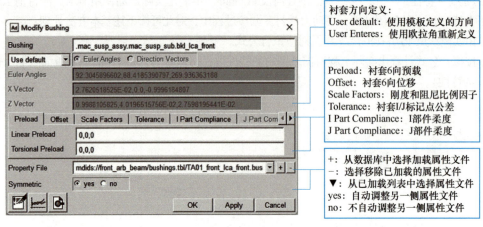

图 8-18 衬套调参对话框

（如平跳工况下轮跳行程为 0 的时刻），模型偏离期望的硬点状态，会影响部分分析结果，故需通过调整预载或位移的方法来调整模型的静平衡状态。特别对于单通道前滑柱的 Top_Mount 衬套，其 Z 向需要一定预载。对话框如图 8-18 所示。

3. 减振器

减振器主要起到衰减振动的目的。

减振器的性能，即速度与力的特性，也是通过属性文件进行定义的。基于自身的功能，同速度情况下，复原阻尼力通常比压缩阻尼力要大。减振器属性文件如下。

```
$----------------------MDI_HEADER                （接左侧）
[MDI_HEADER]                                    $--------------------CURVE
FILE_TYPE = 'dpr'        头文件信息              [CURVE]
FILE_VERSION = 4.0                              { vel force }
FILE_FORMAT = 'ASCII'                           -1000.0  -710.0      负值：压缩阻尼力
$----------------------UNITS                    -600.0   -539.0      正值：拉伸阻尼力，
[UNITS]                                         -300.0   -373.0      又称为复原阻尼力
LENGTH = 'mm'                                   -100.0   -189.0
ANGLE = 'degrees'                               -50.0    -103.0
FORCE = 'newton'         单位信息                0.0      0.0
MASS = 'kg'                                     50.0     101.0
TIME = 'second'                                 100.0    237.0
 （转右侧）                                       300.0    763.0
                                                600.0    1153.0
                                                1000.0   1743.0
```

减振器属性文件的加载如图 8-19 所示。

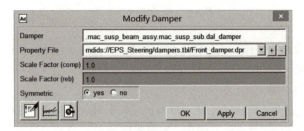

图 8-19 减振器属性文件加载

第 8 章
悬架动力学模型调参

4. 上跳缓冲块 Bumpstop/下跳缓冲块 Reboundstop

有关上、下跳缓冲块的功能及作用见图 3-30（第 56 页）相关内容。

根据其功能，上、下跳缓冲块的主要特性是其力与位移（压缩量）的关系，图 8-20 所示为上跳缓冲块的力-位移特性曲线和属性文件。

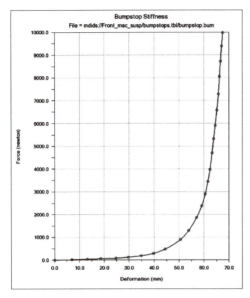

```
$-----------------MDI_HEADER      （接左侧）
[MDI_HEADER]                      29.65   125.26
FILE_TYPE = 'bum'                 34.87   187.89
FILE_VERSION = 4.0                39.88   292.28
FILE_FORMAT = 'ASCII'             44.48   480.17
$--------------------UNITS        50.53   897.70
[UNITS]                           53.87  1294.36
LENGTH = 'mm'                     57.01  1858.04
ANGLE = 'degrees'                 59.10  2379.96
FORCE = 'newton'                  60.56  2901.88
MASS = 'kg'                       61.60  3444.68
TIME = 'second'                   62.44  3966.60
$-----------------------CURVE     63.27  4697.29
[CURVE]                           63.90  5323.59
{ disp force}                     64.52  5908.14
  0       0                       65.15  6576.20
  6.89   20.88                    65.78  7286.01
 12.16   41.75                    66.19  8058.46
 18.58   62.63                    66.61  8726.51
 24.64   83.51                    67.03  9394.57
 （转右侧）                        67.45  9979.12
```

图 8-20　上跳缓冲块的力-位移特性曲线和属性文件

上跳缓冲块属性文件的加载如图 8-21 所示。

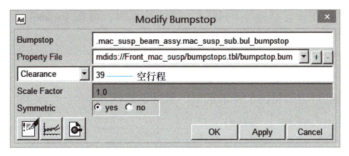

图 8-21　上跳缓冲块属性文件的加载

基于整车过坎舒适性要求，大多期望满载情况缓冲块刚介入工作或尚有 5~10mm 间隙，且前 1/3 压缩行程内，力-位移曲线尽可能地平缓，而在设计最大悬架行程点附近，又特别陡，以保证悬架行程限位可靠。各公司对上限行程截止点的定义也不完全相同，一般定义为缓冲块轴向力为满载单边轮荷的 3 倍。

缓冲块空行程和力-位移刚度特性最终基于实车操稳和平顺性调校而定。

5. 弹簧

实际工程中，弹簧是一个极其重要的部件，主要起到承载支撑作用。图 8-22 所示为一款 SUV 车型后悬架用螺旋弹簧的产品图，其首先关注的特性参数含线刚度、设计状态（图示为整备）长度及载荷、自由长度。

动力学模型中弹簧的调参主要包含线刚度、预载、自由长度 3 个参数。

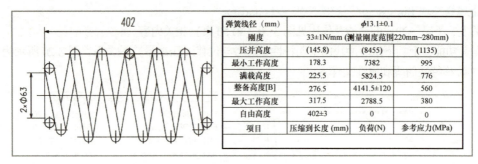

图 8-22 螺旋弹簧产品图

（1）弹簧线刚度

弹簧线刚度指其单位变形所需的力。线刚度直接决定着悬架刚度，进而决定着悬架系统偏频，故弹簧线刚度的初值由系统的目标偏频所决定。线刚度与偏频的关系遵循式（8-1）、式（8-2）。

$$K_{wheel-Rate} = (1+\lambda)K_{spring}i^2 \qquad (8-1)$$

$$f = \frac{1}{2\pi}\sqrt{1000K_{wheel-Rate}/M_{sprung}} \qquad (8-2)$$

式中，$K_{wheel-Rate}$ 为轮心悬架刚度，单位 N/mm；K_{spring} 为弹簧线刚度，单位 N/mm；i 为杠杆比，弹簧变形量/轮心 Z 向位移；f 为悬架系统偏频，前悬架常规为 1.1~1.3Hz，后悬架 1.3~1.5Hz；M_{sprung} 为簧上质量，等于（轴荷−簧下质量）/2，单位 kg；λ 为衬套寄生刚度比例，不同悬架占比不同，麦弗逊为 10%~15%，读者可以使用 K/C 两种模式研究衬套寄生刚度比例。

根据上述公式，计算出初始的弹簧线刚度，后续再逐步修正。

（2）弹簧预载

弹簧预载，即弹簧在设计状态下的载荷。初版计算时，可按 Preload =（目标轴荷−簧下质量）/2/i 计算，后面再逐步调整。

（3）弹簧自由长度

弹簧自由长度待弹簧线刚度和预载最终确定后再做调整。

弹簧的特性也通过对应的属性文件来定义，如图 8-23 所示。

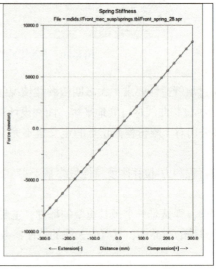

图 8-23 弹簧位移-力特性曲线

弹簧属性文件的加载如图 8-24 所示。

图 8-24 弹簧属性文件加载

图 8-24 中的弹簧预载 Preload 设置后进行平跳仿真分析，查验仿真出的轮荷是否和目标轮荷一致，如果不一致，则修改弹簧预载（假定最终为 3950N）后再次仿真查验，如此反复，直到仿真轮荷基本接近目标轮荷。

6. 衬套的载荷、位移提取与加载

因各子系统里有衬套存在，受力后其会存在一定的变形量，故初始静平衡时刻（静平衡对应为设计状态，可以简单理解为轮跳行程为 0 的时刻），衬套的标记点（可理解为中心点）会偏离原输入的硬点，从而导致模型姿态不是硬点所对应的状态。此时仿真分析结果中的前束角、外倾角、弹簧载荷极可能不等于原始输入的期望值（也存在巧合情况，分析值与原始输入值基本吻合），特别是对于单通道前滑柱，弹簧上、下端建立有衬套的模型，差异较为明显。

图 8-25 所示为一个单通道滑柱的动力学模型未调参仿真分析结果。

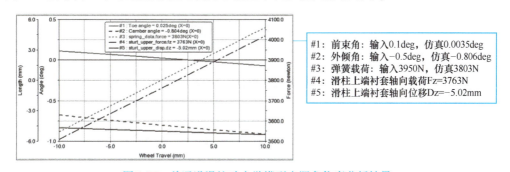

图 8-25 单通道滑柱动力学模型未调参仿真分析结果

从图 8-25 可以看出，滑柱上端的衬套 strut_upper 的轴向力达 3763N，轴向位移达-5.02mm。另外，根据杠杆比或从弹簧的载荷曲线推算，达到输入的 3950N，车轮上跳了约 5.8mm，从而导致静平衡时刻（X=0）各参数发生了较大变化。

在 ADAMS/Car 中，衬套的预载和位移均是可以调整的，如果设计状态硬点来自 3D 数据，建议使用位移法进行调整；如果设计状态硬点来自标杆车实车，可使用预载法进行调整。

使用预载法或位移法进行调整时，需注意关于方向的定义，如图 8-26 和图 8-27 所示。

上述方向定义的本质思想是向着衬套变形的反方向施加预载或位移，使标记点接近输入硬点，以达到期望的平衡时刻。

按图 8-24 及对应操作方法，轴荷调整到目标轴荷时，可从对应的平跳仿真后处理界面提取出轮跳行程 X=0 时刻衬套的载荷及位移，如图 8-28 所示。

图 8-26　预载法和位移法调整对话框

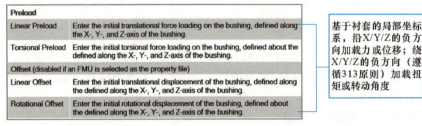

图 8-27　帮助文件关于预载法和位移法调整方向的定义

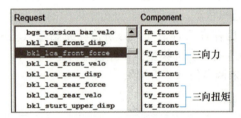 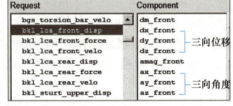

图 8-28　衬套载荷及位移的提取

衬套载荷、位移的提取及施加要注意下面几点：

1) 诸多衬套中，优先关注影响比较大的衬套，如单通道前滑柱的上支座、弹簧的上下软垫，因为其轴向力较大，基本等于弹簧预载，对平衡的姿态影响较大。

2) 载荷、位移仅提取平跳工况下轮跳行程为 0 的结果。

3) 对于左、右轴荷相等的模型，左、右对称式衬套可仅提取出左侧衬套的载荷及位移，但需注意右侧衬套的 Fy、Tx、Tz、Dy、Ax、Az 与左侧对称；而左、右轴荷不等的模型，则分别提取，分别如图 8-29 和图 8-30 所示。

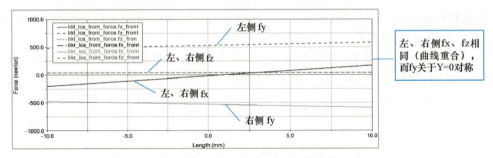

图 8-29　左、右侧控制臂后衬套三向力

4）按笔者经验，衬套的扭矩或扭转角度对结果影响较小，故对于衬套较多的悬架，如 E 型多连杆或五连杆，可重点调整其预载力或位移，而忽略扭矩和扭转角度。

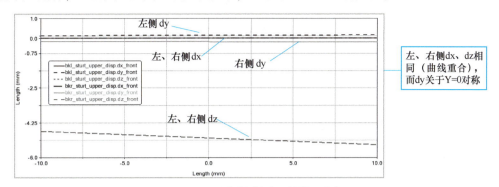

图 8-30　左、右侧控制臂后衬套三向扭矩

第 9 章 悬架动力学基础知识与仿真分析

本章讲解悬架动力学基础知识与仿真分析,主要包含下述三大方面内容:
1) 悬架动力学基础知识。
2) 悬架动力学仿真分析对话框。
3) 悬架 K&C 仿真分析。

9.1 悬架动力学基础知识

悬架动力学主要就是研究悬架的 K&C 特性,行业内用这么一句话来形容悬架 K&C 的重要性:"悬架 K&C 是悬架的灵魂,是整车操纵稳定性和舒适性的 DNA"。

9.1.1 K&C 基本概念

K:Kinematic,几何运动学,主要描述由悬架导向机构几何布置,也即由悬架硬点所决定的车轮定位参数的变化特性。

C:Compliance,弹性运动学,主要描述轮胎受到来自地面的纵向力(含制动力、驱动力)、侧向力、回正力矩而引起的车轮定位参数的变化特性,其主要与悬架系统中的弹性元件相关,零部件自身刚度对其也有一定影响。

以过坎为例,悬架除有因上、下跳动而引起的车轮定位参数变化(K 特性)外,还伴有因受到坎所施加的纵向力而引起的车轮纵向运动及定位参数的变化(C 特性),两者共同作用,决定了悬架运动特性。实际工程中,常将车辆复杂的运动状态分解成相对独立的 K、C 工况,以方便整车性能的定性分析及定量计算。

特别说明一点,悬架的 K&C 特性是基于悬架系统和整车层级而定义的,其含义不同于 ADAMS 动力学模板创建时关于刚性副和衬套工作状态的 K&C 模式。

9.1.2 K&C 主要研究内容

根据上述基本概念,实际工程中,K 运动主要为双轮垂向跳动、侧倾运动、转向运动工况;而 C 运动主要包含纵向力加载、侧向力加载、回正力矩加载运动,分别对应于纵向力柔度、侧向力柔度、回正力矩柔度。

此处的柔度和刚度是相对的,刚度定义为单位变形所需要的力或力矩,而柔度反指单位力或力矩引起的变形量。

结合汽车理论及实际工程,悬架 K&C 的研究内容见表 9-1。

表 9-1 悬架 K&C 研究内容

主体特性	主体工况	细分指标	备 注
K	垂向跳动 Vertical Bounce Test	轮心悬架刚度 Wheel Rate	
		接地点悬架刚度 Ride Rate	
		平跳前束变化 Bump steer	
		平跳外倾变化 Bump Camber	
		轮心侧向变化 Lateral Wheel Center Displacement	
		轮距变化 Total Track Change	
		轮心退让 Wheel Recession	
		抗制动点头率/角 Anti-Dive Brake/ Angle	前悬架
		抗制动抬升率/角 Anti-Dive Lift/ Angle	后悬架
		侧倾中心高 Kinematic Roll Center Height	
	侧倾运动 Roll Test	悬架侧倾角刚度 Suspension Roll Rate	不考虑轮胎变形
		总侧倾角刚度 Total Roll Rate	考虑轮胎变形
		侧倾前束变化 Roll Steer	
		侧倾外倾变化 Roll Camber	
		侧倾中心高 Kinematic Roll Center Height	
	转向运动 Steering Geometry Test	阿克曼率 Ackermann Percent	
		阿克曼偏差 Ackermann Error	
		转向系统角传动比 Steering Ratio	
		主销内倾角 Kingpin Inclination Angle	
		主销后倾角 Kingpin Caster Angle	
		主销内倾偏距（接地处）Scrub Radius	
		主销后倾拖距（接地处）Caster Moment Arm	
		主销侧向偏距（轮心）Kingpin Wheel Center Y Offset	
		主销纵向偏距（轮心）Kingpin Wheel Center X Offset	
C	纵向力柔度 Longitudinal Compliance	纵向力轮心柔度 Longitudinal Wheel Center Compliance	
		纵向力前束柔度 Longitudinal Toe Compliance	
		纵向力外倾柔度 Longitudinal Camber Compliance	
		纵向力抗点头角 Force Anti-Dive Angles	
	侧向力柔度 Lateral Compliance	侧向力轮心柔度 Lateral Wheel Center Compliance	
		侧向力前束柔度 Lateral Toe Compliance	
		侧向力外倾柔度 Lateral Camber Compliance	
		力侧倾中心高 Force Roll Center Height	
	回正力矩柔度 Aligning Torque Compliance	回正力矩前束柔度 Aligning Torque Toe Compliance	
		回正力矩外倾柔度 Aligning Torque Camber Compliance	

注：表中仅列出了各个工况下的主要指标。

下面简要地介绍 ADAMS/Car 软件关于表 9-1 中主要 K&C 特性参数的名词定义、正负方向定义等，以便更好地学习后续内容。

9.1.3 车轮定位参数

1. 前束角

前束角（Toe Angle）是一个很重要的车轮定位参数。根据汽车理论，前束角是从俯视图定义的，即沿车辆前进方向，车轮中心面与地面的交线与车辆纵向中心线的夹角为车轮前束角。

前束角的正负基于自身定义，即沿车辆前进方向，同一车轮前中心点较后中心点更靠近车辆内侧，则为正，行业内称为 Toe-In；如远离则为负，称为 Toe-Out，如图 9-1 所示。

图 9-1　前束角定义图示

前束角通常以角度来计量，单位有"deg（度）"和"'（分）"，由于前束角较小，故"'（分）"使用更为普遍。某些特殊情况或场合下，也有使用长度单位"mm"来度量的，如图 9-2 所示，其使用轮辋最前点和最后点的差值（$b-a$）来定义。

2. 外倾角

根据汽车理论，外倾角（Camber Angle）是从前视图或后视图定义的，车轮中心面相对于地面的垂线夹角为车轮外倾角，如图 9-3 所示。

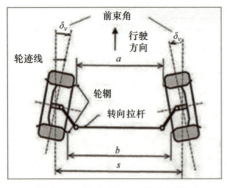

图 9-2　以长度来定义前束角图示

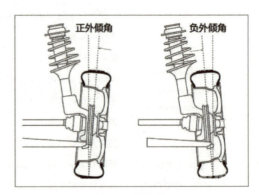

图 9-3　外倾角

外倾角的正负也是基于自身定义的，而与车辆或车轮所选择的坐标系无关，即车轮顶部向车辆外部倾斜时为正，称为 Top-Out；如向车辆内部倾斜则为负，称为 Top-In。

3. 主销内倾角和主销内倾偏距

主销内倾角（Kingpin Incl Angle）和主销内倾偏距（Scrub Radius）是基于车辆的前视图或后

视图定义的。

前视图中，主销轴线与地面垂直线的夹角为主销内倾角。主销轴线上端指向车辆内侧时为正，常规车辆的主销内倾角均为正值。

主销内倾偏距又称主销偏距或磨胎半径，前视图中，为主销轴线与地面的交点至轮胎接地中心的横向距离。主销轴线与地面交点位于轮胎接地中心内侧时，偏距为正；位于外侧时则为负，如图9-4所示。

需注意，ADAMS/Car 后处理中自带的 Scrub Radius 即指主销内倾偏距，但在实际 K&C 报告中，Scrub Radius 有不同的定义，见 10.4.3 节相关内容。

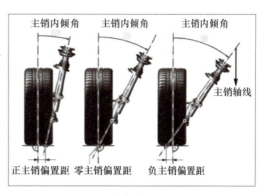

图 9-4　主销内倾角和主销偏置距

4. 主销后倾角和主销后倾拖距

主销后倾角（Kingpin Caster Angle）和后倾拖距（Caster Moment Arm）是基于车辆的侧视图而定义的，如图9-5所示。

主销后倾角是侧视图中主销轴线与地面垂直线的夹角。主销轴线上端指向车辆后方时为正；指向车辆前方则为负。常规车辆的主销后倾角均为正值。

主销后倾拖距又称机械拖距（Mechanical Trail），是主销轴线与地面交点至轮胎接地中心的纵向距离。主销轴线与地面交点位于轮胎接地中心前方时，后倾拖距为正；位于后方时则为负。

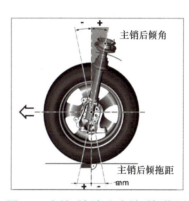

图 9-5　主销后倾角和主销后倾拖距

9.1.4　垂向运动特性

1. 轮心悬架刚度

轮心悬架刚度（Wheel Rate）是指轮心单位 Z 向位移需要施加到悬架的垂向载荷，单位 N/mm。其与悬架系统偏频及弹簧线刚度的关系见式（8-1）、式（8-2）及相关说明。

式（8-1）仍是一种经验算法，ADAMS/Car 软件使用柔度矩阵来单独计算每侧车轮的轮心悬架刚度，如左侧车轮见式（9-1）。

$$wheel\_rate.left = 1 / [C(3,3) + C(3,9) + \cdots] \quad (9\text{-}1)$$

式中，$C(3,3)$ 指由施加在左轮中心的单位垂直力引起的左轮中心的垂向位移；$C(3,9)$ 指由于施加在右车轮中心的单位垂直力而导致的左车轮中心的垂向位移，对于没有稳定杆的独立悬架，$C(3,9)$ 为零。读者可参考帮助文件进行深入研究。

2. 接地点悬架刚度

接地点悬架刚度（Ride Rate）又可称为行驶刚度，是指轮胎接地点单位 Z 向位移所需施加到悬架的垂向载荷，单位 N/mm。

轮胎类似一个弹性件，在布置上，其与弹簧及衬套转换到轮心处的等效弹簧是一种串联结构，故三者满足

$$K_{Ride\_Rate} = K_{Wheel\_Rate} K_{Tire} / (K_{Wheel\_Rate} + K_{Tire}) \quad (9\text{-}2)$$

式中，K_{Ride_Rate} 为接地点处悬架刚度，单位 N/mm；K_{Wheel_Rate} 为轮心悬架刚度，单位 N/mm；K_{Tire} 为

轮胎径向刚度，单位 N/mm。

根据式（9-2），接地点悬架刚度通常小于轮心悬架刚度。

3. 轮距变化

根据相关标准，轮距（Wheel Track）定义为同一轴左、右两侧轮胎接地点的横向距离。

车轮跳动过程中，轮距是变化的，ADAMS/Car 软件及实车 K&C 报告中，轮距变大定义为正，变小定义为负。有关轮距的详细定义，读者可参阅 ADAMS/Car 帮助文件。

4. 轮心侧向位移

悬架跳动过程中，轮心伴有一定的侧向运动，称为轮心侧向位移（Wheel Center Y Displacement）。

ADAMS/Car 悬架 K&C 分析中，轮心侧向位移的正负遵循大地坐标系定义，即轮心向右移动为正，向左移动为负。

实车 K&C 测试遵循 ISO 坐标系（又可理解为整车坐标系），轮心向左移动为正，向右移动为负。

5. 轮心纵向位移

悬架跳动过程中，轮心也伴有一定的纵向运动，称为轮心纵向位移（Wheel Center X Displacement），又称为轮心退让（Wheel Recession）。

ADAMS/Car 悬架 K&C 分析中，轮心纵向位移的正负遵循大地坐标系定义，即轮心向后移动为正，向前移动为负。

实车 K&C 测试遵循 ISO 坐标系（又可理解为整车坐标系），轮心向前移动为正，向后移动为负。

9.1.5 侧向及侧倾运动特性

1. 侧倾中心高

侧倾中心（Roll Center）的定义见参考文献 [3]。侧倾中心相对于轮胎接地面的高度称为悬架的侧倾中心高（Roll Center Height）。侧倾中心位于地面上方，侧倾中心高为正；反之则为负。

麦弗逊悬架的侧倾中心高定义如图 9-6 所示。

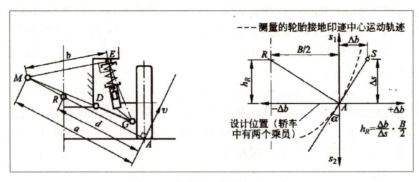

图 9-6 麦弗逊悬架侧倾中心高

从图 9-6 可以推导出侧倾中心高的表达式为

$$h_R = (\Delta b / \Delta s) \cdot B/2 \tag{9-3}$$

式中，Δb 为轮胎接地点的侧向位移增量，单位 mm；Δs 为轮胎接地点的垂向位移增量，单位 mm；B 为轮距（轮胎接地点处），单位 mm。

从式（9-3）可以看出，侧倾中心高与轮胎接地点的侧向位移增量，也即轮距的变化是成正比的。也就是说，对于独立悬架，侧倾中心高越大，轮距变化量就越大，此为独立悬架的一个缺点。

上述所说的侧倾中心高又称为几何侧倾中心高，各种悬架的几何侧倾中心高可通过作图法求出，具体方法详见参考文献［3］第10章。

除几何侧倾中心高外，实车K&C测试时，还有力侧倾中心高，本书第10章会介绍。

侧倾轴线：前、后悬架侧倾中心的连线称为侧倾轴线。汽车侧倾运动时，车身（簧上质量）绕侧倾轴线转动的角度称为侧倾角。

2. 侧倾角刚度

悬架动力学中侧倾角刚度定义为簧上质量单位侧倾角所需要的侧倾力矩，常用单位为 N·m/deg。在不同位置考量时，侧倾角刚度分为悬架侧倾角刚度（Suspension Roll Rate，不考虑轮胎弹性变形）和总侧倾角刚度（Total Roll Rate）。因轮胎是弹性件，簧上质量侧倾时，轮胎会发生一定的变形，故通常情况下，悬架侧倾角刚度会大于总侧倾角刚度，具体理解见式（9-4）、式（9-5）和图9-7。

轮心处侧倾角刚度：
$$\Psi_{Susp} = T/SRA = T/(\alpha-\beta) \tag{9-4}$$

轮胎接地点侧倾角刚度：
$$\Psi_{Total} = T/\alpha \tag{9-5}$$

式中，T 为簧上质量侧倾力矩，单位 N·m 或 N·mm，其他变量如图9-7所示。

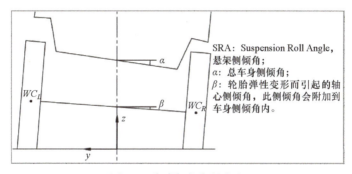

图 9-7　车身侧倾角的定义

汽车理论中，悬架侧倾角刚度的计算统一为式（9-6），其中，B 为轮距（mm），C 为侧倾工况下对应的悬架垂向刚度（单位为 N/mm。侧倾工况下，稳定杆参与工作，悬架垂向刚度不同于垂跳工况）。ADAMS/Car仿真分析和实车K&C测试均是根据式（9-6）来推导计算侧倾角刚度。

$$\Psi_{Total} = C \cdot B^2/2/57.3 (\text{N} \cdot \text{mm/deg}) \tag{9-6}$$

9.1.6　纵向运动特性

抗制动点头率（Anti-Dive Brake）推导图示如图9-8所示，具体推导过程详见汽车理论相关图书。

根据图9-8，前、后悬架抗制动点头率用式（9-7）和式（9-8）定义。

$$\eta_F = e_1\beta L/d_1 h \tag{9-7}$$

$$\eta_R = e_1(1-\beta)L/d_1 h \tag{9-8}$$

式（9-7）中，e_1、d_1 如图9-8所示，β 为前轴制动力占整车制动力的比例，L 为轴距，h 为簧上质心高。故使用 ADAMS/Car 软件仿真分析抗制动点头率、抗加速抬升率时，前轴制动力分配比 β、轴距 L、簧上质心高 h 一定要输入正确，如图8-2（第151页）所示。

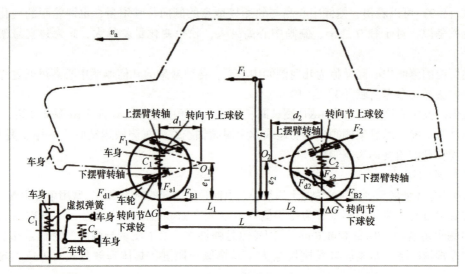

图 9-8 抗制动点头率的推导图示

9.1.7 转向运动特性

1. 阿克曼

阿克曼（Ackermann）是指左、右车轮转角的差。右转时右轮转角比左转时右轮转角大，定义为正，见式（9-9）。

$$Ackermann = Right\ Steer\ Angle - Left\ Steer\ Angle \tag{9-9}$$

2. 阿克曼偏差

阿克曼偏差（Ackermann Error）指实际车轮转角与理论车轮转角之间的差值，见式（9-10）和式（9-11）。ADAMS/Car 使用内侧车轮来计算转弯中心，故内侧车轮的阿克曼偏差为零。

$$Ackermann\_error.left = (left\ Steer\ Angle - Left\ Ideal\ Steer\ Angle) \tag{9-10}$$

$$Ackermann\_error.right = (right\ Steer\ Angle - Right\ Ideal\ Steer\ Angle) \tag{9-11}$$

实际车轮转角大于理论车轮转角，则定义为正。

3. 阿克曼率

阿克曼率（Ackermann Percent）是实际阿克曼与理想阿克曼的比值，用百分比表示：

$$percent\_ackermann = \frac{\alpha_i - \alpha_o}{\alpha_{i-id} - \alpha_{o-id}} = \frac{\alpha_i - \alpha_o}{\alpha_i - \alpha_{o-id}} \tag{9-12}$$

式中，α_i、α_o 为实际内外轮转角，α_{i-id}、α_{o-id} 为满足阿克曼转向原理的理想内外轮转角。ADAMS/Car 中，默认 $\alpha_i = \alpha_{i-id}$ 来计算阿克曼符合率。

4. 转向系统角传动比

转向系统角传动比指方向盘转角与车轮转角之比。在整个转向行程内，它是一个变化的值，可通过 K&C 仿真分析得到，或按式（9-13）进行估算：

$$i = 方向盘全行程转角 / (最大外轮转角 + 最大内轮转角) \tag{9-13}$$

9.1.8 C 特性

1. 纵向力柔度

纵向力柔度（Longitudinal Force Compliance）是指在轮胎接地点处施加纵向力，考查轮心纵向位移、前束角、外倾角的变化特性,分别称为纵向力轮心柔度、纵向力前束柔度、纵向力外倾柔度。其方向定义见表9-2。

表9-2 纵向力柔度参数方向定义

纵向力类型	实现方法	纵 向 力	轮心位移	前 束 角	外 倾 角
制动力	ADAMS/Car	向后为正	向后为正	见图9-1	见图9-3
	实车K&C	向前为正	向前为正	见图9-1	见图9-3
驱动力	ADAMS/Car	向前为正	向后为正	见图9-1	见图9-3
	实车K&C	向前为正	向前为正	见图9-1	见图9-3

2. 侧向力柔度

侧向力柔度(Lateral Force Compliance)是指在轮胎接地点处施加侧向力,考查轮心侧向位移、前束角、外倾角的变化,分别称为侧向力轮心柔度、侧向力前束柔度、侧向力外倾柔度。其方向定义见表9-3。

表9-3 侧向力柔度参数方向定义

实现方法	侧 向 力	轮心位移	前 束 角	外 倾 角
ADAMS/Car	向左为正	向右为正	见图9-1	见图9-3
实车K&C	向左为正	向左为正	见图9-1	见图9-3

3. 回正力矩柔度

回正力矩柔度(Aligning Torque Compliance)是指在轮胎接地点处施加回正力矩,考查车轮前束角、外倾角的变化,分别称为回正力矩前束柔度、回正力矩外倾柔度。其方向定义见表9-4。

表9-4 回正力矩柔度参数方向定义

实现方法	回正力矩	前 束 角	外 倾 角
ADAMS/Car	俯视,逆时针为正	见图9-1	见图9-3
实车K&C	俯视,逆时针为正	见图9-1	见图9-3

9.2 悬架动力学仿真分析对话框

本节主要讲解ADAMS/Car软件集成的悬架动力学仿真分析对话框的具体功能及操作应用,暂不涉及分析结果的输出。

悬架动力学仿真分析对话框主要集成在Suspension Analysis菜单下,如图9-9所示,其能完成悬架绝大多数工况的仿真分析及悬架参数的设置。

菜单命令:标准界面->Simulate->Suspension Analysis->…。

上述各项功能基本可归为四大类:悬架准静态仿真分析、动态仿真分析、悬架参数设置、载荷工况创建。

悬架参数设置属于悬架动力学模型调参内容,在前面章节中已详细讲解(第151页图8-2相关内容),下面主要介绍其他三类功能对应仿真分析对话框的应用。

ADAMS在线帮助文件提供了各对话框的详细解释,打开所需的仿真分析对话框,按〈F1〉键,会自动弹出对应的帮助文件。

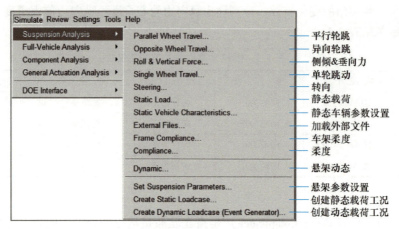

图 9-9　悬架仿真分析子菜单

9.2.1　悬架静态分析

1. 平行轮跳

平行轮跳（Parallel Travel）是最为常用的仿真分析，主要模拟分析车辆在平直路面上行驶时，前轴或后轴两侧车轮同幅、同频、同向上下跳动（如过减速坎）时悬架特性的变化。

平行轮跳仿真分析假定虚拟车身安装件是固定的（虚拟车身固定于大地 Ground），而试验台驱动两侧车轮上下运动。此与实际工程中的 MTS K&C 试验台垂向跳动试验基本一致，而与 ABD 试验台相反。

对话框如图 9-10 所示，各项的解释见表 9-5。

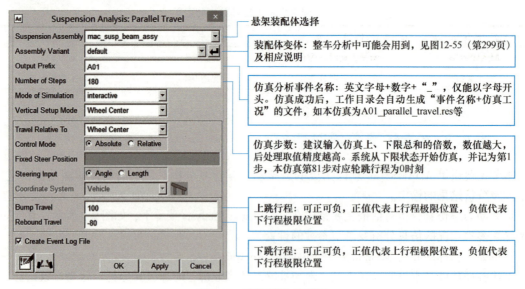

图 9-10　平行轮跳对话框

图 9-10 中已注释的部分选项也适用于其他仿真对话框，未注释的 Mode of Simulation、Vertical Setup Mode 等在表 9-5 中做详细介绍，其他仿真分析对话框中不再介绍。图 9-10 和表 9-5 均未涉及的项目，见具体对话框及帮助文件。

第 9 章 悬架动力学基础知识与仿真分析

表 9-5 悬架仿真对话框通用选项解释

序号	选项	解释
1	Vertical Setup Mode	指定时间为 0 时的垂直控制方法：垂直设置将在车轮中心（Wheel Center）高度或轮胎接地点（Contact Patch）高度移到零的情况下执行。其适用于存在可调力的模型，常规模型中，两种方法的分析结果是完全相同的
2	Travel Relative To	行程相对基准 Wheel Center：轮心为基准，执行给定的行程 Contact Patch：轮胎接地点为基准，执行给定行程
3	Control Mode	垂直位移控制模式 Absolute：垂直位移由绝对位移值控制 Relative：垂直位移通过相对于设置阶段位置的位移进行控制
4	Fixed Steer Position	固定一定的转向角度做平跳仿真，装配中有转向子系统时此设置才有效
5	Steering Input	Angle：方向盘转角，方向盘左转为正 Length：齿条行程，齿条向右平移为正。联合上述的 Fixed Steer Position 一同设置
6	Mode of Simulation	仿真分析模式，共 5 种 interactive：信息交互式。ADAMS 求解器进行交互式仿真分析，即用户可在信息窗口内看到整个仿真分析过程的信息，如警告信息或错误信息等。在仿真分析完成之前，界面将被锁定。信息窗口最后出现 "Loading results done" 字样，则说明仿真分析成功，可加载播放动画，否则未成功 graphical：图形动画式。ADAMS 调用内部求解器进行图形动画式仿真，即用户可在视图区直接观看对应的仿真动画（前提是模型可正常仿真分析），不显示信息窗口 background：后台式。仿真分析在后台运行，当前窗口仍是活动的，用户可以进行其他操作。后台式仿真分析完成后，不会自动加载分析结果，如需要，则手动加载，步骤为 Review->Analysis Management->Read files_only：仅文件式。仅输出分析文件（*.adm、*.acf），存储于默认工作目录下，但不执行分析，无分析结果输出。在 ADAMS/Car 中，可以使用该选项来准备文件，以便与 ADAMS Control 插件一起使用。如果加载了 ADAMS Control 插件（Tool->Plugin Manager->ADAMS Control），并且模型里具有设备输入和输出，ADAMS/Car 将准备一个 MATLAB m 文件和一个特殊的 *.acf 文件。如果有设备工厂输入和输出，ADAMS/Car 会提示选择要查看的设备 event_only：仅事件式，快速创建仿真事件并弹出事件浏览器，不执行具体的仿真分析。如需仿真，则在事件浏览器中右击仿真事件，选择 Run，或进行其他操作，如信息查看、修改、重命名等，如图 9-11 所示
7	Coordinate System	坐标系选择设置，不适用于平行轮跳仿真分析
8	Create Event Log File	创建仿真分析日志，如勾选，会生成 *.log 文件
9		添加注释信息
10		设置车轮定位参数，如图 9-12 所示

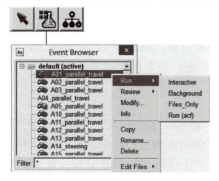

图 9-11 悬架事件浏览器

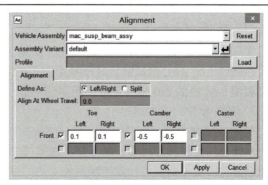

图 9-12 车轮定位参数设置对话框

2. 异向轮跳

异向轮跳（Opposite Travel）主要模拟分析车辆转弯时，外轮上跳、内轮下跳工况下的悬架运动特性变化。仿真分析时，假定车身是固定不动的，试验台驱动两侧车轮做同频、同幅、反向跳动，其车身固定法与 MTS 试验台的 K&C 测试机理是一样的。对话框如图 9-13 所示。

图 9-13 中，Coordinate System 坐标系选项的差异如图 9-14 所示。

1）Vehicle：左、右轮驱动台是独立的，且两托盘平行于大地。

2）Iso：左、右轮驱动台是非独立或倾斜的，且两托盘共面。

坐标系不同，分析结果也会有所不同，但差异不大，对比结果如图 9-15 所示。

图 9-13 异向轮跳对话框

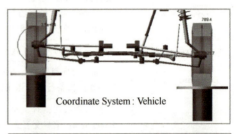

图 9-14 试验坐标系差异对比

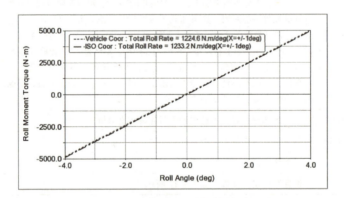

图 9-15 不同坐标系分析结果对比

实际工程中，如仿真分析结果和 MTS 试验 K&C 结果对标，则使用 Iso 坐标系，因为 MTS 试验台在侧倾工况 K&C 测试时，其车身是固定的，同时，左、右车轮托盘是共面的，如图 9-16 所示，和图 9-14 中的 ISO 坐标系情形相同。

3. 侧倾 & 垂向力/位移

侧倾 & 垂向力/位移（Roll&Vertical Force/Length）又可称为力/位移随遇平衡。此种分析中，左、右车轮托盘做相反运动，两车轮垂直载荷之和始终保持为给定的载荷，或两托台中心高度之和始终保持为定常数，当托盘的倾斜角度达到给定的上、下限时停止仿真分析，对话框如图 9-17 所示。

第9章 悬架动力学基础知识与仿真分析

图 9-16　MTS 悬架 K&C 试验台侧倾工况轮胎驱动台运动状态

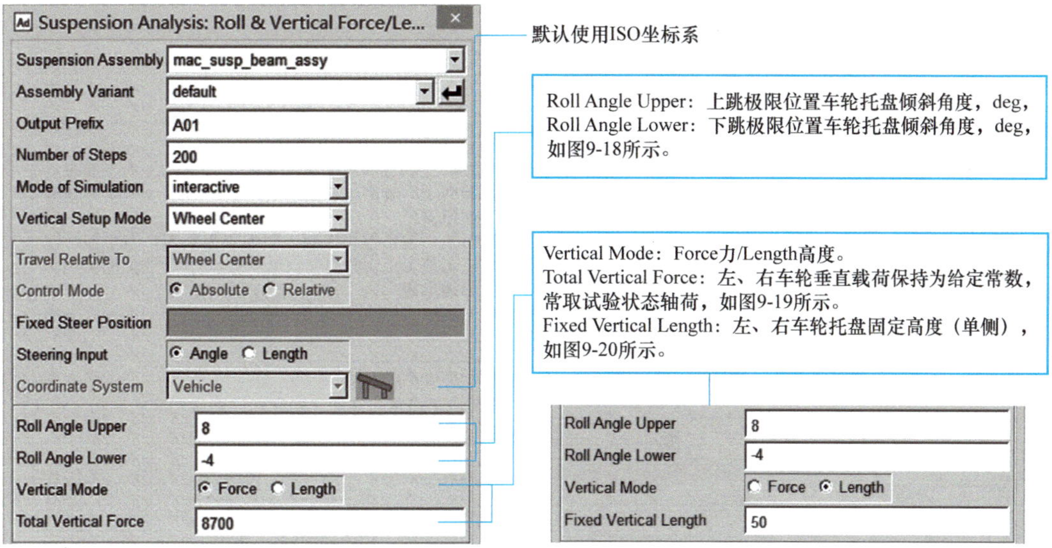

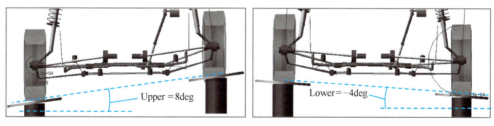

图 9-17　侧倾 & 垂向力/位移仿真分析对话框

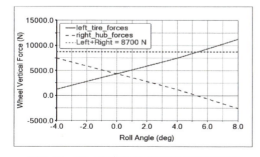

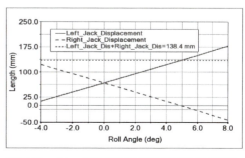

图 9-18　车轮托盘上、下限角度

图 9-19　左、右车轮轮荷和等于给定数值

图 9-20　左、右车轮托盘总高度保持为定常数

图 9-20 中，左、右车轮托盘总高度=左、右车轮托盘固定高度+两侧轮胎在设计载荷下的弹性压缩量，即 134.82=50+50+2×19.2，其中，19.2mm 为单轮在设计载荷下的轮胎弹性压缩量。

实际工程中，侧倾&垂向力/位移仿真分析应用更为普遍，因为其相对更能准确地模拟车辆的侧倾工况，尤其是总垂直力控制模式。在总垂直力控制模式下，常常输入设计状态下的轴荷即可。

4. 单轮跳动

顾名思义，单轮跳动（Single Travel）分析是指定某一侧车轮按规定的行程做上下跳动。在此分析中，也可指定转向的角度和另一侧车轮的高度。操作较为简单，此处不再介绍。

5. 转向运动

转向运动（Steering）仿真分析主要分析转向或悬架系统的运动特性，如转向系统传动比、阿克曼率、主销定位参数等，对话框如图 9-21 所示。

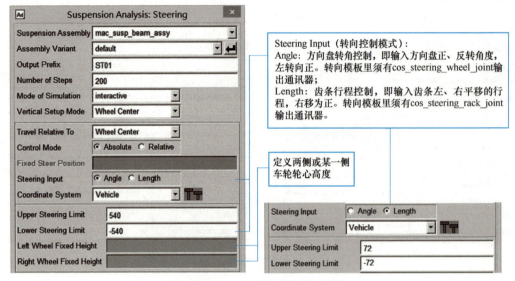

图 9-21 转向运动仿真分析对话框

图 9-21 中，当使用方向盘转角模式时，后处理中找不到与齿条相关的请求，如 steering_rack_input（含位移及力）；当使用齿条行程模式时，后处理中找不到与方向盘相关的请求，如 steering_wheel_input（含转角及力矩）。如有需要，可自定义请求。

6. 静态载荷加载分析

悬架的 C 特性分析及静态载荷提取均是在静态载荷（Static Load）加载分析下进行的，对话框如图 9-22 所示。

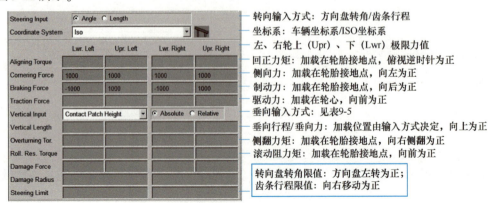

图 9-22 静态载荷加载分析

根据仿真目的的不同，其施加的载荷或位移也会有不同要求。将光标移动到对应的数值输入栏，状态栏就会告知相应的施加位置及正负方向的定义，例如，制动力 Lwr. Left 的输入提示信息如图 9-23 所示。

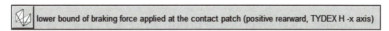

图 9-23　载荷加载位置及正负方向提示

图 9-22 中，输入的数值可以是变化的，也可以是固定的，如图中的制动力，在给定的 2000 步内，左、右轮均是从 −1000N 线性增加到 +1000N；而左、右轮施加的侧向力是固定不变的，即 1000N。其他未输入而空白的项，默认加载值为 0。

图 9-22 所示对话框的补充解释见表 9-6。

表 9-6　静态载荷加载对话框补充解释

序号	名　称	释　　义
1	Coordinate System	车辆坐标系/ISO 坐标系 做类似于图 9-13 所示异向轮跳分析时选择 ISO 坐标系，其他工况两种坐标系均可
2	Vertical Input	垂向输入方式 　Contact Patch Height：控制轮胎接地点的高度，垂直执行器将在给定的垂直行程内驱动悬架，在轮胎接地点加载时，选择此输入方式 　Wheel Center Height：控制车轮中心点的高度，垂直执行器将在给定的垂直行程内驱动悬架，在轮心加载时，选择此输入方式 　Wheel Vertical Force：控制车轮产生的绝对垂直力，垂直执行器将在给定载荷范围内驱动悬架 　Wheel Delta Vertical Force：控制车轮产生的相对垂直力，垂直执行器将在垂直力场指定的范围内移动悬架。该力与静态平衡位置下车轮和衬套之间产生的垂直轮荷有关。例如，设置 +/−100 N 表示试验台将从静态平衡负载开始施加 +/−100 N 　Actuator Vertical Force：直接定义垂直执行器的加载力值范围
3	Vertical Length	根据 Vertical Input 方式的不同，输入左、右车轮的上、下限数值

静态载荷加载分析功能十分强大，读者可参阅帮助文件进一步深入研究。

7. 静态车辆特性

静态车辆特性（Static Vehicle Characteristics，SVC）分析涉及一组 ADAMS 子程序（CONSUB）的运用，其目的是计算静平衡时整车或悬架（又称为半车模型）的特性。其对话框及悬架模型计算后的结果分别如图 9-24 和图 9-25 所示。

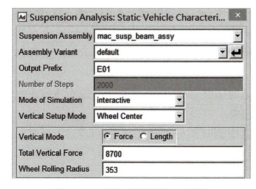

图 9-24　静态车辆特性对话框　　　图 9-25　静态车辆特性分析结果（部分展示）

SVC 所计算的特性通常基于车辆悬架的柔度矩阵，该矩阵定义为由于施加在车轮中心的单位力和力矩而产生的相对于车身的车轮中心偏转。SVC 具有十分实用的功能，读者可参阅帮助文件进行深入研究。

8. 调用外部文件分析

调用外部文件（External Files）分析主要是指调用 *.lcf 或 *.wen 文件来进行悬架特性分析，对话框如图 9-26 所示。*.lcf 简称为载荷工况文件，其由专门的对话框创建，见 9.2.3 节；*.wen简称为轮胎包络文件，在悬架仿真分析中一般都会自动生成对应的 *.wen 文件。

9. 车架柔度

车架柔度（Frame Compliance）分析是针对前、后悬架系统的一项仿真分析，其每次对车架在 X/Y/Z 三个方向施加 1mm 的位移量，分析车轮相关的特性变化，对话框如图 9-27 所示。使用此分析结果可以为悬架系统创建柔度矩阵，以帮助确定车架柔度对悬架系统性能影响最大的点。关于柔度矩阵、车架柔度分析的深入应用，读者可参阅帮助文件。

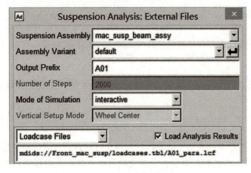

图 9-26 调用外部文件对话框

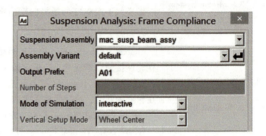

图 9-27 车架柔度仿真分析对话框

10. 柔度

此处的柔度分析主要是针对悬架 K&C 特性中 C 特性的分析，即在车轮处施加纵向力、侧向力、回正力矩，分析悬架特性的变化，此功能在静态载荷加载分析中也可完成。

9.2.2　悬架动态分析

上面所介绍的各种悬架分析均是静态或准静态分析，与之对应的是悬架动态分析，其对话框如图 9-28 所示。

所谓动态，可简单理解为驱动的输入是随时间而动态变化的，对应的输出（硬点处的载荷）也是动态变化的。用户可以通过力、位移、速度或加速度在轮胎接地点驱动测试台的垂直执行器；还可以指定车轮力（如转弯力、倾翻力矩等）并使用函数表达式或引用现有 RPC3 文件作为时间函数。

对于具有转向子系统的装配体，还可以定义运行时的函数表达式或通过引用现有 RPC3 文件用于转向运动，从而将悬架垂直激励与转向运动结合起来。

动态仿真分析涉及结果的收敛问题，故有时需要适当调整积分器误差 Error（第 35 页图 2-68 所示），方可正常仿真分析。有关悬架动态分析的其他应用，可参阅帮助文件。

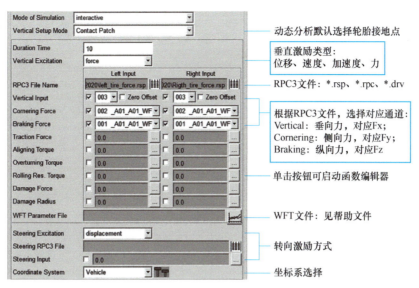

图 9-28 悬架动态分析对话框

9.2.3 载荷工况创建

1. 静态载荷工况文件创建

创建载荷工况，是指在不执行具体仿真分析的情况下，快速地创建一个工况文件 *.lcf（图 9-29 所示），以便后续作为外部文件来调用（图 9-26 所示）。选择所需要的仿真工况，设置好对话框，单击 OK 按钮或 Apply 按钮，工况文件便存储于默认的可写入数据库中 loadcases.tbl 内。

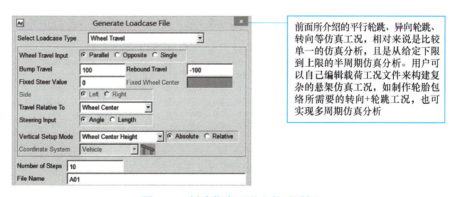

图 9-29 创建仿真工况文件对话框

完整的载荷工况文件输入共包含 19 个通道，如图 9-30 所示。

2. 创建动态载荷工况事件

不同于创建静态载荷工况文件，创建动态载荷工况仅创建对应的仿真事件，用户可以对仿真事件进行相应操作，完成最终的仿真分析，具体操作见帮助文件。

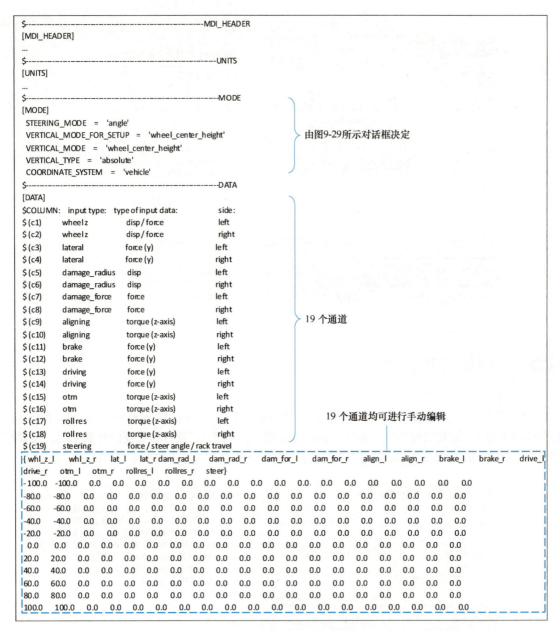

图 9-30 载荷工况文件构成

9.3 悬架 K&C 综合仿真分析

本节参考实车 K&C 测试报告讲解悬架 K&C 分析主要指标的详细输出过程,暂不讲解指标的应用。需注意下面几点。

1) 指标的单位及考查范围,见表 9-7。
2) 指标的正负定义。
- ADAMS/Car 悬架 K&C 分析以大地坐标系为基准。位移:X 正向指向车辆后方、Y 正向指向车辆右侧、Z 正向指向车辆上方；力：驱动力向前为正，制动力向后为正，侧向力向左为正；角度：方向盘转角左转为正，车轮转角右转为正；力矩：俯视，逆时针为正。
- 前束角和外倾角的正负定义参见 9.1 节。

表 9-7 悬架 K&C 综合仿真分析指标定义

序号	主体工况	细分指标	单 位	考查范围
1	垂向跳动 Vertical Bounce Test	轮心悬架刚度 Wheel Rate	N/mm	±25mm
		轮胎接地点悬架刚度 Ride Rate	N/mm	±25mm
		平跳前束变化 Bump Steer	deg/m	±25mm
		平跳外倾变化 Bump Camber	deg/m	±25mm
		轮心侧向变化 Lateral Wheel Center Displacement	mm/mm	±25mm
		轮距变化 Wheel Track Change	mm/mm	±25mm
		轮心纵向变化 Wheel Recession	mm/mm	±25mm
		抗制动点头率 Percent Anti-Dive	%	0
		侧倾中心高 Kinematic Roll Center Height	mm	0
2	侧倾运动 Roll Test	悬架侧倾角刚度 Suspension Roll Rate	N·m/deg	0
		总侧倾角刚度 Total Roll Rate	N·m/deg	0
		侧倾前束变化 Roll Steer	deg/deg	±1deg
		侧倾外倾变化 Roll Camber	deg/deg	±1deg
		侧倾中心高 Kinematic Roll Center Height	mm	0
3	转向运动 Steering Geometry Test	阿克曼率 Ackermann Percent	%	内轮 20deg
		阿克曼偏差 Ackermann Error	deg	内轮 20deg
		转向系统角传动比 Steering Ratio		±360deg
		主销内倾角 Kingpin Inclination Angle	deg	0
		主销后倾角 Caster Angle	deg	0
		主销内倾偏距 Scrub Radius	mm	0
		主销后倾拖距 Caster Moment Arm	mm	0
4	纵向力柔度 Longitudinal Compliance	纵向力轮心柔度 Longitudinal Wheel Center Compliance	mm/kN	±1000N
		纵向力前束柔度 Longitudinal Toe Compliance	deg/kN	±1000N
		纵向力外倾柔度 Longitudinal Camber Compliance	deg/kN	±1000N
5	侧向力柔度 Lateral Compliance	侧向力轮心柔度 Lateral Wheel Center Compliance	mm/kN	±1000N
		侧向力前束柔度 Lateral Toe Compliance	deg/kN	±1000N
		侧向力外倾柔度 Lateral Camber Compliance	deg/kN	±1000N
6	回正力矩柔度 Aligning Torque Compliance	回正力矩前束柔度 Aligning Torque Toe Compliance	deg/100N·m	±50N·m
		回正力矩外倾柔度 Aligning Torque Camber Compliance	deg/100N·m	±50N·m

9.3.1 垂向跳动分析（Vertical Bounce Simulate）

垂向跳动分析对应于图 9-10 所示的平行轮跳分析，是悬架 K&C 分析中最为常见的仿真分析，也是最为重要的仿真工况之一，许多指标都是实际工程中的重点考核对象。

ADAMS/Car 汽车底盘动力学虚拟开发

在 ADAMS/Car 中，轮心悬架刚度有两种输出方式：轮心悬架刚度 VS 轮跳行程（Wheel Rate VS Wheel Travel）和轮荷 VS 轮跳行程（Wheel Load VS Wheel Travel），见表 9-8。

表 9-8 轮心悬架刚度

输出方式	分析结果图示	坐标轴定义及指标释义
轮心悬架刚度 VS 轮跳行程	(Wheel Rate = 29.9N/mm(X=0)，Wheel Rate (N/mm) vs Wheel Travel (mm))	坐标轴定义 X 轴（横坐标）：testrig. wheel_travel. left/right Y 轴（纵坐标）：testrig. wheel_rate. left/right 分析结果：K=Y（X=0） 指标释义： 轮心悬架刚度大小会影响悬架的偏频，进而影响到车辆主阶舒适性。其由目标偏频和簧上质量共同决定，见式（8-2）及相应说明
轮荷 VS 轮跳行程	(Wheel Rate = 29.7 N/mm(X=+/-25mm)，Wheel Load (N) vs Wheel Travel (mm))	坐标轴定义 X 轴（横坐标）：testrig. wheel_travel. left/right Y 轴（纵坐标）：left/right_tire_forces. normal 分析结果：K=ΔY/ΔX（X=±25mm） 指标释义：同上

其他垂向跳动分析细分指标见表 9-9。

表 9-9 其他垂向跳动分析细分指标

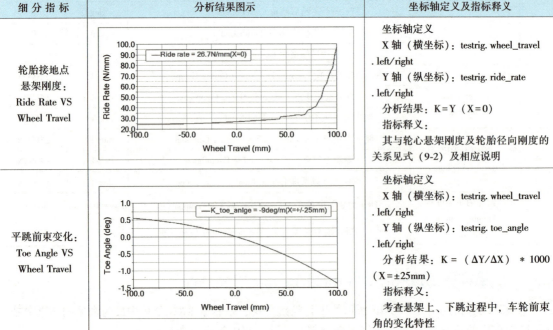

细分指标	分析结果图示	坐标轴定义及指标释义
轮胎接地点悬架刚度：Ride Rate VS Wheel Travel	(Ride rate = 26.7N/mm(X=0))	坐标轴定义 X 轴（横坐标）：testrig. wheel_travel. left/right Y 轴（纵坐标）：testrig. ride_rate. left/right 分析结果：K=Y（X=0） 指标释义： 其与轮心悬架刚度及轮胎径向刚度的关系见式（9-2）及相应说明
平跳前束变化：Toe Angle VS Wheel Travel	(K_toe_anlge = -9deg/m(X=+/-25mm))	坐标轴定义 X 轴（横坐标）：testrig. wheel_travel. left/right Y 轴（纵坐标）：testrig. toe_angle. left/right 分析结果：K =（ΔY/ΔX）* 1000（X=±25mm） 指标释义： 考查悬架上、下跳过程中，车轮前束角的变化特性

(续)

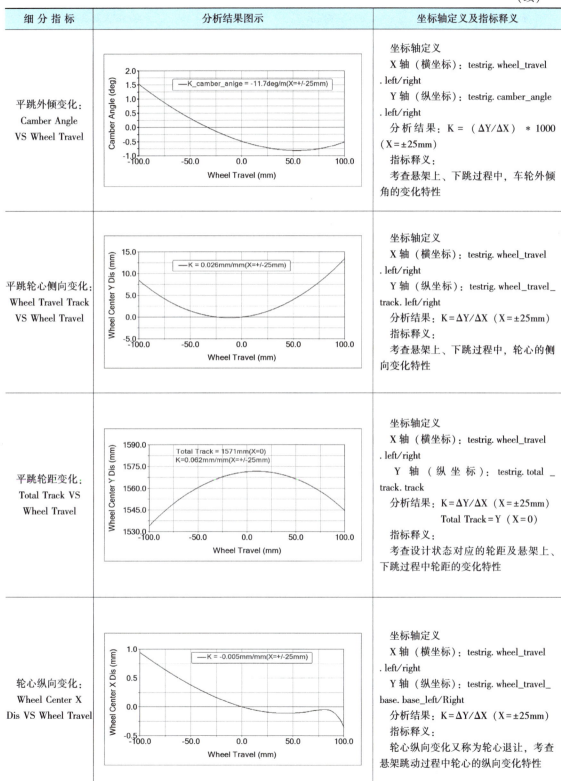

(续)

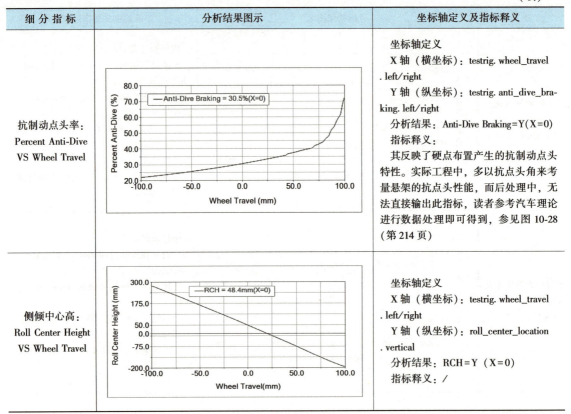

9.3.2 侧倾分析（Roll Simulate）

侧倾分析主要是模拟分析车辆转弯中由于离心力的作用而发生轮荷转移，导致车身侧倾时悬架运动特性的变化。其最为重要的考核指标之一是有无稳定杆时，悬架侧倾角刚度的变化，同时还考核侧倾中心高、前束角、外倾角的变化。

下述侧倾分析使用图 9-17 所示的侧倾 & 垂向力工况进行。

1. 悬架侧倾角刚度

同垂向跳动的 Z 向悬架刚度，侧倾角刚度（Suspension Roll Rate，SRR）也有两种输出方式，见表 9-10。

表 9-10 悬架侧倾角刚度

输出方式	分析结果图示	坐标轴定义及指标释义
悬架侧倾角刚度 VS 侧倾角 Suspension Roll Rate VS Roll Angle		坐标轴定义 X 轴（横坐标）：testrig.roll_angle.at_wheel_centers Y 轴（纵坐标）：testrig.susp_roll_rate.suspension_roll_rate 分析结果：Susp Roll Rate = Y/1000（X=0） 指标释义： 未考虑轮胎弹性变形的侧倾角刚度

（续）

输出方式	分析结果图示	坐标轴定义及指标释义
侧倾力矩 VS 侧倾角 Roll Moment VS Roll Angle	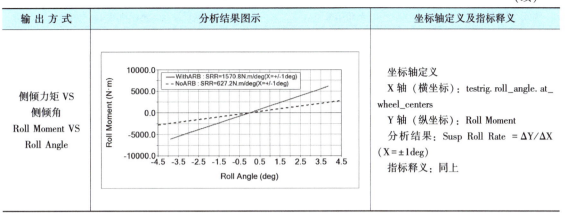	坐标轴定义 X 轴（横坐标）：testrig.roll_angle.at_wheel_centers Y 轴（纵坐标）：Roll Moment 分析结果：Susp Roll Rate = $\Delta Y/\Delta X$（X = ±1deg） 指标释义：同上

表 9-10 第一行中，除以 1000 是因为单位转换。表 9-10 第二行中，横坐标轴（X 轴）是侧倾角，纵坐标轴（Y 轴）是侧倾力矩，斜率 $\Delta Y/\Delta X$ 即为侧倾角刚度。此种结果在后处理中无法直接输出，需按式（9-6）进行处理后得到。

从表 9-10 第一行中可以看出，稳定杆（直径 ϕ22mm）对轮心处悬架侧倾角刚度的贡献率约为（1571.2−627.3）/1571.2 = 60.1%。

2. 总侧倾角刚度

总侧倾角刚度（Total Roll Rate）是考虑到轮胎的弹性变形而对应的悬架总的侧倾角刚度，其通常小于悬架侧倾角刚度（Suspesion Roll Rate），见表 9-11。

从表 9-11 中可以看出，稳定杆（直径 ϕ22mm）对总侧倾角刚度 D 的贡献率约为（1216.7−561.9）/1216.7 ≈ 53.8%。

3. 侧倾中心高

实际工程中，往往仅关注设计状态（X = 0）下的侧倾中心高。就理论角度而言，侧倾工况和垂向跳动工况在设计状态是相同的，但因计算方法的不同，两者分析结果会有一定的差异，且实车 K&C 测试表现得更为明显，此时，以侧倾工况下的分析结果和测试结果为准，见表 9-11。

悬架侧倾角刚度之外的侧倾分析细分指标见表 9-11。

表 9-11 其他侧倾分析细分指标

细分指标	分析结果图示	坐标轴定义及指标释义
总侧倾角刚度		坐标轴定义 X 轴（横坐标）：testrig.roll_angle.at_contact_patches Y 轴（纵坐标）：testrig.total_roll_rate.total_roll_rate 分析结果：Ride Roll Rate = Y/1000（X = 0） 指标释义： 考虑了轮胎弹性变形而对应的悬架总的侧倾角刚度

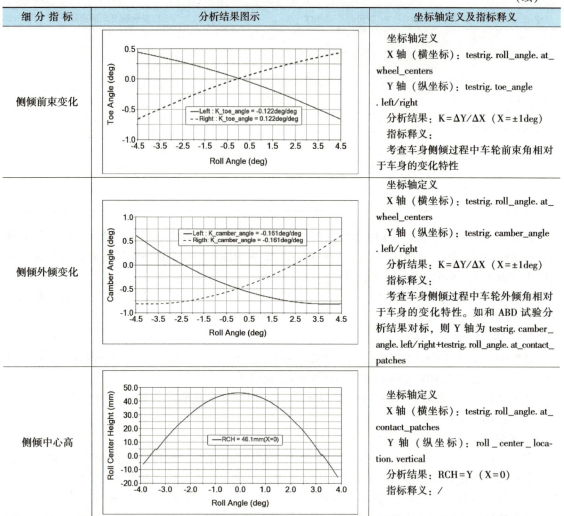

9.3.3 转向运动分析（Steering Geometry Simulate）

转向运动分析主要分析转向或悬架系统的运动特性，主要指标包含阿克曼符合率、阿克曼偏差、转向系统角传动比、主销定位参数等，见表9-12，对话框如图9-21所示。

表9-12 转向运动分析

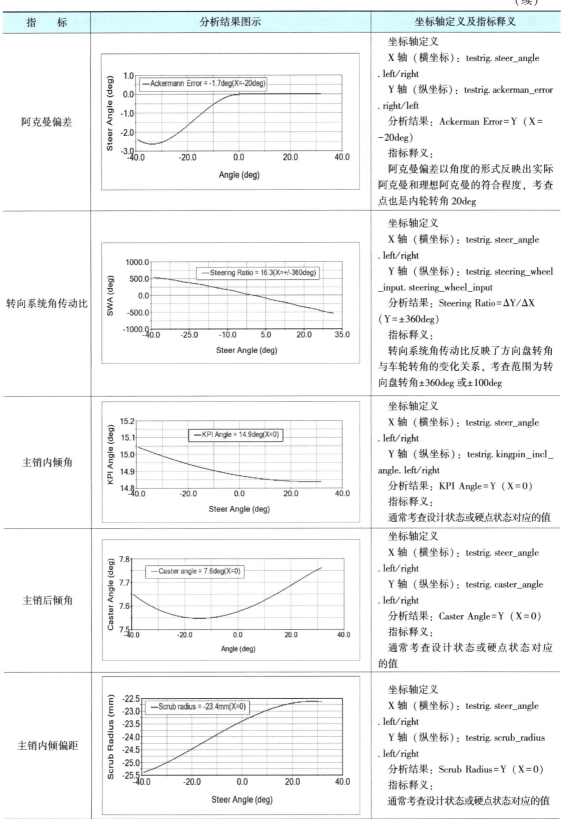

(续)

指标	分析结果图示	坐标轴定义及指标释义
主销后倾拖距	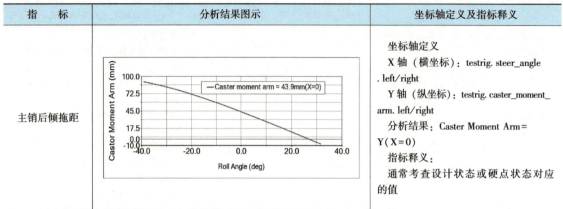	坐标轴定义 X 轴（横坐标）：testrig. steer_angle. left/right Y 轴（纵坐标）：testrig. caster_moment_arm. left/right 分析结果：Caster Moment Arm = Y(X=0) 指标释义： 通常考查设计状态或硬点状态对应的值

9.3.4 纵向力柔度（Longitudinal Force Compliance）

纵向力柔度分析是在轮胎接地点处施加制动力，或在轮心处施加驱动力，考查轮心沿整车 X 向的变化，以及前束角和外倾角的变化特性，见表 9-13。纵向力的施加主要是通过悬架静态载荷对话框完成的。

1. 制动力柔度

根据软件定义，制动力施加在轮胎接地点处，对应的 Vertical Input 为 Contact Patch Height，如图 9-31 所示。

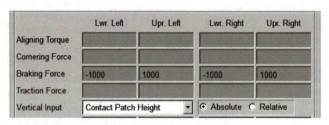

图 9-31 同向制动力的加载

2. 驱动力纵向柔度

根据软件定义，驱动力施加在轮心处，对应的 Vertical Input 为 Wheel Center Height，对话框如图 9-32 所示。其分析结果也与制动力纵向柔度不同，见表 9-13。

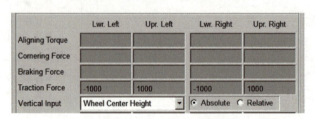

图 9-32 同向驱动力的加载

第 9 章 悬架动力学基础知识与仿真分析

表 9-13 纵向力柔度分析细分指标

细分指标	分析结果图示	坐标轴定义及指标释义
制动力轮心柔度	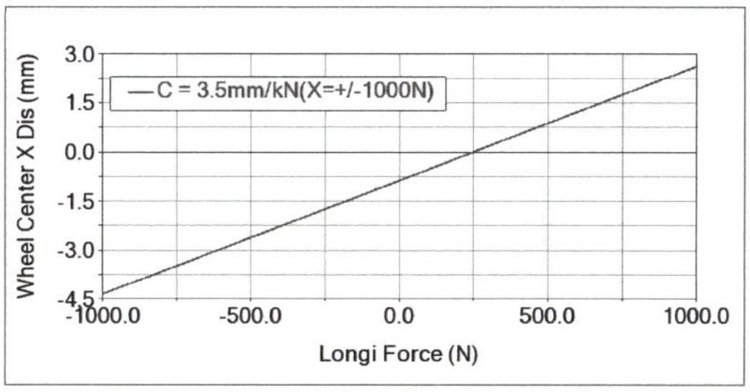 C = 3.5mm/kN(X=+/-1000N)	坐标轴定义 X 轴（横坐标）：testrig.wheel_load_longitudinal.braking_left/right Y 轴（纵坐标）：testrig.wheel_travel_base.base_left/right 分析结果：C＝（ΔY/ΔX）＊1000（X＝±1000N） 指标释义： 考查轮胎接地点处受纵向力后轮心的变化特性
制动力前束柔度	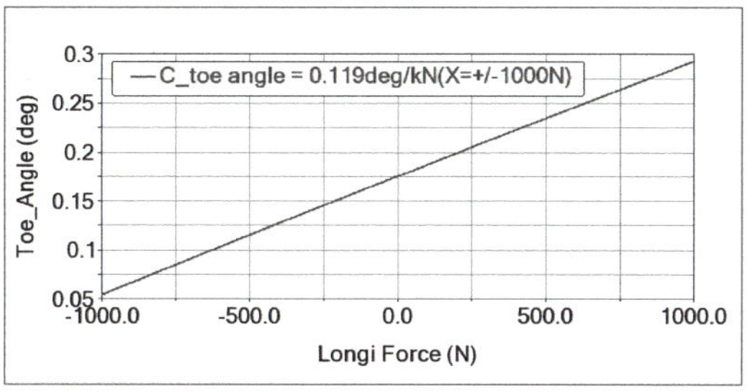 C_toe angle = 0.119deg/kN(X=+/-1000N)	坐标轴定义 X 轴（横坐标）：testrig.wheel_load_longitudinal.braking_left/right Y 轴（纵坐标）：testrig.toe_angle.left/right 分析结果：C＝（ΔY/ΔX）＊1000（X＝±1000N） 指标释义： 考查轮胎接地点处受制动力后车轮前束角的变化特性
制动力外倾柔度	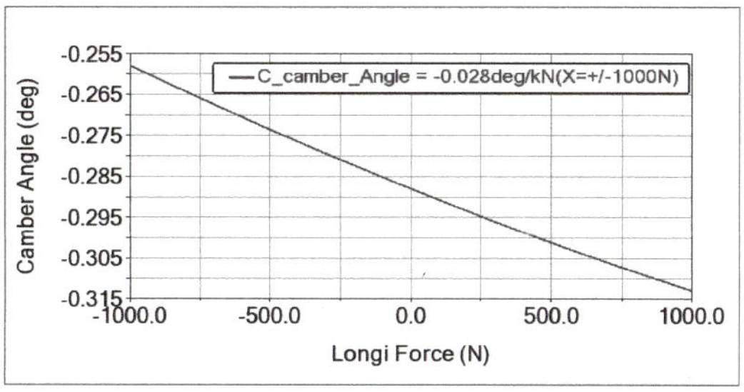 C_camber_Angle = -0.028deg/kN(X=+/-1000N)	坐标轴定义 X 轴（横坐标）：testrig.wheel_load_longitudinal.braking_left/right Y 轴（纵坐标）：testrig.camber_angle.left/right 分析结果：C＝（ΔY/ΔX）＊1000（X＝±1000N） 指标释义： 考查轮胎接地点处受制动力后车轮外倾角的变化特性
驱动力纵向柔度	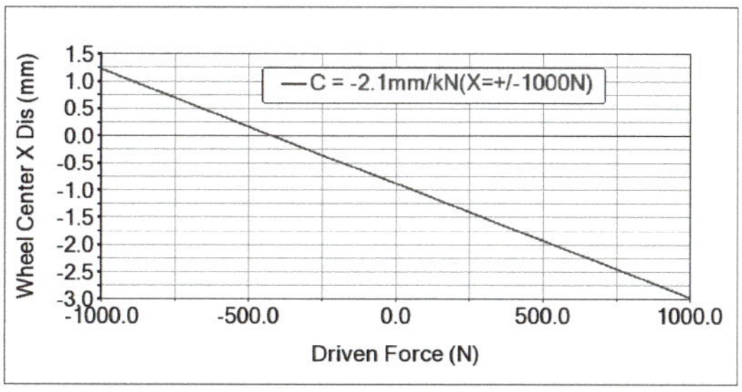 C = -2.1mm/kN(X=+/-1000N)	坐标轴定义 X 轴（横坐标）：testrig.wheel_load_longitudinal.driving_left/right Y 轴（纵坐标）：testrig.wheel_travel_base.base_left/right 分析结果：C＝（ΔY/ΔX）＊1000（X＝±1000N） 指标释义： 考查轮心处受驱动力后轮心的变化特性

9.3.5 侧向力柔度（Lateral Force Compliance）

侧向力柔度分析模拟车辆转弯工况下地面对轮胎接地点施加侧动力时轮心沿整车 Y 向的变

化，以及前束角和外倾角的变化特性，见表9-14。下面仅展示同向加载仿真分析过程，对话框设置如图9-33所示。

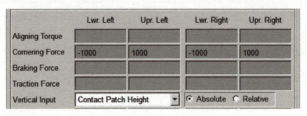

图9-33　同向侧向力加载

表9-14　侧向力柔度分析细分指标

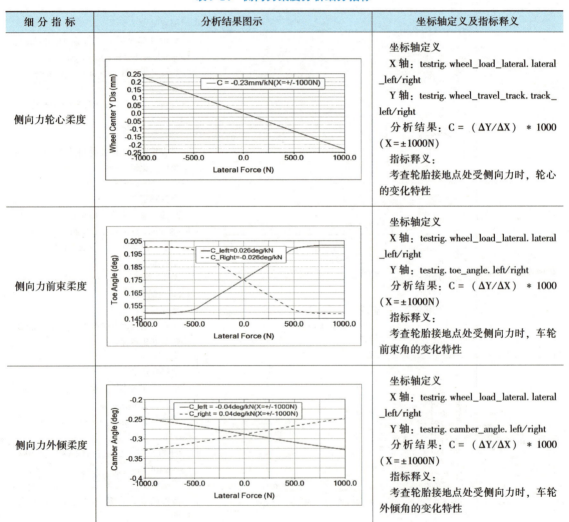

细分指标	分析结果图示	坐标轴定义及指标释义
侧向力轮心柔度		坐标轴定义 X轴：testrig.wheel_load_lateral.lateral_left/right Y轴：testrig.wheel_travel_track.track_left/right 分析结果：C=（ΔY/ΔX）＊1000（X=±1000N） 指标释义： 考查轮胎接地点处受侧向力时，轮心的变化特性
侧向力前束柔度		坐标轴定义 X轴：testrig.wheel_load_lateral.lateral_left/right Y轴：testrig.toe_angle.left/right 分析结果：C=（ΔY/ΔX）＊1000（X=±1000N） 指标释义： 考查轮胎接地点处受侧向力时，车轮前束角的变化特性
侧向力外倾柔度		坐标轴定义 X轴：testrig.wheel_load_lateral.lateral_left/right Y轴：testrig.camber_angle.left/right 分析结果：C=（ΔY/ΔX）＊1000（X=±1000N） 指标释义： 考查轮胎接地点处受侧向力时，车轮外倾角的变化特性

9.3.6　回正力矩柔度（Aligning Torque Compliance）

回正力矩柔度分析是在轮胎接地点处施加一定的回正力矩，考查车轮前束角和外倾角的变化特性，见表9-15。下面仅展示同向加载仿真分析过程，对话框设置如图9-34所示。

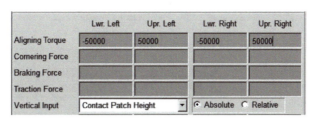

图 9-34　同向回正力矩加载

表 9-15　回正力矩柔度细分指标

细分指标	分析结果图示	坐标轴定义及指标释义
回正力矩前束柔度		坐标轴定义 X 轴：testrig.wheel_load_align.align_torque_left/right Y 轴：testrig.toe_angle.left/right 分析结果：K = (ΔY/ΔX) * 100000 (X = ±50N·m) 指标释义： 考查轮胎接地点处受回正力矩作用时，车轮前束角的变化特性
回正力矩外倾柔度		坐标轴定义 X 轴：testrig.wheel_load_align.align_torque_left/right Y 轴：testrig.camber_angle.left/right 分析结果：K = (ΔY/ΔX) * 100000 (X = ±50N·m) 指标释义： 考查轮胎接地点处受回正力矩作用时，车轮外倾角的变化特性

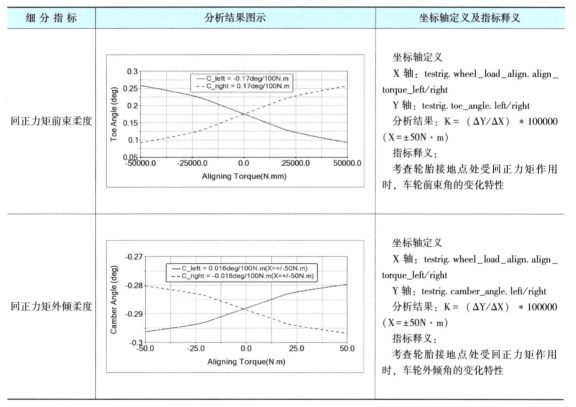

9.4　ADAMS/Car Insight 悬架优化设计

ADAMS/Car 提供了试验设计（Design Of Experiment，DOE）接口，其内置了 Insight 模块。利用 Insight 模块，用户可以进行悬架 K&C 关键指标影响因子的灵敏度优化设计，即从众多影响因子中筛选主要影响因子，为后续的优化提供方向。

表 9-9 中，平跳前束梯度 K = -9.0deg/m，相较于常规乘用车设计参考范围 -(2~6)deg/m 略偏大，尚可进行适当优化。下面以此为最终优化对象简单讲解一下 ADAMS/Car Insight 优化设计基本过程，其深层应用，读者可参阅参考文献 [4] 第 7 章。

优化前束梯度本质上是优化硬点，其主体流程如图 9-35 所示，具体过程见表 9-16。

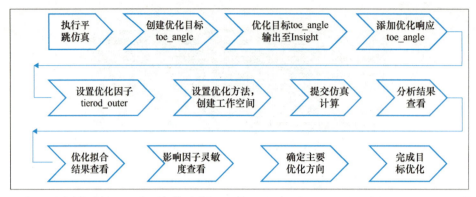

图 9-35　ADAMS/Car Insight 悬架硬点优化主体流程

表 9-16　ADAMS/Car Insight 悬架硬点优化具体过程

序号	项目	命令及图示	说明
1	执行平跳仿真	图 9-10	仿真事件名称 para，垂跳行程±50mm
2	创建优化目标 toe_angle	Simulate->DOE Interface->Design Objective->New	Design Objective's value is the 设计对象目标值定义，以平跳±50mm 行程内的前束角最大值为考量基准。在后续诸多最大前束角的优化过程中，只需选择最大前束角为最小值的那次优化，即可优化前束梯度 Definition by：请求定义。ADAMS 共有 5 类对象可以作为优化目标，见参考文献 [4]，本处选择已存在的 toe_angle.left 请求
3	优化目标 toe_angle 输出至 Insight	Simulate->DOE Interface->Adams Insight（Legacy）->Export	单击 OK 按钮后进入 Insight 工作界面
4	添加优化响应 toe_angle		选中 toe_angle，将优化目标从候选区 Candidates 内上移至响应区 Inclusions 内

(续)

序号	项 目	命令及图示	说 明
8	分析结果查看	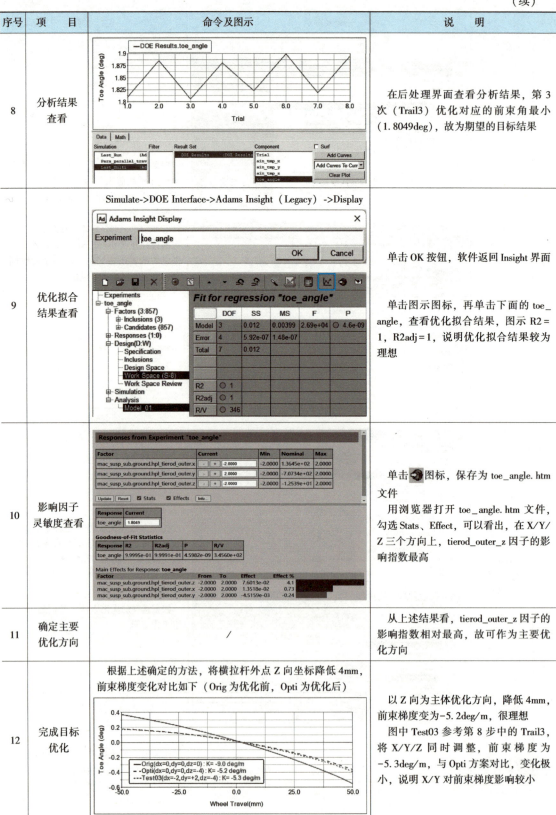	在后处理界面查看分析结果，第3次（Trail3）优化对应的前束角最小（1.8049deg），故为期望的目标结果
9	优化拟合结果查看		单击OK按钮，软件返回Insight界面 单击图示图标，再单击下面的toe_angle，查看优化拟合结果，图示R2=1，R2adj=1，说明优化拟合结果较为理想
10	影响因子灵敏度查看		单击 图标，保存为toe_angle.htm文件 用浏览器打开toe_angle.htm文件，勾选Stats、Effect，可以看出，在X/Y/Z三个方向上，tierod_outer_z因子的影响指数最高
11	确定主要优化方向	/	从上述结果看，tierod_outer_z因子的影响指数相对最高，故可作为主要优化方向
12	完成目标优化		以Z向为主体优化方向，降低4mm，前束梯度变为-5.2deg/m，很理想 图中Test03参考第8步中的Trail3，将X/Y/Z同时调整，前束梯度为-5.3deg/m，与Opti方案对比，变化极小，说明X/Y对前束梯度影响较小

上述优化仅选择了横拉杆外点 tierod_outer 的 X/Y/Z 作为优化因子，总计进行了 $2^3=8$ 次优化。如同时选择内、外硬点，则需进行 $2^6=64$ 次优化，优化时间较长，且不一定能优化出较为理想的结果，这说明优化因子并不是越多越好。

因硬点本就是直接输入坐标，故调整优化因子的优化范围相当于直接调整硬点坐标，这相对较好理解。但在诸多优化因子中，大部分不是直接输入的，如衬套的六向刚度，通过力-位移和力矩-角度来定义，当其作为优化因子时，又如何定义其优化范围呢？下面做一简单介绍，如图 9-36 所示。

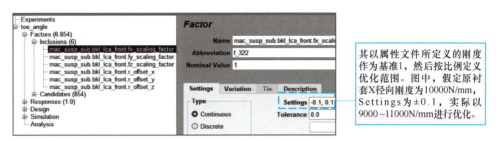

图 9-36　衬套作为影响因子时优化范围设置说明

表 9-16 中第 5 步优化因子设置中选择了 Absolute，如选择 Relative，则对应的工作空间如图 9-37 所示，每次优化时的硬点坐标均直接显示出来，相对更为直接。

Work Space

	f_53.x	f_53.y	f_53.z	r_01
Trial 1	134.452	-709.335	-14.539	
Trial 2	134.452	-709.335	-10.539	
Trial 3	134.452	-705.335	-14.539	
Trial 4	134.452	-705.335	-10.539	
Trial 5	138.452	-709.335	-14.539	
Trial 6	138.452	-709.335	-10.539	
Trial 7	138.452	-705.335	-14.539	
Trial 8	138.452	-705.335	-10.539	

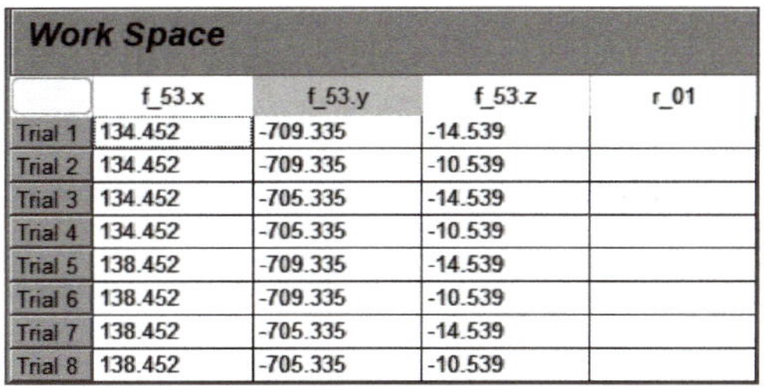

图 9-37　相对工作空间

最后简单介绍一下 ADAMS/Insight 主界面，如图 9-38 所示。

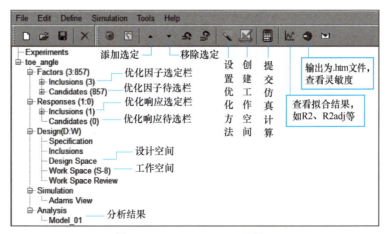

图 9-38　ADAMS/Insight 主界面

第 10 章

实车K&C指标解读及应用

本章从实际工程角度出发，系统讲解实车 K&C 指标的解读及应用，主要包含下述 4 方面内容：
1) K&C 测试设备及测试过程。
2) K&C 测试工况及测试指标。
3) K&C 报告解读注意事项。
4) 关键 K&C 指标解读及应用。

10.1　K&C 测试设备及测试过程

实车悬架 K&C 测试是汽车底盘动力学开发必不可少的一项工作。

目前，行业内主流 K&C 试验台品牌有美国 MTS、英国 ABD、英国 LOTUS、国产孔辉。国内各主机厂及技术服务公司所使用的 K&C 试验台品牌见表 10-1。

表 10-1　国内主机厂及服务公司 K&C 试验台一览表

主机厂或服务公司	K&C 试验台品牌	轴　　数
一汽	英国 ABD	双轴
上汽泛亚	美国 MTS	双轴
东风	美国 MTS	双轴
长安	英国 ABD	双轴
吉利	美国 MTS	双轴
长城	英国 ABD	双轴
比亚迪	美国 MTS	双轴
奇瑞	美国 MTS	双轴
江铃福特	英国 ABD	双轴
中汽研	英国 ABD	双轴
襄阳试验厂	英国 ABD	双轴
孔辉科技	孔辉 KHAT	单、双轴

10.1.1　MTS 试验台

图 10-1 和图 10-2 所示均为 MTS 双轴式 K&C 试验台，前者是四移动平台式，后者是国内主机厂使用较为普遍的两移动平台式。在主要机械部件上，两者均由移动平台 1、车身夹持装置 2、车轮驱动台 3、车轮传感器装置 4、转向机器人 5、制动锁止装置 6 等几部分构成。

第 10 章
实车 K&C 指标解读及应用

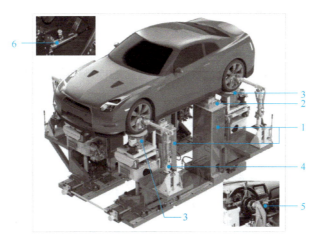

图 10-1　四移动平台式 MTS K&C 试验台

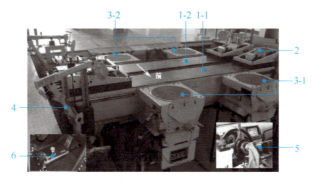

图 10-2　两移动平台式 MTS K&C 试验台

1. 试验台各部件功能

（1）移动平台

移动平台分为前、后两部分，其主要作用有如下几点：

1）固定车轮驱动台和车轮传感器装置，实现其侧向和垂向运动或调整。
2）带动车轮驱动台做纵向移动，调整前、后驱动台纵向距离，匹配车辆轴距。
3）为车身夹持装置提供固定基准。
4）为试验车辆人工上线提供支撑。

一般前移动平台 1-1 是可以纵向移动的，而后移动平台 1-2 是固定不动的。

（2）车身夹持装置

车身夹持装置用来夹持并固定车身。车辆上线调整好位置后，四个夹持卡爪夹持住车身钣金唇边并紧固，然后给夹持装置通电，依靠电磁力将其吸附于移动平台上，实现车身的固定，如图 10-3 所示。

（3）车轮驱动台

车轮驱动台固定于移动平台上，跟随移动平台做纵向移动，同时也可侧向移动，以适应不同轴距和轮距的车辆。

车轮驱动台的主要作用一方面是驱动车轮做上下运动，另一方面是通过自身的纵向运动、侧向运动、转动，在接地点处对轮胎施加纵向力、侧向力、回正力矩；同时，在转向工况下，也可跟随车轮做绕自身Z轴线的转动。

1) 垂跳工况：车身夹持不动，车轮驱动台做同幅、同向、同速的上下运动，达到规定的最大Z向驱动载荷后停止并往复运动。常规情况下，车轮驱动台最大Z向载荷设定为试验轮荷的2.5~3倍。在垂向运动的同时，车轮驱动台也会附着轮胎印迹中心做纵向和侧向的移动，以测量轮胎接地点处的纵向及侧向位移。

图10-3　车身夹持装置

2) 侧倾工况：车身夹持不动，车轮驱动台做同幅、同向、同速的倾斜转动（绕整车的X轴转动），且整个试验过程中，两试验台保持共面，如图9-16所示（第175页），达到规定的最大倾斜角度±(4~5)deg时停止并往复运动。

3) 转向工况：车身夹持不动，车轮驱动台保持水平且处于试验载荷高度，转向机器人通过方向盘等转向执行机构驱动车轮转动，此时车轮驱动台也跟随车轮做绕自身轴线的转动。转向机器人的最大输入扭矩通常为±10N·m。

4) 纵向力工况：车身夹持不动，车轮驱动台做同幅、同向（或反向）、同速的纵向运动，达到规定的最大纵向加载力后停止并往复运动。最大纵向加载力一般设定为±2000N。

5) 侧向力工况：车身夹持不动，车轮驱动台做同幅、同向（或反向）、同速的侧向运动，达到规定的最大侧向加载力后停止并往复运动。最大侧向加载力一般设定为±2000N。

6) 回正力矩工况：车身夹持不动，车轮驱动台做同幅、同向（或反向）、同速的转动，达到规定的最大转动力矩后停止并往复运动。最大回正力矩一般设定为±100N·m。

(4) 车轮传感器装置

MTS试验台的车轮传感器装置主体为摇杆式，包含传感器和传感器固定装置。固定装置固定于移动平台上，可实现X、Y、Z三方向的调整，以调整传感器位置。传感器装置端部的法兰盘使用螺栓固定于车轮的转接盘，每组装置上固定有5~6个传感器，以精确测量车轮6个方向的运动，如图10-4所示。

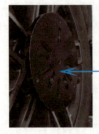

图10-4　车轮传感器装置

(5) 转向机器人

转向机器人的主要作用有两方面：其一，转向工况下，实现方向盘的自动转向输入，驱动前轮转向；其二，在其他工况下，锁止方向盘。

转向机器人固定于安装支架上，而安装支架借助两侧车门固定于车身。其输出端通过专门的装置连接于方向盘，反复调整后使其输出轴与管柱中心轴同心，如图10-5所示。

图10-5 转向机器人

(6) 制动锁止装置

制动锁止装置主要是指锁止气缸，其前端顶着制动踏板，后端作用于驾驶员座椅前侧面，通气后使整车制动系统处于锁止状态，如图10-6所示。

2. 车辆上线过程及调试

1) 试验车辆基本准备：拆卸车轮螺母或螺栓，安装车轮传感器转接盘（图10-4所示），并测量转接盘外端面至车轮中心面的偏距；车辆配重到试验载荷；四轮胎压检查并调整至规定值；测量前、后轮距及轴距。

图10-6 制动锁止装置

2) 前移动平台1-1向后移动，靠近后移动平台1-2，调整前、后轮驱动台Y向距离，匹配车辆前、后轮距。

3) 调整车辆，使其中心对正试验台纵向中心，然后将车辆缓慢驶上试验台，待车辆前轮落于前移动平台上时停止。人工控制前移动平台1-1向前移动，待设备轴距与实车轴距一致时，将车辆缓慢前移，使车轮中心与轮胎驱动中心基本重合。

4) 将设备微调至理想状态后，使用车身夹持装置将车身固定于移动平台上。

5) 安装转向机器人和制动锁止装置，调试，保证其可正常工作。

6) 安装四轮传感器装置，车辆点火挂N档，解除制动，转动车轮进行传感器校正。

7) 对设备进行全方面调整和各个工况的预试验，查看有无超设备极限现象。

10.1.2 ABD试验台

ABD试验台又称为SPMM-悬架参数测量机器，如图10-7所示。在机械部件上，其由车身夹持固定和驱动平台1、车辆上线引导平台2、车轮驱动平台3、车轮传感器装置4、转向机器人5、制动锁止装置6等几部分构成。

1. 试验台各部件功能

1) 车身夹持固定和驱动平台：

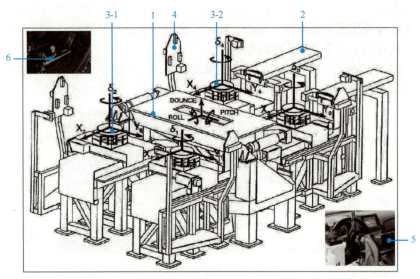

图 10-7 ABD 试验台

- 转向、纵向力、侧向力、回正力矩工况下,实现车身的夹持和固定,夹持和固定的实现方式基本同 MTS 试验台。
- 垂向跳动、侧倾工况下,夹持并驱动车身做垂向跳动、侧倾的往复运动,此过程不同于 MTS 试验台。
- 夹持并驱动整车做相应运动,测量整车的质心位置及对应的转动惯量。

2) 车辆上线引导平台:主要为车辆上线提供引导和通道。

3) 车轮驱动平台:车轮驱动平台的主要作用与 MTS 试验台基本相同,不同之处在于垂向跳动、侧倾工况下,车轮驱动平台保持不动,由车身夹持固定及驱动平台驱动车身做垂向、侧倾运动。

4) 车轮传感器装置:图 10-4 所示的 MTS 试验台车轮传感器装置主体为摇杆式,ABD 试验台也有摇杆式,但国内主机厂使用的大多为拉线式,如图 10-8 所示。

a) 拉杆线　　　　　　　　　　　b) 摇杆式

图 10-8 车轮传感器装置

5) 转向机器人、制动锁止装置:ABD 试验台的转向机器人及制动锁止装置结构、工作原理、固定方式基本同 MTS。

2. 质量特性测量功能

ABD 试验台的车身夹持固定和驱动平台可方便地将整车举升到腾空状态，其具有垂向、侧倾、俯仰、横摆运动功能，故可方便地测量整车质心位置和转动惯量特性。

1) 使用专用装置锁定悬架高度，车身夹持固定及驱动平台夹持住车身，向上运动，使轮胎脱离车轮驱动台并保证合适的运动空间。

2) 驱动平台带动整车做垂向跳动（BOUNCE）、侧倾（ROLL）、俯仰（PITCH）、横摆（YAW）等运动，测量整车质心位置及质心处的转动惯量。实车测试过程如图 10-9 和图 10-10 所示。

图 10-9　质心位置测量图示

图 10-10　转动惯量测量图示

10.1.3　MTS 试验台与 ABD 试验台对比

根据上述介绍，MTS 试验台与 ABD 试验台在部件构成及 K&C 测试过程中的动作类型既有相同之处，也有不同之处，两者对比见表 10-2。

表 10-2　MTS 试验台与 ABD 试验台对比

测试工况	MTS 试验台	ABD 试验台	备 注
垂向跳动	车身平台固定，车轮平台垂向运动	车身平台垂向运动，车轮平台固定	
侧倾运动	车身平台固定，车轮平台侧倾运动	车身平台侧倾运动，车轮平台固定	见图 10-11
转向运动	车身、车轮平台固定，机器人转向	同 MTS	
纵向力加载	车身平台固定，车轮平台纵向运动	同 MTS	
侧向力加载	车身平台固定，车轮平台侧向运动	同 MTS	
回正力矩加载	车身平台固定，车轮平台转动	同 MTS	

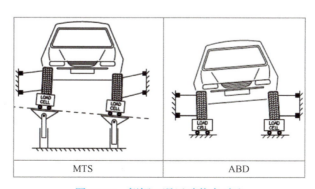

图 10-11　侧倾工况运动状态对比

10.2 试验工况与试验配置

实车悬架 K&C 试验主要有 6 大工况，但每个工况因试验配置或考查指标的不同，又有具体的细分工况，见表 10-3。

表 10-3 实车 K&C 测试工况

主体工况 Main-Testing Case	细分工况 Sub-Testing Case	制动 Brake	发动机 Power	前稳定杆 F-ARB	后稳定杆 R-ARB	备注 Note
垂向跳动 Vertical Bounce Test	3G 加载 3G Load	1	1	1	1	★
	±20mm	1	1	1	1	
	稳定杆断开 ARB Disconnect	1	1	0	0	
侧倾工况 Roll Test	稳定杆连接 ARB Connect	1	1	1	1	★
	稳定杆断开 ARB Disconnect	1	1	0	0	★
转向运动 Steering Geometry Test	发动机开启 Power On	1	1	1	1	★
	发动机关闭 Power Off	1	0	1	1	
制动纵向力加载 Longitudinal Compliance Test	同向 In-phase	1	1	1	1	★
	异向 Anti-phase	1	1	1	1	
驱动纵向力加载 Longitudinal Compliance Test	同向 In-phase	0	0	1	1	
侧向力加载 Lateral Compliance Test	同向 In-phase	1	1	1	1	★
	异向 Anti-phase	1	1	1	1	
侧向力偏置 30mm 加载 Lateral Compliance Test at 30mm X Offset	同向 In-phase	1	1	1	1	
	异向 Anti-phase	1	1	1	1	
回正力矩 Aligning Torque Compliance Test	同向 In-phase	1	1	1	1	★
	异向 Anti-phase	1	1	1	1	

注：1. 1-起作用，0-不起作用。
  2. ★：悬架 K&C 试验基本测试工况。

1）除驱动纵向力工况外，其他工况下，制动系统始终是锁止的，即始终工作。
2）发动机工作状态下除转向运动其中一个工况和驱动力加载工况关闭外，其他工况都是开启的。
3）前、后稳定杆连接状态根据测试目的的不同，分为连接和断开两种状态。
4）3G 加载工况是以试验状态的单轮轮荷为基准进行垂向加载的。
5）±20mm 工况为悬架的垂向小幅、高频试验，可以理解为悬架的垂向动态试验，主要目的是考查悬架的动态摩擦特性。
6）C 特性的纵向力、侧向力、回正力矩加载工况，通常情况下重点考查同向加载工况。

10.3 K&C 报告解读基本注意事项

为便于更好地应用实车 K&C 报告，解读时应注意下述基本事项。

1. 车辆基本信息

常规的 K&C 报告在开始几页会简单地介绍一下车辆基本信息，主要包含车辆类型、悬架类型、轴距、轮距、轴荷，如图 10-12 所示。

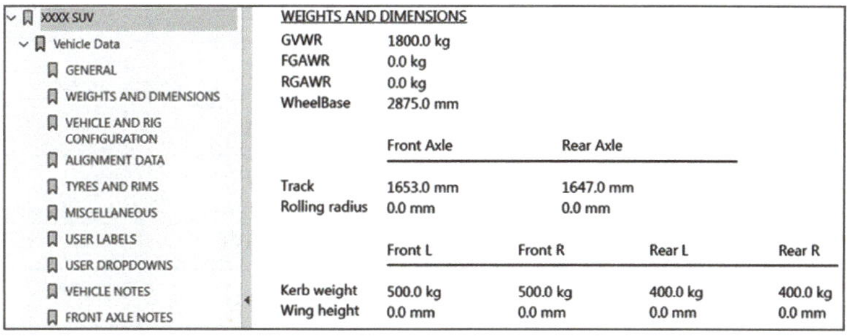

图 10-12　实车 K&C 报告车辆基本信息

对于本书读者来说，要着重关注一下试验车辆的悬架类型，因为不同的悬架类型，部分 K&C 指标会有着较大差异，如独立与非独立悬架的平跳前束、轮距变化等。

2. 试验载荷状态

试验车辆的试验载荷状态在 K&C 报告上是必须体现的，通常有整备、半载、满载三种状态。

1）整备状态：指车辆整备状态下，加上转向机器人的质量（25～30kg）所对应的状态。因现代车辆大多设计状态为整备状态，故整备状态的 K&C 测试结果可用于 ADAMS/Car 仿真分析结果的比对，用于调整模型精度。

2）半载状态：指试验车辆按设计半载轴荷进行配载的试验状态。半载试验是 K&C 测试中最为常见的载荷状态，达 70%～80%，因为其相对更接近车辆实际使用时的载荷状态。

3）满载状态：指试验车辆按设计满载轴荷进行配载的试验状态。

3. 试验坐标系定义

ADAMS/Car 悬架 K&C 仿真分析使用的是大地坐标系，而实车 K&C 测试使用的是车辆坐标系，即 ISO 8855 所定义的坐标系，如图 10-13 所示。

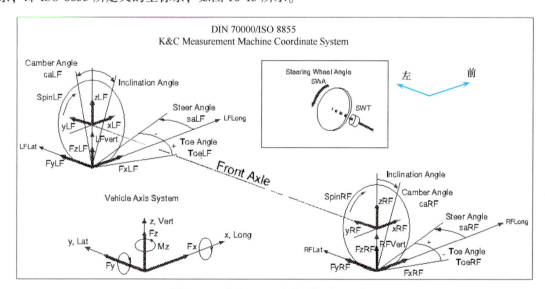

图 10-13　实车 K&C 试验坐标系 ISO 定义

表 10-4 有利于读者掌握 ADAMS/Car 悬架 K&C 仿真分析和实车 K&C 测试所用坐标系的主要差异及 K&C 指标的应用。

表 10-4 坐标系方向对比

项　目	ADAMS/Car K&C 仿真分析	实车 K&C 测试	两 者 对 比
X 正向	指向车辆后方	指向车辆前方	相反
Y 正向	指向车辆右侧	指向车辆左侧	相反
Z 正向	指向车辆上方	指向车辆上方	相同
正前束角	俯视车轮前端向内	俯视车轮前端向内	相同
正外侧角	前视车轮上端向外	前视车轮上端向外	相同
纵向力正向	制动力：指向车辆后方 驱动力：指向车辆前方	指向车辆前方	制动力：相反 驱动力：相同
侧向力正向	指向车辆左侧	指向车辆左侧	相同
回正力矩正向	俯视，逆时针	俯视，逆时针	相同
方向盘转角正向	俯视，逆时针（左转）	俯视，逆时针（左转）	相同
车轮转角正向	俯视，右转	俯视，左转	相反
车身倾角正向	后视，左倾斜	后视，右倾斜	相反

4. 试验报告应包含的基本内容

一份规范的 K&C 试验报告，除包含上述车辆基本信息、试验载荷状态、试验坐标系定义等内容外，下述内容是必不可少的：

1) 表 10-3 标记 "★" 的基本测试工况及测试指标，以及客户指定专项。
2) 单工况试验指标汇总信息，如图 10-14 所示。

Slope Characteristic Curves

Vehicle_Vertical_Test.tst	Slope value a, (a*x+b)				Initial value y, (x=0)				Unit (slope)
	Front Left	Front right	Rear Left	Rear Right	Front Left	Front right	Rear Left	Rear Right	
Wheel Rates	32.58	32.20	27.34	25.40	4709.17	4665.39	3582.93	3538.37	N/mm, N
Tyre Radial Rates	249.37	255.77	238.94	235.54	4666.09	4617.19	3618.97	3574.80	N/mm, N
Ride Rates(Calc)	28.82	28.60	24.53	22.92	4704.67	4659.84	3587.24	3543.20	N/mm, N
BumpSteer	-1.0013	-3.6403	-1.1767	0.6418	-0.0010	-0.0027	-0.0023	-0.0008	deg/m, deg
BumpCamber	-11.9676	-12.4814	-19.8624	-19.4389	-0.0045	0.0005	0.0000	-0.0000	deg/m, deg
BumpSpin	-13.7969	-14.9360	102.0194	101.7485	0.0001	-0.0007	0.0001	-0.0016	deg/m, deg
Lateral WheelCenter Displacement	0.0350	-0.0363	0.0971	-0.0979	0.0348	-0.0369	0.0392	-0.0464	mm/mm, mm
Wheel Recession	0.0228	0.0201	-0.1280	-0.1311	0.01	0.01	-0.02	-0.03	mm/mm, mm
Track Change	Front: 0.18		Rear: 0.37		Front: 0.10		Rear: 0.07		mm/mm, mm
WheelBase Change	Left Side: 0.74		Right Side: 0.76		Left Side: -0.29		Right Side: -0.33		mm/mm, mm
Roll Center Curve Fits	11.07	-10.42	5.38	-5.35	2.07	1.16	1.39	-4.46	mm/mm, mm
Kinematic Roll Centre Height	-1.73	-1.71	-1.22	-1.18	79.44	84.16	144.39	143.34	mm/mm, mm
Virtual Swing Arm Length (FVSA)	-0.31	-0.33	-0.57	-0.56	455.99	460.66	652.78	674.28	mm/mm, mm
Virtual Swing Arm Angle	-0.13	0.13	0.09	-0.09	5.82	-6.16	-10.50	10.41	deg/mm, deg
Anti-Dive Curve Fits	4.11	5.03	-1.51	-1.48	-5.66	-5.33	-0.83	-1.83	mm/mm, mm
Kinematic Anti-Dive Angle	0.9780	1.0413	-9.2316	-8.1255	5.42	5.45	32.57	32.63	deg/100mm, d
Anti_Squat_FitVars	40.39	51.20	-7.79	-7.58	-11.11	0.00	-0.06	-0.41	mm/mm, mm
Kinematic Anti-Squat Angle	0.3227	0.3935	-11.1521	-10.5489	1.66	1.46	7.43	7.46	deg/100mm, d

图 10-14 单工况试验指标汇总信息

3) 测试指标曲线图，如图 10-15 所示。

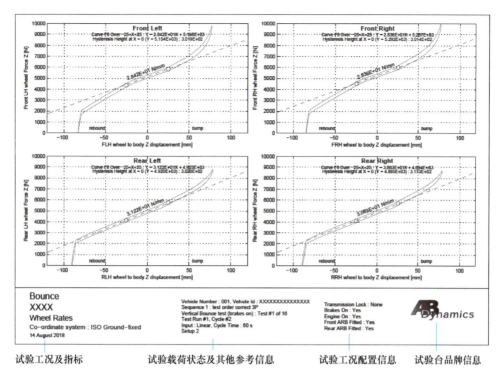

图 10-15　测试指标曲线图

10.4　关键 K&C 指标解读及应用

一种载荷状态下的 K&C 测试报告通常包含 70~80 项指标，而实际工程中，不可能全面兼顾，往往仅关注最主要的指标。下面按 K&C 测试工况讲解部分共性指标对整车操稳性能和舒适性影响的定性或定量分析，以及其自身影响因素及优化方法，并给出一定的指标设计参考范围。

图 10-16 反映了部分悬架 K&C 特性对整车不足转向度的影响指数。

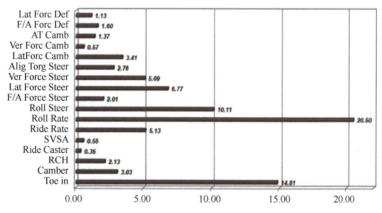

图 10-16　部分悬架 K&C 特性对整车不足转向度的影响指数

为便于更好地掌握悬架 K&C 指标的应用，本节会列出部分车辆的 K&C 测试数据，供读者学习或设计参考。表 10-5 统一给出了所列车辆的基本信息，以便读者更好地理解和应用。

表 10-5 车辆基本信息

序号	1	2	3	4	5	6	7	8	9	10
车辆类别	紧凑三厢01	紧凑三厢02	中型三厢01	中型三厢02	紧凑型SUV 01	紧凑型SUV 02	紧凑型SUV 03	中型SUV 01	中型SUV 02	中型SUV 03
系别	国产	德系	日系	德系	国产	日系	美系	德系	德系	美系
载荷状态	半载	半载	半载	半载	半载	半载	半载	半载	半载	半载
前悬架类型	麦弗逊	麦弗逊	麦弗逊	麦弗逊	麦弗逊	麦弗逊	麦弗逊	多连杆	多连杆	多连杆
后悬架类型	扭力梁	扭力梁	E型多连杆	多连杆	E型多连杆	E型多连杆	E型多连杆	多连杆	多连杆	多连杆

10.4.1 垂向跳动工况关键指标

同平行轮跳分析工况一样，垂向跳动工况主要测试车轮同向、同幅、同频上下运动时悬架运动特性的变化。根据表 10-3，垂向跳动工况包含下面 3 种细分测试工况：

1) 3G 加载工况，也即报告中最常见的 Vertical Bounce，是必不可少的测试。

2) ±20mm 工况，又称为 Vertical Bounce Friction Test，即悬架摩擦力工况，相较于 3G 加载工况的准静态测试，它是一种高频、小行程运动，主要测试悬架系统中的摩擦力或迟滞。报告中无此工况时，可参考 3G 加载工况的测试结果。

3) 稳定杆断开工况。测试时，断开前后悬架稳定杆两侧的连杆。此工况可以对比分析稳定杆装置对悬架垂向特性的影响，尤其是悬架刚度。

表 10-6 是垂向跳动工况下的重点考核指标，其他未列出的指标读者可结合实车 K&C 报告自行研究。

表 10-6 垂向跳动工况测试指标

序号	英文名称	中文名称	横坐标轴（X轴）	纵坐标轴（Y轴）
1	Wheel Rate	轮心悬架刚度	Wheel to Body Z Disp	Wheel Force Z
2	Ride Rate	接地点悬架刚度	Pad to Body Z Disp	Wheel Force Z
3	Bump Steer	平跳前束变化	Wheel to Body Z Disp	Toe Angle
4	Bump Camber	平跳外倾变化	Wheel to Body Z Disp	Camber Angle
5	Lateral Wheel Centre Displacement	轮心侧向位移	Wheel to Body Z Disp	Wheel Centre Y Disp
6	Wheel Recession	轮心纵向变化或轮心退让	Wheel to Body Z Disp	Wheel Centre X Disp
7	Track Change	轮距变化	Wheel to Body Z Disp	Track Change
8	Kinematic Roll Centre Height	侧倾中心高	Pad to Body Z Disp	Roll Centre Height
9	Kinematic Pitch Centre Height	纵向运动瞬心高	Pad to Body Z Disp	Pitch Centre Height
10	Kinematic Anti-Dive Angle	抗制动点头角	Pad to Body Z Disp	Anti-Dive Angle

1. 悬架刚度

悬架刚度对车辆的主阶舒适性有直接影响，其由系统目标偏频和簧上质量共同决定，见式(8-2)。根据测量位置的不同，悬架刚度分为轮心悬架刚度和接地点悬架刚度，见表 10-7。工程中通常所说的悬架刚度多指轮心处。

表 10-7 悬架刚度

类　　型	K&C 曲线	定义或说明
轮心悬架刚度	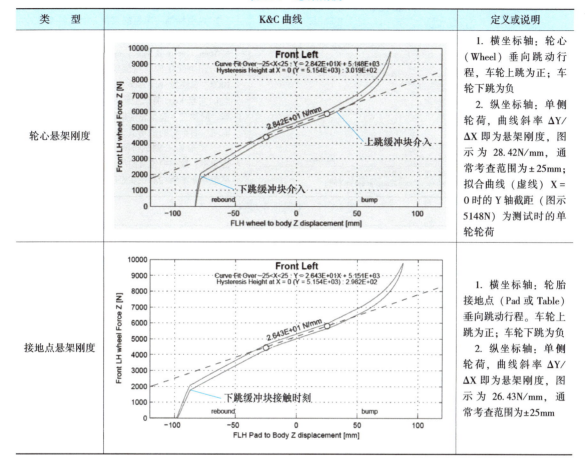	1. 横坐标轴：轮心（Wheel）垂向跳动行程，车轮上跳为正；车轮下跳为负 2. 纵坐标轴：单侧轮荷，曲线斜率 $\Delta Y/\Delta X$ 即为悬架刚度，图示为 28.42N/mm，通常考查范围为 ±25mm；拟合曲线（虚线）$X = 0$ 时的 Y 轴截距（图示 5148N）为测试时的单轮轮荷
接地点悬架刚度		1. 横坐标轴：轮胎接地点（Pad 或 Table）垂向跳动行程。车轮上跳为正；车轮下跳为负 2. 纵坐标轴：单侧轮荷，曲线斜率 $\Delta Y/\Delta X$ 即为悬架刚度，图示为 26.43N/mm，通常考查范围为 ±25mm

表 10-7 中的对比说明如下几点：

1）因轮胎弹性特性的影响，相同垂向加载力情况下，轮胎接地点的垂向行程要大于轮心，两种刚度与轮胎径向刚度的关系满足式（9-2）定义。

2）表 10-7 第一行的实测曲线（实线）$X = 0$ 时的 ΔY 称为悬架的垂向迟滞力（301.9N），又称为系统摩擦力，由系统中衬套、弹簧、稳定杆的迟滞特性及减振器中的摩擦力而引起。就理论而言，迟滞力越小，悬架的次阶舒适性越好。

3）K&C 曲线中，下跳行程存在明显拐点，此为下跳缓冲块接触点，主要因其刚度较大而造成；因上跳缓冲块初始刚度较小，故上跳行程中拐点并不明显。

4）悬架刚度属于"个性"指标，因车型的不同而不同。

2. 平跳前束变化

（1）K&C 测试曲线（如图 10-17 所示）

（2）实车测试结果（如图 10-18 所示）

（3）对整车性能的影响

前束角对整车操稳性能的影响主要表现在两方面：初始前束角的大小，前束变化梯度的方向及大小。

1）实际工程中，基于整车直线行驶的稳定性考虑，设计状态（整备或半载）下，前、后轮多设置为一定的正前束角。

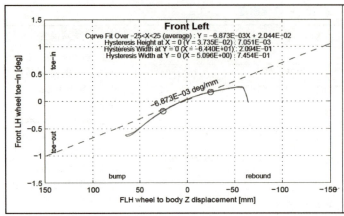

图 10-17 平跳前束变化

1. 横坐标轴定义及指标释义同表 10-7
2. 纵坐标轴：车轮前束角，曲线斜率 ΔY/ΔX 即为平跳前束变化梯度，通常考查范围为 ±25mm。toe-in 正前束，toe-out 负前束
3. 图中变化梯度数值较小，也可将其乘以 1000，表述为 -6.873deg/m
4. 实车 K&C 测试会测出每个车轮的变化状态，同轴左、右车轮前束梯度会有差异，此时取左、右车轮的平均值
5. 实车 K&C 测试将测试时的车轮对应角度置为零，故图中拟合曲线上 X = 0 对应的 Y 轴截距并非车辆在测试状态时的前束角

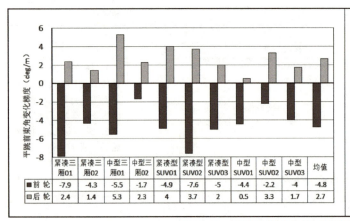

1. 独立前悬架平跳前束变化梯度多为负值变化
2. 独立后悬架平跳前束变化梯度多为正值变化
3. 因悬架类型不同，非独立悬架前束变化梯度均较小，也可理解为基本不变

图 10-18 平跳前束变化梯度实车测试结果

2）因前束角表现为车辆纵向行驶方向，较大的初始前束角及前束变化梯度均有可能引起轮胎的异常磨损。

3）基于整车不足转向度要求，车轮上跳过程中，一般期望前轮为负前束变化，后轮为正前束变化。

整车不足转向度是车辆在转弯时所表现出的特性，故要研究前束变化梯度对整车不足转向度的影响，就要基于转向动作进行分析，其定性分析如图 10-19 所示。

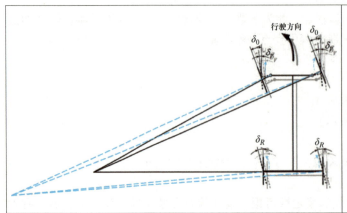

1. 车辆转弯时，由于离心力的使用，内轮轮荷向外轮转移，引起外轮相对于车身上跳，内轮下跳
2. 对于前轴，平跳前束变化梯度为负值时，外轮上跳向负前束方向变化，内轮下跳向正前束方向变化，两者均有使转弯半径增大的趋势
3. 对于后轮，平跳前束变化梯度为正值时，外轮上跳向正前束变化，内轮下跳向负前束变化，也有使整车转弯半径增大的趋势。故前、后轮相互配合，有利于提高整车不足转向度

图 10-19 平跳前束变化对整车不足转向度影响的定性分析

(4) 平跳前束变化梯度的影响因素及优化

平跳前束变化梯度的方向及大小主要由系统硬点决定。根据汽车理论及实际工程经验，转向横拉杆内、外硬点的 Z 向坐标对其有较大影响，故可直接作为优化对象。图 10-20 所示为使用 ADAMS/Insight 进行 DOE（试验设计）而得出的横拉杆外点 X \ Y \ Z 三个变量对平跳前束变化梯度的影响指数，可供优化参考。

图 10-20　横拉杆外点 X \ Y \ Z 变量对平跳前束变化梯度的影响指数对比

3. 平跳外倾变化

（1）K&C 测试曲线

实车平跳前束及外倾变化梯度的大小除与悬架的硬点调校状态有关外，还与悬架的类型有直接关系，图 10-21 所示的 K&C 曲线为独立悬架所测结果。对于扭力梁半独立悬架、整轴式非独立后悬架等，车轮平跳过程中，前束角及外倾角均变化很小，可以认为其基本不变。

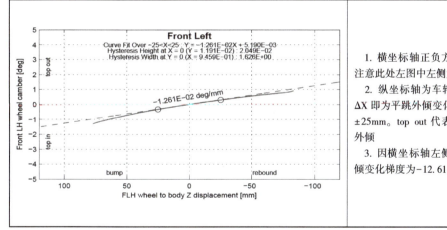

图 10-21　独立悬架平跳外倾变化

（2）实车测试结果

图 10-22 所示为部分车辆的平跳外倾变化梯度实测值，仅供设计参考。因非独立悬架与独立悬架的外倾变化无可比性，故图 10-22 中的后轮平均值未计入非独立悬架。

（3）对整车性能的影响

外倾变化梯度对整车性能的影响是基于等效车轮侧偏角而定义的，定性分析参考图如图 10-23 所示。一般来说，对于独立悬架，后轮的负外倾变化梯度绝对值大于前轮，有利于提高整车的不足转向度，但根据实际的调校结果及悬架布置，前轮负外倾变化梯度绝对值也可大于后轮，见图 10-22 中的两款中型 SUV 车辆。

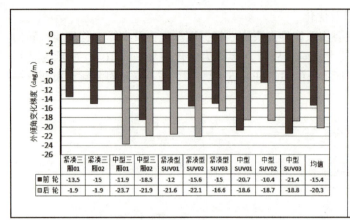

图 10-22 平跳外倾变化梯度实车测试结果

1. 独立悬架的外倾变化梯度明显大于非独立悬架和半独立悬架。
2. 独立悬架的外倾变化梯度均为负值，这与悬架侧向运动瞬心相对于车轮的位置有关。
3. 通常情况下，多连杆悬架的外倾变化梯度（绝对值，下同）高于麦弗逊悬架。
4. 基于实车综合性能调校要求，多连杆前悬架的外倾变化梯度也可大于后轮。

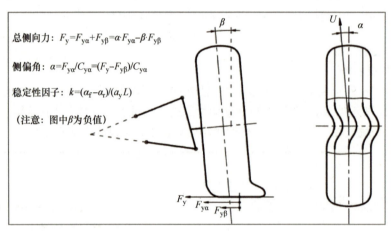

图 10-23 外倾变化梯度对整车性能的定性分析参考图

（4）平跳外倾变化梯度的影响因素及优化

对于独立悬架，平跳外倾变化梯度大小与硬点布置有直接关系。直观地讲，控制臂外点越向下倾斜，梯度越大，故可优化控制臂内、外点的 Z 向高度差来控制外倾梯度的大小。但需注意的是，优化外倾变化梯度，也会引起前束变化梯度有较大改变，两者需要同时兼顾；而优化前束变化梯度，外倾变化梯度改变较小，参考示例如图 10-24 所示。

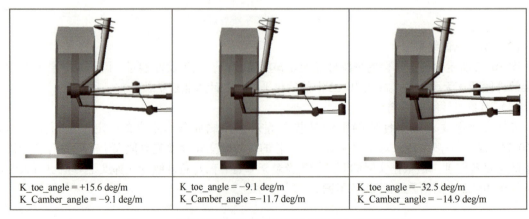

图 10-24 控制臂倾斜状态对前束及外倾变化梯度的影响

4. 轮心侧向位移与轮距变化

（1）K&C 测试曲线（见表 10-8）

表 10-8 轮心侧向位移与轮距变化

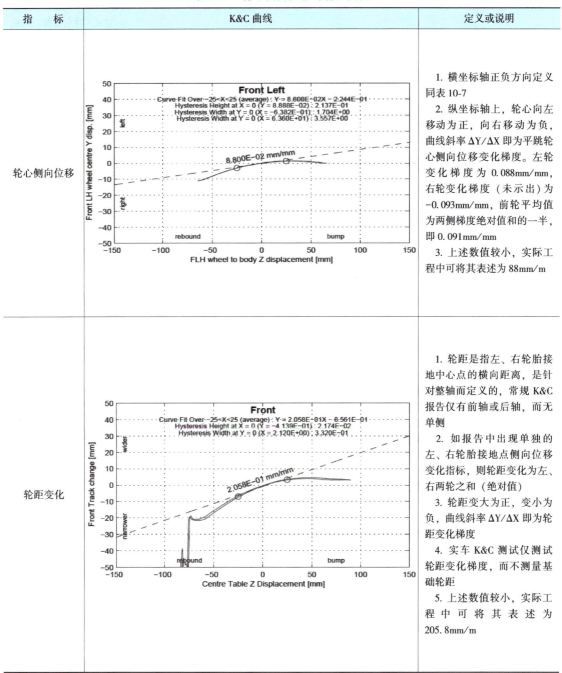

指标	K&C 曲线	定义或说明
轮心侧向位移		1. 横坐标轴正负方向定义同表 10-7 2. 纵坐标轴上，轮心向左移动为正，向右移动为负，曲线斜率 $\Delta Y/\Delta X$ 即为平跳轮心侧向位移变化梯度。左轮变化梯度为 0.088mm/mm，右轮变化梯度（未示出）为 -0.093mm/mm，前轮平均值为两侧梯度绝对值和的一半，即 0.091mm/mm 3. 上述数值较小，实际工程中可将其表述为 88mm/m
轮距变化		1. 轮距是指左、右轮胎接地中心点的横向距离，是针对整轴而定义的，常规 K&C 报告仅有前轴或后轴，而无单侧 2. 如报告中出现单独的左、右轮胎接地点侧向位移变化指标，则轮距变化为左、右两轮之和（绝对值） 3. 轮距变大为正，变小为负，曲线斜率 $\Delta Y/\Delta X$ 即为轮距变化梯度 4. 实车 K&C 测试仅测试轮距变化梯度，而不测量基础轮距 5. 上述数值较小，实际工程中可将其表述为 205.8mm/m

（2）实车测试结果

表 10-9 中是部分车辆的实测值，仅供设计参考。

表 10-9 轮心侧向位移变化梯度和轮距变化梯度实车测试结果

指 标	图 示	定义或说明
轮心侧向位移变化	轮心侧向位移变化梯度（mm/m） 紧凑三厢01: 前轮 32.3, 后轮 0.5 紧凑三厢02: 前轮 18.1, 后轮 2.3 中型三厢01: 前轮 -4.9, 后轮 24 中型三厢02: 前轮 45.5, 后轮 41.1 紧凑型SUV01: 前轮 29.5, 后轮 27 紧凑型SUV02: 前轮 4.8, 后轮 81.5 紧凑型SUV03: 前轮 18.2, 后轮 106.1 中型SUV01: 前轮 23.3, 后轮 42 中型SUV02: 前轮 102.6, 后轮 56.8 中型SUV03: 前轮 10.9, 后轮 16.4 均值: 前轮 28.03, 后轮 39.77	1. 相对于独立悬架，扭力梁半独立悬架及整轴式非独立悬架，其轮心侧向位移变化梯度较小，此由悬架结构特点所决定 2. 大的轮心侧向位移变化梯度往往意味着大的轮距变化梯度 3. 轮心侧向位移变化梯度过大，一方面会影响着车辆转弯时的响应性能；另一方面也会影响车辆直线行驶时的稳定性
轮距变化	轮距变化梯度（mm/m） 紧凑三厢01: 前轮 205.8, 后轮 2.3 紧凑三厢02: 前轮 189.5, 后轮 5.8 中型三厢01: 前轮 33.4, 后轮 312.5 中型三厢02: 前轮 293.5, 后轮 317.2 紧凑型SUV01: 前轮 193.5, 后轮 294.6 紧凑型SUV02: 前轮 192.2, 后轮 424.5 紧凑型SUV03: 前轮 201.5, 后轮 390.3 中型SUV01: 前轮 306.1, 后轮 308.7 中型SUV02: 前轮 329.4, 后轮 335.9 中型SUV03: 前轮 297.2, 后轮 270.2 均值: 前轮 224.21, 后轮 266.2	1. 相对于独立悬架，扭力梁半独立悬架及整轴式非独立悬架的轮距变化梯度较小，此由悬架结构特点所决定 2. 对于独立悬架，轮距变化梯度与悬架侧倾中心高有直接关系，见图9-6 3. 大的轮距变化梯度易引起轮胎的异常磨损，前、后轮通常分别控制于 300mm/m、350mm/m 以内

（3）影响因素分析

轮心侧向位移变化和轮距变化梯度的正负与大小，与悬架的侧向瞬心及侧倾中心高有关，如图 10-25 所示。

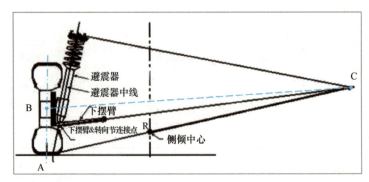

图 10-25 轮心侧向位移变化及轮距变化与运动瞬心的关系

图 10-25 中，A 为轮胎接地点、B 为轮心，C 为悬架侧向运动瞬时中心，R 为悬架侧倾中心。

1)当运动瞬心 C 高于 A 和 B 时,车轮上跳过程中,A、B 两点均向左侧移动,表现为正方向变化。当 C 低于 A、B 两点时,则 A、B 向右侧移动,表现为负方向变化,故两者测试曲线上可能会存在梯度为 0 的拐点。

2)因轮胎半径的影响,A、C 两点的 Z 向高度差明显大于 B、C 两点,故轮距的变化梯度明显大于轮心变化梯度,且拐点相对于轮心变化更滞后一些。

3)对于独立悬架,轮距变化梯度与侧倾中心高有直接关系,见式(9-3)。

4)在测试曲线中,轮心变化的拐点一般都会出现,而轮距变化拐点则不一定。

5. 轮心纵向变化

轮心纵向变化又称为轮心退让,其反映了车轮上、下跳过程中轮心沿整车 X 向的变化情况。

(1)K&C 测试曲线(如图 10-26 所示)。

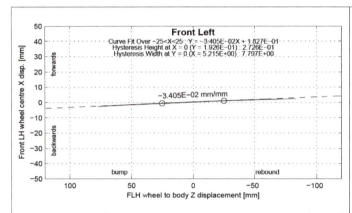

图 10-26 轮心纵向变化

(2)实车测试结果

图 10-27 所示为部分车辆的实测值,仅供设计参考。

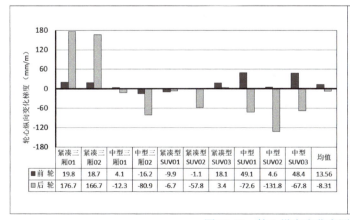

图 10-27 轮心纵向变化实测结果

(3)影响因素分析

轮心退让的正负与大小会影响车辆纵向过坎的舒适性,其与悬架的纵向运动瞬心有关,如图 10-28 所示。

图 10-28 所示为麦弗逊前悬架运动原理图,A 为前轮轮胎接地点,B 为滑柱上点,C 为前悬架纵向运动瞬心;D 为控制臂前点、E 为控制臂后点,F 为控制臂外球销点,O 为前轮心,α 为抗

点头角，β 为虚拟摆臂角度。

1) 当轮心 O 低于纵倾中心 C 时，纵向过坎时悬架上跳，轮心向前移动，呈一种抵抗状态，不利于舒适性；当 O 高于 C 时，轮心向后移动，有利于舒适性。

2) 图 10-28 中，CF 平行于 DE，在主销后倾角不变的情况下，优化控制臂前、后衬套点 Z 向高度，可以优化轮心退让指标，但会影响到抗制动点头角 α 的大小，从而影响到整车抗点头性能，故需平衡考虑。

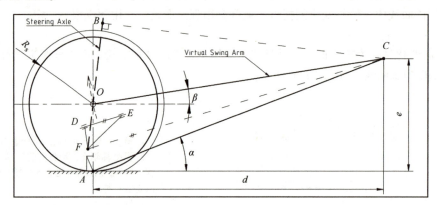

图 10-28　轮心退让与纵向运动瞬心的关系

6. 抗制动点头角

制动工况下，前悬架需要有一定的抗点头性能，而后悬架需要有一定的抗抬升性能，在 ADAMS/Car 仿真分析中，通常以抗点头率和抗抬升率来体现，而实车 K&C 报告中，通常以抗点头角和抗抬升角来体现，本处重点探讨抗点头角。

（1）抗点头角的定义

根据汽车理论，抗点头角定义为悬架纵倾中心与车轮接地点连线与地面的夹角，即图 10-28 中的 α，计算公式为

$$\alpha = \tan^{-1}\left(\frac{e}{d}\right) = \tan^{-1}\left[\frac{L\sin(\beta)+R_s}{L\cos(\beta)}\right] \tag{10-1}$$

式中，L 为虚拟摆臂长度（Side-View Swing Arm Length），单位 mm；β 为虚拟摆臂角度（Side-View Swing Arm Angle），单位 deg；R_s 为测试时的轮胎负荷半径，单位 mm。

基于式（10-1），部分 K&C 报告中也会给出虚拟摆臂长度和角度两个参数的测试曲线。

（2）K&C 测试曲线（如图 10-29 所示）

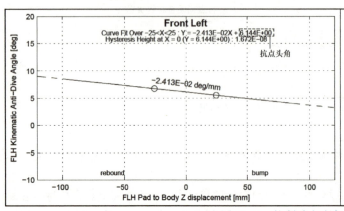

1. 横坐标轴正负方向定义同表 10-7
2. 纵坐标轴为抗点头角
3. 不同于其他指标，抗点头角主要考查试验载荷状态下的初始值，而不太关注其变化梯度，图中 X=0 所对应的 Y 轴截距即为试验状态下的抗点头角，即 6.144deg
4. 如试验状态为半载，想计算整备状态下的抗点头角，则可根据拟合公式进行计算

图 10-29　抗制动点头角

（3）实车测试结果（如图 10-30 所示）

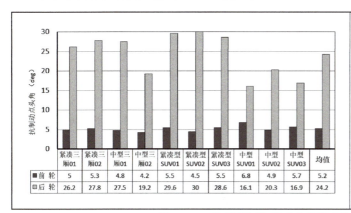

图 10-30　部分车辆抗制动点头角和抗抬升角实测值

（4）影响因素分析

影响机理如图 10-28 所示，很容易看出，调整主销后倾角、控制臂前后衬套点 Z 向高度差均会改变抗点头角。

10.4.2　侧倾运动关键指标

侧倾运动本质上也属于垂向运动，不同之处在于，它是两侧车轮相对于大地或车身做反向的垂向运动，故常规 K&C 报告中，侧倾运动部分指标的定义与垂向运动相同。侧倾运动重点考查的悬架侧倾角刚度、侧倾前束变化、侧倾外倾变化、侧倾中心高等指标。

表 10-3 中，侧倾运动工况含有带稳定杆和不带稳定杆两个细分工况，其主要目的是测试稳定杆装置对悬架侧倾角刚度的贡献率。

表 10-10 仅概要地列出了本小节要重点探讨的侧倾运动关键指标。

表 10-10　侧倾运动关键指标

序号	英文名称	中文名称	横坐标轴（X 轴）	纵坐标轴（Y 轴）
1	Roll Stiffnesses With ARB	侧倾角刚度（有稳定杆装置）	Body Roll Angle	Axle Roll Moment
2	Roll Stiffnesses Without ARB	侧倾角刚度（无稳定杆装置）	Body Roll Angle	Axle Roll Moment
3	Roll Steer VS Roll Angle	侧倾前束变化	Body Roll Angle	Toe Angle
4	Roll Camber VS Roll Angle	侧倾外倾变化	Body Roll Angle	Camber Angle
5	Kinematic Roll Centre Height	侧倾中心高	Body Roll Angle	Roll Centre Height

1. 侧倾角刚度

侧倾运动工况最为关键的考核指标之一是悬架侧倾角刚度，其直接决定着整车的操纵稳定性。

（1）K&C 测试曲线

常规 K&C 报告中，侧倾角刚度多为总侧倾角刚度，部分 K&C 报告也会同时给出轮心处的悬架侧倾角刚度，K&C 曲线如图 10-31 所示。

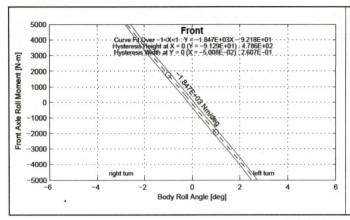

1. 横坐标轴为车身侧倾角,车辆向左转弯时对应的车身倾斜方向定义为正,即后视图中车身向右倾斜定义为正
2. 纵坐标轴为车轴侧倾力矩,即悬架弹性件产生抵抗簧上质量侧倾的力矩,后视图中逆时针为正
3. 曲线斜率,即 $\Delta Y/\Delta X$ 为悬架侧倾角刚度,未专门说明时,横坐标为 Body Roll Angle 时均是总侧倾角刚度
4. 如横坐标轴为 Suspension Roll Angle,则为轮心处的悬架侧倾刚度

图 10-31 悬架侧倾角刚度

(2) 实车测试结果(如图 10-32 所示)

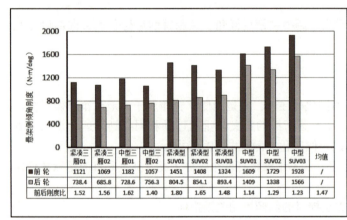

1. 无论什么车型,前悬架的侧倾角刚度均大于后悬架,前、后悬架侧倾刚度比通常在 1.2~1.8 内,这主要由整车的操稳性能要求所决定
2. 悬架侧倾角刚度属于"个性"指标,即因车辆轴荷、运动风格不同而不同,但基本原则是轴荷越大,所需的侧倾角刚度相对也越大

图 10-32 悬架侧倾角刚度实车测试结果

6.1 节讲到稳定杆装置对改变悬架侧倾角刚度有重要作用,故侧倾工况要进行两种配置测试,即带稳定杆和不带稳定杆,其目的是考查稳定杆装置对悬架侧倾角刚度的贡献比。前后悬架中稳定杆的贡献比实测结果见表 10-11。

表 10-11 贡献比实测结果

悬架	图示	定义或说明
前悬架	(图表:有稳定杆 1121, 1069, 1182, 1057, 1451, 1408, 1324, 1609, 1729, 1928;无稳定杆 518.5, 494.7, 624.8, 509.6, 546, 557.6, 599.4, 960.7, 736.8, 832.3;稳定杆贡献比 53.7%, 53.7%, 47.1%, 51.8%, 62.4%, 60.4%, 54.7%, 40.3%, 57.4%, 56.8%, 53.8%)	1. 稳定杆对前悬架侧倾角刚度的贡献比明显大于后悬架,其因车辆的不同而不同,通常为 50%~60% 2. 稳定杆会大大提高车辆的操纵稳定性,但过大的贡献比会降低车辆在崎岖不平路面上的轮胎附着力,同时引起较为严重的 Head-Toss 现象,降低行驶舒适性

悬架	图示	定义或说明
后悬架	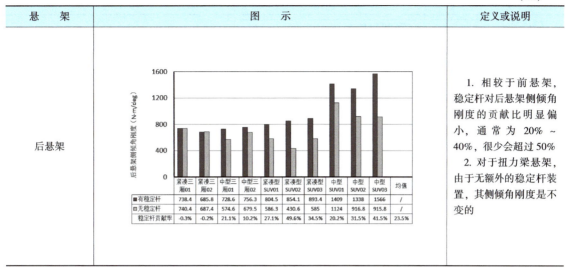	1. 相较于前悬架,稳定杆对后悬架侧倾角刚度的贡献比明显偏小,通常为 20%~40%,很少会超过 50%。 2. 对于扭力梁悬架,由于无额外的稳定杆装置,其侧倾角刚度是不变的

(3) 对整车性能的影响

悬架侧倾角刚度的大小直接影响到车辆转弯时的车身侧倾梯度及车身侧倾角,一般要求 0.2g 侧向加速度情况下,车身侧倾角梯度不大于 4deg/g,后面整车操稳仿真章节会详细讲解到。

在满足上述车身侧倾梯度要求的前提下,前、后悬架的侧倾角刚度之比对整车的不足转向度有着重要影响,其定性分析如图 10-33 所示,详细解释见参考文献 [3] 10.7 节。

图 10-33 所示的定性分析可简单概述如下:在低侧向加速度工况下,侧倾角刚度分配对整车不足转向度影响较小;而在大侧向加速度工况下,前悬架侧倾角刚度占比越大,左、右轮荷转移越多,等效侧偏角刚度越小,对应的前轴侧偏角越大,整车不足转向度越大。

紧凑型家用 SUV 的前、后悬架侧倾角刚度之比为 1.2~1.8。

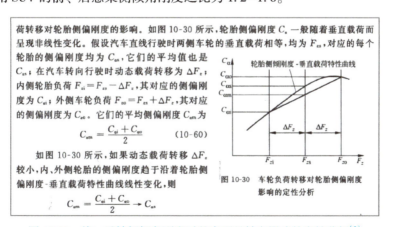

图 10-33 前、后轴侧倾角刚度对整车不足转向影响的定性分析[3]

2. 侧倾前束变化

1) K&C 曲线。实车 K&C 报告中,侧倾前束变化有两种表达方式,即以车身侧倾角为基准和以轮跳行程为基准,通常前者为多。K&C 曲线如图 10-34 所示。

2) 实车测试结果如图 10-35 所示。

3) 对整车性能的影响。因重点考查外轮,故可理解为单轮的垂向跳动,因此侧倾前束变化对整车性能影响的定性分析同平跳前束变化。

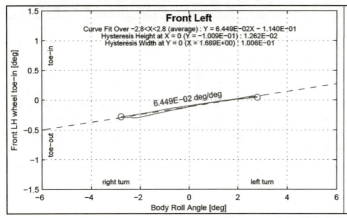

图 10-34 侧倾前束变化

1. 横坐标轴定义及指标释义同图 10-31
2. 纵坐标轴为前束角，toe-in 为正，toe-out 为负
3. 因轮荷的转移使外轮的垂向载荷较大，相应的地面附着力也较大，其对整车性能的影响要强于内轮，故着重考虑外轮。图中，车辆右转时，左轮为外轮，梯度为-0.064deg/deg，而车辆左转时，其为内轮，梯度为 0.064deg/deg
4. 侧倾前束是左右不对称变化，对标时应取左、右绝对值的平均值

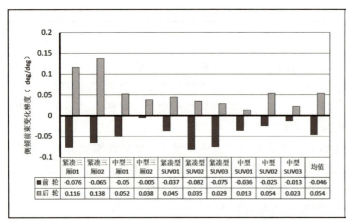

图 10-35 侧倾前束变化实车测试结果

1. 图示取左、右轮的绝对值平均值，且以外轮为考核对象
2. 前轮负方向变化、后轮正方向变化有利于提高整车不足转向度
3. 侧倾前束变化对整车不足转向度的影响，读者可研究参考文献[3]第 9 章相关内容

4）影响因素分析。侧倾前束变化除与硬点有关外，还与悬架系统中无稳定杆装置，及稳定杆连杆一端连接的部件和位置有关，读者可以尝试对比验证。

3. 侧倾外倾变化

基于上述侧倾前束变化的分析，侧倾外倾变化也着重考查外轮。下面着重介绍一下 MTS 试验台与 ABD 试验台测试结果的差异。

图 10-36 为 MTS 试验台测试的侧倾外倾变化曲线，左转时右轮为外轮，上跳时负外倾变化趋势与平跳外倾变化一致。而图 10-37 为 ABD 试验台测试结果，其变化趋势明显与图 10-36 相反。两者差异原因在于 MTS 试验台侧倾工况试验中，车身是和大地固定在一起的，尽管横坐标是车身侧倾角，但本质上仍是大地；而 ABD 试验台车身是倾斜的。如将图 10-36 与图 10-37 对标，则图 10-36 中的纵坐标需加上车身侧倾角，即（-0.225+1）= 0.775（deg/deg），变化趋势基本一致，左轮的变化则使用 1 减去对应值即可（上述不是同一款车，但悬架类型相同）。在笔者所见过的 MTS 试验台 K&C 报告中，以图 10-36 所示的状态为多，但也有的处理成图 10-37 所示的结果，对标时要特别注意此情况。

图 10-38 所示为部分车辆的实测结果，仅供参考。侧倾外倾变化对整车性能的影响定性分析参考图 10-23。

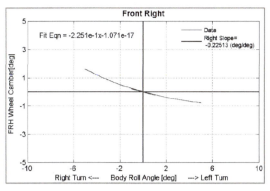

图 10-36 MTS 试验台侧倾外倾变化

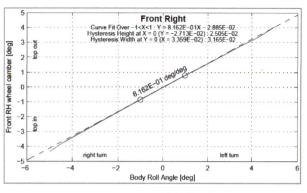

图 10-37 ABD 试验台侧倾外倾变化

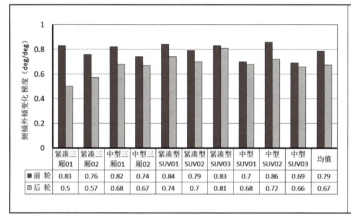

图 10-38 侧倾外倾变化实车测试结果

1. 图示为 ABD 试验台测试结果
2. 图示为同轴左、右两侧的平均值,且考查的是外车轮
3. 侧倾外倾变化对整车不足转向度的影响,读者可研究参考文献[3]第 9 章的内容

4. 侧倾中心高

实车 K&C 报告中,垂向运动及侧倾运动两个工况一般均会输出对应的侧倾中心高。就理论而言,两种工况下的侧倾中心高是相同的,但因测试方法的不同,输出结果也会有一定差异。实际工程中,多以侧倾工况下对应的侧倾中心高为准,见表 10-12。

(1) K&C 曲线(见表 10-12)

表 10-12 侧倾中心高

工况	图示	定义或说明
垂向运动工况	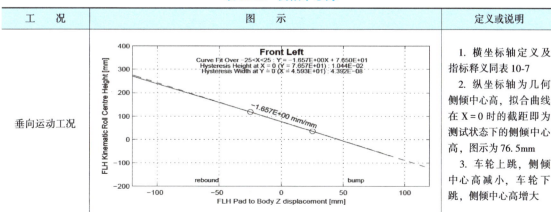	1. 横坐标轴定义及指标释义同表 10-7 2. 纵坐标轴为几何侧倾中心高,拟合曲线在 X=0 时的截距即为测试状态下的侧倾中心高,图示为 76.5mm 3. 车轮上跳,侧倾中心高减小,车轮下跳,侧倾中心高增大

(续)

工况	图示	定义或说明
侧倾运动工况	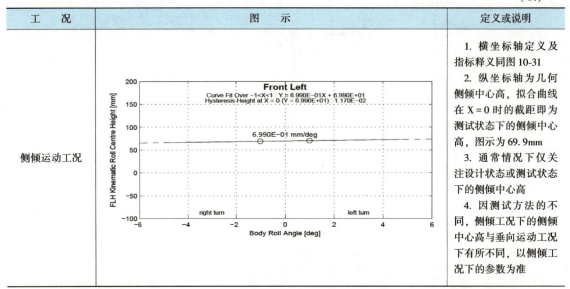	1. 横坐标轴定义及指标释义同图10-31 2. 纵坐标轴为几何侧倾中心高，拟合曲线在 X = 0 时的截距即为测试状态下的侧倾中心高，图示为69.9mm 3. 通常情况下仅关注设计状态或测试状态下的侧倾中心高 4. 因测试方法的不同，侧倾工况下的侧倾中心高与垂向运动工况下有所不同，以侧倾工况下的参数为准

（2）实车测试结果

侧倾运动工况侧倾中心高实车测试结果如图10-39所示。

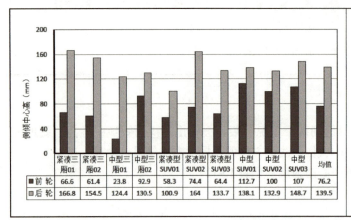

通常情况下，前悬架侧倾中心高小于后悬架

图10-39　侧倾运动工况侧倾中心高实车测试结果

（3）影响因素

图10-40所示为麦弗逊悬架侧倾中心高的确定方法，R 为侧倾中心。理论上，侧倾中心高大一些为好，因为悬架簧上质心距离侧倾中心的垂向距离小，也即侧倾力臂短，有利于车身侧倾的控制。但对于独立悬架来说，较大的侧倾中心高意味着较大的轮距变化，会加剧轮胎异常磨损风险，两者关系如图10-41所示。

图10-41中，B 为轮距，$\Delta b/\Delta s$ 为轮胎接地点 A 的运动特性，也即轮距的变化梯度，从中可以看出，侧倾中心 H_R 与轮距变化梯度 $\Delta b/\Delta s$ 是成正比的，此为独立悬架的不足之处。相对而言，非独立悬架的结构特点决定了轮距梯度很小，故侧倾中心高可设计高一些，图10-42、图10-43所示为某扭力梁后悬架及钢板弹簧悬架的侧倾中心高实测值，仅供参考。

表10-12第二行中的侧倾中心高曲线并不是直接测试出来的，而是按图10-41中的理论计算拟合而得出的，故实际报告中通常会给出"Roll Centre Curve Fits"曲线。

第 10 章　实车 K&C 指标解读及应用

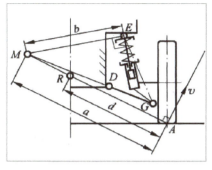

图 10-40　麦弗逊悬架侧倾中心高

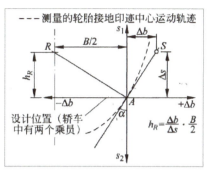

图 10-41　侧倾中心高与轮距变化关系

从图 10-40 可以看出，对于独立悬架，改变侧倾中心高的方法是改变 M 点的高度，而 M 点由滑柱布置和控制臂角度共同决定。基于零敏度影响指数，控制臂内（等效内点）、外点的 Z 向高度差对侧倾中心高影响最大，图 10-44、图 10-45 所示为单独调整控制臂外点 Z 向高度而对比分析的侧倾中心高和轮距变化梯度。

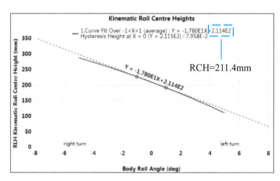

图 10-42　扭力梁后悬架侧倾中心高

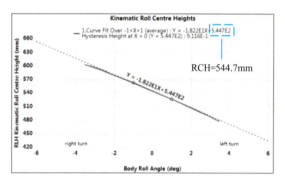

图 10-43　钢板弹簧悬架侧倾中心高

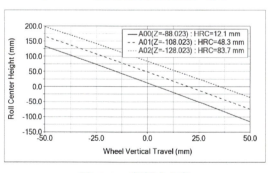

图 10-44　侧倾中心高

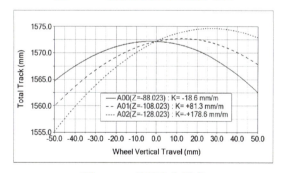

图 10-45　轮距变化梯度

10.4.3　转向工况关键指标

转向工况仅针对前悬架，常规 K&C 报告重点考核的指标见表 10-13。

表 10-13　转向工况关键指标

序号	英文名称	中文名称	横坐标轴（X 轴）	纵坐标轴（Y 轴）
1	Ackermann Curve	阿克曼曲线	FR Steer Angle	FL Steer Angle
2	Steering Ratio	转向系统角传动比	Steering Wheel Position	FL/R Steer Angle

221

(续)

序号	英文名称	中文名称	横坐标轴（X轴）	纵坐标轴（Y轴）
3	Kingpin Inclination Angle	主销内倾角	Steering Wheel Position	Kingpin Inclination Angle
4	Kingpin Caster Angle	主销后倾角	Steering Wheel Position	Kingpin Caster Angle
5	Scrub Radius	磨胎半径	Steering Wheel Position	Scrub Radius
6	Mechanical Trail	后倾拖距	Steering Wheel Position	Mechanical Trail
7	Kingpin Offset	内倾偏距	Steering Wheel Position	Kingpin Offset
8	Kingpin Wheel Centre Y Offset	轮心处内倾偏距	Steering Wheel Position	Kingpin Wheel Centre Y Offset

1. 阿克曼曲线

反映悬架转向阿克曼特性的指标主要有两个，即阿克曼率和阿克曼偏差，各自定义见9.1.7节相关内容。ADAMS/Car 仿真分析可直接输出上述两个指标，而实车 K&C 报告主要以阿克曼偏差来体现。

1) K&C 曲线如图 10-46 所示。MTS 试验台的 K&C 报告在转向工况指标概要里一般会给出一个阿克曼偏差表，如图 10-47 所示，而 ABD 试验台 K&C 报告则需用户自己提取和转化。

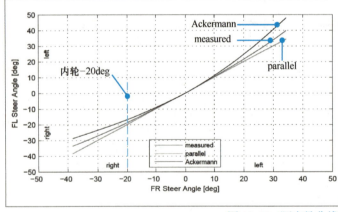

图 10-46　阿克曼曲线

1. 横坐标轴为右前轮转角，纵坐标轴为左前轮转角，均左转为正，右转为负。
2. "Parallel" 曲线是指平行转向机构所对的里、外车轮，其阿克曼偏差始终为零；Ackermann 曲线是指根据车辆参数而计算出的满足阿克曼转向原理的理想内、外轮转角关系曲线；measured 曲线为车辆实测曲线。
3. 阿克曼 K&C 曲线主要考查实际车轮与理想阿克曼的符合程度。实际工程中，通常考查内轮转角-20deg 时的阿克曼偏差，通常要求不大于 2deg，图示约为 1.9deg。

Steer Angle RF [deg]	Ackermann Angle LF[deg] - Steer Angle LF [deg]
-30	2.52
-20	1.57
-10	0.48
0	0.00
10	0.73
20	2.89

图 10-47　MTS 试验台 K&C 报告阿克曼偏差表

2) 实车测试结果。图 10-48 所示为部分车辆 K&C 曲线提取和转化出来的阿克曼偏差，仅供设计参考。

3) 影响因素及优化。阿克曼偏差过大，也即阿克率过低，车辆转弯时会出现内、外轮转角不匹配情况，一方面会加剧轮胎的磨损，另一方面会使车辆转弯半径增大，同时还会影响到整车操稳性能。

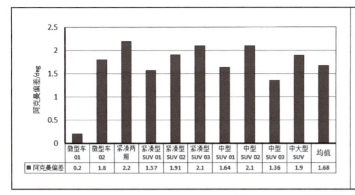

图 10-48　阿克曼偏差

实际工程中，通常考查内轮转角 -20deg（图 10-46 对应的 -20deg）时的阿克曼偏差，要求不大于 2deg

根据实际工程经验，阿克曼偏差的优化主要针对转向横拉杆内点或外点的 X \ Y 向坐标，但需注意优化后前束梯度的变化，读者可自行尝试验证。

2. 转向系统角传动比

实际工程中，转向系统角传动比定义为方向盘转角与车轮转角的比值。

1）K&C 曲线如图 10-49 所示。

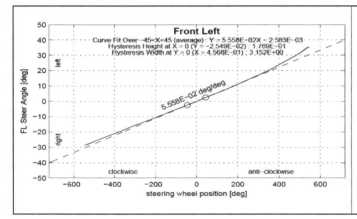

1. 横坐标轴为方向盘转角，俯视逆时针（左转）为正，顺时针为负
2. 纵坐标轴为左前轮转角，俯视左转为正，右转为负
3. 按实际工程定义，图示 ±45deg 内转向系统角传动比为 1/0.0558 = 17.9（deg/deg）
4. 在全转向行程内，转向系统角传动比是一个变化值，见图 10-51。通常考查 ±360deg 的角传动比，也有部分情况考查中心区（±20deg）的角传动比

图 10-49　转向系统角传动比

2）实车测试结果如图 10-50 所示。

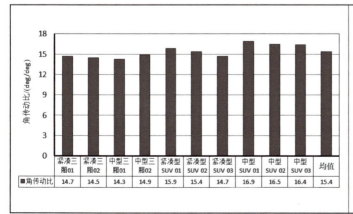

1. 同条件下，较大的转向系统角传动比可减小转向力，但会使方向盘的转动圈数增大，图示为 ±360deg 范围的角传动比
2. 全行程转向范围内，角传动比是一个变化值，一般来说从中心区向两侧逐渐变小，见图 10-51
3. 随着 EPS 助力的发展及人们对车辆响应性能的追求，现代车辆向着小的角传动比方向发展，图 10-52 所示为某高性能电动车的实测值，转换后转向系统的角传动比为 1/0.088 11.4（deg/deg）

图 10-50　部分车辆实测值

3) 影响因素及优化。转向系统角传动比一方面与转向悬架的硬点有关，另一方面与转向器的角线传动比（小齿轮转动角度/齿条行程，deg/mm）有极大关系。在悬架硬点确定的情况下，转向器的角线传动比越大，系统的角传动比越大，尽管可降低转向力，但方向盘转动的圈数会增加，同时降低了车辆的响应性能。

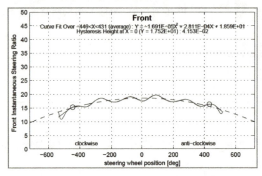
图 10-51 全转向行程内转向系统角传动比

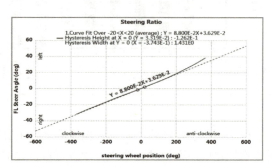
图 10-52 某高性能电动车转向系统角传动比

3. 主销内倾角和主销后倾角

主销参数包含主销内倾角、后倾角、内倾偏距、后倾拖距，是转向悬架极其重要的定位参数，其定义见 9.1.3 节内容（第 166 页）。

1) K&C 曲线见表 10-14。

表 10-14 主销内倾角和主销后倾角

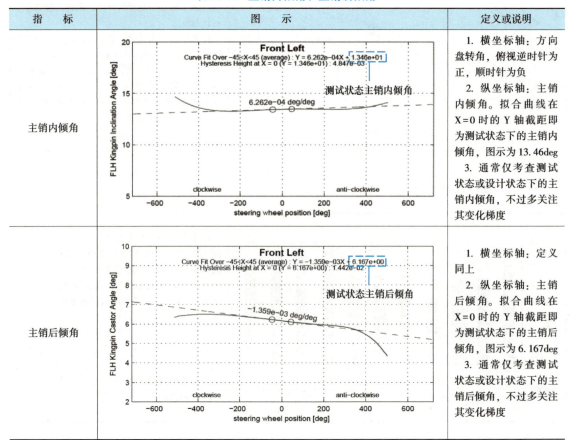

指标	图示	定义或说明
主销内倾角		1. 横坐标轴：方向盘转角，俯视逆时针为正，顺时针为负。 2. 纵坐标轴：主销内倾角。拟合曲线在 X=0 时的 Y 轴截距即为测试状态下的主销内倾角，图示为 13.46deg。 3. 通常仅考查测试状态或设计状态下的主销内倾角，不过多关注其变化梯度
主销后倾角		1. 横坐标轴：定义同上。 2. 纵坐标轴：主销后倾角。拟合曲线在 X=0 时的 Y 轴截距即为测试状态下的主销后倾角，图示为 6.167deg。 3. 通常仅考查测试状态或设计状态下的主销后倾角，不过多关注其变化梯度

2) 实车测试结果如图 10-53 所示。

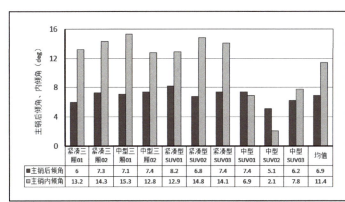

1. 对于麦弗逊悬架,其主销后倾角通常为 6~8deg,主销内倾角为 11~14deg
2. 对于多连杆前悬架,因结构的特殊性,其主销内倾角可以做得很小,以减小主销轴线到轮心的横向距离,提高车辆纵向行驶稳定性,此为优点之一
3. 无论何种悬架,为保证车辆中高速直线行驶的稳定性,主销后倾角均不宜过小

图 10-53　主销后倾角、内倾角实车测试结果

4. 主销内倾偏距和主销后倾拖距

此处探讨的主销内倾偏距和主销后倾拖距均指轮胎接地点处,两者的定义见 9.1.3 节相关内容。

1) K&C 曲线见表 10-15。

表 10-15　主销内倾偏距和主销后倾拖距

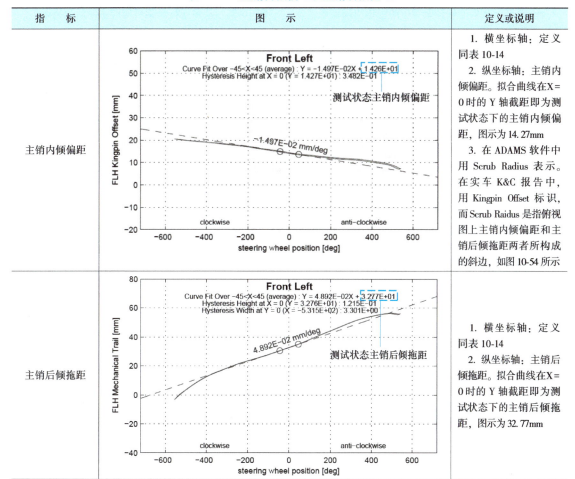

指标	图示	定义或说明
主销内倾偏距	(见上图)	1. 横坐标轴:定义同表 10-14 2. 纵坐标轴:主销内倾偏距。拟合曲线在 X=0 时的 Y 轴截距即为测试状态下的主销内倾偏距,图示为 14.27mm 3. 在 ADAMS 软件中用 Scrub Radius 表示。在实车 K&C 报告中,用 Kingpin Offset 标识,而 Scrub Raidus 是指俯视图上主销内倾偏距和主销后倾拖距两者所构成的斜边,如图 10-54 所示
主销后倾拖距	(见上图)	1. 横坐标轴:定义同表 10-14 2. 纵坐标轴:主销后倾拖距。拟合曲线在 X=0 时的 Y 轴截距即为测试状态下的主销后倾拖距,图示为 32.77mm

实际工程中，通常仅考查设计状态或试验状态时的主销内倾偏距和主销后倾拖距，但对于瞬时虚拟主销多连杆类转向悬架，应关注全转向周期内的变化情况。图10-55、图10-56 所示为一款虚拟主销高性能电动车的实测结果，在转向后段行程，主销内倾偏距和后倾拖距均变得较大，易造成转向沉重，传统 C-EPS 可能无法满足使用需求。

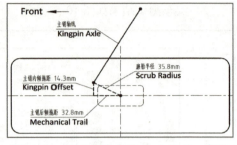

图 10-54　K&C 报告中的 Scrub Radius 定义

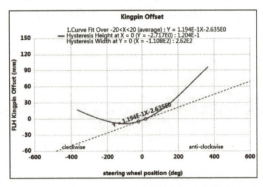

图 10-55　某多连杆悬架对应的主销内倾偏距

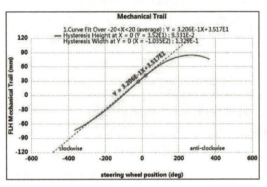

图 10-56　某多连杆悬架对应的主销后倾拖距

2) 实车测试结果如图 10-57 所示。

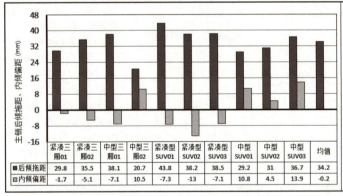

1. 主销内倾偏距与主销内倾角、轮辋偏距有直接关系。现代车辆的内倾偏距向着 0 及负值方向发展
2. 主销后倾拖距与主销内倾角及轮胎半径有直接关系

图 10-57　主销内倾偏距、后倾拖距实车测试结果

10.4.4　纵向力加载工况关键指标

纵向力加载工况在车轮接地点处施加纵向力，考查轮心纵向位移，车轮前束角、外倾角，抗点头角等特性。常规 K&C 报告中，纵向力加载工况主要考核指标见表 10-16。实际工程中主要考查同向纵向力加载工况。

表 10-16　纵向力加载工况主要考核指标

序号	英文名称	中文名称	横坐标轴（X 轴）	纵坐标轴（Y 轴）
1	Longitudinal Wheel Centre Compliance	纵向力轮心柔度	Wheel Force X	Wheel Centre X Disp.
2	Longitudinal Toe Compliance	纵向力前束柔度	Wheel Force X	Wheel Toe-in

(续)

序号	英 文 名 称	中 文 名 称	横坐标轴（X 轴）	纵坐标轴（Y 轴）
3	Longitudinal Camber Compliance	纵向力外倾柔度	Wheel Force X	Wheel Camber
4	Force Anti-Dive Angle	力抗点头角	Wheel Force X	Anti-Dive Angle

1. 纵向力轮心柔度

纵向力轮心柔度考查在轮胎接地点处施加纵向力时，轮心沿整车 X 向的变化情况。基于实际工程经验，纵向力轮心柔度对车辆的大冲击过坎舒适性有较大影响，因此是整车舒适性的重点调校内容之一。

1）K&C 曲线如图 10-58 所示。

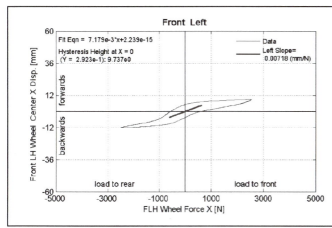

1. 横坐标轴：轮胎接地点纵向力，向前为正，向后为负
2. 纵坐标轴：轮心纵向位移，向前为正，向后为负。拟合曲线的斜率 ΔY/ΔX 即为纵向力轮心柔度，通常考查范围为 ±1000N，图示结果为 7.18mm/kN
3. 通常情况下主要考查制动力工况，图示制动力时轮心向后移动有利于提高车辆纵向过坎舒适性

图 10-58 纵向力轮心柔度

常规 K&C 报告中，无论是同向还是异向加载，一般不会指明纵向力是驱动力还是制动力，通常默认为制动力。图 10-58 中，向前的力本质上不宜理解为驱动力，因为驱动力和制动力纵向加载的试验条件是不同的（见表 10-17）。驱动力默认加载在轮心处，故测试结果也是不同的。图 10-59 是驱动力（加载在轮心处）和制动力（加载在接地点处）轮心柔度仿真分析的结果对比。

表 10-17 驱动力和制动力纵向加载试验配置

加 载 力	发动机状态	档 位	四 轮 制 动
驱动力加载	点火	N 档	解除
制动力加载	点火	N 档	锁止

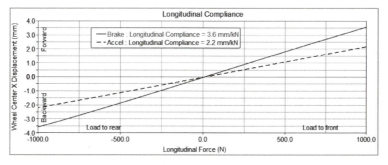

图 10-59 驱动力和制动力轮心柔度对比

2) 实车测试结果如图 10-60 所示。

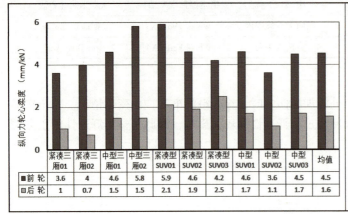

车辆纵向过坎时，前轮对整车舒适性影响较大，故实际工程设计时前轮纵向力轮心柔度明显大于后轮，通常前轮为 3~6mm/kN，后轮为 2~3mm/kN

图 10-60　实车测试结果

3) 影响因素。

纵向力轮心柔度除和悬架的几何布置有关外，还主要与控制臂舒适型衬套的径向刚度及空心布置角度有关。

图 10-61a 所示为常规麦弗逊悬架下控制臂的布置形式，操稳型衬套 H 主体沿整车 X 向布置，而舒适型 R 衬套主要沿整车 Z 向布置。操稳型衬套 H 为全实心结构，且外形较小，径向刚度通常可达 10000N/mm 以上，而舒适型衬套 R 体积较大，径向刚度相对要小很多。当车轮受到向后的纵向力时，控制臂外点有绕操稳型衬套 H 转动的趋势，舒适型衬套沿整车 Y 向的刚度越小，控制臂外点的运动趋势越大，即轮心向后移动的程度越大，越有利于提高纵向过坎舒适性。

调整舒适型衬套空心方向相对于整车 Y 向的压装角度，对应的轮心柔度变化如图 10-61b 所示。需特别说明的是，空心方向压装角度需结合实车操稳和平顺性综合调校而定。

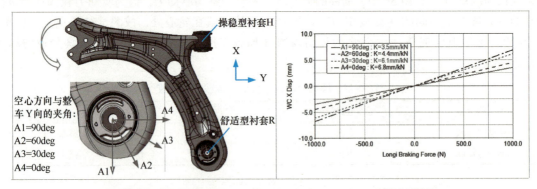

a) 舒适型衬套空心角度图示　　　　b) 对比分析结果

图 10-61　衬套压装角度与纵向力轮心柔度对比分析

2. 纵向力前束柔度

纵向力前束柔度考查在轮胎接地点处施加纵向力时车轮前束角的变化情况，通常主要考查制动力工况。

(1) K&C 曲线（如图 10-62 所示）

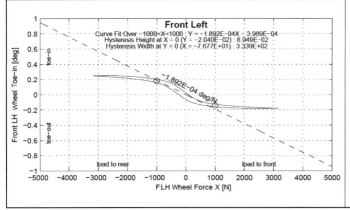

图 10-62　纵向力前束柔度

1. 横坐标轴：定义同图 10-58
2. 纵坐标轴：车轮前束角。拟合曲线的斜率 ΔY/ΔX 即为纵向力前束柔度，通常考查范围为±1000N
3. 通常情况下主要考查制动力工况，图示制动力时前束角正方向变化，图示柔度为 0.19deg/kN

（2）实车测试结果（如图 10-63 所示）

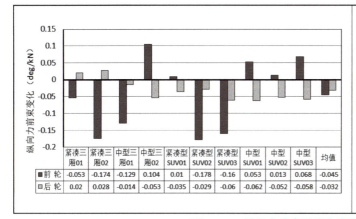

1. 弯道制动时，前轮负前束变化、后轮正前束变化有利于提高整车不足转向度，提升车辆的操稳性能
2. 实际工程中，基于直行制动的安全性考虑，往往期望制动时前轮前束为正方向变化
3. 纵向力前束柔度的正负及大小与主销内倾偏距的正负有一定关系，定性分析见图 10-64

	紧凑三厢01	紧凑三厢02	中型三厢01	中型三厢02	紧凑型SUV01	紧凑型SUV02	紧凑型SUV03	中型SUV01	中型SUV02	中型SUV03	均值
前轮	-0.053	-0.174	-0.129	0.104	0.01	-0.178	-0.16	0.053	0.013	0.068	-0.045
后轮	0.02	0.028	-0.014	-0.053	-0.035	-0.029	-0.06	-0.062	-0.052	-0.058	-0.032

图 10-63　纵向力前束柔度实车测试结果

（3）影响因素

图 10-64a 中，主销内倾偏距为负值，制动力有使车轮绕主销接地点 P 顺时针转动的趋势，从而使车轮前束角向正方向变化。图 10-64b 中，主销内倾偏距为正值，制动力有使车轮绕主销接地点 P 逆时针转动的趋势，从而使车轮前束角向负方向变化。

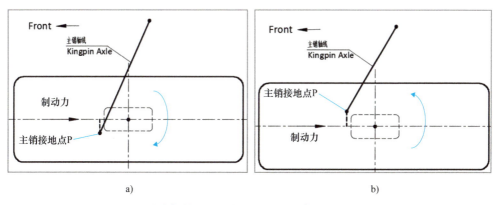

图 10-64　主销内倾偏距的正负对纵向力前束柔度影响的定性分析

上面仅从主销内倾偏距的正负做了定性分析，实际上纵向力前束变化还受舒适型衬套的影响，故实测结果与上述定性分析不一定完全吻合。

3. 纵向力外倾柔度

（1）K&C 曲线（如图 10-65 所示）

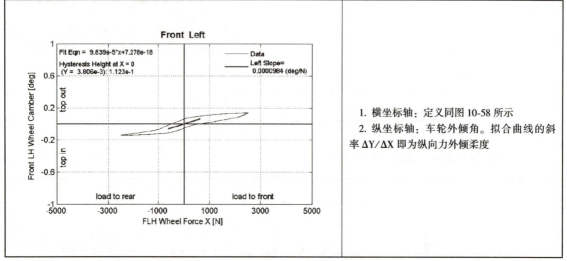

图 10-65　纵向力外倾柔度

（2）实车测试结果及影响分析

根据悬架结构，可以定性、直观地判断出，纵向力对外倾角的影响较小，因此实际工程中很少考核此指标，此处不再展示实车测试结果及影响分析。

4. 纵向力抗点头角

垂向运动工况对应的图 10-28（第 214 页）中的 α 是几何抗点头角，其主要由硬点决定。在纵向力加载工况中还存在力抗点头角（Force Anti-Dive Angle），除与几何硬点有直接关系外，它还与悬架系统中的衬套、零部件刚度有一定关系，反映了车轮受到纵向力情况下悬架的抗点头特性。K&C 试验台关于力抗点头角的定义如图 10-66 所示。

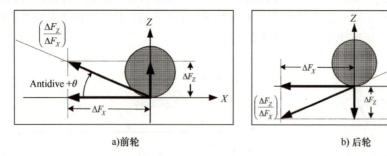

图 10-66　K&C 试验台关于力抗点头角的定义

前轴：力抗点头角　　　　　$\theta = -\tan^{-1}(\Delta F_Z / \Delta F_X)$　　　　　（10-2）

后轴：力抗点头角　　　　　$\theta = \tan^{-1}(\Delta F_Z / \Delta F_X)$　　　　　（10-3）

（1）K&C 曲线（如图 10-67 所示）

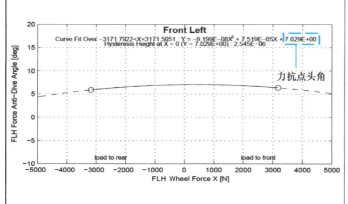

图 10-67　力抗点头角

1. 横坐标轴：定义同图 10-58 所示
2. 纵坐标轴：力抗点头角，拟合曲线在 X = 0 时的截距即为测试状态下的力抗点头角，图示为 7.029deg
3. 常规 K&C 报告中会给出纵向力加载工况下的 Wheel Force Z VS Wheel Force X 曲线，并给出对应的拟合公式。将曲线进行微分，即可根据式（10-2）、式（10-3）计算出对应的力抗点头角

（2）几何抗点头角和力抗点头角对比（如图 10-68 所示）

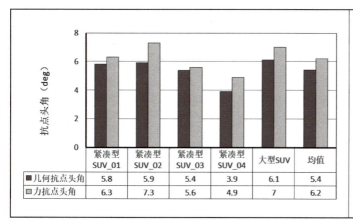

1. 由于衬套及零部件刚度的影响，力抗点头角通常比几何抗点头角略大
2. 如 K&C 报告中两者同时出现，以几何抗点头角为主要考核对象

图 10-68　几何抗点头角和力抗点头角对比

10.4.5　侧向力加载工况关键指标

侧向力加载工况是在车轮接地点处施加侧向力，以考查轮心侧向位移，车轮前束角、外倾角，力侧倾中心等特性。实际工程中主要考查同向侧向力加载工况，表 10-18 是侧向力加载工况重点考核的指标。

表 10-18　侧向力加载工况重点考核指标

序号	英文名称	中文名称	横坐标轴（X轴）	纵坐标轴（Y轴）
1	Lateral Wheel Centre Compliance	侧向力轮心柔度	Wheel Force Y	Wheel Centre Y Disp.
2	Lateral Toe Compliance	侧向力前束柔度	Wheel Force Y	Wheel Toe-in
3	Lateral Camber Compliance	侧向力外倾柔度	Wheel Force Y	Wheel Camber
4	Force Roll Centre Height	侧向力侧倾中心高	Wheel Force Y	Force Roll Centre Height

1. 侧向力轮心柔度

（1）K&C 曲线（如图 10-69 所示）

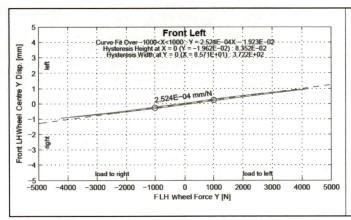

1. 横坐标轴：侧向力向左，即车身右倾斜时为正；侧向力向右为负
2. 纵坐标轴：轮心侧向位移，向左为正，向右为负
3. 拟合曲线的斜率 ΔY/ΔX 即为侧向力轮心柔度，考查范围通常为 ±1000N，图示结果为 0.2524mm/kN
4. 对标时取左、右轮的平均值（绝对值）

图 10-69　侧向力轮心柔度

（2）实车测试结果（如图 10-70 所示）

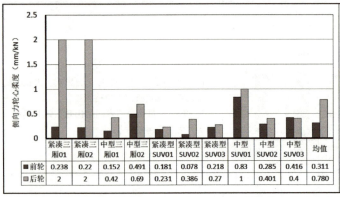

1. 侧向力轮心柔度反映了悬架的侧向刚度特性，柔度越大，对应的刚度越小
2. 扭力梁后悬架由于无额外的横向导向杆件，故其轮心柔度明显大于其他独立悬架
3. 基于整车的侧向响应性能，一般期望侧向力轮心柔度适当小一点为好

	紧凑三厢01	紧凑三厢02	中型三厢01	中型三厢02	紧凑型SUV01	紧凑型SUV02	紧凑型SUV03	中型SUV01	中型SUV02	中型SUV03	均值
前轮	0.238	0.22	0.152	0.491	0.181	0.078	0.218	0.83	0.285	0.416	0.311
后轮	2	2	0.42	0.69	0.231	0.386	0.27	1	0.401	0.4	0.780

图 10-70　侧向力轮心柔度实车测试结果

（3）影响因素

侧向力轮心柔度与悬架类型、横向导向杆件的数量、衬套沿整车的 Y 向刚度有直接关系，读者可使用 ADAMS/Car 软件进行对比验证，此处不再详细表述。

2. 侧向力前束柔度

（1）K&C 曲线（如图 10-71 所示）

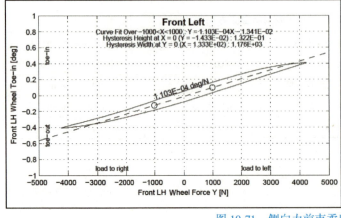

1. 横坐标轴：定义同图 10-69 所示
2. 纵坐标轴：前束角。拟合曲线的斜率 ΔY/ΔX 即为侧向力前束柔度，图示为 0.1103deg/kN
3. 车辆转弯时因离心力作用，外轮轮荷较大，地面的侧向附着力也相对较大，故重点考查外轮
4. 图示为左轮，当侧向力向右（load to right，车辆右转）时，其为外轮，随着侧向力的增大，呈负前束变化，有利于提高车辆不足转向度
5. 左、右轮变化趋势为不对称状态，对标时取两者绝对值的平均值

图 10-71　侧向力前束柔度

（2）实车测试结果（如图 10-72 所示）

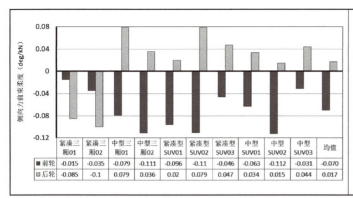

图 10-72　侧向力前束柔度实车测试结果

1. 图示考查的是外轮，前轮为负前束变化，后轮（扭力梁除外）为正前束变化，有利于整车不足转向度的提高

2. 侧向力前束柔度对整车不足转向度的影响，读者可研究参考文献[3]第 9 章相关内容

（3）影响因素

对于前轮，外轮均呈负前束变化趋势，主要是因为侧向力作用于轮胎印迹中心，而印迹中心位于主销接地点的后侧，产生了一个使轮胎前点外转的扭矩。变化梯度的大小与主销后倾拖距有直接关系，同时也与衬套刚度有一定关系。外轮负前束变化有利于提高整车不足转向度。

3. 侧向力外倾柔度

（1）K&C 曲线（如图 10-73 所示）

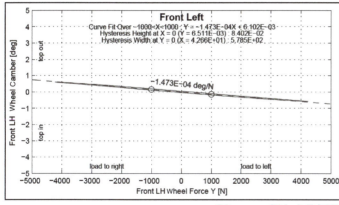

图 10-73　侧向力外倾柔度

1. 横坐标轴：定义同图 10-69 所示

2. 纵坐标轴：车轮外倾角，拟合曲线的斜率 $\Delta Y/\Delta X$ 即为侧向力外倾柔度，图示为 0.1473deg/kN

3. 图示为左轮，当侧向力向右（load to right，车辆右转）时，其为外轮，随着侧向力的增大，其呈正外倾变化

4. 左、右轮变化趋势为不对称状态，对标时取两者绝对值的平均值

（2）实车测试结果（如图 10-74 所示）

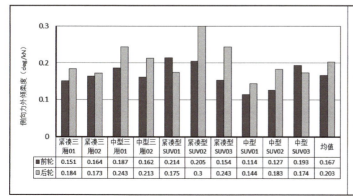

图 10-74　侧向力外倾柔度实车测试结果

1. 图示考查的是外轮，前轮呈正外倾变化，有利于增加不足转向度，而后轮呈正外倾变化则会减小不足转向度

2. 从整车看，后轮的正外倾变化梯度大于前轮有利于提高不足转向度

3. 定性分析可参考图 10-23 及对应文字说明

（3）影响因素

根据力的作用点及悬架结果，很容易定性分析出，侧向力外倾柔度与悬架结构的衬套刚度有较为直接的关系。

4. 侧向力侧倾中心高

垂向工况和侧倾工况下均有侧倾中心高指标，这主要由悬架的硬点所决定。侧向力工况下的力侧倾中心高不仅与硬点相关，还有悬架系统衬套刚度及零部件刚度等特性的影响。K&C 试验关于力侧倾中心高的定义见式（10-4）、式（10-5）及图 10-75。

前轴：力侧倾中心高　　　　$h = -(WT/2 + Lat)(\Delta F_Z / \Delta F_Y)$ 　　　　（10-4）

后轴：力侧倾中心高　　　　$h = (WT/2 - Lat)(\Delta F_Z / \Delta F_Y)$ 　　　　（10-5）

式中，WT 为轮距 Wheel Track，试验状态时，$Lat = 0$。

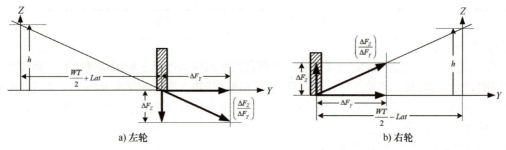

图 10-75　MTS 试验台关于力侧倾中心高的定义

（1）K&C 曲线（如图 10-76 所示）

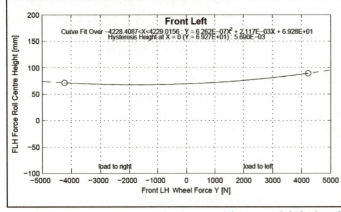

1. 横坐标轴：定义同图 10-69 所示。
2. 纵坐标轴：侧倾中心高，拟合曲线在 X = 0 时的截距即为测试状态下的力侧倾中心高，图示为 69.28mm。
3. 常规 K&C 报告中会给出侧向力加载工况下的 Wheel Force Z VS Wheel Force Y 曲线，并给出对应的拟合公式。将曲线进行微分，即可根据式（10-4）、式（10-5）计算出对应的力侧倾中心高。

图 10-76　力侧倾中心高

（2）实车测试结果

由于加载工况的不同，垂跳、侧倾、侧向力工况下的三个侧倾中心高会略有差异，实际工程中，常以侧倾工况侧倾中心高为考核或对标对象。图 10-77 是前悬架中三者的对比结果。

10.4.6　回正力矩加载工况关键指标

回正力矩加载工况关注回正力矩前束柔度（Aligning Torque Toe Compliance）和回正力矩外倾柔度（Aligning Torque Camber Compliance）两个指标，通常仅考查同向加载工况。

1. 回正力矩前束柔度

（1）K&C 曲线（如图 10-78 所示）

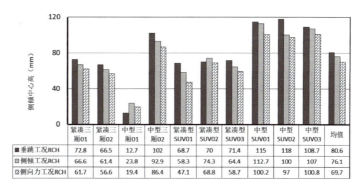

图 10-77　垂跳、侧倾、侧向力工况侧倾中心高对比

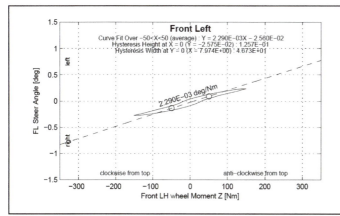

图 10-78　回正力矩前束柔度

MTS 试验台 K&C 报告中纵坐标定义为前束角，而 ABD 试验台定义为车轮转角，左转为正，右转为负。因重点考查外轮，两者的方向定义是一致的，故可统称为回正力矩前束柔度。

（2）实车测试结果（如图 10-79 所示）

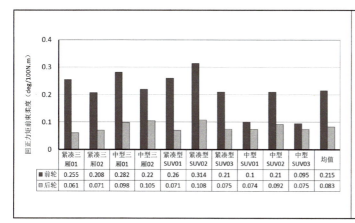

图 10-79　回正力矩前束柔度实车测试结果

（3）影响因素

回正力矩前束柔度的大小与悬架导向杆件衬套的刚度有直接关系，读者可使用 ADAMS/Car 自行验证。

2. 回正力矩外倾柔度

（1）K&C 曲线（如图 10-80 所示）

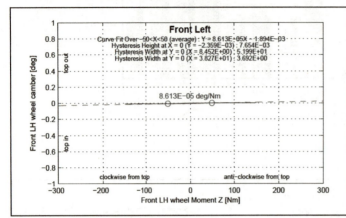

1. 横坐标轴：定义同图 10-78 所示
2. 纵坐标轴：车轮外倾角
3. 拟合曲线的斜率 ΔY/ΔX 即为回正力矩外倾柔度，通常考查范围±50N·m
4. 同向回正力矩加载工况下，左、右轮非对称变化，通常重点考查外轮。如图所示，回正力为逆时针时，左轮为外轮，车轮正外倾变化

图 10-80　回正力矩外倾柔度

（2）实车测试结果（如图 10-81 所示）

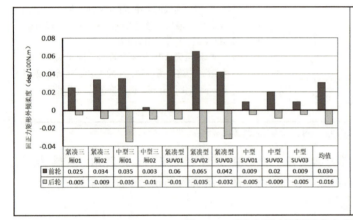

因回正力矩外倾柔度数值较小，实际工程中，通常较少考查此指标对整车性能的影响

图 10-81　回正力矩外倾柔度实车测试结果

上述仅对各工况下主要 K&C 指标做了定性分析，供读者参考。部分关键指标对整车不足转向度的定量计算，读者可参阅参考文献［3］或其他文献自行研究，此处不再介绍。

第 11 章

整车动力学模型

前几章着重讲解了悬架动力学相关内容，含常见悬架类型及工作原理、悬架动力学建模、调参、K&C 分析，实车悬架 K&C 测试、指标解读及应用。从本章起将陆续讲解整车动力学相关内容，本章主要讲解整车动力学模型，包含内容如下：

1）整车动力学模型的基本构成。
2）轮胎模型。
3）整车动力学模型的搭建及调参。
4）常见整车试验台。
5）道路模型。

11.1 整车动力学模型的基本构成

图 11-1 所示为本章要着重讲解和搭建的整车动力学模型，它来自一款家用紧凑型 SUV，前悬架为麦弗逊结构，后悬架为 E 型多连杆结构。

图 11-1 整车动力学模型

通过 File->Info 功能，可以查看上述整车动力学模型的基本信息，见表 11-1。

表 11-1 装配体信息

Assembly Name：TA01_Full_Vehicle（装配体名称）
Assembly Class：full_vehicle（装配体类型：整车）
File Name：<TA01>/assemblies.tbl/TA01_Full_Vehicle.asy（文件名称）

（续）

子系统	模板主特征	子系统次特征	子系统变体
TA01_Front_Suspension/前悬架子系统	Suspension/悬架	front/前	default
TA01_Rear_Suspension/后悬架子系统	suspension/悬架	rear/后	default
TA01_Front_Wheel/前车轮子系统	Wheel/车轮	front/前	default
TA01_Rear_Wheel/后车轮子系统	Wheel/车轮	rear/后	default
TA01_Powertrain/动力子系统	Powertrain/动力	front/前	default
TA01_Brake/制动子系统	Brake_system/制动	any/任一	default
TA01_Front_ARB/前稳定杆子系统	Antirollbar/稳定杆	front/前	default
TA01_Rear_ARB/后稳定杆子系统	Antirollbar/稳定杆	rear/后	default
TA01_Rigid_Body/车身子系统	Body/车身	any/任一	default
TA01_EPS_Steering/转向子系统	Steering/转向	front/前	default

从表11-1可以得到如下基本信息：
1）TA01整车动力学模型由10个子系统构成。
2）每个子系统有其主特征和次特征属性，主特征在模板创建时由其特性所决定。
3）子系统次特征由对应子系统的位置在创建时选择确定。

模板的主特征、子系统的次特征一定要与自身的特性和位置对应起来，如不慎建立错误，则可采取另存的方式进行更改，而无须从零新建模型。

上述10个子系统根据整车模型架构又分为必需子系统和可选子系统两大类，如图11-2所示。

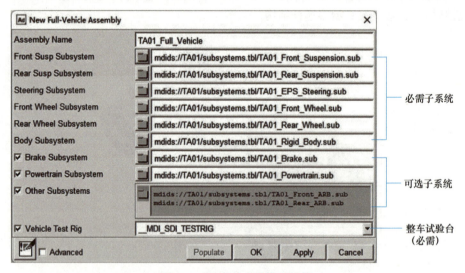

图11-2 整车动力学模型架构

图11-2中，整车动力学模型含6个必需子系统，分别是前、后悬架，转向，前、后车轮，车身子系统，缺少其中任何一个都无法搭建成整车动力学模型；而制动、动力、前/后稳定杆子系统在模型架构上属于可选子系统，可根据仿真分析的内容来决定是否需要，如做四立柱平顺性仿真分析时，制动和动力子系统可不添加。

需要特别说明的是，整车仿真分析中，搭建整车模型时必须选择对应的整车试验台，此处整车试验台也可理解为一个特殊的子系统。

由于悬架、转向、稳定杆模板及对应子系统在前面相应章节已做详细讲解，下面仅对表 11-1 涉及的其他模板及对应的子系统做一简单介绍。

11.1.1 车轮模板及子系统

悬架装配体中，车轮隶属于悬架试验台，不需要用户自建。而整车动力学模型中，前、后车轮是必需子系统，故需要用户自己建立车轮模板和对应的子系统。

1. 车轮模板

ADAMS/Car 中，车轮模板是轮辋和轮胎的组合体，因轮胎的动力学特性由其属性文件所决定，而与几何外形无直接关系，故在实际工程中，车轮的外形建模大多是直接借用软件里自带的模型_handling_tire.tpl，如图 11-3a 所示。动力学模型中，车轮组件基本参数（含轮辋和轮胎）可通过图 11-3b 进行修改。车轮模板所涉及的通讯器见表 11-2 和表 11-3。

1）车轮位置通过自身的输入通讯器 cil[r]_wheel_center 与悬架的输出通讯器匹配，获取目标轮心位置。

2）车轮的定位状态通过自身的 toe_angle、camber_angle 输入通讯器与悬架的输出通讯器相匹配，获取具体的定位参数。

3）车轮通过自身的 suspension_mount 输入通讯器与悬架的输出通讯器相匹配，固定到悬架的轮轴 Spindle 上。

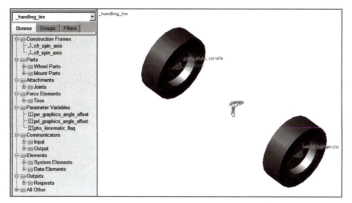

a)   b)

图 11-3　车轮模板及车轮组件基本参数

表 11-2　输入通讯器

序号	通讯器名称	实体类别	接收次特征	匹配名	功能定义
1	ci[lr]_camber_angle	parameter_real	inherit	camber_angle	获取悬架外倾角参数
2	ci[lr]_suspension_mount	mount	inherit	suspension_mount	与悬架轮轴 Spindle 连接固定
3	ci[lr]_suspension_upright	mount	inherit	suspension_upright	与大地固定
4	ci[lr]_toe_angle	parameter_real	inherit	toe_angle	获取悬架前束角参数
5	ci[lr]_wheel_center	location	inherit	wheel_center	获取悬架轮心位置
6	cis_wheel_force_transducer	parameter_integer	inherit	wheel_force_transducer	

表 11-3 输出通讯器

序号	输出通讯器名称	实体类别	次特征	匹配名	功能定义
1	co[lr]_rotor_to_wheel	mount	inherit	rotor_to_wheel	与制动器连接固定
2	co[lr]_tire_cm_marker	marker	inherit	tire_cm	
3	co[lr]_tire_force	force	inherit	tire_force	将力值输出给制动器
4	co[lr]_tire_geo_otr_marker	marker	inherit	tire_geo_otr	
5	co[lr]_tire_radius	parameter_real	inherit	tire_radius	
6	co[lr]_tire_width	parameter_real	inherit	tire_width	
7	co[lr]_wheel_orientation	orientation	inherit	wheel_orientation	
8	cos_tire_forces_array_left	array	inherit	tire_forces_array_left	
9	cos_tire_forces_array_right	mount	inherit	tire_forces_array_right	

注:轮胎动力学模型将在后续章节中讲解,本节暂不涉及。

2. 车轮子系统

前、后车轮子系统可以使用同一个车轮模板,也可使用各自的模板(同一模板文件另存),创建子系统时要区别前(front)、后(rear)次特征,建立过程略。

11.1.2 车身模板及子系统

车身子系统是构成整车动力学模型的必需子系统之一。

ADAMS/Car 乘用车共享数据库 shared_car_database.cdb 自带两个刚性车身模板 _rigid_chassis.tpl 和 _rigid_chassis_lt.tpl,不同之处在于前者具有车身几何体而后者无,其他并无本质差异,分别如图 11-4 和图 11-5 所示。

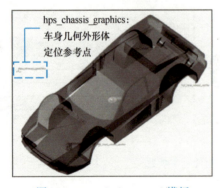

图 11-4 _rigid_chassis.tpl 模板

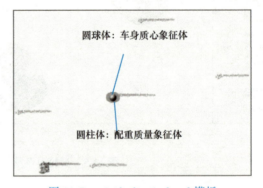

图 11-5 _rigid_chassis_lt.tpl 模板

图 11-4 中,车身的几何体通常使用导入(import)功能添加到模型中,导入前可提前建立一个输入式硬点 hps_chassis_graphics 作为参考点,以便于后续调整几何体的位置。导入车身几何体会使整车模型内存加大,影响仿真分析效率,而整车仿真多是试验台驱动,故在实际工程中使用刚性车身时,如不涉及空气动力学方面的分析,通常不必关注车身几何外形。

下述内容有利于用户理解刚性车身:

1)在整车动力学模型中,刚性车身主要连接和固定悬架、转向、动力等子系统。

2)_rigid_chassis_lt.tpl 模板中,刚性车身共涉及两个常规部件 ges_chassis 和 ges_trim_mass,其中,ges_chassis 代表车身本体,而 ges_trim_mass 可理解为配重部件,用于调整质量分布。

3)_rigid_chassis_lt.tpl 模板中,ges_chassis 部件不受约束,而 ges_trim_mass 部件固定在

chassis 上。

4）刚性车身模板定义了一系列参数变量，其中大部分用于计算作用在车身上的空气阻力，见表 11-4，空气阻力的定义参见帮助文件。

表 11-4　刚性车身中涉及的空气阻力相关变量

变量名称	变量类型	默认值	变量单位
pvs_aero_drag_active/空气阻力激活	Integer/整数型	1	
pvs_aero_frontal_area/前风阻面积	Real/实数	1.8E+06	mm^2
pvs_air_density/前空气密度	Real/实数	1.22E-09	kg/mm^3
pvs_drag_coefficient/风阻系数	Real/实数	0.36	

5）刚性车身的局限性在于无法考量车身的扭转刚度，对部分分析结果不够精确。用户可以根据实际工程数据用衬套或弹簧阻尼系统来模拟车身的扭转刚度，或使用柔性体车身使结果更为精确。

6）在_rigid_chassis_lt.tpl 模板基础上更改的刚性车身所涉及的通讯器解释见表 11-5。

表 11-5　刚性车身输入、输出通讯器

输入通讯器					
通讯器名称	实体类型	次特征	匹配名称	匹配对象	功能定义
cis_std_tire_ref	location	inherit	std_tire_ref	整车试验台	获取轮胎接地点位置
输出通讯器					
通讯器名称	实体类型	次特征	匹配名称	匹配对象	功能定义
co[lr]_bedplate_front_loc	location	front	bedplate_front_loc	SPMM_TESTRIG	输出车身唇边夹持位置
co[lr]_bedplate_rear_loc	location	rear	bedplate_rear_loc	SPMM_TESTRIG	输出车身唇边夹持位置
cos_aero_drag_force	solver_variable	inherit	aero_drag_force	MDI_SDI_TESTRIG	输出空气阻力变量
cos_aero_frontal_area	parameter_real	inherit	aero_frontal_area	MDI_SDI_TESTRIG	输出风阻面积
cos_air_density	parameter_real	inherit	air_density	MDI_SDI_TESTRIG	输出空气密度
cos_drag_coefficient	parameter_real	inherit	drag_coefficient	MDI_SDI_TESTRIG	输出空气阻力系数
cos_body_subsystem	mount	inherit	body_subsystem	MDI_SDI_TESTRIG	车身固定至试验台
cos_chassis_path_reference	marker	inherit	chassis_path_reference	MDI_SDI_TESTRIG	输出车身轨迹标记点
cos_driver_reference	marker	inherit	driver_reference	MDI_SDI_TESTRIG	输出驾驶员轨迹标记点
cos_F_susp_to_body	mount	inherit	F_susp_to_body	前悬架	前悬架固定于车身
cos_longitudinal_velocity	solver_variable	inherit	longitudinal_velocity		输出纵向车速变量
cos_measure_for_distance	marker	inherit	measure_for_distance		输出纵向距离计算标记点
cos_powertrain_to_body	mount	inherit	powertrain_to_body	动力总成	将动力总成固定于车身
cos_rack_to_body	mount	inherit	rack_to_body	转向	将齿条固定于车身
cos_R_susp_to_body	mount	inherit	R_susp_to_body	后悬架	后悬架固定于车身
cos_steering_column_to_body	mount	inherit	steering_column_to_body	转向	将管柱固定于车身
cos_trim_part	part	inherit	svs_trim_part	MDI_SDI_TESTRIG	输出假人部件

对上述通讯器特别说明如下几点：

1）对于安装类型通讯器，根据建模情况，不需要的输出通讯器可以删除掉。

2）与整车试验台匹配求解器变量（solver_variable）类型的通讯器，实际中可能用不到，但建议保留，不要轻易删除。

3）对于表中未明确匹配对象的，标记点（marker）类型的通讯器建议保留。

4）co[lr]_bedplate_front/rear_loc 表示前、后车身唇边夹持位置，用 SPMM_TESTRIG 做整车级 K&C 分析时不可缺少。

5）MDI_SDI_TESTRIG 即指常规整车操稳试验台。

11.1.3 动力模板及子系统

从整车动力学模型架构而言，动力子系统是一个可选子系统，因此在不涉及与动力总成相关的仿真分析时（如整车加速性能），可忽略动力子系统。

ADAMS/Car 乘用车共享数据库提供了一个动力模板_powertrain.tpl，此动力模板是指发动机、变速箱、差速器的组合体，主要用于前驱或后驱车型，如图 11-6 所示。

图 11-6　_powertrain.tpl 模板

下述内容有利于用户理解动力模板：

1）用户可以导入自定义的动力总成几何体到模型中（先删除原有外形），为便于后续几何体位置的调整，ges_powertrain 建模方法需做图 11-7 所示的调整。调整后，导入几何体时选择 relative To:ges_powertrain，后续只需调整硬点 graphics_reference，即可调整自定义几何体的位置。

2）动力输出单元的位置通过输入通讯器 cil[r]_diff_tripot 接收悬架子系统中的内球笼硬点坐标，与传动轴连接。

3）图 11-6 所示模板提供了 4 种不同的动力总成模型，用户可以在总成加载后使用菜单 Simulate->Full Vehicle Analysis->Vehicle Set-Up->Set Power Parameter 进行切换。有关 4 种模式的定义，读者可参阅帮助文件。

4）_powertrain.tpl 模板中默认建有一个转换件，如图 11-8 所示。工程建模中，建议根据实际情况建立相应的安装件，以减少建模错误。

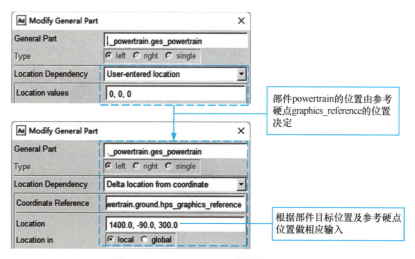

图 11-7　ges_powertrain 建模方法调整

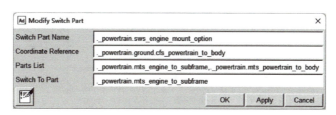

图 11-8　转换件

5）_powertrain.tpl 模板所涉及的动力属性主要有 3 类：离合器传递效率及比例、差速器输出扭矩、发动机输出扭矩，对应的属性文件分别存储于 torque_converters.tbl、differentials.tbl、powertrains.tbl 内。

6）除上述属性文件控制动力总成的工作特性外，动力模板还有许多可调参变量需要根据实际工程项目进行调整，如发动机怠速、最高工作转速、变速器档位等。用户可自行研究帮助文件，此处不再详细讲解。

7）_powertrain.tpl 模板包含了大量输入、输出通讯器，除位置（Location）、安装（Mount）类型的通讯器需与其他子系统进行匹配外，其他通讯器建议保留不动。

11.1.4　制动模板及子系统

制动子系统也是一个可选子系统，在不涉及与制动性能相关的仿真分析时，可忽略制动子系统。shared_car_database.cdb 提供了一个四轮盘式制动器模板 _brake_system_4Wdisk.tpl 供乘用车借用，如图 11-9 所示。

下述内容有利于用户理解制动模板：

1）制动卡钳通过输入通讯器 cil[lr]_front/rear_suspension_upright 固定到悬架模板中的转向节上；而制动盘通过 cil[lr]_front/rear_rotor_to_wheel 固定到车轮上，其角度由悬架子系统中的前束角和外倾角变量决定。

2）图 11-9 所示仅为一种简易的制动模板，其无法定义卡钳和制动盘之间复杂的相反作用。与之对应的是，在 acar_concept.cdb 数据库中有一个功能定义较为全面的四轮盘式制动模板 _brake_system_4Wdisk_calipers.tpl。

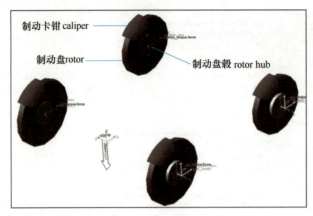

图 11-9 _brake_system_4Wdisk.tpl 模板

3) 简易制动模板所涉及的可调参变量见表 11-6。

表 11-6 简易制动模板可调参变量

参变量	含义	变量类型	默认值	单位	备注
front_brake_bias	前制动力分配系数	Real/实数	0.6		
front_brake_mu	前制动器摩擦系数	Real/实数	0.4		
front_effective_piston_radius	前有效制动半径	Real/实数	135	mm	
front_piston_area	前制动器活塞面积	Real/实数	2500	mm^2	
front_rotor_hub_wheel_offset	前制动盘偏移距	Real/实数	25	mm	
front_rotor_hub_width	前制动盘毂厚度	Real/实数	40	mm	
front_rotor_width	前制动盘厚度	Real/实数	−25	mm	
max_brake_value	最大制动踏板力	Real/实数	100	N	
rear_brake_bias	后制动力分配系数	Real/实数	0.4		
rear_brake_mu	后制动器摩擦系数	Real/实数	0.4		
rear_effective_piston_radius	后有效制动半径	Real/实数	120	mm	
rear_piston_area	后制动器活塞面积	Real/实数	2500	mm^2	
rear_rotor_hub_wheel_offset	后制动盘偏移距	Real/实数	25	mm	
rear_rotor_hub_width	后制动盘毂厚度	Real/实数	40	mm	
rear_rotor_width	后制动盘厚度	Real/实数	−25	mm	

注：上述参变量是分前后的。

4) 有关简易四轮盘式制动器制动力矩的计算读者可参见帮助文件。
5) 简易制动模板所涉及的通讯器见表 11-7。

表 11-7 简易制动模板输入、输出通讯器

输入通讯器					
通讯器名称	实体类型	次特征	匹配名称	匹配对象	功能定义
ci[lr]_front_camber_angle	parameter_real	front	camber_angle	前悬架	获取前轮外倾角参数
ci[lr]_front_rotor_to_wheel	mount	front	rotor_to_wheel	前车轮	前制动盘连接至前车轮

(续)

输入通讯器					
通讯器名称	实体类型	次特征	匹配名称	匹配对象	功能定义
ci[lr]_front_suspension_upright	mount	front	suspension_upright	前悬架	前制动卡钳固定于转向节
ci[lr]_front_tire_force	force	front	tire_force	前车轮	获取前轮制动力
ci[lr]_front_toe_angle	parameter_real	front	toe_angle	前悬架	获取前轮前束角参数
ci[lr]_front_wheel_center	location	front	wheel_center	前悬架	获取前轮轮心位置
ci[lr]_rear_camber_angle	parameter_real	rear	camber_angle	后悬架	获取后轮外倾角参数
ci[lr]_rear_rotor_to_wheel	mount	rear	rotor_to_wheel	后车轮	后制动盘连接至前车轮
ci[lr]_rear_suspension_upright	mount	rear	suspension_upright	后悬架	后制动卡钳固定于转向节
ci[lr]_rear_tire_force	force	rear	tire_force	后车轮	获取后轮制动力
ci[lr]_rear_toe_angle	parameter_real	rear	toe_angle	后悬架	获取后轮前束角参数
ci[lr]_rear_wheel_center	location	rear	wheel_center	后悬架	获取后轮轮心位置
cis_brake_demand	solver_variable	any	brake_demand	MDI_SDI_TESTRIG	获取制动请求信息
输出通讯器					
通讯器名称	实体类型	次特征	匹配名称	匹配对象	功能定义
cos_brake_bias	parameter_real	any	brake_bias	MDI_SDI_TESTRIG	输出制动力分配系数
cos_max_brake_value	parameter_real	inherit	max_brake_value	MDI_SDI_TESTRIG	输出最大踏板制动力
cos_max_front_brake_torque	parameter_real	any	max_front_brake_torque	MDI_SDI_TESTRIG	输出最大前轮制动力矩
cos_max_rear_brake_torque	parameter_real	any	max_rear_brake_torque	MDI_SDI_TESTRIG	输出最大后轮制动力矩

11.2 轮胎动力学模型

轮胎是车辆与地面接触的唯一部件，其对整车的操稳、平顺、制动、NVH 等性能有着至关重要的影响。本节主要介绍与整车操稳、平顺性能相关的轮胎基础知识及动力学模型。

轮胎动力学模型是一个极其复杂的黑匣子工程，其不仅涉及高深的专业理论知识，还需要专业的测试设备及测试数据。在实际工程中，轮胎动力学模型一般由轮胎供应商提供，主机厂直接使用。基于实际情况，下面主要介绍各种轮胎动力学模型相关的概述及适用范围，不过多涉及理论知识。

1. 轮胎动力学模型建模方法

（1）经验—半经验模型

该模型针对具体轮胎的某一具体特性，目前广泛应用的有魔术公式（Magic Formula）和吉林大学郭孔辉院士利用指数函数建立的描述轮胎六分力特性的统一轮胎半经验模型 UniTire，其主要用于车辆的操纵动力学研究。

（2）物理模型

根据轮胎的力学特性，用物理结构去代替轮胎结构，将物理结构变形看作轮胎的变形。比较复杂的物理模型有梁、弦模型。其优点是具有解析表达式,能探讨轮胎特性的形成机理,缺点是精确度较经验—半经验模型差,且梁、弦模型的计算较繁复。

(3) 有限元模型

该模型基于对轮胎结构的详细描述,包括几何和材料特性,精确地建模能够较准确地计算出轮胎的稳态和动态响应。但是其与地面的接触模型很复杂,占用计算机资源太大,在现阶段应用于不平路面的车辆动力学仿真还不现实,主要用于轮胎的设计与制造。

2. 轮胎动力学模型分类

ADAMS/TIRE 主要分为三大类,见表11-8。

表11-8 ADAMS/TIRE 主要分类

主要分类	子类型	模型机理	备注
操稳分析	MF-Tyre	魔术公式	
	Pacejka89、Pacejka94	魔术公式	
	PAC2002	魔术公式	使用最为广泛
	Fiala	弹性圆环状梁	
	UA	Fiala 的解析模型	
	5.2.1		
平顺及耐久分析	F-tire	柔性环	使用最为广泛
	MF-SWIFT	魔术公式	
摩托车专用	MF-MC	魔术公式	

上述各轮胎模型适用的具体工况如图 11-10 所示,仅供参考。

ADAMS	Event/Maneuver	ADAMS/Handling Tire							Specific Models		
		PAC2002[1]	PAC-TIME[1]	PAC89	PAC94	FIALA	5.2.1	UA Tire[1]	PAC-MC[1]	SWIFT	Ftire
Handling	Stand still and start	+	0/+	0	0	0	0	0	0/+	+	+
	Parking(standing steering effort)	+	-	-	-	-	-	-	-	+	+
	Standing on tilt table	+	+	0	0	0	0	0	+	+	+
	Steady State Cornering	+	+	0	+	0	0	0	+	+	0
	Lane Change	+	+	0	0/+	0	0	0	+	+	+
	ABS Braking Distance	+	0	-	-	-	-	-	0	+	+
	Braking/Power-off in a turn	+	+	0	0	0	0	0	+	+	0
	Vehicle Roll-Over	+	0	0	0	0	0	0	0	+	+
	On-Line Scaling Tire Properties	+	-	-	-	-	-	-	-	-	0
Ride	Cornering Over Uneven Roads*	0	0	-	-	-	-	0	0	0	+
	Braking On Uneven Road*	0	0	-	-	-	-	-	0	+	+
	Crossing Cleats/Obstacles	-	-	-	-	-	-	-	-	+	+
	Driving Over Uneven Road	-	-	-	-	-	-	-	-	+	+
	4 Postrig(A/Ride)	0/+	0/+	-	-	-	-	0/+	0/+	0/+	0/+
Chassis Control	ABS Braking Control	0	0	-	-	-	-	-	0	+	+
	Shimmy[2]	0/+	0	-	-	-	-	0	0	+	+
	Steering System Vibrations	0/+	0	-	-	-	-	-	0	+	+
	Real-Time	+	-	-	-	-	-	-	-	-	-
	Chassiss Control System>8Hz	0	-	-	-	-	-	-	-	+	+
	Chassis Control with Ride	-	-	-	-	-	-	-	-	+	+
Durability	Driving over Curb	-	-	-	-	-	0	0	-	0	0/+
	Driving over Curb with Rim Impact	0	-	-	-	-	0	0	-	-	-
	Passing Pothole	-	-	-	-	-	0	0	-	0	0/+
	Load Cases	-	-	-	-	-	0	0	-	-	-

-: Not Possible/Not Realistic
0: Possible
0/+: Better
+: Best to Use

*: Wavelength>Tire diameter
1: Use_mode on transient combined slip
2: Wheel yawing vibrationg due to suspension flexibility and tire dynamic response

图 11-10 各轮胎模型适用的具体工况

(1) 用于操稳分析的轮胎模型

操稳分析用轮胎动力学模型主要基于魔术公式而来。所谓魔术公式就是用三角函数的组合公式拟合轮胎试验数据，用一套形式相同的公式完整表达轮胎的纵向力、侧向力、回正力矩、翻转力矩、阻力矩以及纵向力、侧向力的联合作用工况，主要包括以下几种模型：

1) MF-Tyre 轮胎模型。根据仿真工况的不同可在稳态和非稳态之间切换模型，考虑了轮胎高速旋转时陀螺耦合、侧偏和纵滑的相互影响，外倾对侧偏和纵滑的影响。

适用范围：有效频率到8Hz，是点接触模型，只能用于平路面，且路面起伏的波长必须大于轮胎的周长。

2) Pacejka89、Pacejka94 轮胎模型。由提出者 Pacejka 教授根据其发布年份命名，是稳态侧偏模型，不能用于非稳态工况。

适用范围：有效频率到0.5Hz，当与2D路面作用时是点接触，当与3D路面作用时，用等效贯穿体积的方法来计算垂直力，等效法假设轮胎胎体是圆筒，必须在轮胎文件的［形状］模块输入轮胎胎体横剖面。

3) PAC2002 轮胎模型。PAC2002 也是基于魔术公式，是在 Pacejka89、Pacejka94 模型基础上完善发展而来的。PAC2002 和 MF-Tyre 具有相同的功能，但改善了模型的翻转力矩，目前是乘用车行业使用最为广泛的操稳分析用轮胎动力学模型，几乎已经取代了 MF-Tyre、Pacejka89、Pacejka94 模型。

适用范围：有效频率到8Hz，主要用于操稳的仿真分析。

PAC2002 是 ADAMS 公司提供的魔术公式模型的最新版本。PAC2002 轮胎模型的魔术公式较 Pacejka89 有了较大变化，读者可参考在线帮助文件深入研究。

其他操稳型轮胎模型不再介绍。

(2) 3D 接触分析轮胎模型

3D 接触分析轮胎模型主要是指用于平顺性、耐久性分析的轮胎模型。3D 接触分析模型可以使用 2D 或 3D 全部路面类型，包括 3D 等效容积路面和 3D 样条路面，记录行驶经过的路面对轮胎的加载历程，生成用于计算应力与疲劳研究所要求的力和加速度。

同时，也可研究轮胎本身的振动特性，它已成为国际上仿真轮胎在短波不平路面振动特性的主流模型，是目前发展比较成熟和得到商业化应用的轮胎模型，其中具有代表性的是 Ftire 和 SWIFT 轮胎模型。

1) SWIFT 模型（Short Wave Intermediate Frequency Tire Model）。SWIFT 模型是由荷兰 Delft 工业大学和 TNO 联合开发的，是一个刚性环模型，在环模型的基础上只考虑轮胎的 0 阶转动和 1 阶转动这两阶模态，此时轮胎只作整体的刚体运动而不发生变形。在只关心轮胎的中低频特性时可满足要求。由于不需要计算胎体的变形，刚性环模型的计算效率大大提高，可用于硬件在环仿真进行主动悬架和 ABS 的开发。在处理面外动力学问题时，SWIFT 使用了魔术公式。

该模型可用于研究一些复杂的工况，例如：不平路面的侧偏和 ABS 制动。在处理轮胎-地面的接触问题时，SWIFT 采用了等效路形的方法，所用的等效路形是由一个专门的包容模型算出来的。所以，SWIFT 模型要自带一个包容模型来提供等效路形，这也是它的缺点之一。

适用范围：有效频率为 60~100Hz，可用于短波不平路面。

注：SWIFT 模型所用到的路面模型要有合适的采样间隔，否则会应用以内插值替换的数据，采样间隔一般为 0.1~0.2 m 或者更大。

2) F-tire 模型（Flexible Ring Tire Model）。F-tire 是由德国 Esslingen 大学的 Michael Gipser 领导小组开发的基于柔性环模型的物理模型，属于 2.5 维非线性轮胎模型，目前是实际工程中使用最为广泛的平顺性及疲劳耐久用轮胎模型。

它的主要特征如下。

- 弹性环不仅能描述面内振动，也能描述面外特性（侧偏特性）。胎体沿圆周方向离散，也可在胎体宽度方向离散；胎体单元间用弹簧相连，在胎体单元上有一定数量的胎面单元。
- 轮辋与轮胎用径、切、侧 3 个方向的分布弹簧相连。轮辋可在面内平移和转动，也可在面外运动。环与轮辋间采用了弹簧并联一个串联弹簧—阻尼单元的形式。
- 轮胎自由半径和弹簧刚度随轮胎转速的变化而变化。
- 采用了复杂、非线性的摩擦模型来描述胎面橡胶的摩擦特性，即摩擦系数为压力和滑移速度的函数。

F-tire 模型的优点如下。

- 具有完全的非线性。
- 频率可达 120~150Hz 甚至更高。
- 对波长降到轮胎接地尺寸一半的小障碍物，能够得到有效的结果；具有高精度的轮胎稳态特性。
- 当通过凹凸不平的路面时，能提供很高的精度。
- 计算时间短。
- 能识别很多不同格式的路面文件。

F-tire 模型的缺点如下。

F-tire 模型所需参数很多，获取这些参数需要做轮胎的模态试验以及不同压力和滑移速度下胎面橡胶的摩擦特性试验，其费用较高。在使用时，要求用户对该模型有相当的了解并能正确测取参数。

F-tire 模型的适用范围如下。

- 有效频率高达 120~150Hz；可用于短波不平路面，即障碍物的尺寸可以小于轮胎的印迹；可对不同种类的振动激励做出响应；可在相对运动的地面和各种各样的试验台上进行仿真；可在三维路面上进行耐久性分析；可在水平路面和随机路面上对车辆的牵引和操纵性进行仿真分析；可进行高动力悬浮控制系统对轮胎影响的评估。
- 主要是针对乘坐舒适性（不平路面的制动、侧偏，不同速度的障碍物越过以及 4 柱激励试验台）、耐久性以及操纵性能（ABS 制动时的制动距离，汽车的原地转向等）方面的应用而设计的。此外，该模型在逼真度、细节和计算速度之间提供了一个有效的折中方法，在频域提供了有效的分析结果，容易从轮胎的测量数据中获得模型参数。

前面介绍了 F-tire 轮胎的特点及适用工况，下面介绍一下其应用时的注意事项。鉴于 F-tire 是关于路面不规则和轮胎振动模型的高分辨率轮胎模型，为了发挥其精度优势，MSC 推荐设置 ADAMS 积分器为较小步幅，即每一秒仿真时间的积分步最少为 1000 步，见表 11-9。

表 11-9　F-tire 轮胎建议的积分器设置

模　　块	设置位置	设　置　值
ADAMS/Car	Solver->Dynamic	Hmax = 1ms
ADAMS/Chassis	Driver Control Files	Hmax ≤ 0.001
	HMAX on GSTFF card	
ADAMS/View	Min Step Size	≤ 0.001
	Initial Step Size	
	Max Step Size	
ADAMS/Solver	.adm 文件中的 INTERGATOR/HMAX	

11.3 常见整车试验台

基于图 11-2 所示的模型架构,除本章前两节重点介绍的子系统及模板外,试验台也可以理解为构成整车动力学模型必需的子系统之一,因为 ADAMS/Car 所有整车仿真分析都是通过相应的试验台来完成的。本节将着重讲解一下 ADAMS 2020 自带的四个整车试验台,以便读者更系统地学习和应用。

11.3.1 标准驱动试验台 MDI_SDI_TESTRIG

MDI_SDI_TESTRIG 是 ADAMS/Car 默认的整车试验台,也常称为操稳试验台,其具有标准的驱动界面(Standard Driver Interface,SDI),可完成操纵稳定性、平顺性、转向性能的动态及静态仿真试验,是整车级仿真分析最重要的试验台之一。

1. MDI_SDI_TESTRIG 构成

ADAMS/Car 的各试验台只能在 ADAMS/View 模块下查看和编辑。

不同于其他试验台,MDI_SDI_TESTRIG 直观上没有几何外形,如图 11-11 所示,在架构上,其由 Bodies、Connectors、Motions、Outputs、All Other 等几部分构成,主要功能包含但不限于下面几项。

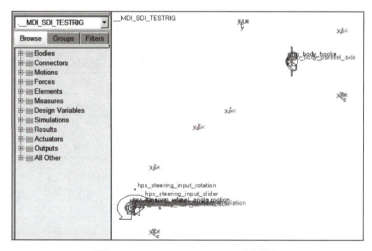

图 11-11 MDI_SDI_TESTRIG 试验台

1)整车模型与试验台的连接:如安装件 tire_gforce、suspension_mount,连接副 body_hooke、yaw_stake 等。

2)整车模型的驱动:如激励 cil_steering_rack_force、cil_tire_force_front、steering_rack_travel 等。

3)设计变量及输出:如 cir_toe_angle_rear、tire_force_front、css_steering_wheel_angle。

2. MDI_SDI_TESTRIG 通讯器

由于 MDI_SDI_TESTRIG 试验台需要和多个相关子系统进行匹配连接,其通讯器极其复杂,简单整理成表 11-10,供初学参考。

表 11-10 MDI_SDI_TESTRIG 试验台输入、输出通讯器

输入通讯器					
通讯器名称	实体类型	次特征	匹配名称	匹配对象	功能定义
ci[lr]_camber_angle_front	parameter_real	front	camber_angle	前悬架	获取前悬架外倾角参数
ci[lr]_camber_angle_rear	parameter_real	rear	camber_angle	后悬架	获取后悬架外倾角参数
ci[lr]_front_suspension_mount	mount	front	suspension_mount	前悬架	将前悬架轮轴 Spindle 固定到试验台
ci[lr]_rear_suspension_mount	mount	rear	suspension_mount	后悬架	将后悬架轮轴 Spindle 固定到试验台
ci[lr]_svs_ride_height_front	marker	front	svs_ride_height	(车身)	获取前悬架行驶高度标记点
ci[lr]_svs_ride_height_rear	marker	rear	svs_ride_height	(车身)	获取后悬架行驶高度标记点
ci[lr]_tire_force_front	force	front	tire_force	前车轮	获取前轮轮胎力
ci[lr]_tire_force_rear	force	rear	tire_force	后车轮	获取后轮轮胎力
ci[lr]_tire_gforce_front	mount	front	rotor_to_wheel	前车轮	将前轮轮轴连接至试验台
ci[lr]_tire_gforce_rear	mount	rear	rotor_to_wheel	后车轮	将后轮轮轴连接至试验台
ci[lr]_tire_radius	parameter_real	inherit	tire_radius	车轮	获取车轮半径
ci[lr]_tire_width	parameter_real	inherit	tire_width	车轮	获取车轮宽度
ci[lr]_toe_angle_front	parameter_real	front	toe_angle	前悬架	获取前悬架前束角参数
ci[lr]_toe_angle_rear	parameter_real	rear	toe_angle	后悬架	获取后悬架前束角参数
ci[lr]_wheel_center_front	location	front	wheel_center	前轮心	获取前悬架轮心位置
ci[lr]_wheel_center_rear	location	rear	wheel_center	后轮心	获取后悬架轮心位置
cis_aero_drag_force	solver_variable	any	aero_drag_force	车身	获取空气阻力变量
cis_aero_frontal_area	parameter_real	any	aero_frontal_area	车身	获取风阻面积
cis_air_density	parameter_real	any	air_density	车身	获取空气密度
cis_body_subsystem	mount	any	body_subsystem	车身	车身连接至试验台
cis_brake_ratio	parameter_real	inherit	brake_ratio, brake_bias, front_brake_bias, brake_ratio_front, brake_bias_front	制动	获取制动力分配系数
cis_chassis_path_reference	marker	any	chassis_path_reference	车身	获取车身轨迹标记点
cis_clutch_displacement_ic	solver_variable	any	clutch_displacement_ic	动力总成	获取离合器初始位移
cis_crankshaft_ratio	parameter_real	any	crankshaft_ratio	(动力总成)	获取曲轴传动比
cis_diff_ratio	parameter_real	any	diff_ratio	动力总成	获取主减速比
cis_downforce_brake_coefficient	parameter_real	any	downforce_coefficient		
cis_downforce_coefficient	parameter_real	any	downforce_coefficient		
cis_downshift_RPM	parameter_real	any	downshift_rpm	(动力总成)	获取降档转速
cis_drag_brake_coefficient	parameter_real	any	drag_brake_coefficient		
cis_drag_coefficient	parameter_real	any	drag_coefficient	车身	获取空气阻力系数
cis_driver_hip_point	marker	any	driver_hip_point	(车身)	获取驾驶员 H 点标志点

(续)

输入通讯器					
通讯器名称	实体类型	次特征	匹配名称	匹配对象	功能定义
cis_driver_reference	marker	any	driver_reference	车身	驾驶员轨迹标记点
cis_drive_torque_bias_front	parameter_real	any	drive_torque_bias_front	动力总成	获取驱动力分配比
cis_engine_idle_speed	parameter_real	any	engine_idle_rpm	动力总成	获取发动机怠速
cis_engine_map	spline	any	engine_map	动力总成	获取发动机 MAP
cis_engine_rpm	solver_variable	any	engine_rpm	动力总成	获取发动机转速(r/min)
cis_engine_speed	solver_variable	any	engine_speed	动力总成	获取发动机转速(rad/min)
cis_engine_speed_limit	parameter_real	any	engine_revlimit_rpm	动力总成	获取发动机最大限制转速(r/min)
cis_engine_stall_speed	parameter_real	any	engine_stall_rpm	动力总成	获取发动机失速转速(r/min)
cis_front_aero_location	marker	inherit	front_aero_location	(车身)	获取前风阻力作用标记点
cis_front_brake_max_torque	parameter_real	inherit	front_brake_max_torque, max_front_brake_torque, front_max_brake_torque, max_brake_torque_front	制动	获取前轮最大制动力矩
cis_max_brake_value	parameter_real	any	max_brake_value	制动	获取踏板最大作用力
cis_max_engine_braking_torque	solver_variable	any	engine_maximum_braking_torque	动力总成	获取发动机最大拖滞力矩(油门开度为0)
cis_max_engine_driving_torque	solver_variable	any	engine_maximum_driving_torque	动力总成	获取发动机最大驱动力矩(油门开度为100)
cis_max_gears	parameter_integer	any	max_gears	动力总成	获取动力总成最大档位数
cis_max_rack_displacement	parameter_real	any	max_rack_displacement	转向	获取最大齿条行程
cis_max_rack_force	parameter_real	any	max_rack_force	转向	获取最大齿条力
cis_max_steering_angle	parameter_real	any	max_steering_angle	转向	获取最大方向盘转角
cis_max_steering_torque	parameter_real	any	max_steering_torque	转向	获取最大方向盘力矩
cis_max_throttle	parameter_real	any	max_throttle	动力总成	获取最大油门开度
cis_measure_for_distance	marker	any	measure_for_distance	车身	获取车辆纵向行驶距离测量标记点
cis_powertrain_type	parameter_integer	any	gse_powertrain_type	动力总成	获取发动机类型
cis_rear_brake_max_torque	parameter_real	inherit	rear_brake_max_torque, max_rear_brake_torque, rear_max_brake_torque, max_brake_torque_rear	制动	获取后轮最大制动力矩
cis_steering_rack_joint	joint_for_motion	front	steering_rack_joint	转向	获取转向驱动方式-齿条行程
cis_steering_wheel_joint	joint_for_motion	front	steering_wheel_joint	转向	获取转向驱动方式-方向盘转角
cis_suspension_parameters_ARRAY_front	array	front	suspension_parameters_array	前悬架	获取前悬架主销轴线
cis_suspension_parameters_ARRAY_rear	array	rear	suspension_parameters_array	后悬架	获取后悬架主销轴线

(续)

输入通讯器					
通讯器名称	实体类型	次特征	匹配名称	匹配对象	功能定义
cis_svs_trim_part	part	any	svs_trim_part	车身	获取假人部件
cis_svs_trim_part_loading	part	any	svs_trim_part_loading	(车身)	获取假人加载部件
cis_test_equipment_gyro	marker	any	test_equipment_gyro		
cis_transmission_efficiency	parameter_real	any	transmission_efficiency		获取变速箱效率
cis_transmission_input_omega	solver_variable	any	transmission_input_omega	动力总成	获取发动机给变速箱的转速(rad/s)
cis_transmission_spline	spline	any	transmission_spline	动力总成	获取变速箱档位传动比
cis_upshift_RPM	parameter_real	any	upshift_rpm	(动力总成)	获取变速箱升档转速
输出通讯器					
通讯器名称	实体类型	次特征	匹配名称	匹配对象	功能定义
cos_aero_pitch_angle	parameter_real	any	aero_pitch_angle		
cos_aero_pitch_angle_brake	parameter_real	any	aero_pitch_angle_brake		
cos_brake_demand	solver_variable	any	brake_demand	制动	输出制动请求信息
cos_characteristics_input_ARRAY_front	array	front	characteristics_input_array	前悬架	输出前悬架特性计算矩阵
cos_characteristics_input_ARRAY_rear	array	rear	characteristics_input_array	后悬架	输出后悬架特性计算矩阵
cos_clutch_demand	solver_variable	any	clutch_demand	动力总成	输出离合请求信息
cos_desired_velocity	solver_variable	any	desired_velocity		输出期望车速
cos_initial_engine_rpm	parameter_real	any	initial_engine_rpm	动力总成	输出发动机初始转速
cos_sse_diff1	diff	any	sse_diff1	动力总成	输出准静态时的微分方程
cos_std_tire_ref	location	any	std_tire_ref	车身	输出准静态轮胎接地点位置
cos_throttle_demand	solver_variable	any	throttle_demand	动力总成	输出油门开度请求信息
cos_transmission_demand	solver_variable	any	transmission_demand	动力总成	输出变速箱档位请求信息

注：1. 上述通讯器的匹配对象是以软件自带整车装配体 MDI_Demo_Vehicle_lt.asy 所对应的模板文件来进行验证的。
2. 匹配对象一栏里带有"()"表示使用上述模板未直接匹配验证成功，但从通讯的字面意思理解而应匹配的对象。

11.3.2 侧翻稳定性试验台 MDI_TILT_TABLE_TESTRIG

ADAMS 2020 提供了一个侧翻稳定性试验台 MDI_TILT_TABLE_TESTRIG，用以模拟分析整车在静态或准静态情况下的侧翻稳定性。由于侧翻稳定性仿真在后续章节（图 12-56，第 299 页）中会讲解到，此处仅介绍侧翻试验台的基本信息，暂不讲解其应用。

1. MDI_TILT_TABLE_TESTRIG 结构

MDI_TILT_TABLE_TESTRIG 试验台直观结构如图 11-12 所示。

如图 11-12 所示，该试验台由活动式侧翻平台和固定基座两部分构成，其中侧翻平台绕侧翻转轴相对于固定基座转动，实现车辆的双方向侧翻。

2. MDI_TILT_TABLE_TESTRIG 通讯器

相较于操稳试验台，侧翻试验台的通讯器则简单许多，见表 11-11。

第 11 章
整车动力学模型

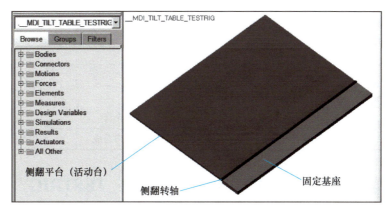

图 11-12　MDI_TILT_TABLE_TESTRIG 试验台

表 11-11　MDI_TILT_TABLE_TESTRIG 试验台输入、输出通讯器

输入通讯器					
通讯器名称	实体类型	次特征	匹配名称	匹配对象	功能定义
ci[lr]_front_wheel	mount	front	front_wheel, rotor_to_wheel	前车轮	车轮固定于试验台
ci[lr]_front_wheel_center	location	front	wheel_center	前悬架	获取前轮轮心位置
ci[lr]_rear_2_wheel	mount	rear_2	wheel, rotor_to_wheel	后桥2	适用于拖车及挂车
ci[lr]_rear_2_wheel_center	location	rear_2	outside_wheel_center, wheel_center		
ci[lr]_rear_wheel	mount	rear	rear_wheel, rotor_to_wheel	后车轮	车轮固定于试验台
ci[lr]_rear_wheel_center	location	rear	outside_wheel_center, wheel_center	后悬架	获取后轮轮心位置
ci[lr]_tag_axle_wheel	mount	tag_axle	wheel, rotor_to_wheel	附属支撑桥	适用于拖车及挂车
ci[lr]_tag_axle_wheel_center	location	tag_axle	outside_wheel_center, wheel_center		
ci[lr]_trailer_2_wheel	mount	trailer_2	wheel, rotor_to_wheel	拖车桥2	适用于拖车及挂车
ci[lr]_trailer_2_wheel_center	location	trailer_2	outside_wheel_center, wheel_center		
ci[lr]_trailer_wheel	mount	trailer	wheel, rotor_to_wheel	拖车桥1	适用于拖车及挂车
ci[lr]_trailer_wheel_center	location	trailer	outside_wheel_center, wheel_center		
cis_steering_wheel_joint	joint_for_motion	front	steering_wheel_joint	转向	获取转向控制方式-方向盘转角

(续)

输出通讯器					
通讯器名称	实体类型	次特征	匹配名称	匹配对象	功能定义
cos_brakes_on_drive	parameter_integer	rear_drive	brakes_on_drive		
cos_brakes_on_front	parameter_integer	front	spindle_lock		
cos_common_pad_mount	mount	inherit	common_pad_mount		
cos_std_tire_ref	location	inherit	std_tire_ref	车身	输出轮胎接地点位置
cos_throttle_demand	solver_variable	any	throttle_demand	动力总成	输出油门开度请求信号

11.3.3 四立柱试验台 ARIDE_FOUR_POST_TESTRIG

四立柱试验台主要用于整车平顺性仿真分析，其随 Ride 插件即插即用，详细介绍及使用方法见第 13 章内容。四立柱试验台的直观结构如图 11-13 所示。

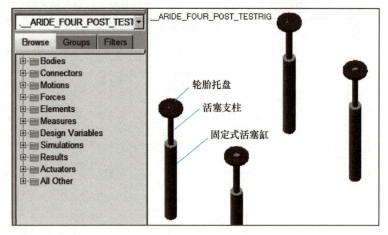

图 11-13　ARIDE_FOUR_POST_TESTRIG 试验台

四立柱试验台的通讯器也较为简单，见表 11-12。

表 11-12　ARIDE_FOUR_POST_TESTRIG 试验台输入、输出通讯器

输入通讯器					
通讯器名称	实体类型	次特征	匹配名称	匹配对象	功能定义
ci[lr]_outside_wheel_center_rear	location	rear	outside_wheel_center		
ci[lr]_suspension_mount_front	mount	front	suspension_mount	前悬架	轮轴固定于试验台
ci[lr]_suspension_mount_rear	mount	rear	suspension_mount	后悬架	轮轴固定于试验台
ci[lr]_tire_gforce_front	mount	front	rotor_to_wheel	前车轮	车轮连接固定于试验台
ci[lr]_tire_gforce_rear	mount	rear	rotor_to_wheel	后车轮	车轮连接固定于试验台
ci[lr]_wheel_center_front	location	front	wheel_center	前悬架	获取前悬架轮心位置
ci[lr]_wheel_center_rear	location	rear	wheel_center	后悬架	获取后悬架轮心位置
cis_body_subsystem	mount	any	body_subsystem	车身	车身固定于试验台

（续）

输出通讯器					
通讯器名称	实体类型	次特征	匹配名称	匹配对象	功能定义
co[lr]_mount_post_pad_vertical_front	mount	front	mount_post_pad_vertical		
co[lr]_mount_post_pad_vertical_rear	mount	rear	mount_post_pad_vertical_rear		

11.3.4 悬架特性试验台 SPMM_TESTRIG

悬架特性试验台 SPMM_TESTRIG 本质上是整车级悬架 K&C 试验台，其应用在 12.1.10 节会详细讲解，此处暂不涉及。

11.4 整车动力学模型调参

要进行整车动力学仿真，分析期望指标，需具备三个基本条件：整车装配体、试验道路、试验工况。本节主要讲第一个基本条件整车装配体，即整车动力学模型。为使分析结果具有更为可靠的指导意义，整车动力学模型的调参是必不可少的。

11.4.1 整车动力学模型的搭建

由于涉及多个子系统和对应的模板文件，整车动力学模型的搭建较为复杂，极易出现各种各样的问题。常见的有下面两种基本搭建方法。

1. 借用可以正常仿真分析的整车模型修改搭建目标整车

此种方法特别适合初学者，可大大提高模型搭建和后续仿真分析的成功率。此方法的一个先决条件是：已有整车模型所对应的模板类型与目标车辆一致。

外来整车模型通常以数据库形式对外发布，并以压缩包进行传输，对此基本处理流程如图 11-14 所示。

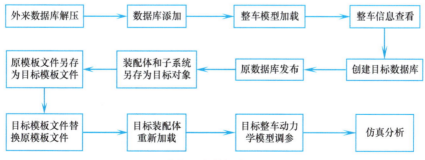

图 11-14 外来整车数据库基本处理流程

1) 外来数据库解压：解压后的数据库存放目录不能有中文和空格，且只保留最后一级带 ".cdb" 字样的文件夹。另注意，不可私自更改数据库名称，如图 11-15 所示。

2) 数据库添加：添加数据库时，注意索引名称须和主数据库名称保持一致，且不带 ".cdb" 字样，添加过程如图 2-14 所示（第 19 页）。

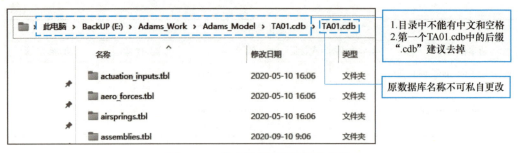

图 11-15 外来数据库的解压及存放

3）整车模型加载：整车模型加载过程中如出现图 11-16 所示错误提示，则说明主数据库名称已被私自更改过，用户需要根据提示信息修正主数据库名称。

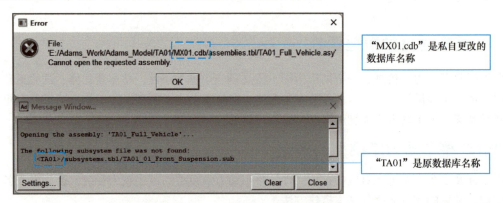

图 11-16 主数据库名称的修正

4）整车信息查看：包含装配体、子系统及模板文件，如图 11-17 和图 11-18 所示。

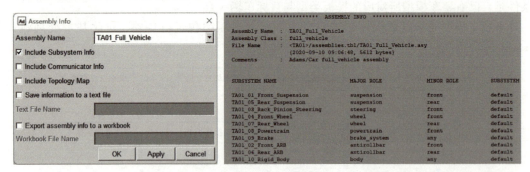

图 11-17 装配体信息查看（右侧仅为部分内容）

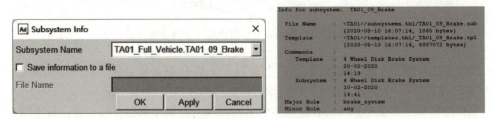

图 11-18 子系统信息查看（右侧仅为部分内容）

5）目标数据库创建及原数据库发布：此步骤的目的是将整车动力学模型转移到目标数据库中，以便后续更改。具体操作如图 2-18 所示（第 19 页）。

6）装配体、子系统、模板文件另存为目标对象：另存时，如果子系统次特征或模板主特征错误，此时可进行修改。注意，只能通过另存的方式来实现目标对象，而不可直接修改原文件名。

7）目标模板文件替换：上一步中，装配体和子系统已经另存了目标对象，但两者使用的模板文件仍不是目标模板，此时可通过替换子系统中的模板文件名称来实现目标模板的加载，如图 11-19 所示。

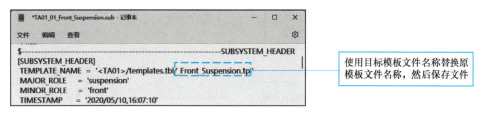

图 11-19　目标模板文件替换

8）关闭整车模型，重新打开目标整车模型，并查看所有目标对象是否加载。如加载成功，则可进行下一步的模型调参。

2. 使用自建模板文件来搭建整车动力学模型

此种方法适合有一定基础的用户，其基本流程也较为简单，如图 11-20 所示。

图 11-20　全新自建整车动力学模型基本流程

根据 11.1 节的内容，即使搭建全新整车动力学模型，部分子系统对应的模板也建议借助软件自带的模板并根据实际情况进行修改和完善，以提高建模成功率，见表 11-13。

表 11-13　装配体信息

子系统	模板主特征	基础模板	子系统次特征
TA01_Front_Suspension/前悬架子系统	Suspension/悬架	自建	front/前
TA01_Rear_Suspension/后悬架子系统	Suspension/悬架	自建	rear/后
TA01_Front_Wheel/前车轮子系统	Wheel/车轮	借助软件自带_handling_tire.tpl	front/前
TA01_Rear_Wheel/后车轮子系统	Wheel/车轮	借助软件自带_handling_tire.tpl	rear/后
TA01_Powertrain/动力子系统	Powertrain/动力	借助软件自带_powertrain.tpl	front/前
TA01_Brake/制动子系统	Brake_system/制动	借助软件自带_brake_system_4Wdisk.tpl	any/任一
TA01_Front_ARB/前稳定杆子系统	Antirollbar/稳定杆	自建	front/前
TA01_Rear_ARB/后稳定杆子系统	Antirollbar/稳定杆	自建	rear/后
TA01_Rigid_Body/车身子系统	Body/车身	借助软件自带_rigid_chassis_lt.tpl	any/任一
TA01_EPS_Steering/转向子系统	Steering/转向	自建或借助软件自带_rack_pinion_steering.tpl	front/前

笔者经验：对于高版本 ADAMS 软件，转向系统的功能越来越高级，其与整车试验台存在很多潜在关联。故，如无十足把握，建议转向系统优先使用软件自带的模板_rack_pinion_steering.tpl，并适当修改（硬点、传动比、助力曲线等）形成目标模板。

11.4.2 整车动力学模型的调参及验证

调参，又或称为模型调校或调整，其主要目的是将动力学模型尽可能调整到与实际项目一致，以确保分析出来的结果更具指导意义。

整车动力学模型基本调参流程及调参对象如图 11-21 所示。

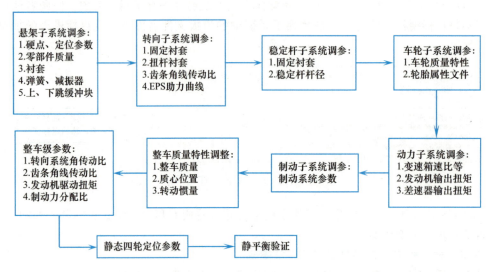

图 11-21　整车动力学模型基本调参流程及调参对象

图 11-21 中，整车动力学模型调参主要分为子系统级调参和整车级调参两大类。

1. 子系统级调参

子系统的调参结果保存在对应的子系统中。

（1）悬架子系统调参

悬架子系统的调参工作量最大，其详细过程见第 8 章相关内容。特别说明如下几点：

1）零部件质量会影响轴荷及簧下质量，因此，簧下质量占比较大的零部件质量应尽可能准确。

2）减振器阻尼力对悬架 K&C 分析影响很小，但对整车性能有较大影响，调参时要认真对待。

3）无论整车分析是何种质量状态，弹簧预载（载荷或长度）都按设计状态调参。

（2）转向子系统调参

转向子系统调参主要涉及衬套、齿条角线传动比、EPS 助力曲线等方面，具体过程见第 7 章相关内容。

（3）稳定杆子系统调参

前面相关章节讲到过，项目初期建模时，稳定杆优先使用多段梁法建模，以便后期快速地调整稳定杆直径，获取不同的整车特征。同时，稳定杆固定衬套也需要调参。

（4）车轮子系统调参

车轮子系统调参主要涉及两个方面。

1）质量特性：右击车轮，选择 Modify 开始调参，如图 11-22 所示。

2）轮胎属性文件：轮胎属性文件常由轮胎供应商提供，按需加载即可，如图 11-22 所示。

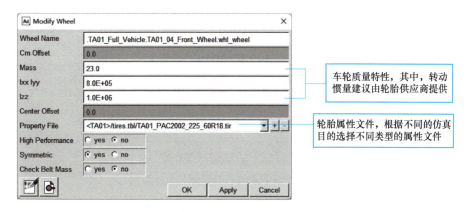

图 11-22　车轮质量特性调参

（5）动力子系统调参

动力子系统调参主要涉及变速箱速比、发动机基本参数、动力总成扭矩相关的属性文件。

1）变速箱速比、发动机基本参数。菜单操作：Adjust->Parameter Variable->Table->Subsystem ->Powertrain，可修改的变量见表 11-14。由于整车仿真多是试验台驱动，如无实际项目参数，可使用默认值替代。

表 11-14　动力子系统可调参数

参　数	名　称	单位	默认值	参　数	名　称	单位	默认值
Clutch_capacity	离合器传递力矩	N·mm	1.0E+6	Engine_rev_limit	发动机最高转速	rpm	1.4E+4
Clutch_close	离合器接合阈值		0.25	Fine_drive	主减速比		3.28
Clutch_damping	离合器扭矩阻尼	N·mm·s/deg	1.0E+4	Gear_1	一档速比		3.231
Clutch_open	离合器分离阈值		0.75	Gear_2	二档速比		2.571
Clutch_stiffness	离合器扭转刚度	N·mm/deg	1.0E+6	Gear_3	三档速比		2.125
Clutch_tau	延迟时间	s	5.0E-2	Gear_4	四档速比		1.789
Ems_gain	发动机怠速增益比		5.0E-3	Gear_5	五档速比		1.55
Ems_max_throttle	最大油门开度		100	Gear_6	六档速比		1.0
Ems_throttle_off	怠速油门开度		1	Gear_r	倒档速比		-3.0
Engine_idle_speed	发动机怠速	rpm	1000	max_throttle	最大油门开度		100
Engine_inertia	曲轴转动惯量	kg·mm²	7.0E+4				

2）发动机外特性：发动机外特性以属性文件存储，调参时建议在原属性文件基础上进行修改，并加载使用，如图 11-23 和图 11-24 所示。

图 11-23 中，发动机外特性曲线 V12_engine_map.pwr 相对较为简单，其属性文件仅定义了油门开度 0 和 1 情况下不同转速度对应的扭矩输出特性，如图 11-24 所示。

除上述属性文件外，软件里还自带了一个相对更符合实际发动机外特性的属性文件 V8_240HP_400Nm.pwr，其反映了油门开度、发动机转速、输出扭矩三者的关系，用户可自行研究。

3）差速器输出扭矩：当左、右驱动轮转速不同时，意味着差速器两端输出扭矩也不同，对此，模板中使用另一属性文件 MDI_viscous.dif 来定义转速差与输出扭矩差的关系，如图 11-25 所示。

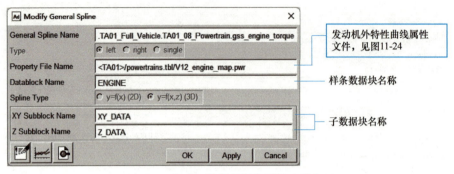

图 11-23　发动机外特性样条属性文件应用

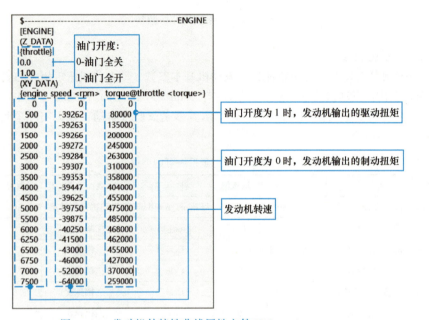

图 11-24　发动机外特性曲线属性文件 V12_engine_map.pwr

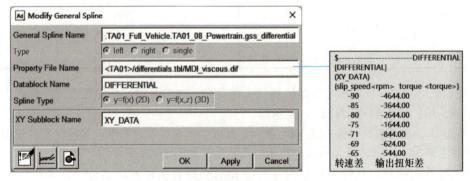

图 11-25　差速器转出扭矩差与转速差关系定义

上述仅定义了差速器左、右两侧的输出扭矩差，两侧最终输出的扭矩由 Joint-Force 所决定，如图 11-26 所示。

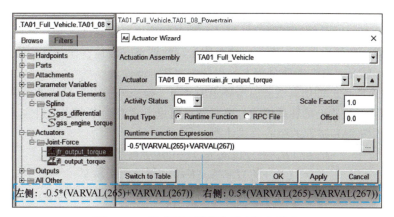

图 11-26　差速器两端最终输出扭矩定义

注意：上述属性文件 V12_engine_map.pwr、MDI_viscous.dif 默认格式为 pwr、dif，因对话框定义的是样条曲线，仅支持 spl、gsp 格式文件，故无法直接加载相应属性文件。对此，可将属性文件格式更改为 spl、gsp 格式，即 V12_engine_map.spl、MDI_viscous.spl，并放置到 gen_splines.tbl 子目录下，即可加载并使用。

（6）制动子系统调参

制动子系统调参较为简单，其主要涉及几个变量的调整，不涉及属性文件，见表 11-6（第 244 页）。

2. 整车级调参

整车级的调参结果保存在整车装配体中。

（1）整车质量特性调整

整车动力学建模时，因许多部件没有建出，即使逐一调整所有零部件质量，也无法调整到期望轴荷。而整车动力学仿真又多是在半载或满载工况下进行的，对此，ADAMS/Car 提供了一种自动质量特性调整方法，其实质是选择一个基础部件，通过对部件质量的增减、质心位置的调整来调整整车的质量和质心位置。此基础部件多选择为车身 Chassis。调整方法如图 11-27 所示。

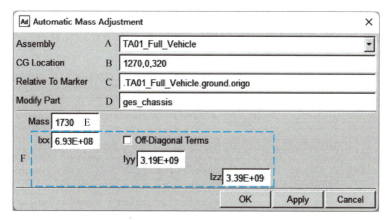

图 11-27　自动质量调整对话框

菜单命令：Simulate->Full-Vehicle Analysis->Vehicle Set-up->Adjust Mass。

对上述自动质量调整对话框说明如下：

1）如果 C（Relative To Marker，参考基准点）是坐标系原点，则 B（CG Location）即为整车

261

质心位置；如果 C 不是坐标系原点，则整车的质心位于 B 相对于 C 的位置。

2) D（Modify Part）是质量调整部件，又称为基础部件，即通过调整 D 部件的质量和质心位置来调整整车的质量和质心位置。因此，整车质量特性调整完成后，D 部件的质量和质心位置均会变化。根据实际情况，常选择质量较大的车身作为基础部件。

3) E 代表整车质量，即仿真试验时所要求的质量，操稳分析常为半载状态。

4) F 为整车质心位置处的转动惯量。整车转动惯量参考经验车型或项目实车测试结果而定，如无相关数据，则按 SAE 推荐的经验公式计算：

$$I_{XX} = ((R_H + H_g) T_W m / K_X) E + 06 (所有车辆适用) \quad (11-1)$$

$$I_{YY} = ((R_H + H_g) L m / K_Y) E + 06 (仅适用于轿车) \quad (11-2)$$

$$I_{YY} = ((R_H + H_g) W_B m / K_Y) E + 06 (除轿车外的其他车型) \quad (11-3)$$

$$I_{ZZ} = (T_W W_B m / K_Z) E + 06 (所有车辆适用) \quad (11-4)$$

上式中各变量定义见表 11-15。

表 11-15 转动惯量计算和变量定义

变量	定义	单位	变量	定义	单位
I_{XX}	绕整车质心处 X 轴的转动惯量	kg·mm²	T_W	轮距	m
I_{YY}	绕整车质心处 Y 轴的转动惯量	kg·mm²	L	车辆长度	m
I_{ZZ}	绕整车质心处 Z 轴的转动惯量	kg·mm²	W_B	轴距	m
R_H	整车高	m	K_X	X 轴惯量计算系数	
H_g	整车质心高	m	K_Y	Y 轴惯量计算系数	
m	整车质量	kg	K_Z	Z 轴惯量计算系数	

注：1. K_X：轿车 7.986，通用车辆 9.4212，轻型客货 9.4738，厢式货车 7.8854。

2. K_Y：轿车 5.2901，轴距小于 2.41m 通用汽车 4.2193，轴距大于 2.41m 通用汽车 3.451，轻型客/货车 3.3783，厢式货车 3.4734。

3. K_Z：轿车 2.1492，通用车辆 2.2045，轻型客/货车 2.1858，厢式货车 2.2168。

注意下面两点：

1) 按式（11-1）~式（11-4）计算出的转动惯量须满足 $I_{XX} + I_{ZZ} \geq I_{YY}$，逻辑上才成立。

2) 不同车型的 I_{YY} 需要选择对应的公式计算，如 SUV 车辆选择式（11-3），如选择式（11-2）计算，则 $I_{XX} + I_{ZZ} \geq I_{YY}$ 不成立，无法调参。

上述质量特性调整完成后，可对其进行测量验证，如图 11-28 和图 11-29 所示。

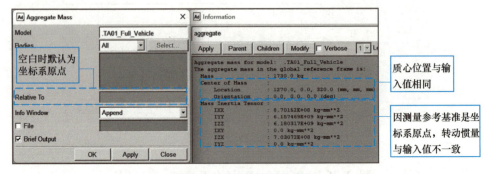

图 11-28 质量特性测量验证 1

菜单命令：Tools->Model Diagnostics->Aggregate Mass。

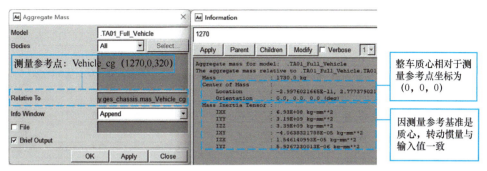

图 11-29　质量特性测量验证 2

（2）整车参数设置

在闭环控制模式下操作时，整车驱动器必须知道图 11-30 所示的一系列车辆特定参数，以正确标定输出值。

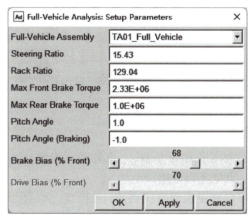

图 11-30　整车参数设置

菜单命令：Full-Vehicle Analysis->Vehicle Set-Up->Set Full Vehicle Parameter。

图 11-30 所示对话框中各参数定义见表 11-16。

表 11-16　整车参数设置各参数定义

参　　数	定　　义	单　　位
Steering Ratio	转向系统角传动比，即方向盘转角/车轮转角，K&C 转向工况仿真可得到此参数	deg/deg
Rack Ratio	齿条角线传动比，即小齿轮转角（弧度）/齿条行程	rad/m
Max Front Brake Torque	最大制动需求下前轴产生的扭矩，如果 max_front_brake_torque 通讯器匹配成功，则参数不可用	N·mm
Max Rear Brake Torque	最大制动需求下后轴产生的扭矩，如果 max_rear_brake_torque 通讯器匹配成功，则参数不可用	N·mm
Pitch Angle	静态条件下的车身俯仰角。当输入为 3D 样条曲线形式时，该参数仅用于空气阻力计算。要分析获得该值，可以运行静态平衡分析	deg
Pitch Angle（Braking）	制动状态下的车身俯仰角。当输入为 3D 样条曲线形式时，该参数仅用于空气阻力计算，在指定的减速度下运行静态平衡分析可得到此值	deg
Brake Bias（% Front）	最大前轴制动力矩占比：前/（前+后）	
Drive Bias（%Front）	前轮驱动力占比。前驱车辆为 100%，后驱车辆为 0	

（3）静态车辆设置

静态车辆设置是对整车在设计静态状态下的特定参数设置，如图 11-31 所示。

菜单命令：Simulate->Full-Vehicle Analysis->Vehicle Set-Up->Static Vehicle Set-Up。

图 11-31 中，静态车辆设置主要包含车轮定位参数 Alignment、配载重量 Weight、行驶高度 Ride Height、车轮径向刚度 Wheel Rate 四项。

其中，Alignment 选择 Left/Right，单独设置四轮定位参数，同轴左、右两侧可对称，也可不对称。如选择拆分（Split），四轮定位参数拆分方案如图 11-32 所示。

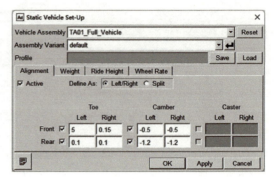

图 11-31　静态车辆设置

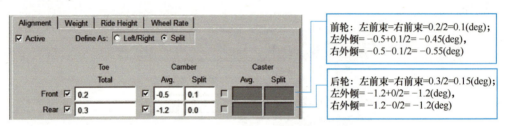

图 11-32　四轮定位参数拆分方案

关于配载重量 Weight、行驶高度 Ride Height、车轮径向刚度 Wheel Rate 的详细应用，读者可参考在线帮助文件深入研究，此处不再介绍。

上述设置完成后，用户可以自定义保存文件为.vsf 格式（保存于默认工作目录内），以便下次加载使用。

需要特别说明的是，静态车辆设置不是必需的，正常情况下不影响分析结果。而对于上述车轮定位参数，用户也可以在悬架子系统里设置。

（4）车轮路面设置

菜单命令：Simulate->Full-Vehicle Analysis->Vehicle Set-Up->Set Road for Individual Tires。

车轮路面设置可设置单个车轮所行驶的路面，其在特殊路面对比分析时特别有意义，如对阶、对开路面等。每个车轮均可单独设置，在模型正式提交仿真前均是有效的，如图 11-33 和图 11-34 所示。

图 11-33　单个车轮路面设置

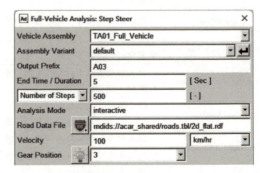

图 11-34　仿真分析

图 11-33 中，左前轮使用 2d_drum.rdf 路面，左后轮使用 2d_plank.rdf 路面，分别单击 OK 按钮。图 11-34 所示的转向节阶跃仿真使用 2d_flat.rdf 文件，仿真分析成功后，在分析结果目录内查看对应的 .adm 文件，可验证上述路面是否设置成功，如图 11-35 所示。

图 11-35 路面设置的验证

（5）车轮路面删除

菜单命令：Simulate->Full-Vehicle Analysis->Vehicle Set-Up->Delete Road Geometry。

整车仿真提交后，主界面里会显示对应的路面图形，如不需要，可将其删除，如图 11-36 所示。

图 11-36 删除路面图形

3. 模型验证

整车仿真分析用模型最为关注的整车质心位置、前/后轴荷、转动惯量是否与期望一致。上述模型调参完毕后，建议执行一个 SVC 分析（第 305 页图 12-72 所示），以验证所调轴荷是否正确，验证结果如图 11-37 所示。

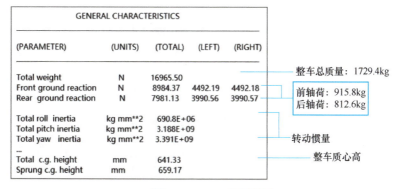

图 11-37 SVC 分析结果

11.5 道路模型

本节着重讲解 ADAMS/Car 整车仿真分析的第二个基本要素：道路模型。

ADAMS/Car 中，道路模型是使用属性文件来表述的，其主要有两种格式：rdf 和 xml。rdf 格式属性文件可使用记事本直接编写，而 xml 格式属性文件则需使用道路构建器（Road Builder）来编制。

ADAMS/Car 道路模型主要有 2D 道路和 3D 道路两大类别。2D 道路是指路面参数只用 XZ 平面的点定义而形成的一条二维曲线，3D 道路是三维平滑类路面的统称。无论 2D 道路还是 3D 道路，其 rdf 格式的属性文件均有着固定的格式，表 11-17 是整车操稳仿真用 2D 平路面 2d_flat.rdf 的全部内容。

表 11-17 2d_flat.rdf

`$ --------------------------------------MDI_HEADER`
`[MDI_HEADER]`
`FILE_TYPE     = 'rdf'`
`FILE_VERSION  = 5.00`
`FILE_FORMAT   = 'ASCII'`
`(COMMENTS)`
`{comment_string}`
`'flat 2d contact road for testing purposes'`
	文件标题数据块：
	记录文件的类型、版本号、格式、注释等信息

`$ --------------------------------------UNITS`
`[UNITS]`
`LENGTH            = 'mm'`
`FORCE             = 'newton'`
`ANGLE             = 'degrees'`
`MASS              = 'kg'`
`TIME              = 'sec'`
	单位数据块：
	仅对本数据文件有效，注意角度有两种单位：radian 和 degrees，建议优先使用 degrees

`$ --------------------------------------MODEL`
`[MODEL]`
`METHOD            = '2D'`
`FUNCTION_NAME     = 'ARC901'`
`ROAD_TYPE         = 'flat'`
	路面类型数据块：
	路面类别 2D；
	轮胎使用路面调用代号；
	路面类型 flat

`$ --------------------------------------GRAPHICS`
`[GRAPHICS]`
`LENGTH            = 2000000.0`
`WIDTH             = 1000000.0`
`NUM_LENGTH_GRIDS  = 200`
`NUM_WIDTH_GRIDS   = 100`
`LENGTH_SHIFT      = 20000.0`
`WIDTH_SHIFT       = 0.0`
	路面图形数据块：
	路面总长 2000m、宽 1000m；
	路面网格划分数量：长度方向 200 个，宽度方向 100 个，即每个小网格为 20m*10m；
	路面相对于全局坐标系的偏移量：长度方向 20m，宽度方向 0m

（续）

`$ ------------------------------------------------PARAMETERS`
`[PARAMETERS]`
`MU                    =   1.0`
	路面参数数据块：
	MU-摩擦系数修正比

`$ ----------------------------------------------------REFSYS`
`[REFSYS]`
`OFFSET                          =   0.0 0.0 0.0`
`ROTATION_ANGLE_XY_PLANE  =   0.0`
	相对参考数据块：
	路面相对于全局坐标系的位置和角度

上述 2D 平路面属性文件包含标题数据块［MDI_HEADER］、单位数据块［UNITS］、路面类型数据块［MODEL］、路面图形数据块［GRAPHICS］、路面参数数据块［PARAMETERS］、相对参考数据块［REFSYS］。不同路面的数据块构成和内容也会有相应差异。

道路的类型在属性文件中由［MODEL］中的 METHOD 和 ROAD_TYPE 共同定义，ADAMS/Car 支持的常见道路类型见表 11-18。

表 11-18　ADAMS/Car 支持的常见道路类型

METHOD	FUNCTION_NAME	ROAD_TYPE	
2D	ARC901	DRUM	转鼓路面
		FLAT	平整路面
		PLANK	矩形凸块路
		PLANK_SOFT_SOIL	
		POLY_LINE	折线路面
		POT_HOLE	凹坑路面
		RAMP	斜角凸块路面
		ROOF	三角形凸块路面
		SINE	正弦波路面
		SINE_SWEEP	正弦变波长路面
		SSC_FLAT	
		STOCHASTIC_UNEVEN	随机不平路面
3D	ARC904		3D 等效容积道路
3D	ARC903		3D 样条道路
521	ARC913	FLAT or INPUT	521 轮胎模型专用路面
USER	ARC501		自定义

注：［FUNCTION_NAME］变量指路面与轮胎接触函数的 ID 号。

11.5.1　2D 道路

表 11-17 所示的路面属性文件中，路面参数数据块［PARAMETERS］和相对参考数据块［REFSYS］是分开的，两者也可统一合并到路面参数数据块中。不同的 2D 道路，其参数项也会有所不同，但有些参数定义的内容适用于所有 2D 道路，见表 11-19。

表 11-19　路面参数数据块 [PARAMETERS] 中的参数定义

参数	说明
Offset	路面相对于整车原点的偏移量，注意 X/Y/Z 方向偏移量之间用空格分隔，默认为 0 0 0，正负定义如下： X 正值，路面相对于车辆原点向后移动 Y 正值，路面相对于车辆原点向右移动 Z 正值，路面相对于车辆原点向上移动，Z=0，路面与前轮接地点重合
Rotation_angle_xy_plane	路面文件的坐标系方向与车辆的运动坐标系方向是一致的，即车辆直线前进方面是全局坐标系-X 向。默认值为 0deg，意味着路面长度方向的增加是沿全局-X 方向的 X 为正值，代表路面沿全局 Z 轴逆时针旋转
mu	道路与轮胎的摩擦系数修正比，默认值为 1，实际摩擦系数是两者的乘积

2D 道路中有许多不同的路面类型，其通过 [MODEL] 数据块中的 ROAD_TYPE 定义，不同道路类型的参数也不相同，简单介绍如下。

1. DRUM：转鼓路面

转鼓路面又称为转鼓试验台，其在整车仿真中没有路面形状，其定义见表 11-20。

表 11-20　转鼓路面参数定义（ROAD_TYPE=DRUM）

参数数据块 [PARAMETERS]	图　示
OFFSET = 0 ROTATION_ANGLE_XY_PLANE = 180 MU = 1.0 $ DIAMETER = 2000 V = 10000 NUMBER_CLEATS = 2 CLEAT_HEIGHT = 20 CLEAT_STARTING_ANGLE = 90 CLEAT_LENGTH = 20 CLEAT_BEVEL_EDGE_LENGTH = 5 ACCELERATION_TIME = 1 CLEAT_DIRECTION = 0 $ $ (XZR_DATA) $　0　　0　　0 $　4　　39　　20 $　73　　50　　20 $　77　　0　　0	（CLEAT_BEVEL_EDGE_LENGTH、CLEAT_LENGTH、DIAMETER 示意图）

参　数	说　明
DIAMETER	转鼓直径。当直径<0 时，试验使用转鼓外表面；直径>0 时，使用转鼓内表面。与此对应，正的转鼓速度在外表面时为逆时针，在内表面时为顺时针
ROTATION_ANGLE_XY_PLANE	转鼓轴线与 XY 平面的角度
V	转鼓表面切线速度，单位 mm/s。试验时，应确保车辆速度为 0，否则车辆将驶离转鼓；同时需保证转鼓中心与汽车的 X=0 共线
NUMBER_CLEATS	转鼓表面镶条数量，N=0 时，为光滑表面的转鼓

(续)

参　　数	说　　明
CLEAT_HEIGHT	镶条高度
CLEAT_STARTING_ANGLE	第一个镶条在转鼓表面的角度
CLEAT_LENGTH	镶条底边宽度
CLEAT_BEVEL_EDGE_LENGTH	镶条 45deg 倒角斜边长度
ACCELERATION_TIME	从 0 加速到指定速度的时间，单位 s
CLEAT_DIRECTION	镶条相对于滚筒旋转轴的方向（从上方观察滚筒表面，逆时针测量方向角），单位 deg。默认值为 0deg，代表镶条完全沿转鼓表面横向（平行于转鼓轴线方向）

2. PLANK：凸块路面

凸块路面参数定义见表 11-21。

表 11-21　凸块路面参数定义（ROAD_TYPE=PLANK）

参数数据块［PARAMETERS］	图　　示
［PARAMETERS］ OFFSET　　　　　　　　　=　0 ROTATION_ANGLE_XY_PLANE　=　180 MU　　　　　　　　　　　=　1.0 $ HEIGHT　　　　　　　　　=　50 START　　　　　　　　　=　1000 LENGTH　　　　　　　　　=　50 BEVEL_EDGE_LENGTH　　　=　15 DIRECTION　　　　　　　=　45	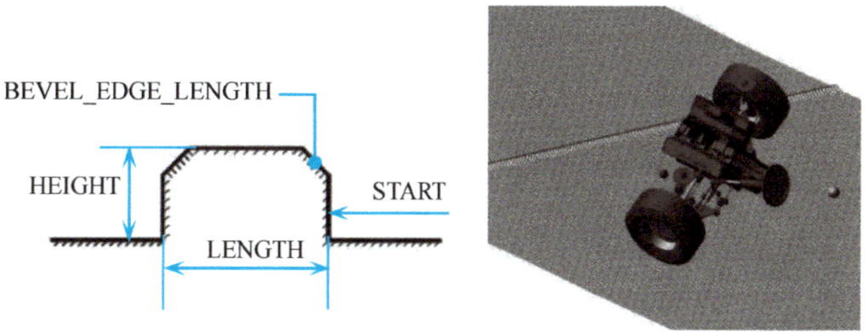 a)　　　　b)

参　　数	说　　明
HEIGHT	凸块高度
START	汽车初始位置到凸块的距离（下同）
LENGTH	凸块断面（沿 X 轴方向）长度
BEVEL_EDGE_LENGTH	凸块的倒角斜边长度，倒角定义为 45deg。如值为负，则表示为圆角，圆角半径是定义值的绝对值
DIRECTION	凸块方向角，单位 deg，以与 Y 轴的夹角表示。如果值定义为 0，表示凸块垂直于车辆前进方向放置。默认值为 45deg，见图示 b

3. 折线、凹坑、斜角凸块、三角形凸块、正弦波路面

折线路面同时定义车辆左、右两轮的轮辙（Z 向高度）。在整车仿真中，该路面没有几何外形。折线、凹坑、斜角凸块、三角形凸块、正弦波路面见表 11-22。

表 11-22　折线等路面参数定义

路面类型	参数数据块［PARAMETERS］	图　　示
POLY_LINE 折线路面	［PARAMETERS］ OFFSET　　　　　　　　　=　0 ROTATION_ANGLE_XY_PLANE　=　180 MU　　　　　　　　　　　=　1.0	

(续)

路面类型	参数数据块 [PARAMETERS]	图 示

POLY_LINE 折线路面	$
	 (XZ_DATA)
	     0 0 0
	   900 100 100
	 1030 -100 -100
	 1070 -100 -100
	 1110 100 100
	 1140 -50 -50
	 1160 100 100
	 1190 0 0
	 1250 0 0
	 X 向位置 左轮辙 右轮辙	

POT_HOLE 凹坑路面	[PARAMETERS] OFFSET = 0 ROTATION_ANGLE_XY_PLANE = 180 MU = 1.0 $ DEPTH = 50 START = 1000 LENGTH = 200	
RAMP 斜角凸块路面	[PARAMETERS] OFFSET = 0 ROTATION_ANGLE_XY_PLANE = 180 MU = 1.0 $ HEIGHT = 50 START = 1000 SLOPE = 1	SLOPE=tan(α)
ROOF 三角形凸块路面	[PARAMETERS] OFFSET = 0 ROTATION_ANGLE_XY_PLANE = 180 MU = 1.0 $ HEIGHT = 30 START = 1000 LENGTH = 200	

SINE 正弦波路面	[PARAMETERS]
	 OFFSET = 0
	 ROTATION_ANGLE_XY_PLANE = 180
	 MU = 1.0
	 $
	 START =
	   1000
	 AMPLITUDE = 50
	 WAVE_LENGTH =
	   2500	

4. SINE_SWEEP：正弦变波长路面（见表 11-23）

表 11-23　正弦变波长路面参数定义（ROAD_TYPE=SINE_SWEEP）

参数数据块 [PARAMETERS]	图　　示
[PARAMETERS] OFFSET　　　　　　　　　　= 0 ROTATION_ANGLE_XY_PLANE　= 180 MU　　　　　　　　　　　= 1.0 $ START　　　　　　　　　　= 1000 END　　　　　　　　　　　= 5000 AMPLITUDE_AT_START　　　= 20 AMPLITUDE_AT_END　　　　= 10 WAVE_LENGTH_AT_START　　= 1000 WAVE_LENGTH_AT_END　　　= 100 SWEEP_TYPE　　　　　　　= 0	

参　　数	说　　明
START	波纹路开始时的车辆纵向行驶距离
END	波纹路结束时的车辆纵向行驶距离
AMPLITUDE_AT_START	开始时波幅（Z 向高度）
AMPLITUDE_AT_END	结束时波幅（Z 向高度）
WAVE_LENGTH_AT_START	开始时波长（纵高）
WAVE_LENGTH_AT_END	结束时波长（纵高）
SWEEP_TYPE	变形类型：0-频率线性增加；1-频率自然对数递增

5. STOCHASTIC_UNEVEN：随机不平路面（见表 11-24）

表 11-24　随机不平路面参数定义（ROAD_TYPE=STOCHASTIC_UNEVEN）

参数数据块 [PARAMETERS]	图　　示
[PARAMETERS] OFFSET　　　　　　　　　　= 0 ROTATION_ANGLE_XY_PLANE　= 180 MU　　　　　　　　　　　= 1.0 $ ISO_8608_ROAD_CLASS　　　= 'H' CORRELATION_RL　　　　　= 0.6 START　　　　　　　　　　= 0.0	无

参　　数	说　　明
ISO_8608_ROAD_CLASS	ISO 8608 路面等级，见表 11-25
CORRELATION_RL	左、右轮辙相关系数，取值范围 0~1，0 表示左、右不相关；1 表示左、右轮辙相关
START	随机不平开始时的车辆纵向行驶距离

表 11-25　不同道路等级空间功率谱密度 G_d（Ω_0）　　（单位：10^{-6}m^3）

路面等级	最小值	平均值	最大值
A		1	2
B	2	4	8
C	8	16	32
D	32	64	128
E	128	256	512
F	512	1024	2048
G	2048	4096	8192
H	8192	16384	

11.5.2　3D 道路

3D 道路是除 2D 道路外另一种主要的道路类别。ADAMS/Car 中，将 3D 道路称为三维平滑路面，即 3D Smooth Road。使用 3D 道路进行整车仿真时，路面模型中含有的中心线数据可以用于车辆运行轨迹的跟踪，在动画演示仿真结果时，路面图形会自动加载。

1. 3D 等效容积（3D Equivalent-Volume）**路面**

3D 等效容积路面一般是由一系列空间三角形平面组成的三维路面，图 11-38 所示路面有 6 个节点，通过这些节点定义一个三角形路面元素 A、B、C、D，这些三角形的法向（normal）朝外。ADAMS/Tire 要求用户定义 3D 路面时首先在道路参考坐标系中指定每一个节点的坐标，然后对每个三角形中的路面元素指定 3 个节点和摩擦系数。使用此类模型也可以定义凸块、凹坑或不规则起伏路面。

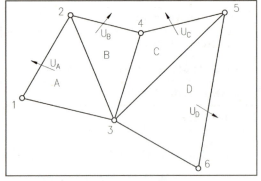

图 11-38　ADAMS/Tire 要求的 3D 路面

3D 等效容积路面也是通过属性文件来定义其三维形状的。同 2D 道路，属性文件中包含标题（Header）、单位（Unit）、模式（Model）、节点（Node）和元素（Element）等数据块。数据块在属性文件中的排序并不固定，因为每个数据块均由关键词引导。

在道路属性文件中可以加入 3D 轮胎要求的数据，3D 轮胎将根据关键词搜索需要的信息而忽略所有附加项。因此用户实际上几乎可以用任何字符作为注释行的开始，但为了避免混淆，建议使用 $、!、#。注释行结束用方括号"[""]"表示，参数表可以不用注释但必须用大括号"{""}"表示开始和结束；关键词和示值用等号"="联系，示值用单引号或双引号包括在内。表 11-26 是软件自带 3D_bump.rdf 路面属性文件的结构。

表 11-26　3D_bump.rdf 路面属性文件

$ ---------------------------------------MDI_HEADER [MDI_HEADER] ……	文件标题数据块： 内容略

(续)

`$ ------------------------------------------------units`
`[UNITS]`
`......`
	单位数据块：
	内容略

`$ -------------------------------------------definition`
`[MODEL]`
`METHOD              = '3D'`
	道路类别定义数据块：
	3D-轮胎使用 3D 接触算法

`$ ------------------------------------------------refsys`
`[REFSYS]`
`OFFSET                  =  0.0 0.0 0.0`
`ROTATION_ANGLE_XY_PLANE =  0.0`
	相对参考数据块：
	偏移位置；
	路面相对方向

`$ -------------------------------------------------nodes`
`[NODES]`
`NUMBER_OF_NODES    = 10`
`{ node    x_value    y_value    z_value }`
`1       100000.0    10000.0    0.0`
`2       -24000.0    10000.0    0.0`
`3       -24000.0    10000.0    100`
`4      -100000.0    10000.0    100`
`5      -150000.0    10000.0    100`
`6       100000.0   -10000.0    0.0`
`7       -17000.0   -10000.0    0.0`
`8       -17000.0   -10000.0    100`
`9      -100000.0   -10000.0    100`
`10     -150000.0   -10000.0    100`
	节点参数数据块：
	路面节点数；
	每个节点的坐标

`$ ----------------------------------------------elements`
`[ELEMENTS]`
`NUMBER_OF_ELEMENTS    = 8`
`{ node_1  node_2  node_3   mu }`
`1         7        6      1.0`
`1         2        7      1.0`
`2         8        7      1.0`
`2         3        8      1.0`
`3         9        8      1.0`
`3         4        9      1.0`
`4        10        9      1.0`
`4         5       10      1.0`
	路面元素数据块：
	路面元素数量；
	元素节点号；
	摩擦系数

2. 3D 样条（3D Spline）路面

使用 3D 样条路面可以使汽车模型适用于许多种类的三维平滑路面，如专业赛道。所谓平滑路面是指道路的曲率远远小于轮胎的曲率。3D 样条路面的属性文件也由多个数据块构成，表 11-27 是软件自带 road_3d_smooth.rdf 路面属性文件的结构及参数说明。

表 11-27　road_3d_smooth.rdf 路面属性文件

内容	说明

`$ ----------------------------------------------MDI_HEADER`
`[MDI_HEADER]`
`……`
	文件标题数据块：
	内容略

`$ ----------------------------------------------UNITS`
`[UNITS]`
`……`
	单位数据块：
	内容略

`$ ----------------------------------------------DEFINITION`
`[MODEL]`
`METHOD            = '3D_SPLINE'`
`FUNCTION_NAME     = 'ARC903'`
`VERSION           = 1.00`
	路面类型定义数据块：
	3D_SPLINE-ADAMS/Tire 使用 3D_SPLINE 算法；
	ARC903-函数名称变量

`$ ----------------------------------------------ROAD_PARAMETERS`
`[GLOBAL_PARAMETERS]`
`CLOSED_ROAD       = 'nO'`
`SEARCH_ALGORITHM  = 'FaSt'`
`ROAD_VERTICAL     = '0. 0 0. 0 1.0'`
`FORWARD_DIR       = 'NORMAL'`
`MU_LEFT           = 1.0`
`MU_RIGHT          = 1.0`
`WIDTH             = 7.000`
`BANK              = 0.0`
	路面参数数据块：
	定义道路的宏观参数

`$ ----------------------------------------------DATA_POINTS`
`[DATA_POINTS]`
`{ X       Y       Z      WIDTH  BANK   MU_LEFT  MU_RIGHT }`
`11.50E+00  0.00E-00  0.00E-00  7.000  0.000  0.900    0.900`
`10.50E+00  0.00E-00  0.00E-00  7.000  0.000  0.900    0.900`
`……`
`-1.30E+02  0.00E-00  1.20E-00  7.000  0.000  0.900    0.900`
`$ ----------------------------------------------END_DATA_POINTS`
	点参数数据块：
	定义道路和各标记点的位置、坡率、摩擦系数等

参　数	说　明
CLOSED_ROAD	定义路面是闭合还是开放，如闭合，则起始点和终止点必须重合，否则将产生变形路面。YES-闭合，NO-开放
SEARCH_ALGORITHM	路面算法： FAST-快速算法，假定路面参数点是彼此连续的，推荐使用 SLOW-慢速算法，在指定位置间寻找最近的接触点

(续)

参　　数	说　　明
ROAD_VERTICAL	道路坐标系相对于全局坐标系的位置
FORWARD_DIR	道路方向指示： NORMAL-标准，汽车沿路面参考点指引的方向行进 INVERT-反向，汽车沿路面参考点指引的反向行进
MU_LEFT	在［GLOBAL_PARAMETERS］中，以中心线为界，左侧路面的摩擦系数。注意：在［DATA_POINTS］位置的摩擦系数由［DATA_POINTS］数据块决定
MU_RIGHT	在［GLOBAL_PARAMETERS］中，以中心线为界，右侧路面的摩擦系数。注意：在［DATA_POINTS］位置的摩擦系数由［DATA_POINTS］数据块决定
WIDTH	路面宽度，该参数优于［DATA_POINTS］定义的宽度，即使在［GLOBAL_PARAMETERS］中定义了，在［DATA_POINTS］中也需定义。在［GLOBAL_PARAMETERS］中 WIDTH 不是必需的，可以省略
BANK	路面横向坡度角，正值表示相对于全局坐标系为顺时针方向的角度。该参数优于［DATA_POINTS］定义的坡度，即使在［GLOBAL_PARAMETERS］中定义了，在［DATA_POINTS］中也需定义。在［GLOBAL_PARAMETERS］中 WIDTH 不是必需的，可以省略

11.5.3　路面建模器

上述 2D 和 3D 道路模型的格式是 rdf，另一种格式 xml 的道路模型仅可通过路面建模器（Road Builder）来创建。使用路面建模器可以创建复杂三维路面，并可完整地定义三维空间的路面中心线、路肩、左右路面摩擦系数等。

路面建模器仅对 3D 路面有效，其可以打开 rdf 格式的 3D 路面，并自动转化为 xml 格式，但保存时仅可为 xml 格式。利于这种思路，用户可以借助软件里自带的 3D 路面文件，深入研究 rdf 和 xml 两种 3D 路面的建模方法。

菜单命令：Simulate->Full-Vehicle Analysis->Road Builder。

路面建模器界面如图 11-39 所示，其由菜单栏、设置选项两大部分构成。菜单栏较为简单，

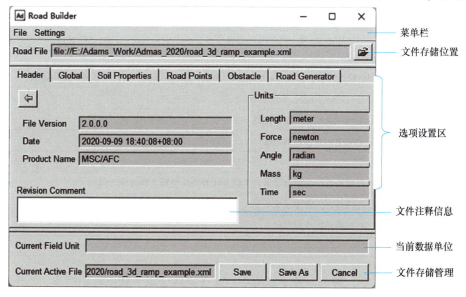

图 11-39　路面建模器界面

仅有 File 和 Settings 两个菜单：File 菜单具有新建（New）、打开（Open）、退出（Exit）3 项功能；Settings 主要设置路面文件的单位，设置选项里显示的单位与其是同步的。

设置选项由标题 Header、全局设置 Global、土壤特性 Soil Properties、路面轨迹点 Road Points、路面障碍 Obstacle、多线段道路设置 Road Generator 几部分构成。

1. 标题（Header）

标题主要设置文件的版本号、数据创建日期等信息，其内容在路面文件创建时自动生成，不可更改。

2. 全局设置（Global）

全局设置主要设置路面的主观或宏观参数，如图 11-40 和表 11-28 所示。

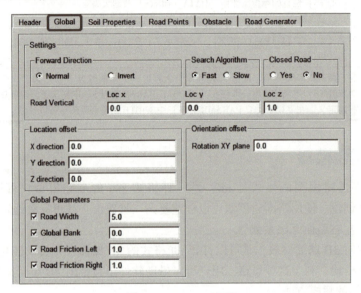

图 11-40　Global 选项

表 11-28　Global 选项参数说明

参　　数	说　　明
Forward Direction	车辆方向指示：NORMAL-标准，汽车沿路面参考点指引的方向行进；INVERT-反向，汽车沿路面参考点指引的反向行进
Search Algorithm	路面算法：FAST-快速算法，推荐 3D 平滑路面使用；SLOW-慢速算法，可获得较高的精度
Closed Road	道路形状是否闭合：YES-闭合；NO-非闭合
Location offset	路面相对整车全局坐标系原点的偏移位置
Orientation offset	路面相对于整车全局坐标系 Z 轴的角度
Road Width	路面总宽度
Global Bank	路面横向坡度，角度为 0 代表路面水平，正值意味着 ISO 坐标系顺时针方向
Road Friction Left	以中心线为界，左侧路面的摩擦系数
Road Friction Right	以中心线为界，右侧路面的摩擦系数

3. 土壤特性（Soil Properties）

如果道路用于软土轮胎模型，则应设置土壤特性。这些特性仅用于软土轮胎模型，当土壤特性在道路数据文件中，但使用了另一个轮胎模型时，它们将被忽略。土壤特性对整个道路区域有效,不能定义具有其他特定值的路段。关于土壤特性各参数的具体含义,读者可参阅帮助文件自行研究。

4. 路面轨迹点(Road Points)

路面轨迹点定义路面中心线轨迹的空间坐标(X/Y/Z)、路面宽度(Width)、路面横向坡度(Bank)、左/右路面摩擦系数(Friction Left/Right),如图 11-41 所示。

右击最左侧行编号,可以对行进行操作,如插入行、删除行、添加行。

最下方有四个选项,可对路面的轨迹进行多方位查看。

1)Show X-Y Plot:在 X-Y 平面内显示路面轨迹。

2)Show X-Z Plot:在 X-Z 平面内显示路面轨迹。

3)Add Road Points:按当前行数成倍增加路面轨迹点。

4)Show Road in PPT:在后处理中显示路面图形。

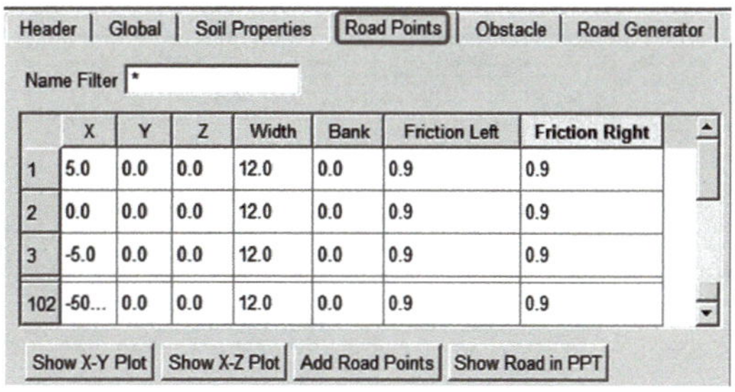

图 11-41 Road Points 选项

5. 路面障碍(Obstacle)

路面障碍是指位于 3D 路面上的单个或多个局部独立、形态各异的障碍。在 ADAMS/Car 中可以创建、修改、删除的路面类型有鼓包(Crown)、路肩(Curb)、凸块(Plank)、折线(Polyline)、凹坑(Pothole)、斜角凸块(Ramp)、随机干扰(Roughness)、正弦(Sine)等。

路面障碍的设置分为路面类型设置和障碍特殊参数两部分,如图 11-42 所示。

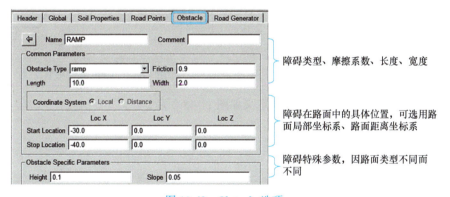

图 11-42 Obstacle 选项

如是要在一个路面文件中添加多个路面障碍或删除多个障碍,则可使用障碍表功能。单击障碍表名称 Name 左侧的箭头,进入障碍表界面,如图 11-43 所示。

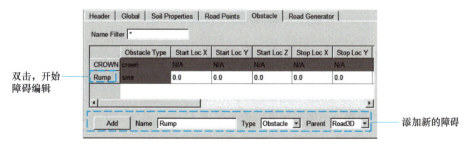

图 11-43 障碍表

添加新的障碍，并不能直接选择障碍类型，对此，可双击新障碍名称，退回到障碍编辑界面。

下面简单介绍几种常见障碍类型的定义。

1) Crown：鼓包道路参数如图11-44所示，截面形状由图11-45中的公式决定。

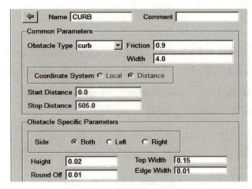

图 11-44 Crown 参数表

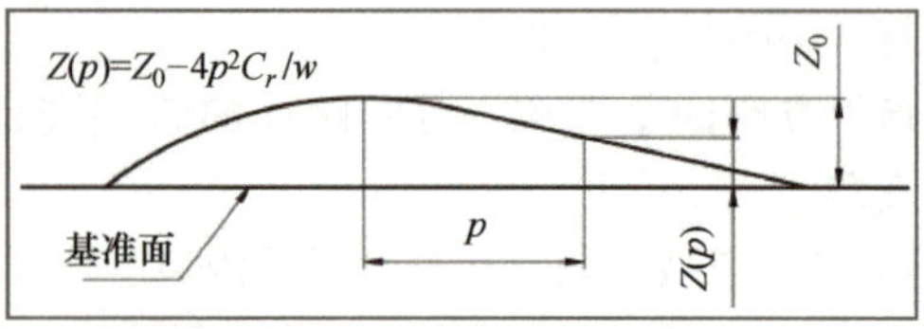

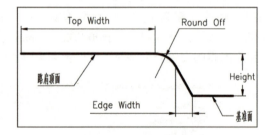

图 11-45 Crown 截面形状定义

图 11-45 中，w 为路面宽度，p 为截面读取宽度。

2) Curb：路肩路面参数和截面形状定义分别如图11-46和图11-47所示。

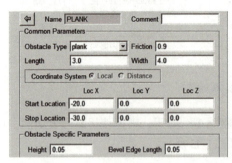

图 11-46 Curb 参数

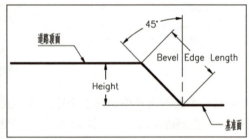

图 11-47 Curb 截面形状定义

3) Plank：凸块路面参数及截面形状定义如图11-48所示。

图 11-48 Plank 路面参数及截面形状定义

4) Roughness。实际工程中，随机干扰路面是整车平顺性试验的一个重要路面。

ADAMS/Car 提供了一个基于 Sayers 数字模型的随机路面生成工具，该模型是一种综合了许多不同类型道路测量参数的经验模型，路面参数如图11-49所示。

Sayers 模型中的 PSD 参数与路面粗糙度的关系见表11-29，其中，IRI 是世界银行的国际路面粗糙度标准。

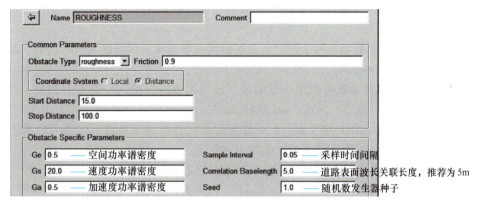

图 11-49 Roughness 路面参数

表 11-29 不同路面定义

等 效 路 面	Surface type	IRI 路面粗糙度		空间功率谱密度	速度功率谱密度	加速度功率谱密度
		IRI		G_e	G_s	G_a
		$\left(\dfrac{in}{mi}\right)$	$\left(\dfrac{mm}{km}\right)$	$\dfrac{m^3}{cycle}\times 10^{-6}$	$\dfrac{m}{cycle}\times 10^{-6}$	$\dfrac{1}{(m\times cycle)}\times 10^{-6}$
光滑沥青路面	Smooth Flexible	75	1184	0	6	0
沥青路面	Flexible	150	2367	0	12	0.17
粗糙沥青路面	Rough Flexible	225	3551	0.003	20	0.2
光滑水泥路面	Smooth Rigid	80	1263	0	1	0
水泥路面	Rigid	161	2541	0.1	20	0.25
粗糙水泥路面	Rough Rigid	241	3804	0.1	35	0.3

6. 多线段道路设置（Road Generator）

Road Generator 可以使用多个线段创建道路数据，每个线段表示预定义的公式，如线性、曲率和过渡曲线，或通过用户定义的函数和用户定义的点来定义线段，如图 11-50 所示。

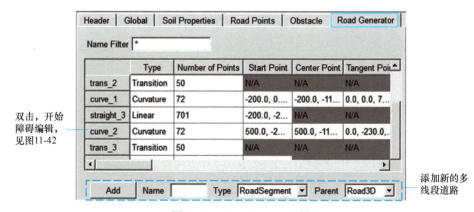

图 11-50 Road Generator 界面

ADAMS/Car 自带的道路模型数据库中，仅 3d_road_smooth_iso_road_course.xml 模型具有 Road Generator 相关内容，故读者可以以此为蓝本，自行研究和学习。

双击道路段名称，可进入具体的道路特性编辑界面，如图 11-51 所示。路段的建立方法有多种。

1）Linear：线性。此函数将在两个给定点之间创建一条直线。所需输入包括点数、起点、终点、宽度、坡度、mu 左和 mu 右。

2）Curvature：曲率。此函数将创建一条曲线。此功能所需的输入包括点的数量、起点、中心点、切点、半径、弧长、宽度、坡度、mu 左和 mu 右。

3）User Defined Points：用户定义点。此功能允许用户直接定义道路点。当用户希望使用已采用旧道路数据文件格式的现有道路点时，此功能更有用。

4）User Function：用户定义函数。用户可以使用自己的函数计算点。

完成后可退回到 Road Points，单击 Show Road in PPT 按钮查看所建道路图形，如图 11-51 右侧所示。

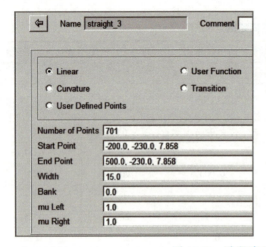 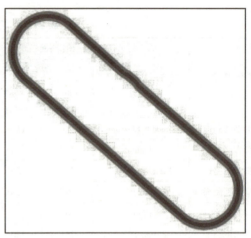

图 11-51　路段建立方法及道路图形

第 12 章 整车操纵稳定性试验及仿真分析

本章讲解 ADAMS/Car 整车仿真分析，重点为操纵稳定性试验及仿真分析，主要包含以下几方面内容：
1）整车仿真分析对话框。
2）驱动控制与事件构建器。
3）操纵稳定性基础理论。
4）常见国标及 ISO 操纵稳定性试验及仿真分析。

12.1 整车仿真分析对话框

ADAMS/Car 整车仿真分析是基于已经建立完成的整车模型而进行的一系列车辆动力学方面的仿真分析，其主要包含操纵稳定性、平顺性等内容。ADAMS/Car 整车仿真分析的子菜单如图 12-1 所示。

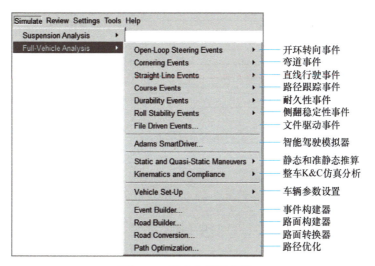

图 12-1　整车分析子菜单

ADAMS/Car 整车仿真分析主要分为两大类：一类为事件（Event）类仿真，即直接驱动整车模型在指定路面上按指定工况进行仿真分析；另一类为推算（Maneuver）类仿真，即通过施加在模型上的力模拟真实运动但不实际驱动车辆模型运动。

12.1.1 开环转向事件

ADAMS/Car 2020 提供了丰富的开环转向事件，输入的转向参数是时域变量函数，主要分析车辆的瞬态特性，其包含的主要转向事件见表 12-1。

表 12-1 开环转向事件清单

序号	Event	仿真事件	序号	Event	仿真事件
1	Drift	漂移	9	Parking Effort	原地转向
2	Fish Hook	鱼钩试验	10	Ramp Steer	斜坡转角转向
3	Frequency Response	频率响应	11	Sine with Dwell	正弦停滞
4	Grist Mill	稳态大转角	12	Single Lane Change	单移线
5	Hands Free	中途撒手	13	Step Steer	阶跃转向
6	Impulse Steer	脉冲转向	14	Swept Steer	扫频转向
7	J-Turn	"J"形转向	15	Swept-Sine Steer	正弦扫频转向
8	On Center	中心区转向	16	Turn Diameter	转弯直径

下面仅介绍实际工程中可能用到的仿真工况。

1. 漂移（Drift）

漂移仿真工况设置如图 12-2 所示，车辆在前 10s 内达到设定的转向角、油门开度、初始纵向速度稳态，即在分析的第 1~5s 内，使用阶跃函数将转向角由零增加到目标转角，如图 12-3 所示；第 5 秒开始，油门按给定的开启斜率（Throttle Ramp=20%）从初始开度（根据初始车速和档位自动计算）线性增加到全开状态并维持到试验结束，如图 12-4 所示；车速在保证稳态漂移的基础上实时变化，仿真运动轨迹如图 12-5 所示。

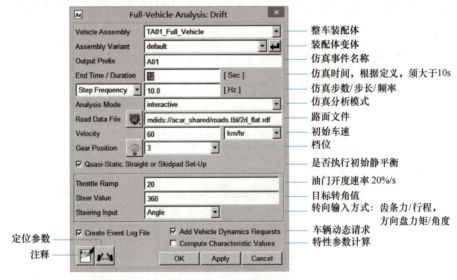

图 12-2 漂移工况设置

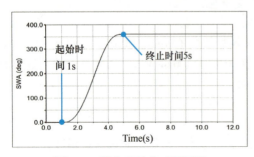

图 12-3 转向盘转角时间历程

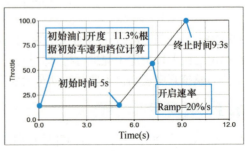

图 12-4 油门开度时间历程

图 12-2 中，各选项介绍见表 12-2。

表 12-2 漂移仿真工况设置对话框项目解释

序号	选 项	解 释
1	Vehicle Assembly	整车装配体
2	Assembly Variant	装配体变体
3	End Time/Duration	仿真结束时间或仿真执行时间
4	Number of step Step Size Step Frequency	仿真步数（Number of step）= 仿真时间（Duration）/步长（Step Size）= 仿真时间（Duration）*步长频率（Step Frequency）。仿真步数越高，后处理中取值精准性越高
5	Analysis Mode	同表 9-5 中 Mode of Simulation 的相关解释
6	Road Data File	路面文件是整车分析必备的要素，单击相应按钮可进行路面文件的应用、查看、移除和编辑。操稳仿真通常用 2D 路面，即 2d_flat.rdf
7	Velocity	初始车速
8	Gear Position	单击相应按钮，可根据目标车速自动匹配合适的档位
9	Quasi-Static Straight or Skidpad Set-Up	是否执行静平衡使车辆达到初始条件 所谓初始条件是指车辆在仿真分析前应达到的运动状态，如速度、转向半径、油门开度、侧向加速度等。初始静平衡方式主要有两种，即直线静平衡和侧向力静平衡： 1. 直线静平衡（Straight）：使用一组原始铰链锁定车身的纵向和侧向位置，驱动器调节转向、油门或制动直线行驶（车辆的横摆角速度和侧向加速度为零），达到指定的初始纵向加速度，在执行指定仿真的第一个微操纵事件前，解除铰链锁定 2. 侧向力平衡（Skidpad）：与直线静平衡不同的是，平衡条件为侧向加速度和弯道上的纵向速度，其适用于随后初始条件中曲线的运动
10	Throttle Ramp	油门变化梯度，单位%/s
11	Steer Value	方向盘转角
12	Steering Input	转向输入方式 开环转向事件的转向有四种输入方式，分别为齿条力（Force）、齿条行程（Length）、方向盘角度（Angle）、方向盘力矩（Torque）。四种方式的差异读者可自行验证对比
13	Add Vehicle Dynamics Requests	添加车辆动态请求 勾选时，仿真后处理中会自动加载 vehicle_statistics_2 请求；不勾选时则无
14	Compute Characteristic Values	特性参数计算 勾选后，整车分析时激活悬架和转向系统中的请求，其前提条件是悬架模型中要存在 wheel_rev_joint 输出通讯器
15	✍	添加注释信息
16	⚙	设置车轮定位参数，如图 12-6 所示

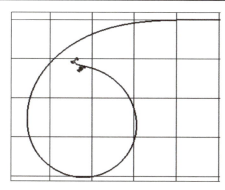

图 12-5 漂移仿真车辆运动轨迹

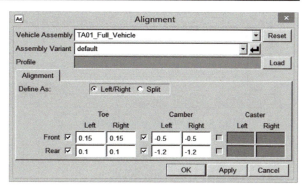

图 12-6 四轮定位参数设置对话框

2. 鱼钩试验（Fish Hook）

鱼钩试验来自 NHTSA 标准（DOT HS 809 705），主要用来分析和评估车辆在极限工况下的过渡响应特性和侧倾稳定性，因车辆运动轨迹类似于鱼钩而得名。

鱼钩仿真包含两个微操纵事件：第一个为准静态阶段，使车辆处于所需的初始条件；第二个为执行实际的鱼钩分析，其中，ADAMS/Car 将转向输入计算为阶跃函数的组合，并使离合器处于断开状态。ADAMS/Car 通过以恒定速度行驶、将车辆置于空档、以预选方向盘角度向一个方向转动，然后以另一个预选方向盘角度向相反方向转动来进行分析。

鱼钩仿真评估指标包含方向盘角度、横向加速度、横摆率和车身侧倾角度。

鱼钩仿真对话框如图 12-7 所示。

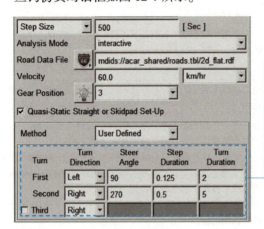
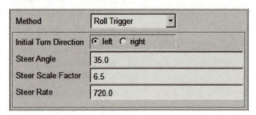

图 12-7 鱼钩仿真对话框

鱼钩仿真有两种控制方法。

1）用户定义（User Defined）：用户指定转向角、步长持续时间、转弯持续时间以及第一次和第二次转弯的方向。第三个转弯是可选的。如果选择第三个转弯，则需要指定转向频率而不是步长持续时间。

2）侧倾触发（Roll Trigger）：指定特定横向加速度下的方向盘角度，如 0.3 g，一个用于缩放方向盘角度和转向率的转向比例因子。

鱼钩仿真的方向盘转角输入及车辆运动轨迹分别如图 12-8 和图 12-9 所示。

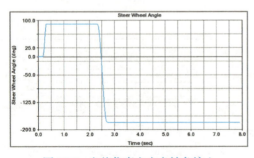
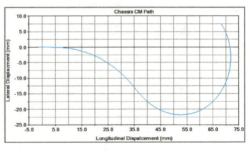

图 12-8 鱼钩仿真方向盘转角输入　　图 12-9 鱼钩仿真车辆运动轨迹

NHTSA 标准的鱼钩试验基本要求如下。

1）试验初始车速：56~80km/h。

2）方向盘以 720deg/s 速率进行一个急速左转弯，2s 内当车辆达到最大侧倾角时，再以

720deg/s 速率进行一个急速右转弯,并维持 3s,最后用 2s 时间间将方向盘回正。

3）判定标准：两侧车轮离地高度<50.8mm,试验通过,否则车辆有侧翻的风险。

3. 频率响应（Frequency Response）

常规的转向事件,转向输入可理解为一个定频率的时域函数,而频率响应仿真则是研究车辆在不同频率转向输入情况下的瞬态响应及稳定性。

频率响应仿真对应的方向盘转角常采用正弦输入,输入频率为 0~3Hz,最大值需满足车辆在指定车速的侧向加速度要求,常规为 0.2g 或 0.4g。

频率响应仿真分析重点分析的变量包含侧向加速度（Lateral Acceleration）、横摆角速度（Yaw Rate）、方向盘力矩（Steer Wheel Torque）和方向盘转角（Steer Wheel Angle）。

频率响应仿真对话框及方向盘转角输入如图 12-10 和图 12-11 所示。

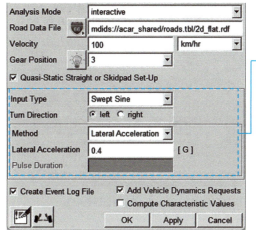

图 12-10　频率响应仿真对话框

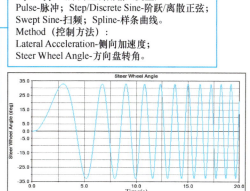

图 12-11　方向盘转角正弦扫频输入

有关输入类型和控制方法的不同,读者可以自行对比验证。

4. 稳态大转角（Grist Mill）

稳态大转角仿真分析主要用来评估大转角稳态条件下的车轮负载和轮胎特性,具体应用读者可参考帮助文件自行研究。

5. 中途撒手（Hands Free）

中途撒手仿真分析用来评估车辆在转向工况下方向盘撒手后极限操纵条件下的瞬态操纵特性。车辆首先达到仿真所需的初始车速并维持,然后方向盘按正弦输入,在达到指定的角度时撒手,直到仿真结束。对话框及转角输入如图 12-12 所示。

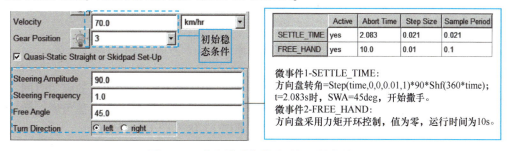

图 12-12　中途撒手仿真对话框及转角输入

中途撒手仿真主要关注的变量有侧向加速度（Lateral Acceleration）、方向盘转角/力矩（Steer Wheel Angle/Torque）、横摆角速度（Yaw Rate）和车身侧倾角（Body Roll Angle）。

图12-12 中，关于微事件的解释来自仿真分析自动生成的 A01_frs.xml 文件，读者可用事件构造器打开并研究，这非常有利于软件的学习。

6. 脉冲转向（Impulse Steer）

脉冲转向仿真在后续章节中会详细讲解到，此处暂不介绍。

7. "J"形转向（J-Turn）

"J"形转向与鱼钩试验同属于 NHTSA 标准试验项目，主要用来分析和评估车辆在极限工况下的过渡响应特性和侧倾稳定性。

图12-13 反映了"J"形转向试验或仿真的过程：车辆先直线行驶加速到目标车速，然后给方向盘一个阶跃输入并维持，在试验过程中，可能根据实际情况采取一定的制动措施。

对话框如图12-14 所示，方向盘转角输入及整车运动轨迹如图12-15 和图12-16 所示。

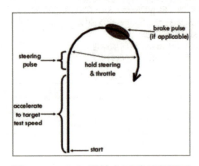

图12-13 "J"形转向试验过程图示

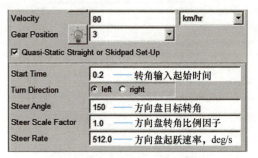

图12-14 "J"形转向仿真工况设置

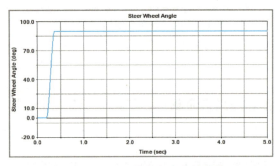

图12-15 "J"形转向方向盘转角输入

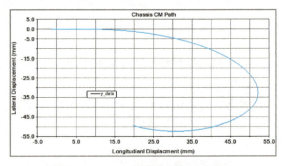

图12-16 "J"形转向整车运动轨迹

8. 中心区转向（On Center）

中心区转向仿真在后续章节中会详细讲解到，此处暂不介绍。

9. 原地转向（Parking Effort）

原地转向用于分析车辆原地静止或低速时的转向力大小，对话框如图12-17 所示。

10. 斜坡转角转向（Ramp Steer）

斜坡转角转向用于分析车辆的时域瞬态响应特性。ADAMS/Car 中从指定的起始时间点按指定速率从初始值增加方向盘转角输入。斜坡转角转向要测量的变量包含方向盘角度、横摆角速度、车速和侧向加速度，对话框及方向盘转角输入如图12-18 和图12-19 所示。

注意：斜坡转角转向不同于斜坡脉冲转向。

第 12 章
整车操纵稳定性试验及仿真分析

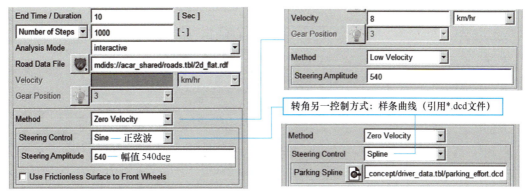

图 12-17　原地转向对话框

图 12-18　斜坡转角转向对话框

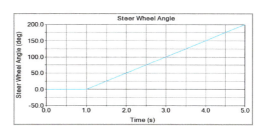

图 12-19　斜坡转角转向方向盘转角输入

11. 正弦停滞（Sine with Dwell）

正弦停滞试验主要用来评估 ESC 对车辆控制性能的好坏，其最早发明于 NHTSA，并逐步在全球范围内得到应用，成为 ESC 性能检验的基本试验之一。下面对正弦停滞试验的基本过程和评价指标做简单介绍。

主要试验方法如下：

1）先将车速稳定在 80±2km/h，以 12.5deg/s 的速率向一个方向转动方向盘，直至侧向加速度达到 0.5g 为止。经反复左、右转试验，得到一组试验数据，最终取 0.3g 侧向加速度对应的方向盘转角为基准转角 δ。

2）车速仍维持为 80±2km/h，转向机器人以 1.5δ 角度、0.7Hz 频率对方向盘完成一次正弦输入，其中到达第二个峰值后停滞 0.5s。

3）以 0.5δ 的增量分别重复上述动作，待最终方向盘转角达到 300deg 时停止。因此正弦停滞试验的方向盘转角输入是一组数据，而非单一数据。

正弦停滞试验主要测量的变量是横摆角速度和侧向位移，如图 12-20 所示，评价标准简述如下：

1）T_0 为正弦输入完成的时间，ψ_{peak} 为横摆角速度第二次峰值。

2）T_0+1s 对应的横摆角速度<35%ψ_{peak}，T_0+1.75s 对应的横摆角速度<20%ψ_{peak}。

3）对于最大总质量≤3500kg 的车辆，转向开始后 1.07s 时的侧向位移≥1.83m。

根据上述介绍，正弦停滞仿真中，整车模型需要联合外部软件添加上 ESC 功能，其对话框如图 12-21 所示。

12. 单移线（Single Lane Change）

单移线仿真用来模拟分析车辆在变道超车过程中的动态响应性能，仿真时，转向输入在指定时间内经历一个完整的正弦周期。转向输入方式可以是齿条力/行程或方向盘转角/力矩。对话框的定义及应用见帮助文件。

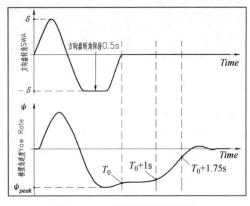

图 12-20　正弦停滞试验方法

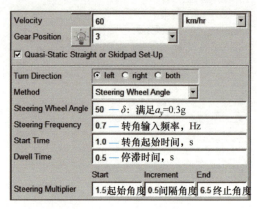

图 12-21　正弦停滞仿真对话框

13. 阶跃转向（Step Steer）

阶跃转向试验是 GB/T 6323 要求的一项基本试验，后续会详细讲解到。

14. 扫频转向（Swept Steer）

在扫频转向分析中，方向盘上的转向输入可用于测量准稳态转向条件下的车辆方向响应特性，为评估车辆转向不足梯度、侧倾梯度、转向灵敏度、横向载荷传递分布提供基础。对话框与方向盘转角输入如图 12-22 和图 12-23 所示。

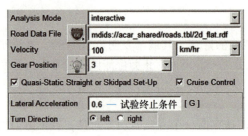

图 12-22　扫频转向仿真对话框

图 12-23　方向盘转角输入

15. 正弦扫频转向（Swept-Sine Steer）

正弦扫频是 ISO 操稳标准（ISO 7401）中的一项基本试验，在实际工程中应该较多，其主要用来测量车辆在不同频率转角输入情况下的车辆过渡响应特性，对话框及方向盘转角如图 12-24 和图 12-25 所示。

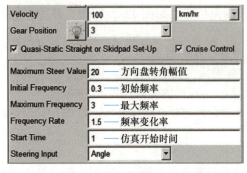

图 12-24　正弦扫频转向仿真对话框

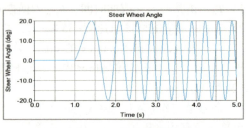

图 12-25　方向盘转角

16. 转弯直径（Turn Diameter）

使用转弯直径仿真可以分析给定角度下自定义点的转弯半径，对话框的定义及具体应用见帮助文件。

12.1.2 弯道事件

弯道事件是指车辆在转弯时还伴有其他操作的事件，如加速、制动等。用户可以使用弯道事件来评估车辆在各种转弯过程中的操纵性和动态响应。弯道事件使用转向、油门、制动器、档位和离合器信号的开环和闭环控制器来分析各种车辆行为，借助它可以研究稳态和极限转弯时的响应，如不足转向/过度转向梯度、重量转移等。弯道事件总共有下面6种事件，如图12-26所示。

图12-26 弯道事件明细

1. 弯道制动（Brake-In-Turn）

弯道制动是车辆使用过程中最为常见的工况之一。弯道制动仿真模拟分析车辆在转弯时突然受到制动力而引起的路径和方向偏差。弯道制动仿真典型的分析变量包括横向加速度、转弯半径以及作为纵向减速函数的偏航角。

弯道制动仿真的基本过程如下：

1）使用驾驶机器人驱动车辆沿直线行驶，然后进行转向，在加速到目标侧向加速度后执行准静态平衡，使车辆达到制动前所需要的侧向加速度。

2）驾驶机器人保持车辆纵向车速和半径不变，使其进入一种稳定状态，然后向车辆施加恒定的制动减速度使车辆减速。

驾驶机器人可以执行以下任一控制类型，在给定时间内按给定的纵向减速度使车辆减速：开环-锁定方向盘；闭环-保持恒定半径。对话框及车辆运动轨迹分别如图12-27和图12-28所示。

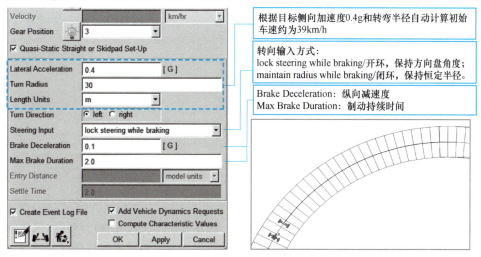

图12-27 弯道制动工况设置　　图12-28 车辆运动轨迹

运行分析后,用户可以调用软件自带的弯道制动配置文件 brakeinturn.plt(文件位置:acar_shared/plot_configs.tbl/brakeinturn.plt)直接加载相应分析结果。

2. 定半径转弯(Constant Radius Cornering)

定半径转弯,又称为定半径稳态回转,是实际工程项目中整车操稳客观测试必做的一项操稳试验,主要是考核车辆的不足转向度、侧倾梯度等关键指标。

定半径转弯仿真中,驾驶机器人驱动车辆从初始车速开始加速,并调整方向盘转角,使车辆始终在给定的转弯半径上,直到达到试验终止条件,工况设置如图 12-29 所示。

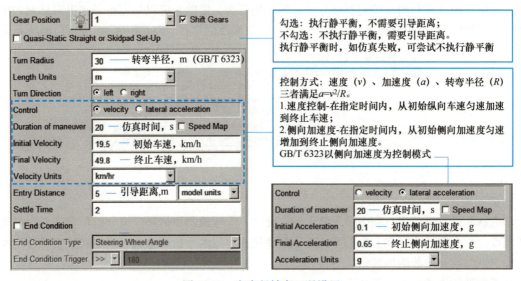

图 12-29 定半径转弯工况设置

车辆运动轨迹如图 12-30 所示,图 12-31 中随着侧向加速度的增加,方向盘的转角在逐渐增大,说明车辆具有不足转向特性。

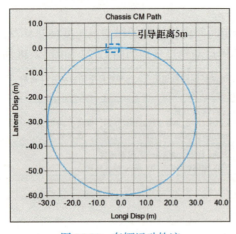

图 12-30 车辆运动轨迹

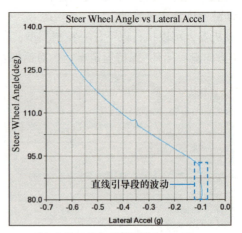

图 12-31 方向盘转角与侧向加速度

3. 转向回正(Cornering w/Steer Release)

转向回正试验本质上是一种方向盘力阶跃试验,仿真分析中,首先执行转弯行驶达到设定的稳态条件,然后解除方向盘的闭环控制,模拟在车辆弯道行驶中驾驶员突然松开方向盘,以研究车辆在回正力或力矩作用下的横摆角速度是否收敛,更多详细试验过程和指标要求可参见 GB/T

6323。仿真工况设置见帮助文件。

4. 收油门转弯（Lift-Off Turn In）

收油门转弯仿真中，试验车辆在达到稳态回转状态后突然释放油门踏板，使油门踏板开度为0，然后以设定的方向盘角速度继续向回转圆转向，直至汽车的纵向车速小于2.5m/s。该仿真由两个微操纵事件构成：第一个是使车辆达到收油门转弯试验前的稳态条件，即侧向加速度；第二个是完成释放油门踏板，以设定的角速度转动方向盘使汽车的回转半径逐步减小，直至仿真结束。

工况设置、方向盘转角和油门开度分别如图12-32~图12-34所示。

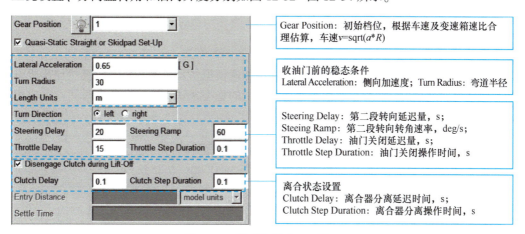

图12-32　收油门转弯工况设置

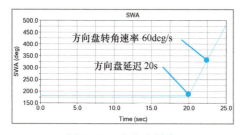

图12-33　方向盘转角

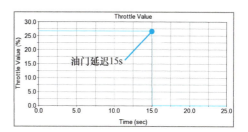

图12-34　油门开度

5. 弯道熄火（Powering-Off Cornering）

弯道熄火用来仿真分析在车辆稳态回转时突然关闭发动机对车辆运动的影响，可以分析出车辆的侧向偏移、纵向减速度、侧偏角、横摆角、车身侧倾角。熄火时可以设置方向盘锁定或指定车辆按原半径转弯，试验在熄火5s后结束。工况设置、方向盘转角、油门开度分别如图12-35~

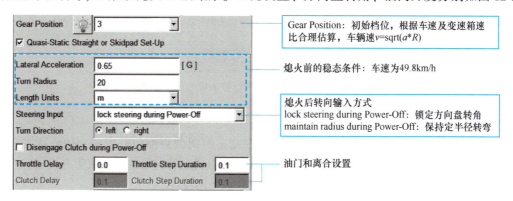

图12-35　弯道熄火工况设置

图 12-37 所示。

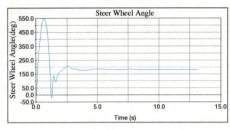

图 12-36 方向盘转角

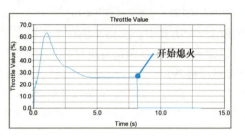

图 12-37 油门开度

6. 弯道加速（Throttle-On-In-Turn）**仿真**

弯道加速也是车辆较为常见的一种状态。弯道加速模拟仿真车辆在转弯时突然加速所引起的路径和方向偏差。加速前，驱动器驱使车辆达到指定的稳态条件，然后在指定时间内完成相应的仿真，工况设置如图 12-38 所示。

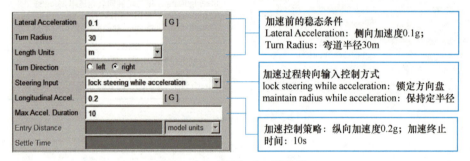

图 12-38 弯道加速工况设置

12.1.3 直线行驶事件

直线行驶事件使用驾驶机器人开环或闭环控制车辆纵向行驶，侧重于车辆纵向动力学的分析，主要包含图 12-39 所示的几个细分事件。

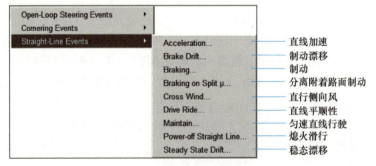

图 12-39 直线行驶事件

1. 直线加速（Acceleration）

直线加速仿真中，驾驶机器人开环控制车辆在指定时间内将油门开度从初始值增加到目标值，或按指定的纵向加速度（开环控制）加速，用户可以指定转向的输入方式为自由转向、锁定转向或直行。直线加速仿真主要分析车辆的抗抬升和抗下蹲特性。

仿真工况设置及不同转向输入方式对应的方向盘转角如图 12-40 和图 12-41 所示。

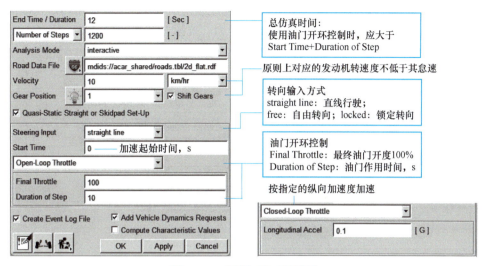

图 12-40　直线加速工况设置

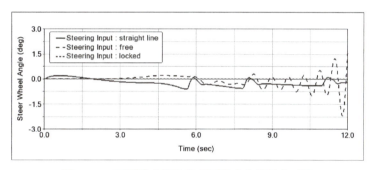

图 12-41　不同转向输入方式下的方向盘转角对比

2. 制动漂移（Brake Drift）

制动漂移仿真中，试验台以闭环方式按用户指定的纵向减速度使车辆减速。仿真前，用户除可以指定转向输入方式外，还可以指定前、后轴和前轴左、右轮的制动力占比，及相应的道路倾斜角度。仿真工况设置如图 12-42 所示。

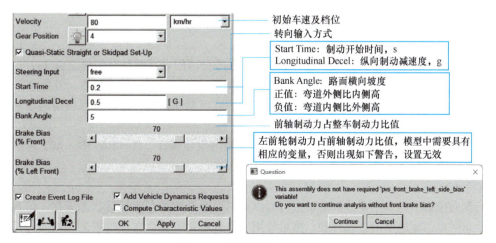

图 12-42　制动漂移工况设置

293

3. 制动（Braking）

制动仿真中，试验台以开环方式在指定时间内完成制动踏板深度，或以闭环形式按指定的纵向减速度进行减速。制动仿真主要分析车辆的制动力、抗抬升和抗俯冲特性。仿真工况设置如图 12-43 所示。

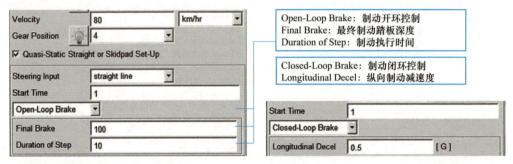

图 12-43　制动工况设置

4. 分离附着路面制动（Braking On Split μ）

分离附着路面制动仿真是模拟分析车辆左、右侧车轮在不同附着系数路面上的制动性能，进一步分析研究车辆中主动制动器、减振器和牵引力控制器的性能，对话框如图 12-44 所示。

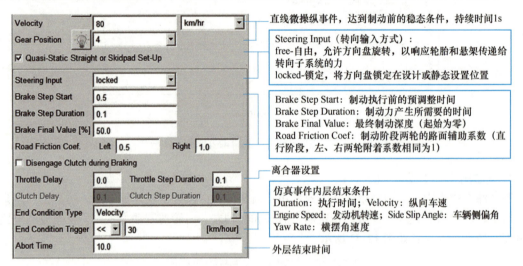

图 12-44　分离附着路面制动仿真对话框

该仿真由两个微操纵事件构成：第一个事件，在非分离附着系数路面匀速直行 1s，达到制动事件前的初始条件；第二个事件，经指定的预调整时间（Brake Step Start）后，开始在分离附着路面制动。制动时，试验台以用户输入速率从零开始进行制动输入，此过程可以指定车辆转向的输入方式是自由（free）还是锁定（locked）。

在左、右附着力不同的分离路地制动时，车辆极易发生横摆，图 12-45 中，A01 为不同附着系数的分离路面，而 A02 为非分离路面。

5. 直行侧向风（Cross Wind）影响

直行侧向风影响仿真主要分析车辆直行时由侧向风而导致的车辆运行状态变化。仿真时，试验台驱动车辆以恒定速度沿直线行驶，然后使用用户自定义或属性文件所定义的侧向力特性来进行分析。工况设置如图 12-46 所示。

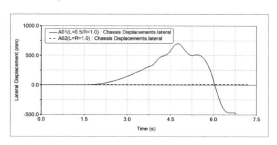

图 12-45　分离附着路面和非分离路面车辆运动轨迹对比

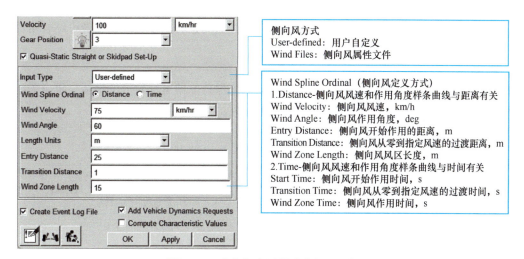

图 12-46　直行侧向风影响分析对话框

6. 直线平顺性（Drive Ride）仿真

直线平顺性仿真帮助用户研究车辆模型驾驶控制行为，并识别静态车辆预设阶段未激活的瞬态效应。仿真时，试验台控制油门信号以获得恒定的纵向速度，或保持油门恒定开度（开环，相对），或关闭油门（开环，绝对）。工况设置如图 12-47 所示。

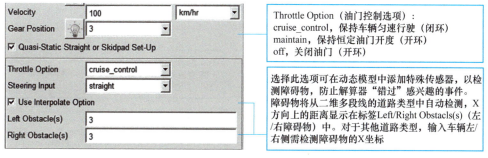

图 12-47　直线平顺性工况设置

7. 匀速直线行驶（Maintain）仿真

匀速直线行驶仿真可以帮助用户研究车辆模型在达到仿真所需稳态条件过程（准备静态过程）中的潜在性能表现。仿真时，试验台控制油门信号以获得恒定的纵向速度，或保持油门恒定开度（开环，相对）驱动车辆直线行驶。工况设置如图12-48所示。

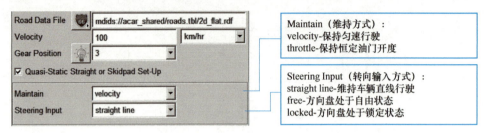

图12-48 匀速直线行驶工况设置

匀速直线行驶仿真在不执行准静态平衡时可用于对比验证左、右前束角差值对车辆行驶跑偏的影响，如欲准确分析，车辆模型须具有较高的精度，尤其是转向子系统，读者可结合帮助文件深入研究。

8. 熄火滑行（Power-off Straight Line）仿真

该仿真模拟分析车辆在直线行驶中突然熄火，汽车保持原始运动轨迹的性能。重点关注的变量有侧向位移和纵向减速度。工况设置如图12-49所示。

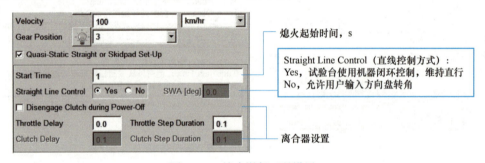

图12-49 熄火滑行工况设置

9. 稳态漂移（Steady State Drift）仿真

稳态漂移仿真中，用户可以改变轮胎锥度力/扭矩、轮胎帘布层等效转向力/扭矩，也可以指定路面的倾斜角度，以分析车辆直线行驶过程中车辆横向偏驶距离和悬架几何结构的变化。工况设置如图12-50所示。稳态漂移仿真主要分析的指标如下：

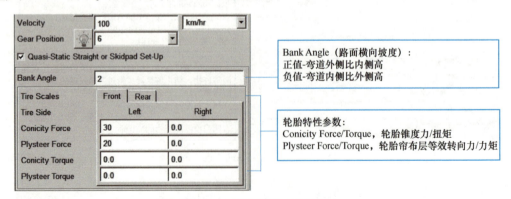

图12-50 稳态漂移工况设置

1) 外倾角、主销后倾角和前束变化，以了解车辆的轮胎磨损性能。

2）车辆横向偏驶距离。

3）方向盘扭矩和角度。

4）左、右前轮侧向力变化。

12.1.4 路径跟踪事件

路径跟踪事件是指试验台驱动整车模型按指定的路径行驶，主要包含 ISO 双移线和 3D 路面仿真。

1. 双移线（Double Lane Change）仿真

双移线仿真模拟车辆中高速变道超车再回到原道的过程。仿真时，试验台驱动整车按 ISO 3888 中规定的路径行驶，用户需指定档位和纵向车速，而转向输入则由预定的行驶路径决定，故双移线仿真是一个典型的路径闭环仿真。

工况设置如图 12-51 所示。双移线仿真中，驱动器使用对话框来构建路径轨迹，共包含如下 4 种，其中前 3 种的轨迹是软件定义好的，不可更改，而第 4 种可以自定义，见表 12-3。

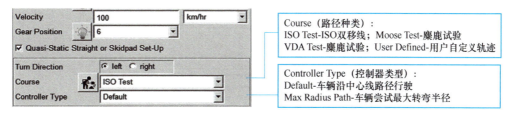

图 12-51 双移线工况设置

1）ISO Test：ISO 双移线试验。

2）Moose Test：麋鹿试验。

3）VDA Test：麋鹿试验（从弯道的轨迹参数看，VDA Test 是较 Moose Test 更为极限的麋鹿试验）。

4）User Defined：用户自定义路径轨迹。

需要特别说明的是，双移线和麋鹿试验分别来自 ISO 3888-1 和 ISO 3888-2 标准，实际试验中，使用摆锥筒的方式来定义路径轨迹尺寸，分别如图 12-52 和图 12-53 所示。路径轨迹的纵向长度和通道宽度与表 12-3 也不相同，故用户可使用上述第 4 种方法（User Defined）来定义满足 ISO 标准的路径轨迹。

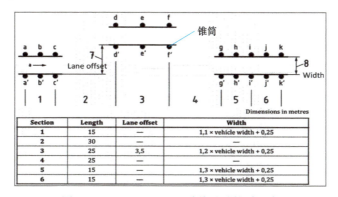

图 12-52 ISO 3888-1 双移线试验轨道要求

ADAMS/Car 汽车底盘动力学虚拟开发

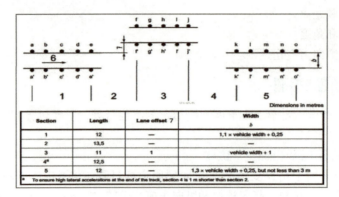

图 12-53　ISO 3888-2 麋鹿试验轨道要求

表 12-3　路径种类

序号	路径名称	路径定义图示	有效纵向距离	是否可更改
1	ISO Test		170 m	否
2	Moose Test		50 m	否
3	VDA Test		61 m	否
4	User Defined		自定义	是

上述双移线仿真成功后，用事件编辑器查看对应的驱动文件 *.xml，有利于理解上述仿真过程，可自行尝试。

2. 3D 路面（3D Road）**仿真**

3D 路面仿真中，整车模型沿 3D 路面中心轨迹行驶，用于仿真车辆在 3D 路面上的响应，主要目的是分析轮胎在接地点处产生的侧向反作用力对车辆侧向运动的影响。3D 路面仿真提供两种控制方式，工况设置如图 12-54 所示。

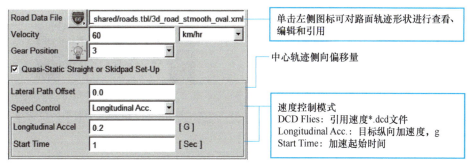

图 12-54　3D 路面工况设置

12.1.5　耐久性事件

耐久性事件仿真主要指在车轮处输入时域力、位移、加速度或速度而分析其他部件对应的受力或运动状态，具体应用见帮助文件。

12.1.6　侧翻稳定性事件

ADAMS/Car 2020 提供了一系列事件来分析车辆的侧翻稳定性，主要有堤坝（Embankment）、半侧斜坡（Ramp）、侧翻台（Tilt Table）、沙层侧翻（Sand Bed）4 种。

实际工程中最常见的是侧翻台侧翻试验，下面做一简单介绍，其他项目读者可参考帮助文件自行研究。

侧翻台侧翻仿真中，车辆围绕侧翻轴线动态或准静态倾斜，直到达到用户指定的轮胎力阈值。该测试用于估计车辆的总重心高度和侧翻阈值。

对于可进行操稳仿真的整车模型，可使用装配体变体功能快速创建侧翻试验所需要的整车装配体，如图 12-55~图 12-58 所示。

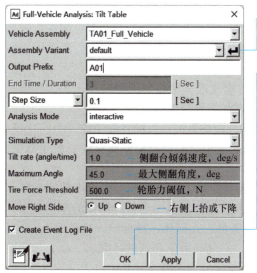

图 12-55　侧翻仿真对话框

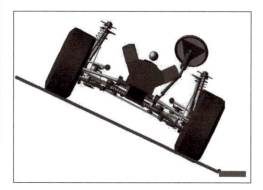

图 12-56　侧翻仿真图示

图 12-57　侧翻试验台初始位置

图 12-58　侧翻试验台更新位置

12.1.7　文件驱动事件

文件驱动仿真是指调用已经构建好的驱动文件驱动整车在相应路面上进行仿真分析，驱动文件主要有两大类，即 *.xml（事件构建器编辑）和 *.dcf（记事本编写）文件。对话框如图 12-59 所示。

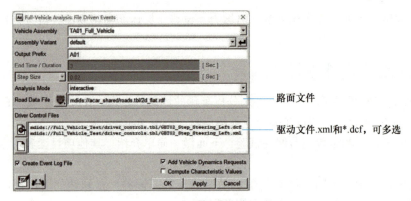
图 12-59　文件驱动仿真对话框

12.1.8　智能驾驶模拟器

ADAMS SmartDriver 是 ADAMS/Car 的高级仿真模块，可以驱动车辆达到动态极限或接近用户定义的目标。ADAMS SmartDriver 仿真中，用户必须提供车辆行驶的路径和目标，其适用于需要最大或目标性能的微操纵事件。

ADAMS SmartDriver 允许用户根据它计算的预测性能改进车辆模型的操纵性、耐久性或行驶性能，使用户能够研究车辆模型的系统级动力学，同时仅需要最少的设置。

ADAMS SmartDriver 含有一个内嵌的准静态求解器，在仿真时，系统首先生成一个简化模型，解算器计算通过指定路径断面的最大可能极限值，最后使用驾驶控制器控制车辆完成全部仿真。图 12-60 展示了 ADAMS SmartDriver 的内部架构。

ADAMS SmartDriver 使用内置准静态解算器计算速度曲线，该解算器可以考虑轮胎极限、发动机和制动系统极限，以及满载转移和空气动力学。内置解算器是一个快速简化的车辆模型，带有刚性悬架，它从整个模型继承所有车辆数据（初始条件、几何体、惯性值、轮胎等），并在时间上集成正向动力学，同时考虑惯性效应、载荷传递、空气动力学和驾驶员需求。动力传动系统和轮胎完全符合 ADAMS 定义（PAC2002 和 PAC96 轮胎型号完全符合；PAC94 和 PAC89 支持兼容性）。

第 12 章
整车操纵稳定性试验及仿真分析

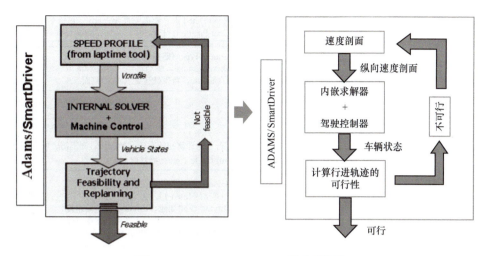

图 12-60　ADAMS SmartDriver 的内部架构

路径提供后，ADAMS SmartDrive 继承整车模型数据，执行下面两项任务之一。

（1）得到车辆极限性能

ADAMS SmartDriver 迭代执行以下步骤：

1）计算参考路径上的极限（最大性能）速度曲线。

2）使用快速、简化的车辆模型（由与完整 ADAMS 模型相同的驱动机器驱动）检查速度曲线，以考虑准静态解算器生成的速度跟踪期间的瞬态动力学。

3）对轨迹上的车辆状态进行分析，搜索在全动态仿真期间无法以当前目标速度行驶的路径位置。如果 ADAMS SmartDriver 发现了一个不可行的点，它会通知圈速模拟器，该模拟器会修改速度曲线并重复整个过程，直到找到所有可行的点。

（2）达到用户自定义的目标

ADAMS SmartDriver 的动作方式与上略有不同，首先必须提供 4 个附加参数：

1）最大纵向加速度。

2）最大纵向减速度。

3）左转时的最大横向加速度。

4）右转时的最大横向加速度。

然后，ADAMS SmartDriver 计算一个使车辆超过这些限制的速度曲线，如下：

1）使用车辆的指定参数和理论极限计算 4 个附加极限：先查找车辆限值，然后使用给定的百分比计算实际限值。

2）考虑到车辆限制和用户定义的限制，ADAMS SmartDriver 创建了一个速度曲线，使车辆达到这些限制。

ADAMS SmartDriver 仿真所使用的运行轨迹有两类：一类是行驶特征文件 *.drd，另一类是自带轨迹定义的 3D 路面。*.drd 文件除可定义路面节点的 X/Y/Z 坐标外，也可以定义路面宽度和路径速度剖面（一系列的速度曲线）。

ADAMS SmartDriver 仿真的典型应用之一是分析车辆在双移线、麋鹿试验中的最高通过车速。ADAMS SmartDriver 仿真对话框如图 12-61 所示。

301

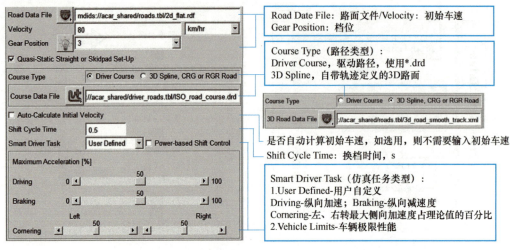

图 12-61　ADAMS SmartDriver 仿真对话框

12.1.9　静态推算和准静态推算

与前面的交互式仿真不同，准静态推算直观上不驱动整车行驶，而是使用一系列的速度、加速度作用在整车模型上，分步求动态平衡解。与开环、闭环分析相比，其不考虑过渡效应计算，求解稳定性高，可用于小半径弯道和大侧向加速度等极限操作性能的研究。

准静态推算支持两种试验台：MDI_DRIVER_TESTRIG 和 MDI_SDI_TESTRIG，主要包含图 12-62 所示的几类分析。

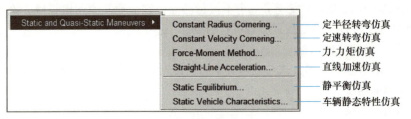

图 12-62　准静态推算仿真类型

由于准静态分析不实际驱动车辆，故可使用较为简单的路面，如 mdi_ssc_flat.rdf，其为 8m×4m 的平路面，摩擦系数为 1。分析成功后，可以加载软件自带的配置文件 mdi_fva_ssc.plt 以快速获取仿真结果。

1. 准静态定半径转弯（Quasi-Static Constant Radius Cornering）**仿真**

准静态定半径转弯等同于定半径稳态回转，主要评估汽车的不足转向特性，对话框如图 12-63 所示，对应的车速及侧向加速度如图 12-64 所示。

2. 准静态定速转弯（Quasi-Static Constant Velocity Cornering）**仿真**

准静态定速转弯是指保持不变的纵向车速、纵向加速度，改变转弯半径来产生逐步增大的侧向加速度，直至达到设定的侧向加速度，如图 12-65 和图 12-66 所示。

3. 准静态力-力矩（Quasi-Static Force-Moment Method）**仿真**

准静态力-力矩仿真是一种评估车辆稳定性和操纵性的方法。在分析过程中，ADAMS/Car 以恒定的纵向速度驾驶车辆，并在不同的侧滑角和转向角下执行一系列分析。准静态力-力矩仿真模拟车辆被固定在皮带式轮胎试验台上的试验。仿真后，用户可以将准静态力-力矩分析的结果以表格形式呈现，或以图表形式呈现，以表示模拟试验中计算的力和力矩。根据作用在车辆上的力和力矩创建的图表是特定操作条件下车辆操纵潜力的表征。

图 12-63 准静态定半径转弯

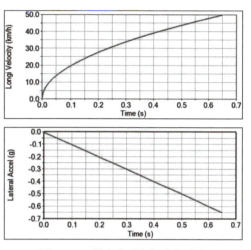

图 12-64 纵向车速与侧向加速度

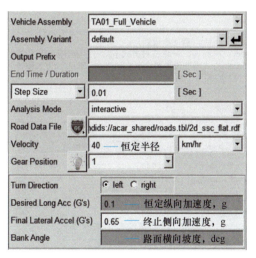

图 12-65 准静态定速转弯

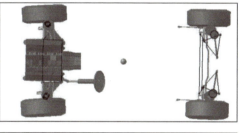

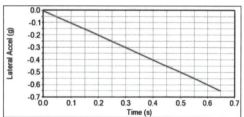

图 12-66 侧向加速度与车辆动态

如果动力总成模型基于通用状态方程子例程（即从共享动力总成模板示例之一派生并与之兼容），则此事件将使用油门实现所需的纵向加速度。如果指定负纵向加速度，油门将用于控制发动机制动，从而控制减速，除非需要额外的制动器来实现所需的减速。工况设置如图 12-67 所示。

4. 准静态直线加速（Quasi-Static Straight-Line Acceleration）**仿真**

准静态直线加速仿真使用静态解算器执行多个静态分析，每个增加的时间步长表示直线加速度或减速度的增加。该仿真使用力-力矩法在每个时间步将静态力平衡为 0，提供了比动态分析更快的解决方案，但不包括瞬态效应。

纵向加速度为正值时通过油门实现纵向加速，输入负值时，如选择油门关闭控制模型，则仅使用发动机制动来控制减速；如选择制动，则先使用油门加速，直到需要额外的制动器来控制减速，工况设置如图 12-68 所示。

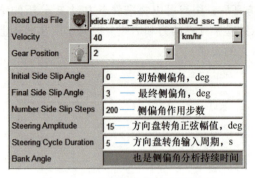

图 12-67　准静态力-力矩工况设置　　　　　图 12-68　准静态直线加速工况设置

5. 静平衡（Static Equilibrium）仿真

静平衡仿真是将整车模型放置于路面上，了解车辆在特定条件下的状态（如半载或满载状态），主要用于模型的平衡计算或获取模型参数，其本质上仍是一种准静态过程。为便于线性化分析，如果设置了 None、Normal、Settle，并选择了线性化（Perform Linear），试验台会给整车模型 20km/h 的初速度。若设置 Straight、Skidpad，则可以设置速度和加速度，但仅是推算而不执行直观上的运动。由于结果文件中不包含时间信息，故无法进行动画演示，工况设置如图 12-69 所示。

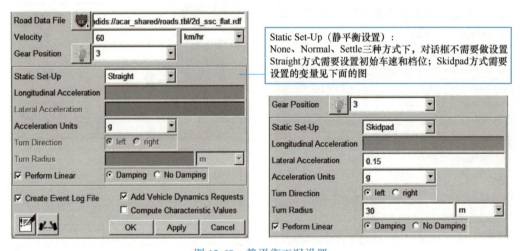

图 12-69　静平衡工况设置

下面是静平衡仿真的应用之一：整车模型 TA01 硬点对应于整备状态，而仿真时调参为半载状态，执行 Straight、None、Normal 三种静态方式，车身质心 Z 向坐标分别为 419.55、440.71、417.649，其中，None 对应的质心最高，相当于未执行静平衡，即对应于模型硬点状态，故与测量所得结果一致，如图 12-70 和图 12-71 所示。

6. 车辆静态特性（Vehicle Static Characteristics，SVC）仿真

车辆静态特性仿真是高版本新增的一项功能，是指一组 ADAMS 实用子程序（CONSUB），用于计算静态平衡时整车或悬架的静态特性，对话框如图 12-72 所示。

仿真后会自动弹出分析结果，如图 12-73 所示，主要包含下面两类参数。

1) 整车基本质量特性：前、后轴荷、轮荷，整车转动惯量，整车质心高、簧上质心高、前后轴偏频。

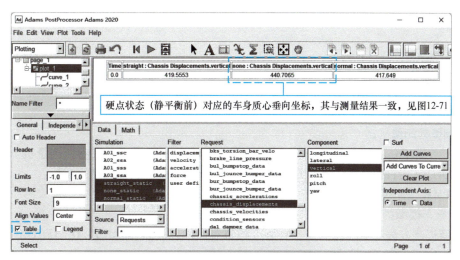

图 12-70　不同静平衡方式下的车身质心垂向坐标

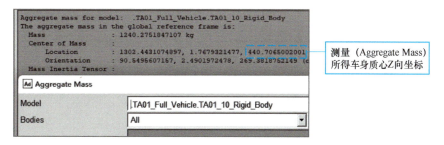

图 12-71　测量所得车身质心垂向坐标

图 12-72　车辆静态特性仿真对话框

GENERAL CHARACTERISTICS

(PARAMETER)	(UNITS)	(TOTAL)
Total weight	N	16953.17
Front ground reaction	N	9454.81
Rear ground reaction	N	7498.36
Total roll inertia	kg mm**2	662.2E+06
Total pitch inertia	kg mm**2	2.657E+09
Total yaw inertia	kg mm**2	2.872E+09

FRONT SUSPENSION CHARACTERISTICS

Suspension Description: <TA01>/subsystems.tbl/TA01_01_Front_

(PARAMETER)	(UNITS)	(AVERAGE)
Unsprung mass (total)	kg	297.32
Unsprung c.g. height	mm	357.66
Roll center height	mm	-1.05
Wheel center rise	mm	-13.70
Static loaded tire radius	mm	339.51
Track width	mm	1573.05
Axle distance from vehicle cg	mm	1194.51

图 12-73　车辆静态特性仿真分析结果（部分）

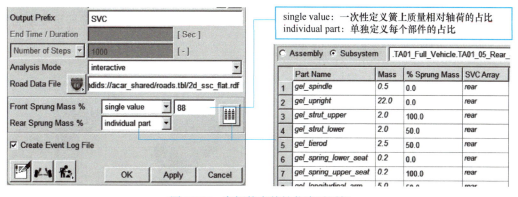

2) 前、后悬架的 K 特性指标：前束梯度、悬架垂向刚度、悬架簧上偏频、悬架簧下偏频、侧倾角刚度等。

12.1.10 整车级悬架 K&C

第 9 章所讲的悬架 K&C 分析是基于悬架模型，而此处所讲的 Kinematic and Compliance 是基于整车模型的悬架 K&C 特性分析。

1. 悬架参数测量机器

SPMM，全称 Suspension Parameter Measurement Machine，直译为悬架参数测量机器，是英国 ABD 公司 K&C 试验台的全称，故其分析结果可直接与 ABD 试验台测试结果对标。

（1）SPMM 整车模型搭建

SPMM 整车模型搭建有两种方法：

1) 全新搭建方法基本同图 11-2，将对应的整车操稳试验台"_MDI_SDI_TESTRIG"更换为"_MDI_SPMM_TESTRIG"即可。

2) 如果已有可以正常仿真的操稳整车模型，则可使用装配体的变体功能快速得到对应的 SPMM 整车模型，如图 12-74 所示。

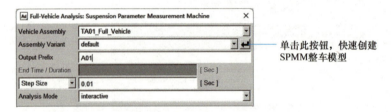

图 12-74　由操稳整车模型快速创建 SPMM 整车模型

无论是全新搭建，还是由操稳整车模型快速创建，搭建后的 SPMM 整车模型如图 12-75 所示，测试台托盘中心和轮心重合，不符合实际情况，此时尝试运行 K&C 分析，模型即可变成正常状态，如图 12-76 所示。

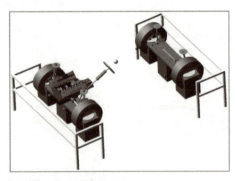
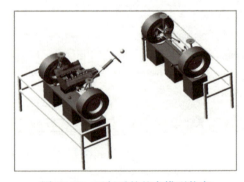

图 12-75　初始创建的整车模型状态　　　图 12-76　运行后的整车模型状态

（2）仿真工况

SPMM 仿真对话框如图 12-77 所示。

2. 静态/动态 K&C 分析

悬架静态/动态 K&C 分析是 SPMM 分析的衍生功能，在 K&C 分析中，垂向跳动、侧倾运动是通过驱动车轮部件实现的，而车身是固定不动的，不同于 SPMM，故其可以与 MTS 试验台进行对标。

SPMM 和 K&C 试验台的差异如图 12-78 所示。

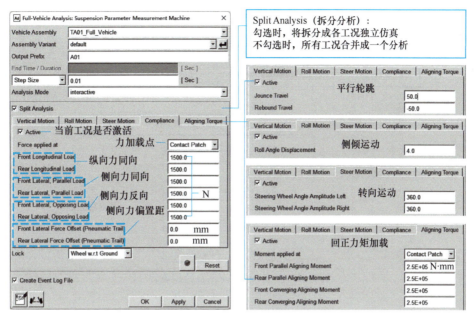

图 12-77　SPMM 仿真对话框

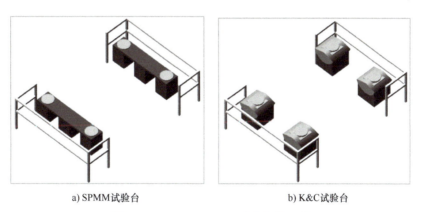

a) SPMM 试验台　　　　　　b) K&C 试验台

图 12-78　SPMM 和 K&C 试验台的差异

关于整车级悬架 K&C 仿真分析的更多理解及应用，读者可参阅帮助文件。

12.2　整车仿真分析用驱动控制与事件构建器

整车仿真分析的主要过程是调用 3 个文件：记录模型的数据集文件 *.adm、调用子程序的命令文件 *.acf、描述试验规划的驱动控制文件 *.dcf，将它们提交给求解器进行运算，如图 12-79 所示。

图 12-79 中用于整车仿真分析的驱动控制文件主要有 3 类：标准界面对话框（见 12.1 节）、事件构建器所建立的事件文件 .xml、用记事本编辑的驱动控制文件 *.dcf。标准界面对话框具有很大的便利性，但也有不足之处，使用非标准格式的 *.xml 和 *.dcf 文件可以更为灵活地建立所需的仿真工况，进而完成整车虚拟试验。

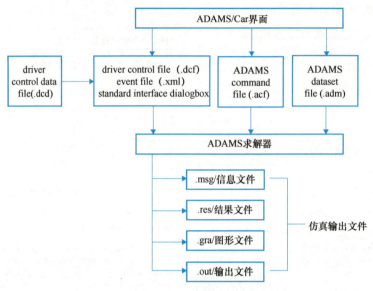

图 12-79 ADAMS/Car 仿真数据流程

12.2.1 事件文件和事件构建器

事件文件（*.xml）是驱动控制文件的一种类型，是 ADAMS/Car 整车仿真分析的核心文件之一，它详细定义了驱动控制器如何驱动车辆进行仿真分析。事件文件的格式是 *.xml，可以用 IE 浏览器直接打开查看，但不能编辑。为了便于查阅、修改和新建，ADAMS/Car 自带了一个事件构建器（Event Builder）工具，采用对话框界面，可快速、准确地定义一个仿真事件，最为难得的是它可以对难以用公式定义的函数直接使用图表输入，从而定义较为复杂的仿真事件。

驱动控制文件将一个复杂的试验事件分解成多个可执行的小单元，此小单元又称微操纵或微事件（Mini-Maneuver）。一个驱动控制文件在其试验模块（Experiment）中，首先是在每个微操纵之前设置初始条件的清单，接下来是在每个数据块中依次指定驾驶控制器控制转向、油门、制动、档位、离合器。

在 12.1 节中讲解到，软件自带的对话框仿真成功后，在默认工作目录里会自动创建一个对应的事件文件，其具有与对话框等效的驱动控制功能。下面以图 12-29（第 290 页）定半径转弯所对应的事件文件 A01_crc.xml 为例，讲解事件文件及事件构建器的相关内容。

事件文件的打开：Standard Interface -> Simulate -> Full-Vehicle Analysis -> Event Builder（进入事件构建器）-> File -> Open -> Default Working Directory（此处为读者自定义的默认工作目录）-> A01_crc.xml，打开后的结果如图 12-80 所示。

事件构建器主要由菜单栏、试验条件设置、微操纵设置、命令按钮 4 部分构成。主菜单十分简单，File 是对文件的新建、打开、退出操作；Settings 是对事件文件的数据单位设置。最下面的 Current Field Unit 会显示光标所指区域的单位信息或提示。

1. 试验条件设置

在执行指定的仿真前，整车模型应达到一些稳态试验条件，如初始车速、档位、静平衡方式等。试验条件设置如图 12-81 所示。

下面仅介绍静平衡设置相关内容，其他项目常规仿真不需要设置，读者如有兴趣可参考帮助文件自行研究。

图 12-80 事件构建器

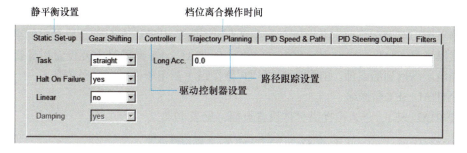

图 12-81 试验条件设置

1）Task：静平衡方式。每种静平衡方式的定义及需设置的项见表 12-4。

表 12-4 静平衡方式定义及设置项

Task 选项	定 义	设 置 项	图 示
none （不执行静平衡）	不执行静平衡	Initial Brake（初始制动）	
normal （标准静平衡）	使用原始铰链锁定车轮的旋转，汽车在设定的初始速度条件下平衡，在执行随后的第一个微操纵前切换为模型中设定的铰链	Initial Steer（初始转向） Initial Throttle（初始油门） Initial Clutch（初始离合器）	Initial Brake 0.0 Initial Steer 0.0 Initial Throttle 0.0 Initial Clutch 0.0
settle （固定式静平衡）	使用原始铰链锁定车身前后、侧向、横摆方向的位移，使汽车与路面静力平衡，在执行随后的第一个微操纵前切换为模型中设定的铰链		
skidpad （侧向力平衡）	使用原始铰链锁定车身（车辆的横摆率和横摆加速度为零），ADAMS/Car 调节转向、油门或制动（目的是平衡空气阻力、轮胎阻力以达到指定的纵向加速度），在执行随后的第一个微操纵前切换为模型中设定的铰链	Turn Direction/Radius（转弯方向/半径） Lat Acc.（侧向加速度）	Turn Direction left Radius 30000.0 Lat Acc. 980.66

(续)

Task 选项	定 义	设 置 项	图 示
straight （直行静平衡）	使用原始铰链锁定车身（车辆的横摆率和横摆加速度为零），ADAMS/Car 调节转向、油门或制动（目的是平衡空气阻力、轮胎阻力以达到指定的纵向加速度），在执行随后的第一个微操纵前切换为模型中设定的铰链	Long Acc.（纵向加速度）	Long Acc. 0.0

2) Halt On Failure：发生仿真故障时是否终止仿真。

2. 微操纵设置

为便于对微操纵设置的理解，此处将微操纵分为外层和内层设置。外层设置着重于对微操纵宏观层面的控制，其设置内容主要包含是否激活（Active）、终止时间（Abort Time）、仿真步幅（Step Size）、采样周期（Sample Period）4项。内层设置是微操纵设置的核心，即对转向（Steering）、油门（Throttle）、制动（Braking）、档位（Gear）、离合（Clutch），以及终止条件（Conditions）的具体设置。

外层终止条件仅为时间，而内层终止条件有多种方式，两者可理解为串联关系，任何一个条件被触发，整车微操纵都会终止仿真。为了保证仿真的充分性，外层的 abort_time 要有足够的执行时间，以满足内层终止条件而结束当前微操纵或进入下一个微操纵。

一个事件中可以含有多个微操纵。图 12-29 中未勾选 Quasi-Static Straight or Skidpad Set-Up，即不执行静平衡，车辆在执行定半径转弯前需要设置一定的引导切入距离，故对应的事件文件中含有两个微操纵 INITIAL_SET 和 STEADY_STATE。INITIAL_SET 微操纵主要设置引导切入距离及定半径转向前所需达到的条件；STEADY_STATE 微操纵主要用于设置定半径转弯。

（1）INITIAL_SET 微操纵

双击 INITIAL_SET，进入微操纵具体设置页面，见表 12-5。

表 12-5 INITIAL_SET 微操纵设置

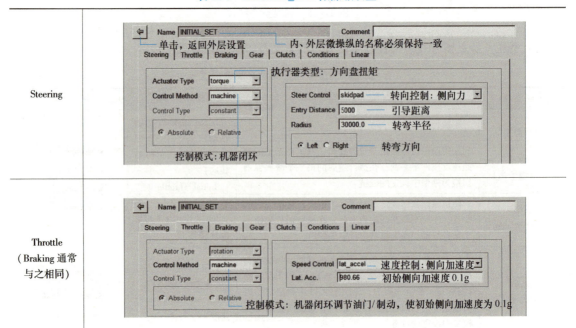

（续）

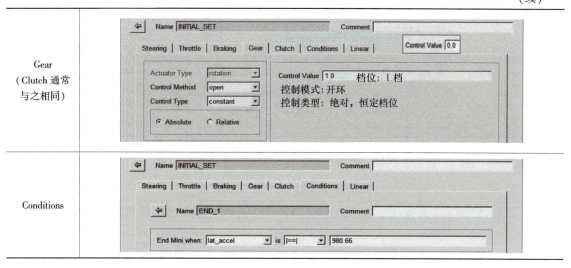

（2）STEADY_STATE 微操纵

双击 STEADY_STATE，进入微操纵具体设置页面，见表 12-6。

表 12-6　STEADY_STATE 微操纵设置

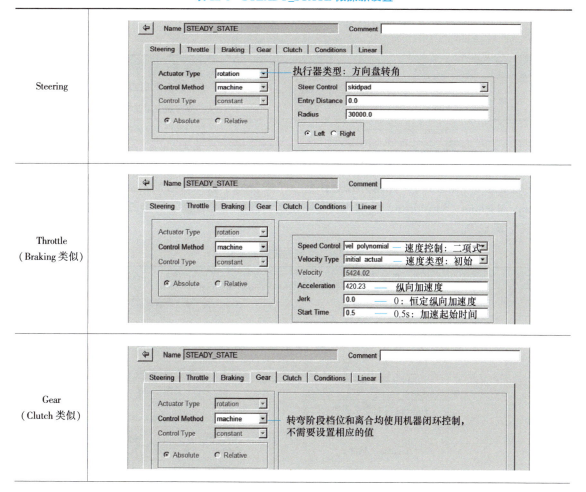

(续)

Conditions	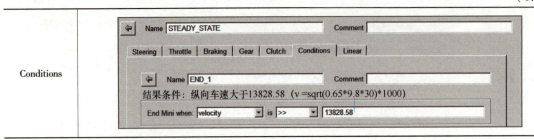 结果条件：纵向车速大于13828.58（v =sqrt(0.65*9.8*30)*1000）

上述转向、油门、制动、档位、离合子数据块，根据其不同作用具有不同的属性，见表12-7。

表12-7 必须指定属性的子数据块

子数据块	必须具有的属性
转向	Actuator_type、Method、Mode
油门、制动、档位、离合	Method、Mode

属性解释如下。

1）Actuator_type（执行器类型）：整车仿真分析中，对转向的控制是尤为重要的。ADAMS/Car对转向的控制既可以在方向盘上施加转角或力矩，也可以在齿条上施加位移或作用力。因此，在转向子数据块中，必须指定转向执行器的类型，见表12-8。

表12-8 转向执行器类型

类型	释义
Rotation	方向盘转角控制
Torque	方向盘力矩控制
Trans	转向器齿条位移控制
Force	转向器齿条力控制

2）Method（控制方式）：控制方式是任何一个微操纵子数据块必需的属性。控制方式有3种：Open、Machine、Smartdrive，分别代表开环控制、机器闭环控制、智能驾驶。各控制方式的变量定义见表12-9。

表12-9 控制方式变量定义

控制方式	对象	控制变量	图示
Open	/	Constant（定变量）	Control Value 0.0 恒定值
		Data_driven（驱动参数文件）	Dcd Filename ower_Speed_Steering_01.dcd
		Data_map（Map图）	Open Loop Demand Map 见图12-82
		Function（自定义函数）	/
		Impulse（脉冲）	Start Time 1.0 开始时间，s Duration 0.5 脉冲时间，s Maximum Value 36.5 最大转角，deg

（续）

控制方式	对象	控制变量	图示
Open	/	Ramp（斜坡）	Start Time 0.0 开始时间，s Ramp Value 15 转角幅值，deg
Open	/	Sine（正弦函数）	Start Time 0.0 开始时间，s Amplitude 12.2 正弦幅值，deg Cycle Length 5.0 正弦周期，s
Open	/	Step（阶跃函数）	Start Time 0.0 开始时间，s Duration 0.05 阶跃时间，s Final Value -11.3 最大转角，deg
Open	/	Swept_sine（正弦扫频）	Start Time 0.0 开始时间，s Amplitude 11.5 正弦幅值，deg Initial Frequency 0.2 初始频率，Hz Frequency Rate 0.2 频率变化率，Hz/s Max Frequency 4.0 最大频率，Hz
Machine	Steer Control	Path_map（行驶轨迹图）	Steer Control path_map Path Map Table Editor
Machine	Steer Control	Ay_s_map（侧向加速度 VS 纵向位移曲线图）	Steer Control ay_s_map Ay Map Table Editor
Machine	Steer Control	Ay_t_map（侧向加速度 VS 时间曲线图）	Steer Control ay_t_map Ay Map Table Editor
Machine	Steer Control	File（行驶轨迹文件）	Steer Control file File Name v/driver_data.tbl/GBT01_Slalom.dcd Lat. Path Offset 0.0
Machine	Steer Control	Skidpad（转弯模式）	Steer Control skidpad Entry Distance 5000 Radius 30000 ○ Left ● Right
Machine	Steer Control	Straight（直线行驶）	Steer Control straight
Smartdrive	/		Task vehicle_limits Course File assigned_at_analysis Max Driving Acc 18.0 Max Braking Acc 30.0 Max LH Turn Acc 24.0 Max RH Turn Acc 24.0 Front Axle Coupling 0.75 Rear Axle Coupling 0.75 Auto ICs For □ Vx □ AccX □ Gear

3) Conditions（结束条件）：微操纵内层结束条件有多种控制方式，见表 12-10。

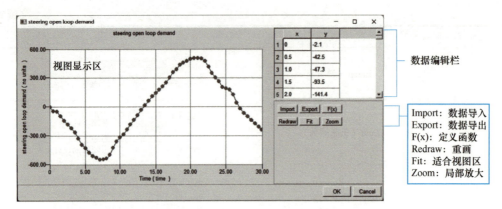

图 12-82　Open Loop Demand Map 图示

表 12-10　结束条件变量定义及运算符号

结束条件			
变　量	说　明	变　量	说　明
Curvature	曲率	Roll rate	侧倾角刚度
Distance	曲线行程	Side_slip_angle	侧偏角
Engine_speed	发动机转速	Stee_ang_vel	方向盘转角速率
Lat_accel	侧向加速度	Steering_ang	方向盘转角
Lat_dis	侧向距离	Time	时间
Lat_velocity	侧向速度	User_defined	用户自定义
Lon_accel	纵向加速度	Velocity	纵向车速
Lon_dis	纵向距离	Vert_accel	垂向加速度
Pitch_angle	俯仰角	Vert_dis	垂向距离
Pitch_rate	俯仰率	Vert_velocity	垂向速度
Rack_tra_vel	齿轮平移速度	Yaw_accel	横摆角速度
Rack_travel	齿条行程	Yaw_angle	横摆角
radius	转弯半径	Yaw_rate	横摆率
Roll angle	侧倾角		
运算符号			
<<	小于	| << |	绝对值小于
==	等于	| == |	绝对值等于
>>	大于	| >> |	绝对值大于

12.2.2　驱动控制文件（Driver Control File，*.dcf）

驱动控制文件是 ADAMS/Car 整车仿真分析另一类核心文件，它详细描述了驱动控制器如何驱动车辆进行仿真分析，简单地说它主要包含下述 3 个方面的信息：

1) 以何种静态平衡方式（None、Normal、Skidpad 等）达到给定的试验初速条件（试验车速等）。

2) 如何具体地执行仿真（转向、油门、离合等）。

3) 以何种条件结束仿真（最终侧向加速度、纵向车速、时间等）。

驱动控制文件和事件文件具有等效驱动控制功能，相对而言驱动控制文件 *.dcf 更为简单，更利于理解和编制。

1. 驱动控制文件的结构

驱动控制文件和其他属性文件一样使用 Teim Orbit 结构，用数据块、子数据块、控制属性、参数表等形式描述。一个最基本的驱动控制文件应该至少包含标题、单位、试验条件、微操纵4个数据块。下面以软件自带的 constant_radius_cornering.dcf（文件位置：X:\Msc.ADAMS\ADAMS2020\acar\shared_car_database.cdb\driver_controls.tbl）为例讲解驱动控制文件的基本结构。

（1）标题数据块

标题数据块主要提供文件类型、版本、格式、注释等信息。

```
$ --------------------------------MDI_HEADER      ! 标题数据块，$ 起分段显示作用
[MDI_HEADER]                                      ! 中括号为固定格式，不可更改
 FILE_TYPE      = 'dcf'                           ! 文件类型
 FILE_VERSION   = 2.0                             ! 文件版本
 FILE_FORMAT    = 'ASCII'                         ! 文件格式
(COMMENTS)
{comment_string}                                  ! 注释字符串
'DCF file for a constant radius cornering simulation'   ! 定半径转弯驱动控制文件
```

（2）单位数据块

单位数据块用于设定驱动控制文件中相关参数的单位，仅对驱动控制文件有效，可以与主程序相同，也可不同。

```
$ --------------------------------UNITS           ! 单位数据块，$ 起分段显示作用
[UNITS]                                           ! 中括号为固定格式，不可更改
 LENGTH   = 'meter'                               ! 长度：m
 FORCE    = 'newton'                              ! 力：N
 ANGLE    = 'deg'                                 ! 角度：deg 或 degree
 MASS     = 'kg'                                  ! 质量：kg
 TIME     = 'sec'                                 ! 时间：s
```

（3）试验条件数据块

试验条件数据块是指在执行指定的仿真前整车模型应达到的稳态试验条件和微操纵基本设置的数据段。

```
$ --------------------------------EXPERIMENT      ! 试验条件数据块，$ 起分段显示作用
[EXPERIMENT]                                      ! 中括号为固定格式，不可更改
EXPERIMENT_NAME = 'Constant Radius Cornering'     ! 试验名称=定半径转弯
STATIC_SETUP    = 'STRAIGHT'                      ! 初始静平衡方式：直行
INITIAL_SPEED   = 16.666                          ! 初始车速：16.666m/s
INITIAL_GEAR    = 3                               ! 初始档位：3 档
(MINI_MANEUVERS)                                  !
{mini_maneuver      abort_time     step_size}     ! { 微操纵名称   终止时间 仿真步幅 }
'STEADY_STATE'       18.800         0.01          ! 'STEADY_STATE'   18.800s   0.01s
```

上述试验条件数据块由两部分子数据块构成，第一个是初始条件设置子数据块，它含有静平衡方式（STATIC_SETUP）、初始车速（INITIAL_SPEED）、初始档位（INITIAL_GEAR）这3个变量及对应值，静平衡方式同表12-4（第309页）。

试验条件数据块中第二个是微操纵全局设定子数据块。一个.dcf文件可以有多个微操纵，每个微操纵均应设置对应的终止时间abort_time、仿真步幅step_size。

同事件文件，上述终止时间abort_time可以简单理解为仿真分析外层终止条件，其与内层终止条件measure test value 的关系和事件文件相同。

(4) 微操纵数据块

同事件文件，微操纵数据块本质上是对转向、油门、制动、档位、离合的控制，另外还包含微操纵终止条件（即上述所说的内层终止条件）。

```
$ --------------------------------------STEADY_STATE            ! 微操纵数据，$起分段显示作用
[STEADY_STATE]                                                  ! 中括号为固定格式，不可更改
(STEERING)                                                      ! (STEERING)：转向子数据块
  ACTUATOR_TYPE          =     'TORQUE'                         ! 执行器类型：扭矩控制
  METHOD                 =     'MACHINE'                        ! 控制方法：机器闭环
(THROTTLE)                                                      ! (THROTTLE)：油门子数据块
  METHOD                 =     'MACHINE'                        ! 控制方法：机器闭环
(BRAKING)                                                       ! (BRAKING)：制动子数据块
  METHOD                 =     'MACHINE'                        ! 控制方法：机器闭环
(GEAR)                                                          ! (GEAR)：档位子数据块
  METHOD                 =     'OPEN'                           ! 控制方法：开环
  MODE                   =     'ABSOLUTE'                       ! 控制模式：绝对
  CONTROL_TYPE           =     'CONSTANT'                       ! 控制类型：恒定档位
  CONTROL_VALUE          =     3                                ! 档位值：3档
(CLUTCH)                                                        ! (CLUTCH)：离合子数据块
  METHOD                 =     'OPEN'                           ! 控制方法：开环
  MODE                   =     'ABSOLUTE'                       ! 控制模式：绝对
  CONTROL_TYPE           =     'CONSTANT'                       ! 控制类型：恒定档位
  CONTROL_VALUE          =     0                                ! 状态值：0（0结合，1断开）
(MACHINE_CONTROL)                                               (MACHINE_CONTROL)：机器闭环
  STEERING_CONTROL       =     'SKIDPAD'                        ! 转向控制模式：侧向力模式
  RADIUS                 =     80.0                             ! 转弯半径：80m
  TURN_ENTRY_DISTANCE    =     30.0                             ! 直线引导距离：30m
  TURN_DIRECTION         =     'LEFT'                           ! 转弯方向：左转
  SPEED_CONTROL          =     'VEL_POLYNOMIAL'                 ! 速度控制方法：二次多项式
  VELOCITY               =     16.666                           ! 初始车速：16.666m/s，已定可略
  ACCELERATION           =     0.855                            ! 纵向加速度：0.855m/s²
  JERK                   =     0.0                              ! 加速度变化率：0，恒定加速度
  START_TIME             =     3.800                            ! 开始加速时间：3.8s
(END_CONDITIONS)                                                ! 微操纵终止条件
{measure    test    value    allowed_error    filter_time    delay_time group}
'VELOCITY'    '=='    27.777     0.0               0.0           0.0
```

上述转向、油门、制动等子数据块，根据其不同的作用具有不同的属性，与事件文件相同。

驱动控制文件*.dcf微操纵的内层终止条件设置较事件文件复杂一些，解释如图12-83所示。

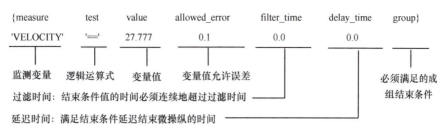

图 12-83　结束条件子数据块

2. 驱动控制文件的原始雏形文件 ∗.dcp

驱动控制文件较事件文件更为简单，但对于初学者来说却相对不易掌握，此时可研究驱动控制文件的原始雏形文件 ∗.dcp。

标准界面下的整车仿真分析对话框大多都有一个原始雏形文件 ∗.dcp，此雏形文件存储于"X:\Msc.ADAMS\ADAMS2020\acar\dcf_prototypes"内，如图 12-84 所示。研究此雏形文件，不仅有利于深入研究对话框的控制策略，还可提高驱动控制文件 ∗.dcf 的编制能力。

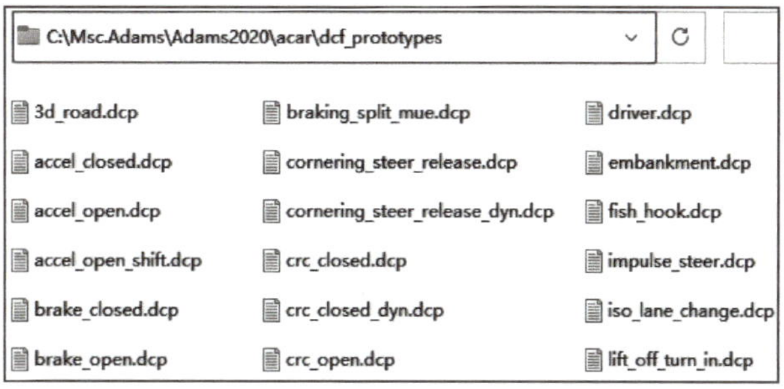

图 12-84　软件自带的驱动控制文件原始雏形文件 ∗.dcp

下面以图 12-2（第 282 页）所示的 Drift 仿真为例介绍 ∗.dcp 文件的结构及应用，用记事本打开的"drift.dcp"文件，内容如图 12-84 所示。

1）相对于标准的 ∗.dcf 文件，∗.dcp 文件缺少标题数据块和单位数据块。
2）∗.dcp 文件中标记有"param"字样的内容，需按对话框所填内容进行设置。
3）∗.dcp 文件中已设置的变量决定着对话框的运行策略，如转向输入方式为"STEP 阶跃"。

图 12-85 中带有"param"标识的内容按对话框（图 12-2）更改后，再给文件添加上标题数据块和单位数据块（注意与数据匹配），最后另存为 ∗.dcf 文件，即可通过文件驱动事件（第 300 页图 12-59 所示）来驱动整车仿真分析。

12.2.3　驱动参数文件（Driver Control Data File，∗.dcd）

驱动参数文件 ∗.dcd 是供驱动控制文件 ∗.dcf、事件文件 ∗.xml 或界面对话框来引用的文件，不能直接用来驱动整车模型。驱动参数文件可向驱动控制器提供所需要的转向、速度闭环控制参数或转向、油门等开环控制参数。

驱动参数文件中主要包含 OPEN-LOOP（开环）和 CLOSED-LOOP（闭环）两类控制数据块。开环控制数据块只单独输出控制参数而不涉及车辆运行状态，这类变量有转向角、油门开度、离合器信号、档位信号，制动值等。闭环控制需要考虑车辆的实际状态，如速度与路径的关系、侧向加速度、纵向加速度等。

图 12-85　Drift.dcp 文件

1. ∗.dcd 文件结构

驱动参数文件也是使用 Teim Orbit 结构，一个 ∗.dcd 文件必须含有标题、单位，以及至少一个闭环或开环数据块。图 12-86 所示为软件自带的单移线试验对应的.dcd 文件。

2. ∗.dcd 文件格式

文件格式是指在创建、修改文件时必须遵守的规则。

（1）闭环数据块

1）符号规则。见表 12-11，其中部分规划也适用于 ∗.dcf 文件。

第 12 章 整车操纵稳定性试验及仿真分析

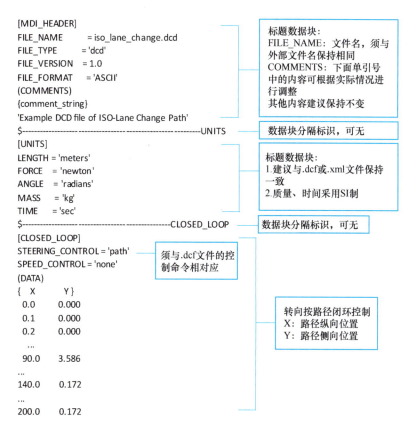

图 12-86 iso_lane_change.dcd 文件

表 12-11 符号规则

符 号	说 明	符 号	说 明
[ ]	数据块（Data block）	{ }	数据标题（Data header）
( )	子数据块（Sub-block）	$	数据块分隔标识
| |	选项、逻辑"或"		

2）变量定义。表 12-12 中的变量在 .dcd 文件中有特定定义，变量名不可随意更改。

表 12-12 变量定义

变 量	说 明	变 量	说 明
Lon_vel	车辆纵向速度	Curvature	路径瞬时曲率
Lon_acc	车辆纵向加速度	x	路径控制点在坐标系中的纵向位置
Lat_acc	车辆侧向加速度	y	路径控制点在坐标系中的侧向位置
Distance	曲线行进的总路程		

（2）开环数据块

开环数据块通常通过参数表来确定基于时间或行驶距离的转向、油门、制动等控制量的值，图 12-87 所示为软件自带 data_driven.dcd 文件中的部分内容。

```
$--------------------------------------------------OPEN_LOOP
[OPEN_LOOP]
ORDINAL = 'time'

(DATA)
{  time          steering              throttle        brake         gear           clutch }
  -0.1000E-00   1.4533443041E-003    0.3463416330   0.0000E+00    0.3000E+01    0.0000E+00
```

图 12-87 开环数据块示意

下面 3 种方式可建立 .dcd 文件：

1）运行一个物理或虚拟试验，记录油门、档位、离合器、转向、制动提供开环数据，使用记事本创建 .dcd 文件。

2）用记事本编辑 MSC 提供的范例文件，ADAMS/Car 2020 仅提供了下面 3 个范例：data_driven.dcd、iso_lane_change.dcd、velocity.dcd。

3）用记事本按范例文件全新创建。

12.3 常见整车操纵稳定性试验仿真

前两节主要介绍了整车仿真分析的通用性内容，如对话框的定义、驱动控制文件、事件文件的结构，本节则主要结合国标及 ISO 相关标准，相对深入地讲解整车操稳试验仿真分析，主要包含：国标试验要求、试验目的及意义、试验考核变量、操稳驱动控制文件编制、分析结果的处理及输出、关键指标的综合评价。

12.3.1 操纵稳定性基础知识

研究整车操纵稳定性（简称"操稳"）试验及仿真，除悬架动力学基础知识外，还应具有一定的整车动力学基础知识，简单介绍如下。

1. 术语及定义

操纵稳定性术语及定义主要参考以下标准。

1）GB/T 12549—2013：汽车操纵稳定性术语及其定义。

2）SAE J670—2008：Vehicle Dynamics Terminology。

2. 坐标系

整车操稳试验或基于 ADAMS/Car 的整车操稳仿真分析，遵循图 12-88 和图 12-89 所示的车辆坐标系及车轮坐标系。

图 12-88 SAE J670 车辆坐标系

SAE J670 车辆坐标系中，x 轴指向车辆前方，y 轴指向车辆左侧，z 轴指向车辆上方，坐标系原点 o 为车辆簧上质心。ADAMS/Car 整车操稳仿真分析后处理中的输出变化均是基于上述整车坐标系的，而非模型中的大地坐标系。

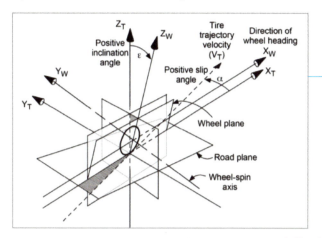

图 12-89　SAE J670 车轮坐标系

3. 基本概念及推荐书籍

上述 GB/T 12549—2013、SAE J670—2008 标准仅对操纵稳定性的相关术语进行了基本定义，如需深入了解并掌握其应用，可见参考文献 [2]。按笔者经验，熟悉并掌握下述基本概念，非常有利于软件的学习及应用，见表 12-13。

表 12-13　操纵稳定性基本概念

序号	名称	Name	序号	名称	Name
1	稳态	Steady State	12	横摆角速度超调量	Response Time of Yaw Rate
2	瞬态	Transient State	13	横摆角速度响应时间	Overshoot of Yaw Rate
3	轮胎侧偏角	Sideslip Angle	14	特征车速	Characteristic Speed
4	轮胎侧偏刚度	Tire cornering Stiffness	15	临界车速	Critical Speed
5	转向灵敏度	Steering Sensitivity	16	时域响应	Time Domain Response
6	中性转向	Neutral Steer	17	频域响应	Frequency Response
7	不足转向	Understeer	18	共振峰频率	Resonant Frequency
8	过度转向	Oversteer	19	幅频特性	Amplitude Frequency Characteristic
9	稳定性因数	Stability Factor			
10	不足转向度	Degree of Understeer	20	相频特性	Phase Frequency Characteristic
11	侧倾角梯度	Roll Angle Gradient	21	侧偏角差	Difference of Sideslip Angles

12.3.2　操纵稳定性客观试验

操稳客观试验是底盘动力学开发必不可少的工作之一，其使用专业仪器设备真实客观地测试车辆的关键特性指标。下面简单介绍一下客观试验所用的仪器设备，以便读者对客观试验有个感性认识，其他试验要求在后续试验仿真中会做简单介绍。

基本的操稳客观试验常用设备及作用见表 12-14。

表 12-14 操稳试验常用设备及作用

序号	设备名称	图示	常见品牌	测试变量
1	电源适配器		/	为测量设备提供多通道电源，输入为车辆蓄电池 12V
2	多功能显示器	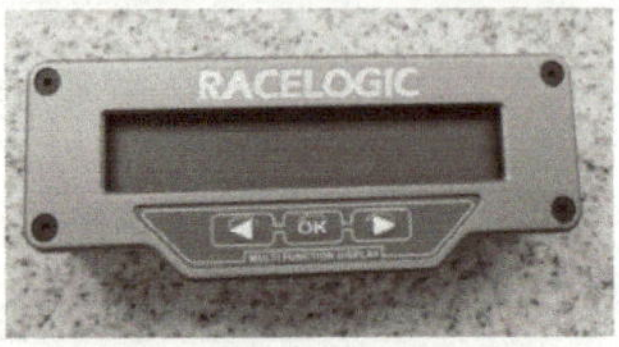	英国：RACELOGIC	选择性显示实时测试数据
3	力矩方向盘（方向盘、传感器装置、风档支架、方向盘支架）		日本：SOHGOH 英国：RACELOGIC 瑞士：KISTLER	1. 方向盘角度 2. 方向盘角速度 3. 方向盘力矩
4	陀螺仪		英国：RACELOGIC 瑞士：KISTLER	1. 纵向、横向车速 2. 车身侧倾、俯仰角 3. 三轴加速度 4. 三轴角速度 5. 侧偏角 6. 车辆运动轨迹
5	多通道数据采集仪（数据采集单元、数据采集软件、数据处理 PC）	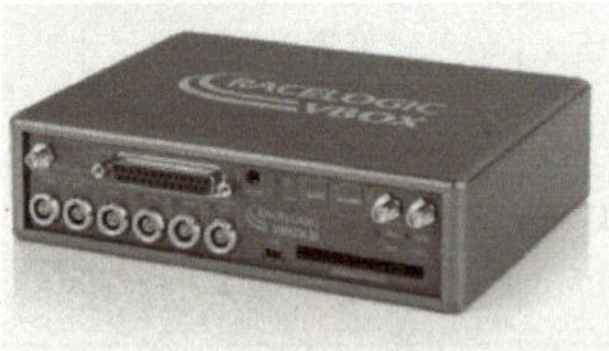	英国：RACELOGIC 瑞士：KISTLER	各通道试验数据采集、设置、记录、分析及处理
6	陀螺仪固定支架	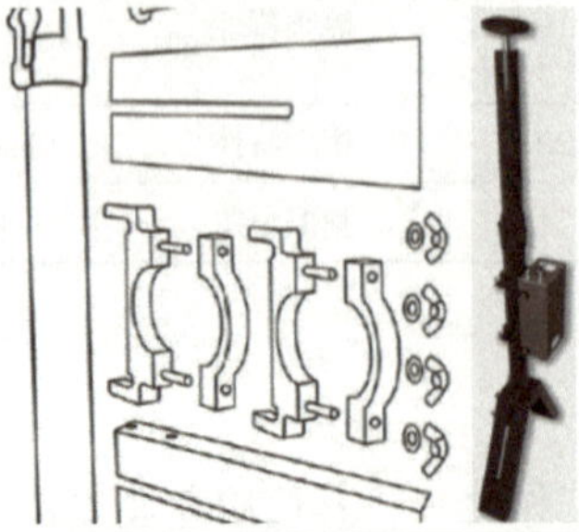	/	将陀螺仪固定到整车质心处（其上端顶在车身顶棚上，下端作用于车身地板）

注：1. 力矩方向盘安装时需要通过盘上支架调整，保证其与原车方向盘同轴心。
2. 陀螺仪应尽可能布置到整车簧上质心处，且调整到水平状态。

12.3.3 操纵稳定性主观评价

主观评价在现代车辆开发过程中占据重要角色，是必不可少的一项工作。表 12-15 是某合资品牌的操纵稳定性主观 3 级评价内容（4 级内容未展示），仅供参考。

表 12-15　某合资品牌的操纵稳定性主观评价内容

Handling 操纵稳定性		
1. Straight Ahead Stability 直行稳定性		
	Straight Running 直线行驶	
	Torque Wander 扭矩漂移	
	Rut Wander 车辙漂移	
	Sidewind Sensitivity 侧风敏感性	
	Acceleration Pitch（Lift/Squat）加速俯仰（升起/下坐）	
	Acceleration Capability / Net Traction 加速能力/网状路面牵引力	
	Acceleration Capability / μ-split Traction 加速能力/对开路面牵引力	
	Deceleration 减速	
	Control System Contribution 控制系统贡献	
2. Cornering Stability 弯道稳定性		
	Under/Oversteer（Constant Throttle）不足转向/过多转向（恒定节气门）	
	Control System Contribution（Constant Throttle）控制系统贡献（恒定节气门）	
	Under/Oversteer（Power On/Off）不足转向/过多转向（动力开/关）	
	Controllability（Power On）可操控性（动力开）	
	Traction Capability（Power On）牵引能力（动力开）	
	Control System Contribution（Power On/Off）控制系统贡献（动力开/关）	
	Under/Oversteer（Brake in a Turn）不足转向/过多转向（转弯制动）	
	Controllability（Brake in a Turn）可操控性（转弯制动）	
	Deceleration Capability 减速能力	
	Control System Contribution（Brake in a Turn）控制系统贡献（转弯制动）	
	Road Holding（Smooth Road）道路保持性（平坦道路）	
	Road Holding（Rough Road）道路保持性（起伏道路）	
	Connection to the Road 道路连接	
	Roll Control 侧倾控制	
	Symmetry 对称性	
3. Transitional / Lane Change Stability 过渡/变线稳定性		
	Stability 稳定性	
	Controllability 可操控性	
	Control Systems Contribution-Transitional 控制系统贡献	
	Capacity Feel 能力感	
	Symmetry 对称性	

12.3.4　国标操纵稳定性试验仿真

国标操稳试验主要依据是 GB/T 6323—2014，其主要包含 7 项试验：蛇形、转向角阶跃、转向角脉冲、转向回正、转向轻便性、稳态回转、转向中心区。实际工程中，常做的客观试验有转向角阶跃、转向角脉冲、稳态回转、转向中心区等，下面着重讲解对应的仿真分析，其他未涉及的试验，读者可自行尝试。

实车操稳试验和仿真分析的区别有如下几点。

1) 操稳试验需要对轮胎进行一定的预热处理，而仿真不需要。

2) 对于带有转向动作的操稳试验需进行左转和右转两种方向的试验，而仿真不需要。

3) 部分操稳试验需进行多速度或多侧向速度情况下的试验，而仿真主要进行考核工况下的仿真。

4) 操稳试验环境要求干燥、平坦、清洁铺装路面，横向坡度不大于 2%，风速不大于 5m/s，气温 0~40℃，而仿真则使用 2D 平路面，风速和温度不予考虑。

1. 转向角阶跃试验

转向角阶跃试验是一种典型的开环试验，其主要考查车辆在受到一个阶跃转角输入后，达到新的稳定状态前的时域瞬态响应特性，主要考核指标有横摆角速度响应时间、横摆角速度峰值响应时间、横摆角速度超调量等。

1) 试验和仿真要求见表 12-16。

表 12-16　转向角阶跃试验与仿真分析要求

序号	项　　目	客　观　试　验	ADAMS/Car 仿真
1	载荷状态	半载	半载
2	试验车速	最高车速的 70%，且为 10 的倍数，最高不超过 120km/h	100km/h
3	方向盘转角	按侧向加速 1.0、1.5、2.0、2.5、3.0（m/s²）预选方向盘转角	按 2.0m/s²（或 0.2g）预选
4	转向角阶跃速率	>200 deg/s	>200 deg/s

2) 测量参数及考核指标见表 12-17。

表 12-17　测量参数与考核指标

	测　量　参　数	主要考核指标
必测参数	1. 横摆角速度 2. 侧向加速度	加速度 $a=2m/s^2$ 时： 1. 横摆角速度响应时间 2. 横摆角速度峰值响应时间 3. 横摆角速度超调量
期望参数	1. 汽车前速车速 2. 方向盘转角 3. 车身侧倾角 4. 车辆侧偏角	

3) 仿真分析。

ADAMS/Car 软件集成界面可完成转向角阶跃仿真，工况设置如图 12-90 所示。

驱动控制文件 *.dcf 内容如图 12-91 所示。

由于对话框和驱动控制文件 *.dcf 仿真分析成功后，后处理中均会自动生成对应的事件文件 *.xml，故此处不再展示事件文件，下同。

图 12-90　转向角阶跃仿真工况

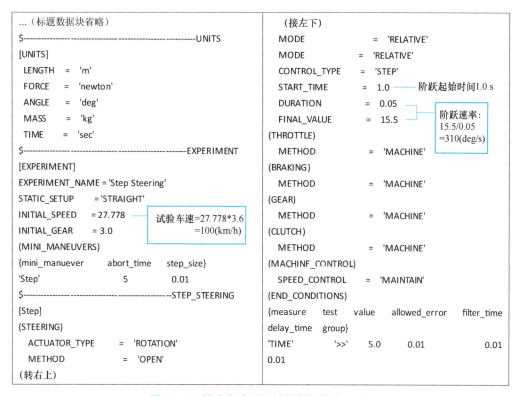

图 12-91　转向角阶跃驱动控制文件 Step.def

4）仿真分析结果如图 12-92 所示。

图 12-92 中，关键指标如下：

1）横摆角速度响应时间：稳态横摆角速度的 90% 对应的时间，$t_r = 0.14s$。

2）横摆角速度峰值响应时间：横摆角速度峰值对应的时间 $t_{rp} = 0.29s$。

3）横摆角速度超调量：横摆角速度峰值与稳态值之差相对于稳态值的百分比，$\delta = (5.2 - 4.4)/4.4 = 18.2\%$。

用同样方法也可以得出侧向加速度的响应时间为 0.31s，峰值响应时间为 0.55s，这说明在稳态建立过程中，横摆动作较侧向力先建立。

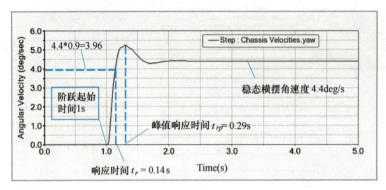

图 12-92 转向角阶跃仿真分析结果

2. 转向角脉冲试验

转向角脉冲试验也是一种开环试验,其主要考查车辆在频域空间内的操纵稳定性。

1) 试验和仿真要求见表 12-18。

表 12-18 转向角脉冲试验与仿真分析要求

序号	项目	客观试验	ADAMS/Car 仿真
1	载荷状态	半载	半载
2	试验车速	最高车速的 70%,且为 10 的倍数	100 km/h
3	方向盘转角	三角脉冲输入,脉宽(0.3~0.5)s,最大幅值使最大侧向加速度为 4m/s²	同左

2) 测量参数及考核指标见表 12-19。

表 12-19 测量参数与考核指标

测量参数		主要考核指标
必测参数	1. 横摆角速度 2. 方向盘转角	1. 谐振峰水平 2. 谐振峰频率 3. 相位滞后角
期望参数	1. 汽车纵向车速 2. 侧向加速度	

3) 仿真分析。

ADAMS/Car 软件集成界面可完成转向角脉冲仿真分析,如图 12-93 所示。

图 12-93 转向角脉冲仿真工况

驱动控制文件 *.dcf 如图 12-94 所示。

```
...（标题数据块省略）                              （接左下）
$------------------------------------------UNITS   (THROTTLE)
[UNITS]                                              METHOD        = 'MACHINE'
  LENGTH    = 'mm'                                   MODE          = 'ABSOLUTE'
  FORCE     = 'newton'                               CONTROL_TYPE  = 'CONSTANT'
  ANGLE     = 'deg'                                  CONTROL_VALUE = 27777.78
  MASS      = 'kg'                                 (BRAKING)
  TIME      = 'sec'                                  METHOD        = 'MACHINE'
$------------------------------------------EXPERIMENT MODE        = 'ABSOLUTE'
[EXPERIMENT]                                         CONTROL_TYPE  = 'CONSTANT'
EXPERIMENT_NAME   = 'Open Loop Impulse Steer'        CONTROL_VALUE = 27777.78
STATIC_SETUP      = 'STRAIGHT'                     (GEAR)
INITIAL_SPEED     = 27777.78                         METHOD        = 'OPEN'
INITIAL_GEAR      = 5.0                              MODE          = 'ABSOLUTE'
(MINI_MANEUVERS)                                     CONTROL_TYPE  = 'CONSTANT'
{mini_maneuver      abort_time    step_size}         CONTROL_VALUE = 5.0
'IMPULSE_STEER'     5.0           0.01             (CLUTCH)
$------------------------------------------IMPULSE_STEER METHOD    = 'OPEN'
[IMPULSE_STEER]                                      MODE          = 'ABSOLUTE'
(STEERING)                                           CONTROL_TYPE  = 'CONSTANT'
  ACTUATOR_TYPE   = 'ROTATION'                       CONTROL_VALUE = 0
  METHOD          = 'OPEN'                         (MACHINE_CONTROL)
  MODE            = 'RELATIVE'                       SPEED_CONTROL = 'MAINTAIN'
  CONTROL_TYPE    = 'IMPULSE'                      (END_CONDITIONS)
  START_TIME      = 1.0                              {measure test value allowed_error filter_time delay_time
  DURATION        = 0.5                              group}
  MAXIMUM_VALUE   = 43                               'TIME'   =='   5.0    0.0    0.0    0.0
（接右上）
```

图 12-94　转向角脉冲驱动控制文件 Impulse.dcf

4) 仿真分析结果的处理。

国标试验要求使用专门的信号处理设备或按公式（12-1）在通用计算机上分析转向盘转角脉冲输入和横摆角速度响应的幅频特性和相频特性，其本质是将时域内的输入、输出通过传递函数转换为频域内的输入、输出。

$$G(jk\omega_0 t) = \frac{\int_0^T r(t)\cos(k\omega_0 t)\mathrm{d}t - j\int_0^T r(t)\sin(k\omega_0 t)\mathrm{d}t}{\int_0^T \delta_{sw}(t)\cos(k\omega_0 t)\mathrm{d}t - j\int_0^T \delta_{sw}(t)\sin(k\omega_0 t)\mathrm{d}t} \tag{12-1}$$

针对上述需求，ADAMS/Postprocessor 提供了时域向频域的变换功能，即波德图（Bode plot）。

波德图是线性非时变系统的传递函数对频率的半对数坐标图，其横轴频率以对数尺度表示，利用波德图可以看出系统的频率响应。波德图一般由两张图组合而成，一张幅频图表示频率响应增益的分贝值对频率变化的响应，另一张相频图则是频率响应的相位对频率变化的响应。更为详细的波德图原理，请查看相关专业文献。

波德图的创建如图 12-95 所示，单击 OK 按钮，生成的结果如图 12-96 所示。

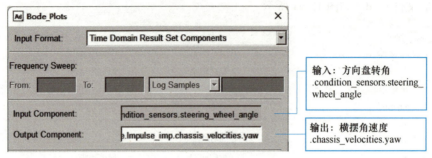

图 12-95　波德图的创建

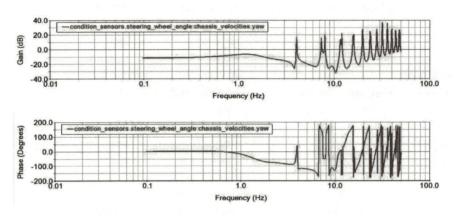

图 12-96　频域下的横摆角速度增益和相位滞后角

图 12-96 中，横坐标频率范围较宽且为非线性，不利于目标频率下的结果输出，故需进行一定的处理，具体如下。

- 增益图（图 12-96 上）设置。
- 横坐标轴设置：Format->Auto scale：0~3.0；Format->Scale：Linear。
- 纵坐标轴设置：Format->Auto scale：0~1.0；Format->Scale：Linear。
- 相位滞后角图（图 12-96 下）设置。
- 横坐标轴设置：Format->Auto scale：0~3.0；Format->Scale：Linear。
- 纵坐标轴设置：Format->Auto scale：-100~100；Format->Scale：Linear。

处理后如图 12-97 所示，便可求得共振峰频率及对应频率下的相位滞后角。
根据图 12-97，最终分析结果如下。

- 谐振频率 f_p = 1.17Hz。
- 1Hz 相位滞后角 α = -17.4deg。
- 谐振峰水平 D = 20 * lg(0.47/0.25) = 5.48dB。

3. 稳态回转试验

稳定回转试验是一项重要试验，也是实际工程中必做的一项试验，其主要目的是考查车辆的不足转向度、侧倾梯度等指标。

GB/T 6323—2014 有定转角和定半径两种稳态回转试验，定半径稳态回转仿真对应于图 12-29（第 290 页），此处主要讲解定转角稳态回转的仿真分析。

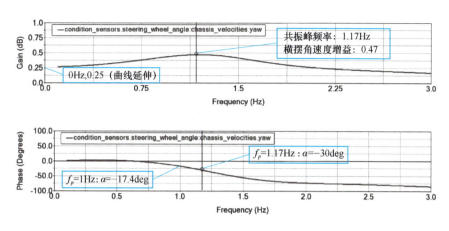

图 12-97　处理后的横摆角速度增益和相位滞后角

1）试验和仿真要求见表 12-20。

表 12-20　稳态回转试验与仿真分析要求

序号	项　目	客　观　试　验	ADAMS/Car 仿真
1	载荷状态	半载	半载
2	试验车速	最低稳定速度沿圆周行驶半圈后固定方向盘转角，逐步加速，纵向加速度不大于 0.25m/s^2	最低初始车速 $V=10\text{km/h}$ 纵向加速度为 0.25m/s^2
3	方向盘转角	保持恒定不变	保持恒定不变
4	初始试验半径	$R \geqslant 15\text{m}$	不限
5	试验终止条件	$a \geqslant 6.5\text{m/s}^2$	$a \geqslant 6.5\text{m/s}^2$（或 $0.65g$）

2）测量参数及考核指标见表 12-21。

表 12-21　测量参数与考核指标

测　量　参　数		主要考核指标
必测参数	1. 车辆侧偏角 2. 侧向加速度 3. 车身侧倾角	1. 中性转向点侧向加速度 2. $a=2\text{m/s}^2$（或 $0.2g$）时的车身侧倾梯度 3. $a=2\text{m/s}^2$（或 $0.2g$）时的不足转向度
期望参数	1. 纵向车速 2. 纵向加速度 3. 横摆角速度	

3）仿真分析。驱动控制文件 CAC.dcf 如图 12-98 所示。

图 12-98 中的 "INITIAL_RADIUS" 和 "INITIAL_LAT_ACC" 可以不予设置，如设置，两者与 "INITIAL_SPEED" 应满足 $a=V^2/R$ 的关系。

初始方向盘转角预设要合理，即满足初始转弯半径不小于 15m，估算方法可按式 $SWA \leqslant \arctan(L/R)*i$ 进行，其中，L 为轴距，R 为转弯半径，i 为转向系统角传动比。

4）分析结果。

车辆运动轨迹如图 12-99 所示。其中，X 轴为 chassis_displacements.longitudinal，Y 轴为 chassis_displacements.lateral。从运动轨迹看，方向盘转角保持不变的情况下，转弯半径越来越大，

```
...（标题数据块省略）                          ACTUATOR_TYPE        =    'ROTATION'
$--------------------------UNITS              METHOD               =    'OPEN'
[UNITS]                                       MODE                 =    'ABSOLUTE'
  LENGTH   =  'm'                             CONTROL_TYPE         =    'CONSTANT'
  FORCE    =  'newton'                        CONTROL_Value        =    50
  ANGLE    =  'deg'                         (THROTTLE)
  MASS     =  'kg'                            METHOD               =    'MACHINE'
  TIME     =  'sec'                         (BRAKING)
$--------------------------EXPERIMENT         METHOD               =    'MACHINE'
[EXPERIMENT]                                (GEAR)
  EXPERIMENT_NAME    = 'CAC'                  METHOD               =    'MACHINE'
  STATIC_SETUP       = 'STRAIGHT'           (CLUTCH)
  INITIAL_SPEED      = 2.778                  METHOD               =    'MACHINE'
  INITIAL_GEAR       = 1                    (MACHINE_CONTROL)
                                              SPEED_CONTROL        =    'VEL_POLYNOMIAL'
(MINI_MANEUVERS)                              VELOCITY             =    2.778
{mini_maneuver   abort_time   step_size}      ACCELERATION         =    0.25
'STEADY_STATE'      80         0.01           JERK                 =    0.0
$--------------------------STEADY_STATE       START_TIME           =    0.0
[STEADY_STATE]                              (END_CONDITIONS)
(STEERING)                                  {measure   test  value  allowed_error  filter_time
（接右侧）                                   delay_time group}
                                              'LAT_ACCEL'   '|>>|'  6.5    0        0     0
```

图 12-98　驱动控制文件 CAC.dcf

说明车辆具有不足转向特性。

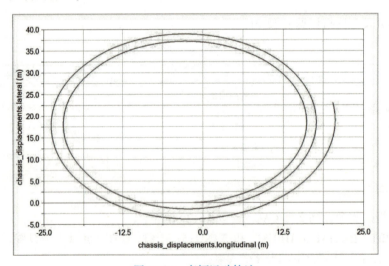

图 12-99　车辆运动轨迹

车身侧倾角 VS 侧向加速度如图 12-100 所示。其中，X 轴为 chassis_accelerations.lateral，Y 轴为 chassis_displacements.roll。0.2g 侧向加速度对应的车身侧倾角梯度为 4.67deg/g，0.4g 对应的车身侧倾角梯度为 4.68deg/g。

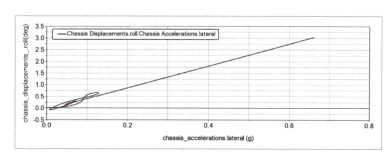

图 12-100　车身侧倾角 VS 侧向加速度

实际工程中，轿车和 SUV 在 0.2g 侧向加速度时车身侧倾角梯度通常控制于（3.5～4.5）deg/g 内，MPV 车辆控制于（4.5～5）deg/g 内，图 12-101 所示为实车测试结果，供参考。提高车身侧倾角梯度的有效方法之一是加大稳定杆直径，读者可自行验证。

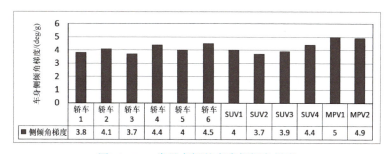

图 12-101　常见车辆的车身侧倾角梯度

侧偏角 VS 侧向加速度如图 12-102 所示。GB/T 6323 定义，不足转向度 U 为前、后轴侧偏角之差 $\delta_1-\delta_2$ 与侧向加速度 a 关系曲线上侧向加速度值为 $2m/s^2$（或 0.2g）处的斜率，而前、后轴侧偏角（即图 12-102 中 Y 轴）之差 $\delta_1-\delta_2$ 由下式确定：

$$\delta_1-\delta_2 = 57.3L(1/R_0-1/R_k) \tag{12-2}$$

式中，L 为整车轴距，单位 m；R_0 为初始半径，即侧向加速度与转弯半径拟合曲线上侧向加速度为零处的值；R_k 为第 k 点的转弯半径，即瞬时转弯半径。

按上述要求处理后的曲线如图 12-102 所示，侧向加速度为 0.2g 时的不足转向度为 2.03deg/g，0.4g 时为 2.53deg/g。

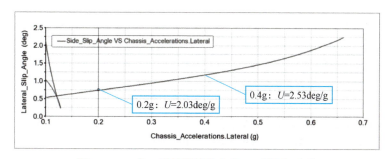

图 12-102　前、后轴侧偏角之差 VS 侧向加速度

不足转向度是整车操纵稳定性的重要考核指标之一，乘用车在侧向加速度为 0.2g 时不足转向度通常设计为（1.5～3.0）deg/g，如图 12-103 所示。

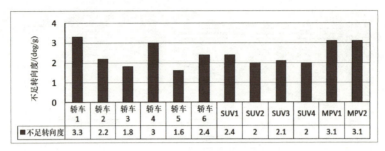

图 12-103 常见车辆的不足转向度

中性转向点侧向加速度 a_n。中性转向点侧向加速度定义为前、后轴侧偏角之差与侧向加速度曲线斜率为零的点对应的侧向加速度。相关文献研究表明,现代车辆中,如果图 12-102 中未出现曲线斜率为零的点,则对应的 a_n 取为 9.8m/s^2。

4. 转向中心区试验

转向中心区试验主要研究车辆高速状态下小角度转向时的操纵稳定性。

1)试验和仿真要求见表 12-22。

表 12-22 转向中心区试验与仿真分析要求

序号	项 目	客 观 试 验	ADAMS/Car 仿真
1	载荷状态	半载	半载
2	试验车速	标准 100km/h,或以 100km/h 为基准,以 10km/h 为间隔,提高或减低车速	$V = 100 \text{km/h}$
3	方向盘转角	正弦波输入,输入频率 0.2Hz,峰值应使车辆获得 2m/s^2 的侧向加速度	同左
4	其他要求	至少 4 个周期	4 个周期

2)测量参数及考核指标见表 12-23。

表 12-23 测量参数与考核指标

	测量参数	结果表达(拟合曲线)	考核指标
必测参数	1. 纵向车速 2. 方向盘转角 3. 方向盘力矩 4. 横摆角速度	1. 方向盘力矩与方向盘转角 2. 横摆角速度与方向盘转角 3. 横摆角速度与方向盘力矩 4. 侧向加速度与方向盘转角 5. 方向盘力矩与侧向加速度	根据相应的拟合曲线,得到国标 GB/T 6323 所要求的指标
期望参数	1. 侧向加速度 2. 方向盘角速度		

3)仿真分析。

ADAMS/Car 软件集成界面可完成转向中心区仿真分析,如图 12-104 所示。

驱动控制文件 On_Center_Steering.dcf 如图 12-105 所示。

方向盘转角输入有多种方式,上面使用了正弦扫频输入,相对较为简单。

4)分析结果。

侧向加速度 VS 方向盘转角如图 12-106 所示。

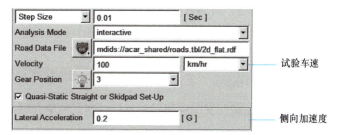

图 12-104　转向中心区仿真分析

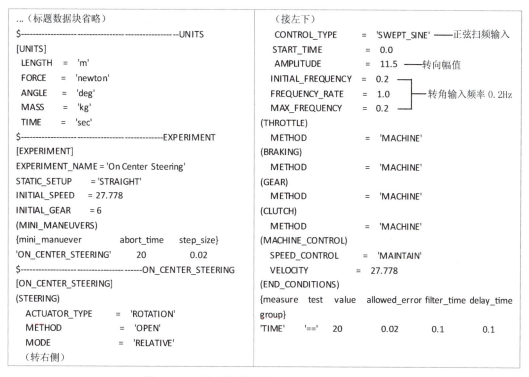

图 12-105　驱动控制文件 On_Center_Steering.dcf

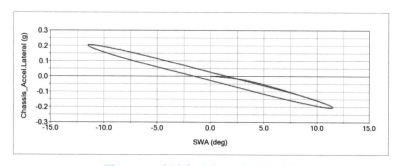

图 12-106　侧向加速度 VS 方向盘转角

- 平均转向灵敏度：-0.166g/deg（X=±2.3deg 内的曲线平均斜率）。
- 最小转向灵敏度：-0.073g/deg（Y=±0.1g 内的曲线绝对值最小斜率）。

- 侧向加速度为0.1g的灵敏度：-0.019g/deg（Y=0.1g时的曲线斜率）。
- 侧向加速度迟滞：0.054g（X=0时的ΔY）。

其他考核指标可参考国标要求进行求解。

12.3.5　ISO操纵稳定性试验

ISO操稳试验在现代车辆操稳性能开发中应用越来越广，本节简单介绍常见操稳试验标准。

1. 常见ISO操稳试验标准

ISO操稳试验标准分为乘用车和商用车两大类，常见试验标准见表12-24。

表12-24　常见ISO操稳试验标准

序号	标准号	英文名称	适用车型	备注
1	ISO 8855—2011	Road Vehicles-Vehicle dynamics and road holding-ability-Vocabulary	乘用车 商用车	操纵稳定性术语
2	ISO 15037—1—2019	Road Vehicles-Vehicle dynamics test methods	乘用车 商用车	车辆动力学试验方法
3	ISO 3888—1—2018	Passenger cars-Test track for a severe lane-change manoeuvre Part1：Double lane-change	乘用车	双移线
4	ISO 3888—2—2018	Passenger cars-Test track for a severe lane-change manoeuvre Part1：Obstacle avoidance	乘用车	紧急避障（麋鹿试验）
5	ISO 4138—2012	Passenger cars-Steady-state circular driving behaviour-open-loop test methods	乘用车	开环稳态回转
6	ISO 7401—2011	Road Vehicles-Lateral transient response test methods-open-loop test methods	乘用车 商用车	开环扫频
7	ISO 7975—2019	Passenger cars-Braking in a turn-open-loop test method	乘用车	弯道制动
8	ISO 9816—2018	Passenger cars-Power-off reaction of a vehicle in a turn-open-loop test method	乘用车	弯道熄火
9	ISO 13674—1—2010	Road Vehicles-Test mothod for the quantification of on-centre handing	乘用车 商用车	转向中心区
10	ISO 15037—1—2019	Road Vehicles-Vehicle dynamics test methods	乘用车 商用车	车辆动力学试验方法
11	ISO 17288—1	Passenger cars-Free-steer behaviour Part1：Steering release open-loop test method	乘用车	转向回正
12	ISO 17288—2	Passenger cars-Free-steer behaviour Part1：Steering pulse open-loop test method	乘用车	转向角脉冲
13	ISO 9815—2010	Road Vehicles-Passenger-car and trailer combinations-lateral stability test	商用车	客车拖车组合，横向稳定试验
14	ISO 14791—2000	Road Vehicles-Heavy commercial vehicle combinations and articulates buses-Lateral stability test method	商用车	重型商用列车和铰接式大客车，横向稳定性试验
15	ISO 14792—2011	Road Vehicles-Heavy commercial vehicles and buses-Steady-state circular tests	商用车	重型商业车辆和公共汽车，稳态回转试验
16	ISO 14793—2011	Road Vehicles-Heavy commercial vehicles and buses-Lateral transient response test methods	商用车	重型商用车和公共汽车，横向瞬态响应试验方法

(续)

序号	标 准 号	英文名称	适用车型	备 注
17	ISO 14794—2011	Heavy commercial vehicles and buses-Braking in a turn-Open-loop test methods	重型商用车	开环弯道制动
18	ISO 16333—2011	Heavy commercial vehicles and buses-Steady-state rollover threshold-Tile-table test methods	重型商用车	侧翻稳定性试验

上述 ISO 部分操稳试验标准与国标 GB/T 6323 中的试验项目、试验方法、数据处理、考核指标既有相同之处，也有不同之处，读者可对比相应标准做进一步的深入研究，此处不再详细介绍。

下面结合实际工程，简单介绍一下上述 ISO 3888-1 双移线试验。

2. ISO 3888-1 双移线试验

ISO 双移线试验在实际工程中是一种较为常见的操稳试验，其主要测试和评估车辆在高速状态下变道超车再回到原道过程中的操纵性和稳定性，以及车辆所能达到的极限性能。

(1) 试验要求

1) 试验载荷状态：半载。

2) 试验车速：以 80km/h 为基础车速，并逐步提高车速，最后一次安全通过的车速为试验最高车速。

3) 按图 12-107 所示进行标桩布置，试验过程中，车辆不能触及试验标桩，否则本次试验失败。

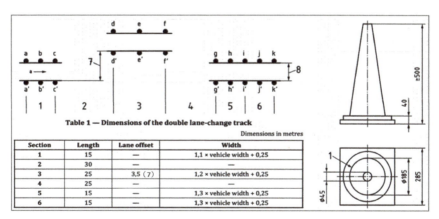

图 12-107　ISO 双移线试验标桩及布置

(2) 整车模型处理

同国标 GB/T 6323 中的蛇形试验，ISO 双移线试验以车辆运动轨迹作为目标来闭环控制转向盘的输入。由于试验目的之一是考核车辆的最高通过车速，如果以实际运动轨迹和理想运动轨迹比对方法来判断试验是否成功，就很不准确，故整车模型要做如下处理。

1) 建立主特征为 Environment 的试验标桩模板，切换到 View 模块，按图 12-108 建立每个试验标桩。

2) 在试验标桩模板里建立一个虚拟车身安装件，并赋予其刚性几何体，此几何体尺寸与实车外形尺寸接近。虚拟车身安装件与刚性车身进行安装类型的通讯器匹配连接，目的是将几何体最终赋予刚性车身，随刚性车身而动。

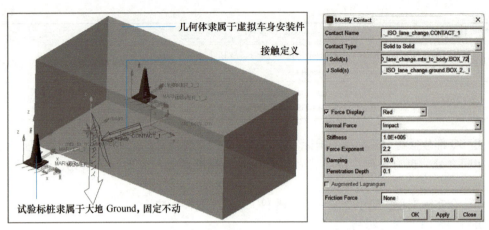

图 12-108　试验标桩模板中标桩及虚拟车身安装件

3）在虚拟车身几何体与试验标桩之间建立接触定义。

4）建立接触状态变量及碰撞传感器，如图 12-109 和图 12-110 所示。

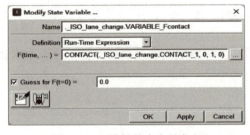
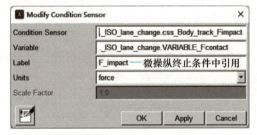

图 12-109　接触状态变量定义　　　　图 12-110　碰撞传感器定义

5）建立试验标桩子系统，搭建整车模型，如图 12-111 所示。

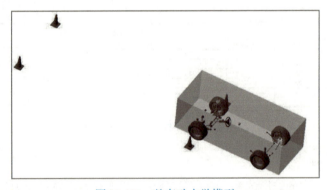

图 12-111　整车动力学模型

（3）仿真分析

因采取路径闭环控制，故采用.dcd 文件来存储目标路径轨迹数据，并被 DLC.dcf 所引用，如图 12-112 所示。

如车速过高或轨迹设置不合理，发生触桩，则会出现图 12-113 所示的仿真失败信息。

DLC.dcd	DLC.dcf
...（标题数据块省略）	...（标题数据块省略）
$------------------------------UNITS	$--UNITS
[UNITS]	[UNITS]
LENGTH = 'meters'	LENGTH = 'm'
FORCE = 'newton'	FORCE = 'newton'
ANGLE = 'deg'	ANGLE = 'deg'
MASS = 'kg'	MASS = 'kg'
TIME = 'sec'	TIME = 'sec'
$------------------------CLOSED_LOOP	$--EXPERIMENT
[CLOSED_LOOP]	[EXPERIMENT]
STEERING_CONTROL = 'path'	EXPERIMENT_NAME = 'DLC'
SPEED_CONTROL = 'MAINTAIN'	STATIC_SETUP = 'STRAIGHT'
	INITIAL_SPEED = 29.444
(DATA)	INITIAL_GEAR = 6
{ X Y }	(MINI_MANEUVERS)
0.0 0.00	{mini_maneuver abort_time step_size}
0.1 0.00	'DLC' 10.0 0.01
0.2 0.00	$--DLC
0.3 0.00	[DLC]
12.7 0.00	(STEERING)
12.8 0.00	ACTUATOR_TYPE = 'ROTATION'
12.9 0.00	METHOD = 'MACHINE'
14.0 0.00	(THROTTLE)
15.0 0.00	METHOD = 'MACHINE'
45.0 3.50	(BRAKING)
46.0 3.50	METHOD = 'MACHINE'
46.1 3.50	(GEAR)
46.2 3.50	METHOD = 'OPEN'
46.3 3.50	MODE = 'ABSOLUTE'
68.7 3.50	CONTROL_TYPE = 'CONSTANT'
68.8 3.50	CONTROL_VALUE = 6.0
68.9 3.50	(CLUTCH)
69.0 3.50	METHOD = 'OPEN'
70.0 3.50	MODE = 'ABSOLUTE'
95.0 0.00	CONTROL_TYPE = 'CONSTANT'
96.0 0.00	CONTROL_VALUE = 0.0
96.1 0.00	(MACHINE_CONTROL)
96.2 0.00	STEERING_CONTROL = 'FILE'
96.3 0.00	DCD_FILE = 'G:/XX/XX.cdb/driver_data.tbl/DLC.dcd'
120.0 0.17	SPEED_CONTROL = 'MAINTAIN'
125.0 0.17	(END_CONDITIONS)
130.0 0.17	{measure test value allowed_error filter_time delay_time group}
140.0 0.17	'DISTANCE' '|>>|' 130 0.1 0.00 0.00
	'F_impact' '>>' 1 0.1 0.00 0.00
	内层终止条件
	条件1：未发生触桩，纵向距离>130m时仿真结束。
	条件2：如发生触桩，接触力F_IMPACT>1N时试验终止。

图 12-112　驱动控制文件 DLC.dcf

（4）分析结果

双移线试验主要性能指标分析结果如图 12-114 和表 12-25 所示。

```
...
An end condition has been sensed.
- F_IMPACT: 47620800.093920 >> 1.000000 (+/- 0.000000)          ——触桩，碰撞力 F_IMPACT>1N
filter time: 0.000000, delay: 0.000000
Ending current mini-maneuver...
...
```

图 12-113　触桩仿真失败信息

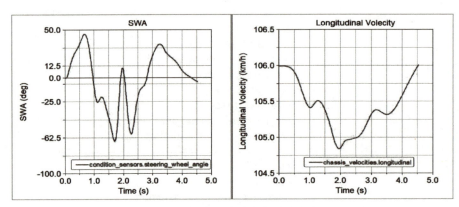

图 12-114　方向盘转角与纵向车速

表 12-25　双移线试验分析结果

入桩最高车速/（km/h）	106	最大侧向加速度/g	0.72
桩中最高车速/（km/h）	104.8	最大横摆角速度/（deg/s）	16.4
出桩最高车速/（km/h）	106	最大车身侧倾角/deg	4.4
出桩时间/s	4.55	最大方向盘力矩	/

12.3.6　操纵稳定性分析结果的评价及应用

上面着重讲解了常见操稳试验的仿真分析过程，但对分析结果的合理性及适用性未做评价。实际工程中，试验或分析的评价可依据下述几个方面：

1）标杆车客观试验结果及目标车型性能目标。
2）实车操稳客观测试数据库。
3）QC/T 480—1999《汽车操纵稳定性指标限值与评价方法》。

对于初学者来说，在不具备前两个条件时，可以使用第 3）种方法对分析结果做一个基础性评价。

QC/T 480—1999 以评分的形式来评价车辆的操纵稳定性指标，默认 60 分为及格，100 分为满分。但由于标准过于陈旧，且现在各主机厂或技术服务公司都有自己的实车操稳客观测试数据库，故 QC/T 480—1999 已很少使用。下面以稳态回转分析结果为例，简单介绍一个 QC/T 480—1999 标准的应用。

QC/T 480—1999 标准对稳态回转试验的主要评价指标有三项，分别是中性转向点侧向加速度 a_n、不足转向度 U、车身侧倾梯度 K_Φ，100 分和 60 分对应的上、下限值见表 12-26。

表 12-26　稳定回转评价指标上、下限值

车　型	评　价　指　标					
	a_{n60}/ (m/s²)	a_{n100}/ (m/s²)	U_{60}/ (deg/m/s²)	U_{100}/ (deg/m/s²)	$K_{\Phi 60}$/ (deg/m/s²)	$K_{\Phi 100}$/ (deg/m/s²)
轿车、客车和货车，最大总质量≤2.5t	5.0	9.8	1	0.4	1.2	0.7
轿车、客车和货车，2.5t<最大总质量≤6t	4.0	8.0	1.2	0.5		
轿车、客车和货车，最大总质量>6t	3.0	6.0			1.2	

(1) 中性转向点侧向加速度 a_n 计分值

中性转向点侧向加速度 a_n 的评价计分值按式 (12-3) 计算：

$$N_{a_n} = 60 + \frac{40}{a_{n100} - a_{n60}}(a_n - a_{n60}) \tag{12-3}$$

式中，N_{a_n} 为中性转向点的侧向加速度评价值。

按式 (12-3)，单项评分为 $N_{a_n} = 60 + 40 \times (9.8-5.0)/(9.8-5.0) = 100$(分)。

(2) 不足转向度 U 计分值

不足转向度 U 的评价计分值按式 (12-4) 计算：

$$N_U = 60 + \frac{U(U_{60}-U)(\lambda-U)}{U_{100}(U_{60}-U_{100})(\lambda-U_{100})} \times 40 \tag{12-4}$$

式中，N_U 为不足转向度的评分值。

根据 U_{60} 和 U_{100} 的比值计算系数：$\lambda = \frac{2U_{60}/U_{100}}{U_{60}/U_{100}-2} \times U_{100} = 4$

将分析结果代入式 (12-4)，单项评分为 $N_U = 88.8$ 分。

(3) 侧倾梯度 K_Φ 计分值

侧倾梯度 K_Φ 的评价计分值按式 (12-5) 计算：

$$N_{K_\Phi} = 60 + \frac{40}{K_{\Phi 60} - K_{\Phi 100}}(K_{\Phi 60} - K_\Phi) \tag{12-5}$$

式中，N_{K_Φ} 为侧倾梯度的评分值。

将分析结果代入式 (12-5)，单项评分为 $N_{K_\Phi} = 60 + 40 \times (1.2-0.476)/(1.2-0.7) = 117.9$（分），最后取值为 100 分。

(4) 综合评价计分值 N

综合评价得分 $N = (N_{a_n} + N_U + N_{K_\Phi})/3 = 96.3$(分)。

第 13 章 整车平顺性仿真分析

本章讲解 ADAMS/Car 整车平顺性仿真分析，主要包含下述几方面内容：
1) 整车平顺性开发方法。
2) 基于四立柱试验台的整车平顺性仿真分析。
3) 基于道路模型的整车平顺性仿真分析。

13.1 整车平顺性开发方法

整车平顺性（Riding）又称为整车舒适性。现代汽车中，整车平顺性越来越受关注，无论是研发工程师，还是终端客户。

实际工程中，整车平顺性开发的主要方法有主观评价和客观测试。相较于操纵稳定性，平顺性的仿真分析相对应用较少。本节内容仅大概介绍整车平顺性仿真分析的基本方法、主要流程，而不予深入探讨。

13.1.1 平顺性基础知识

研究汽车的平顺性，需要具备一定的汽车平顺性基础理论知识，其主要涉及如下几大系统内容：
1) 机械振动原理。
2) 路面不平度。
3) 车辆振动模型。
4) 人体对振动力的反应和座椅振动特性。
5) 试验和数据处理（傅里叶变换）。

参考文献 [2] 第 6 章系统地介绍了汽车平顺性的相关知识，主要内容包含下述几个方面：
1) 人体对振动的反应和平顺性的评价。
2) 路面不平度的统计特性。
3) 汽车振动系统的简化，单质量系统的振动。
4) 车身及车轮双质量系统的振动。
5) 双轴汽车的振动。
6) "人体-座椅" 系统的振动。
7) 汽车平顺性试验和数据处理。

13.1.2 主观评价

主观评价是汽车平顺性开发最主要的方法之一，即由专业的评驾团队对目标车辆在不同路面上的平顺性表现根据自我感觉进行评价。

平顺性主观评价通常与操纵稳定性、转向性能主观评价结合起来同步进行，三者构成了底盘动力学主观评价体系。图 13-1 所示为某合资品牌的平顺性主观评价内容，仅供参考。

Ride 平顺性/舒适性
1. Primary Ride-Small & Large Amplitude Inputs 主要舒适性-大小振幅输入
1.1 Primary Ride Control 主要舒适性操控
1.1.1 Bounce Displacement 回弹量
1.1.2 Bounce Delay 回弹延时
1.1.3 Bounce Damping 回弹阻尼
1.1.4 Damping Balance Front/Rear 前/后阻尼平衡
1.1.5 Pitch 俯仰
1.1.6 Roll 侧倾
1.2 Primary Ride Comfort 主要驾乘舒适性
1.2.1 Abruptness 突兀感
1.2.2 Headtoss Displacement 头部横向摆动
1.2.3 Headtoss Abruptness 突发车头摆动
1.2.4 Bump-Through (large amplitude input only) 通过冲击（仅大振幅输入）
1.2.5 Occurrence of Bump-Through & Topping (large amplitude input only) 冲击 & 顶端（仅大振幅输入）
2. Secondary Ride-Smooth, Coarse & Rough Roads 次要舒适性-平稳的，粗糙的 & 起伏道路
2.1 Choppiness 上下起伏
2.2 Shake 摆振
2.3 Rolling Feel 滑行时的感受
2.4 Sound 声音
3. Single Impacts-Small, Moderate & Large Inputs 单一冲击-小、中、大的输入
3.1 Tactile Response - Front Axle 前桥触感响应
3.2 Tactile Response - Rear Axle 后桥触感响应
3.3 Sound - Front Axle 声音-前桥
3.4 Sound - Rear Axle 声音-后桥

图 13-1 某合资品牌的平顺性主观评价内容

从图 13-1 可以看出，平顺性主观评价主要由下述 3 个方面构成。

1）主阶平顺性（Primary Ride）：主要是指车体的动作，包括垂向跳动、俯仰、侧向晃动、侧倾、收敛、头部的晃动、肩部的晃动、突兀感、漂浮感。

2）次阶平顺性（Secondary Ride）：主要指来自地板和座椅的振动等级、颠簸、颤动、抖动和方向盘的振动等。

3）单项冲击（Single Impact）：大冲击和小冲击的吸收和收敛，冲击噪声、整体感等。

实际工程中，平顺性主观评价通常以雷达图的方式对各项指标进行评分，如图 13-2 所示。评分标准及依据见表 13-1。

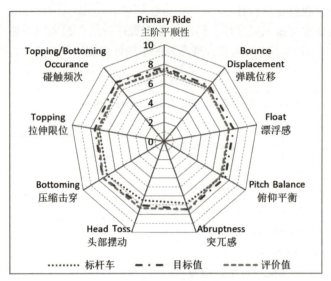

图 13-2 主观评价雷达图

表 13-1 主观评价评分标准及依据

Engineering Rating Index 工程评定分值	1	2	3	4	5	6	7	8	9	10
Evaluation of Attribute Performance 属性性能评价	Not Acceptable 不可接受的		Poor 差的		Borderline 边界	Acceptable 可接受的	Fair 比较好	Good 好	Very Good 非常好	Excellent 卓越
Customer Satisfaction (for the attribute) 顾客满意度（针对属性）	Very Dissatisfied 非常不满意				Somewhat Dissatisfied 稍微不满意		Fairly Well Satisfied 还算满意	Very Satisfied 非常满意		Completely Satisfied 绝对满意

相较于操纵稳定性，平顺性开发多以主观评价为主，其客观测试相对较少，此处不再介绍。

13.2 基于四立柱试验台的整车平顺性仿真分析

ADAMS/Car 提供了两种适用于整车的平顺性仿真分析方法，即 Car Ride 模块基于四立柱试验台的仿真分析和基于道路模型的整车平顺性仿真分析。

13.2.1 ADAMS/Car Ride 模块简介

ADAMS/Car Ride 是 ADAMS/Car 的即插即用模块，不能脱离 ADAMS/Car 界面独立运行，同时还必须有 ADAMS/Tire 模块的支持。ADAMS/Car Ride 包括整车平顺性分析的建模、试验及后处理所需单元，模型及事件的定义，可以完成整车的平顺性和舒适性仿真分析。

ADAMS/Car Ride 使用虚拟的四立柱试验台对整车模型进行仿真试验，四立柱可提供多种时域分析和频域分析。此处还可以对试验台输入实时采样位移或力的 RPC3 格式数据文件，模拟整车行驶在给定路面上的响应特性。

使用 ADAMS/Car Ride 模块做平顺性分析，必须存在一个符合 ADAMS/Car 规范的整车动力学模型，此整车模型至少包含前/后悬架、前/后轮胎、转向系统、车身 6 个子系统。

ADAMS/Car Ride 模块的加载步骤基本如下：

1）启动 ADAMS/Car，进入标准界面。

2）菜单：Tools->Plugin Manager，进入 Plugin Manager 对话框，勾选 ADAMS/Car Ride 右侧栏 Load 和 Load at Startup 下的 YES，单击对话框最下行的 OK 按钮。

完成上述加载后，ADAMS/Car 标准界面的主菜单栏出现一个 Ride 菜单，Ride 菜单包含内容如图 13-3 所示。

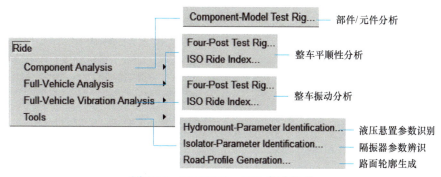

图 13-3 ADAMS/Car Ride 菜单构成

从图 13-3 可以看出，除整车平顺性分析功能外，ADAMS/Car Ride 模块还具有部件/元件分析、整车振动分析、液压悬置和隔振器参数辨识等功能，此部分应用本节不会涉及，需要了解的读者可参阅在线帮助文件。另外，路面轮廓生成是整车平顺性分析的必要内容之一，本章会简单介绍。

无论是否已经加载整车模型，将软件切换到 ADAMS/View 界面，即可选择查看试验台，如图 13-4 所示，并可借助左侧的目录深入研究四立柱试验台的构成及工作原理。

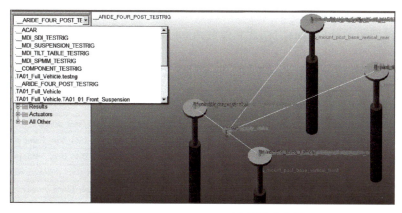

图 13-4 ADAMS/Car Ride 四立柱试验台图示

13.2.2 基于四立柱试验台的整车平顺性仿真分析

基于四立柱试验台的整车平顺性仿真分析与整车操稳分析基本流程是一样的，即建立相应的模板文件及整车模型，设置仿真参数并进行仿真分析，后处理查看分析结果。

1. 整车模型的搭建

（1）特殊模板文件处理

图 13-5 展示了平顺性涉及的"人-车-座椅"系统逻辑关系。

平顺性仿真主要分析驾乘人员对车辆上振动感知较敏感位置的振动特性，故整车模型中需要做特征处理。下面以左前座椅 H 点为例，介绍一下模型处理过程。

a）人-车-座椅弹簧阻尼系统

实际工程中，座椅起到驾乘人员的弹性支撑和振动隔离衰减作用，对舒适性有着直接影响。在动力学模型中，常将人-车-座椅简化成一个弹簧阻尼系统，如图 13-6 所示。

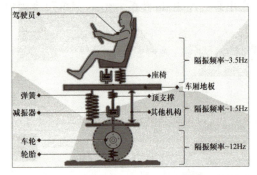

图 13-5 人-车-座椅系统逻辑

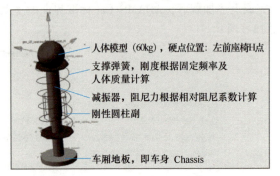

图 13-6 人-车-座椅弹簧阻尼系统

图 13-6 中，座椅的等效弹簧和减振器性能参数首先向座椅工程师咨询，一般情况下其可提供。如不能提供，弹簧刚度可根据默认人体质量（60kg）及系统固有频率（常取 3~3.5Hz，以避开人体纵向、侧向敏感区 0.5~2Hz 和人体垂向敏感区 4~8Hz）进行估算，减振器阻尼力则按系统相对阻尼系数 0.25~0.3 来估算。

上述人-座椅-车厢弹簧阻尼系统建立过程如下：

1）根据总布置，建立左前座椅 H 点（输入式硬点）。

2）根据 H 点，使用结构框建立所需的参考点，如弹簧上、下点，减振器下点。

3）在 H 点处建立人体简易模型（常规部件、几何体、质量）。

4）在人体模型和车身 Chassis 之间建立弹簧和减振器，根据上述计算结果，设置并加载对应属性文件。

主要建立过程如图 13-7 和图 13-8 所示，弹簧及减振器属性文件在装配体下调参并加载。

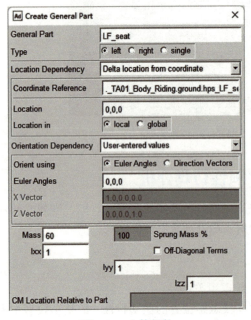

图 13-7 人体部件

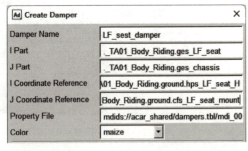

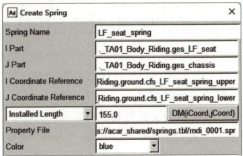

图 13-8 弹簧和减振器

b）测量点请求

在左前座椅 H 点建立加速度请求，如图 13-9 所示。

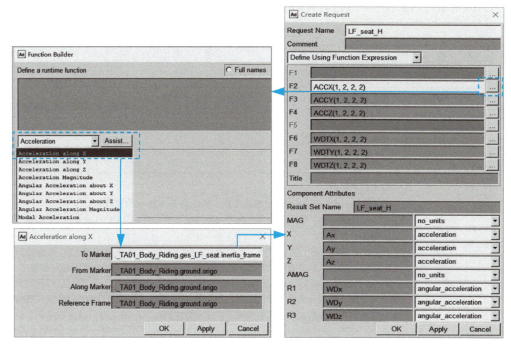

图 13-9　左前座椅 H 点加速度请求

菜单命令：Build->Request->New。

（2）整车模型搭建

平顺性整车模型的搭建有两种方法，一种类似于操稳整车模型的搭建，如图 11-2 所示（第 238 页），对应的 Vehicle Test Rig 选择 ARIDE_FOUR_POST_TESTRIG 即可；另一种方法是基于已完成调参的操稳整车模型，通过装配体变体功能快速创建平顺性整车模型，如图 13-10 所示。

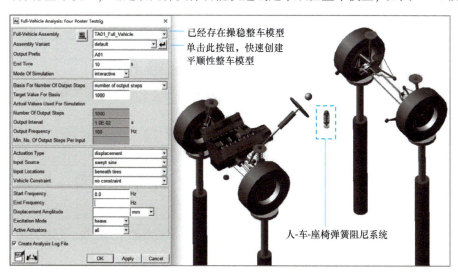

图 13-10　基于操稳整车模型快速创建平顺性整车模型

345

菜单操作步骤：整车模型->Ride->Full Vehicle Analysis->Four-Post Test Rig。

2. 仿真对话框

图 13-10 所示的四立柱平顺性仿真对话框主要选项说明见表 13-2。

表 13-2 平顺性仿真对话框详细说明

序号	选项	说明
1	Full-Vehicle Assembly	已加载的整车装配体模型
2	Assembly Variant	装配体变体，单击右侧按钮，可快速生成对应模型
3	Output Prefix	仿真事件名称
4	Mode of Simulation	仿真模式，见表 9-5
5	End Time	仿真结束时间
6	Basis For Number Of Output Steps	基本输出步数 1. number of output steps：总输出步数，建议是 End Time 的整数倍 2. output interval：每两步输出之间的间隔时间，单位 s。ADAMS/Car Ride 根据该数值计算总的输出步数 3. output frequency：输出频率，单位 Hz。ADAMS/Car Ride 根据该数值计算输出的步数。此选项的目的是从频率的角度考虑，这比从输出总数或输出间隔的角度考虑更容易 4. min. number of outputs per input：每个输入的最小输出步数。此选项仅在选择扫频正弦输入时适用。使用此选项将输出频率设置为等于用户在"基准目标值"文本框中选择的数乘以频率扫描的最高频率。理想情况下，这个数应该在 10~20 之间，但决不能小于 6
7	Actuation Type	激励类型 1. displacement：垂向位移　　2. velocity：垂向车速 3. acceleration：垂向加速度　　4. force：垂向力
8	Input Source	输入源 1. arbitrary solver functions：任意解算器函数，选择此项时，需设置 4 个车轮对应的函数表达式，见下图 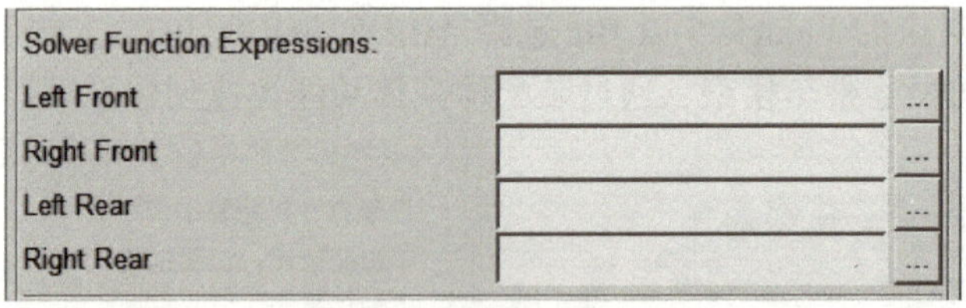 2. road profiles：路面轮廓，选择此项时需要设置路面轮廓  见图 13-11 3. swept sine：正弦扫频 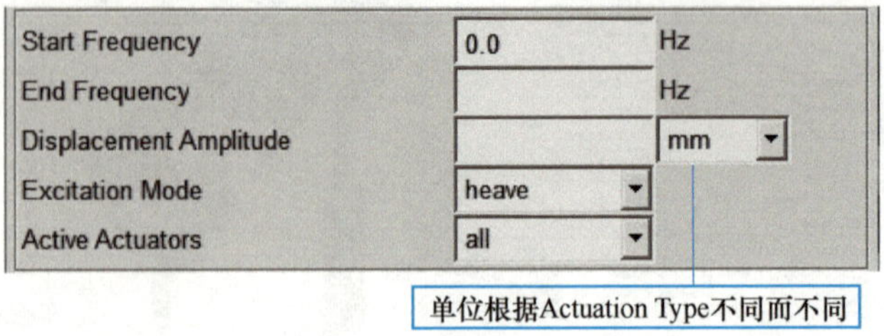 单位根据Actuation Type不同而不同 4. RPC files：RPC3 文件 注：Actuation Type 不同时，可选的 Input Source 也不同

（续）

序号	选项	说明
9	Input Locations	输入位置 beneath tires：轮胎接地点（左图） wheel spindles：轮心（右图）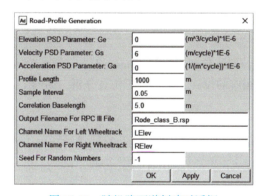
10	Vehicle Constraint	车身约束方式 1. no constraint：车身不做约束，自由状态 2. xy constraint at body cog：车身 X/Y 向约束
11	Solver Function Units	Actuation Type 的单位设置

ADAMS/Car Ride 四立柱试验台一个最基础的应用是进行整车的随机路面平顺性仿真分析，其 Road-Profile Generation 功能可以快速建立不同等级道路的路面谱，如图 13-11 所示，创建的路面谱文件在后处理中导入（import）的结果如图 13-12 所示。

菜单命令：标准界面->Ride->Tools->Road-Profile Generation。

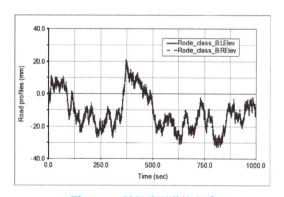

图 13-11 随机路面谱创建对话框　　　　图 13-12 随机路面谱的查看

图 13-11 中各选项解释见表 13-3。

表 13-3 随机路面谱创建对话框各选项详细解释

序号	选项	定义解释
1	Elevation PSD Parameter：Ge	空间功率谱密度，不同等级路面不同，见表 13-4
2	Velocity PSD Parameter：Gs	速度功率谱密度，不同等级路面不同，见表 13-4
3	Acceleration PSD Parameter：Ga	加速度功率谱密度，不同等级路面不同，见表 13-4
4	Profile Length	路面模型长度，m
5	Sample Interval	采样间隔，m
6	Correlation Baselength	道路表面波长关联长度，推荐 5m
7	Output Filename For RPC Ⅲ File	路面谱文件名称，须带扩展名".rsp"，生成后保存于默认工作目录下
8	Channel Name For Left Wheeltrack	左侧车轮轨迹通道名称，可自定义，建议默认

（续）

序号	选项	定义解释
9	Channel Name For Right Wheeltrack	右侧车轮轨迹通道名称，可自定义，建议默认
10	Seed For Random Numbers	随机路面发生器种子数，默认为−1 ➢负整数：同样设置，建立的路面轮廓文件参数是不同的 ➢正整数：同样设置，建立的路面轮廓文件参数是相同的

表 13-4 不同路面定义

等效路面	Surface type	IRI 路面粗糙度		空间功率谱密度	速度功率谱密度	加速度功率谱密度
		IRI		G_e	G_s	G_a
		$\left(\dfrac{in}{mi}\right)$	$\left(\dfrac{mm}{km}\right)$	$\dfrac{m^3}{cycle}\times 10^{-6}$	$\dfrac{m}{cycle}\times 10^{-6}$	$\dfrac{1}{(m\times cycle)}\times 10^{-6}$
光滑沥青路面	Smooth Flexible	75	1184	0	6	0
沥青路面	Flexible	150	2367	0	12	0.17
粗糙沥青路面	Rough Flexible	225	3551	0.003	20	0.2
光滑水泥路面	Smooth Rigid	80	1263	0	1	0
水泥路面	Rigid	161	2541	0.1	20	0.25
粗糙水泥路面	Rough Rigid	241	3804	0.1	35	0.3

上述路面文件创建后，对话框中 Actuation Type 选择为 displacement，Input Source 设置为 road profiles，单击 Set Up Road Profiles 添加路面文件并做相应的设置，即可进行仿真分析，如图 13-13 所示。

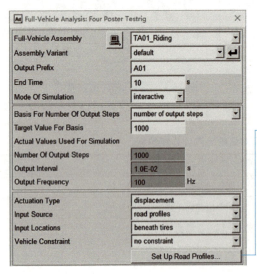
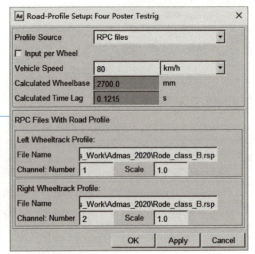

图 13-13 对话框设置

3. 仿真结果

随机路面仿真分析主要考查下述两个方面：
1) 目标位置的 X/Y/Z 向加速度主要分布频率。

2）给定频率段内加权加速度均方根值。

考查上述指标，需将时域内的分析结果通过傅里叶变换到频域空间，如图13-14所示。分析曲线如图13-15～图13-17所示，具体结果如下：

1）纵向（X向），峰值加速度主要位于3.5Hz，避开0.5～2Hz敏感区，理想。
2）侧向（Y向），峰值加速度主要位于2.1Hz，接近0.5～2Hz敏感区上限，欠理想。
3）垂向（Z向），峰值加速度主要位于1.6Hz，避开4～12Hz敏感区，理想。

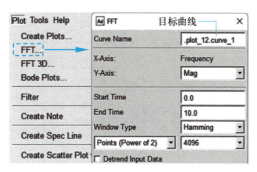

图13-14 时域、频域傅里叶变换

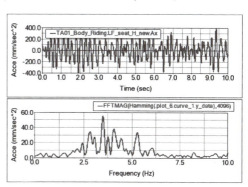

图13-15 H点纵向（X向）加速度

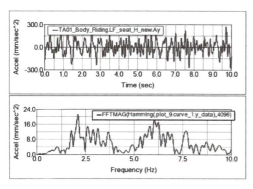

图13-16 H点侧向（Y向）加速度

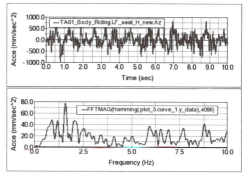

图13-17 H点垂向（Z向）加速度

对于频率段内的加权加速度均方根值，则需借助第三方软件处理，读者可自行研究，此处不做讲解。

13.3 基于道路模型的整车平顺性仿真分析

基于道路模型的整车平顺性仿真分析，即建立对应的道路模型，让整车在路面上运行来进行分析。其可以完成随机路面、脉冲路面等其他特定路面的仿真，相对于四立柱试验台，适用范围更广一些。需要说明的是，对于随机路面，不仅需要大量的试验数据，而且需要花费大量时间去处理数据，故对于初学者来说，建议使用上述四立柱方法研究平顺性。下面以GB/T 4970中的脉冲路面试验为基础，讲解一下相关应用。

1. 国标试验要求

GB/T 4970关于脉冲输入试验的主要要求有如下几点：

1）脉冲输入采用三角形的单凸块，也可使用减速带。
2）脉冲输入试验车速从10km/h开始，间隔车速为10km/h，最高车速为60km/h。

3）脉冲输入试验主要考查座椅坐垫、座椅靠背、驾乘人员脚部、车厢地板最大加速度与车速的关系。

2. 路面文件

脉冲路面需要使用 Road Builder 创建。Road Builder 不支持从 0 开始创建全新路面，而是修改创建。先打开软件里自带的 3d_road_obstacle_roof.xml，其他均保持不变，仅修改 Obstacle 的相关内容即可，如图 13-18 所示。

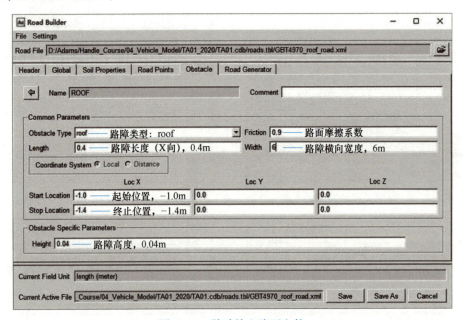

图 13-18　脉冲输入路面文件

修改完成后，另存为目标文件，便可通过直行事件使用刚才所建的路面文件来驱动整车，如图 13-19 所示。

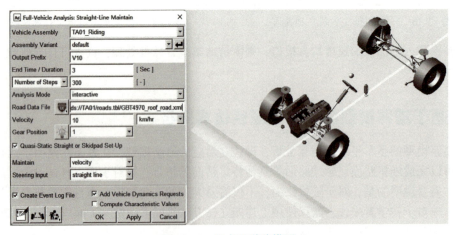

图 13-19　整车及道路模型

3. 仿真分析结果

不同速度情况下的左前座椅 Z 向加速度仿真结果如图 13-20 所示。

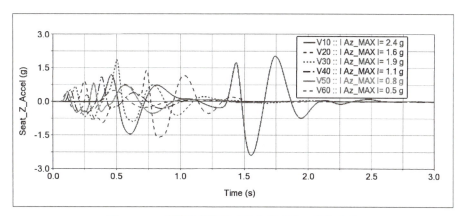

图 13-20　不同速度情况下的左前座椅 Z 向加速度

脉冲输入仅考查最大加速度，常规评价标准如下：

1) $Accel_{max}$>4.4g（43.02m/s²），将危害健康。
2) $Accel_{max}$<3.2g（31.44m/s²），不危害健康。
3) 3.2g≤$Accel_{max}$≤4.4g，对健康有一定危害。

根据上述分析结果，车辆行驶平顺，对健康无害，符合设计要求。

第 14 章

ADAMS/Car动静载荷提取与分解

前面若干章着重讲解了基于 ADAMS/Car 软件的悬架 K&C 仿真分析、整车操纵稳定性仿真分析、整车平顺性仿真分析等内容，本章讲解 ADAMS/Car 软件的另一应用，即基于 ADAMS/Car 的动静载荷提取与分解，主要包含如下两个方面。
1）悬架静态载荷提取与分解。
2）整车动态载荷提取与分解。

14.1 悬架静态载荷提取与分解

悬架结构件对于整车的作用是不言而喻的，基于整车功能及性能要求，悬架结构件不仅要有一定的模态和刚度，还应具有一定的强度。模态与刚度主要由零部件自身的结构、材料而定，属于零部件固有的特性；而强度反映的是零部件在外力作用下抵抗塑性变形和断裂的能力，与其所承受的载荷有直接关系。

悬架结构件需要保证车辆在各种行驶工况下均有相应的强度，因此在产品设计初期就需要知道结构件在各工况下所受的载荷，此为悬架静态载荷提取与分解的目的和意义，即根据整车工况定义，提取出不同工况下的悬架结构件载荷大小，将此结果提供给 CAE 工程师，由其分析零部件的结构强度，为零部件结构设计提供支撑。

下面几点有利于理解静态载荷。
1）所谓悬架静态载荷是指系统在达到外界输入条件时，处于相对静止平衡状态那一刻时，系统内各零部件所承受的载荷，由于是平衡瞬间，故称为静态载荷，也亦静态载荷是一固定值，而不随时间变化。
2）零部件所受静态载荷是指零部件硬点处，也就是零部件在系统中的连接副（含刚性副、衬套等）处所受的载荷，通常所说的载荷主要指硬点处的六分力，即 Fx、Fy、Fz、Tx、Ty、Tz。Fx、Fy、Fz 代表沿坐标系 X/Y/Z 轴的力，而 Tx、Ty、Tz 代表绕坐标系 X/Y/Z 轴的力矩。
3）除特殊说明外，本节所讲的静态载荷，其方向均是基于整车模型对应的大地坐标系而定义的，而非连接副的局部坐标系。

14.1.1 静态载荷提取与分解的主要流程

悬架静态载荷提取与分解的主要流程如图 14-1 所示。
下面以第 8 章所讲述的前悬架动力学模型为基准，详细介绍一下静态载荷提取与分解过程。

14.1.2 悬架动力学模型的处理

悬架动力学模型的处理主要包含动力学的建模与调参、载荷提取节点构思、力坐标系 Marker

建立、载荷请求 Request 建立及模型的特殊处理等工作。

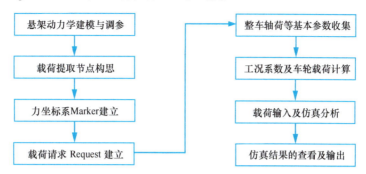

图 14-1　悬架静态载荷提取与分解流程

1. 悬架动力学的建模与调参

悬架动力学的建模与调参详见第 8 章，在此说明如下几点。

1）尽管后续的车轮输入载荷是按满载单边轮荷为基准而计算的，但模型的调参仍按照设计状态进行。

2）如条件允许，衬套最好使用实测的力-位移特性设置属性文件，因为实测结果更能准确反映出衬套的非线性特性，在部分极限情况下，会对提取结果有较大影响。

3）如载荷工况中有位移加载工况，模型中上跳缓冲块的力-位移特性务必要准确。

4）减振器的力-速度特性对悬架静态载荷结果影响不大，如无准确数据，可用其他数据替代。

5）对于副车架，如果是使用衬套与车身连接固定，则按衬套正常处理即可。如是刚性固定，也建议使用衬套替换刚性固定副，但此衬套的各向刚度，尤其是 X/Y 方向的线刚度，可按副车架固定点或车身固定点刚度进行处理。

2. 载荷提取节点的构思

载荷提取节点的构思，是指用户需要提前对所要提取的部件、硬点、力坐标系、施力部件、受力部件进行规划，以免后续建立 R_Marker 和 Request 时可能发生但不易察觉的错误。表 14-1 所示为左下控制臂、前副车架部分硬点的载荷提取点构思与规划。

表 14-1　载荷提取节点的构思

硬点名称 Hard_Point	硬点坐标 Coordination	请求名称 Request_name	施力部件 From_Marker /J_Marker	受力部件 To_Marker /I_Marker	力坐标系 Along_Marker /R_Marker
lca_outer	-16.737, -751.747, -108.023	load_left_upright_to_left_lca_outer	left_upright	left_lca	mal_lca_marker
		load_left_lca_outer_to_left_upright	left_lca	left_upright	mal_upright_marker
lca_front	-12.865, -360.777, -108.108	load_subframe_to_left_lca_front	subframe	left_lca	mal_lca_marker
		load_left_lca_front_to_subframe	left_lca	subframe	mas_subframe_marker
lca_rear	287.021, -348.664, -99.8	load_subframe_to_left_lca_rear	subframe	left_lca	mal_lca_marker
		load_left_lca_rear_to_subframe	left_lca	subframe	mas_subframe_marker

说明如下：

1）载荷提取节点清单上需要体现硬点名称、硬点坐标、请求名称、施力部件、受力部件、力坐标系等基本信息。

2）目标部件的载荷提取节点要完整，否则后期力的平衡校验中可能会发生不平衡的现象。表14-1中，左下控制臂的提取节点（共3个节点）是完整的，而副车架部件的提取节点未完整体现出来。

3）请求名称定义要遵循清晰明了的原则，如"load_left_upright_to_left_lca_outer"，"load"为载荷的统一标识，因后处理界面中的所有请求（软件自带+自定义）是按字母顺序进行排序的，故加"load"标识（也可设置排序更靠前的标识）大大方便了自定义请求的选择输出；"to"定义了彼此连接部件的逻辑关系，即前面的"left_upright"左转向节为施力部件，而后面的"left_lca"左控制臂为受力部件，"outer"表明了连接点的位置。

4）由于请求的建立不具有对称性，故需在名称上有左、右侧方向标识。

5）定义请求时，使用不同的定义方法，施力部件、受力部件、力坐标系的标识名称是不一样的。表14-1中的From_Marker等效于J_Marker、To_Marker等效于I_Marker、Along_Marker等效于R_Marker。

3. 模型的特殊处理

针对不同的部件，提取载荷前可能需要对动力学模型进行一些特殊的处理，典型之处有下列几点。

（1）双通道滑柱上支座

如需提取双通道滑柱上端车身连接点的载荷，则需要将弹簧力 F_{Spring}、缓冲块 F_{Bump}、衬套 F_{Bush} 3个载荷进行合并（表14-2中，所谓双通道，是指 F_{Spring} 和 F_{Bump} 是一个通道， F_{Bush} 是另一个通道）。对此，可在上支座处建立一个哑物质部件（质量很小的部件），使用固定副将其固定于车身，然后将弹簧、缓冲块、衬套的I部件更改为哑物质，提取固定副的载荷即可。处理前后的对比见表14-2。

表14-2 双通道滑柱上支座与车身固定关系处理对比

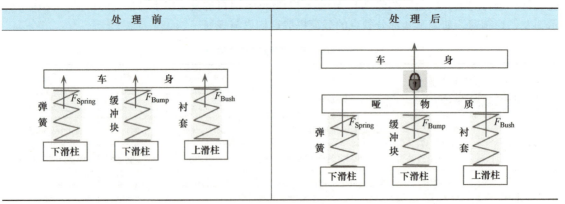

上述借助哑物质的方法同样适用于其他弹簧连接部位，如后悬架中弹簧下点作用于控制臂的载荷。

（2）多点刚性固定

如图14-2所示，E型多连杆纵臂与转向节通常使用3颗螺栓刚性固定，对此，通常将3个刚性固定点简化为一个刚性固定点，此点可以是3个固定点中的任一点，也可按其他方式处理，通常取 3 点构成的中心点。提取载荷时，仅提取此一个点的静态载荷，当然 CAE 分析时，也仅将载荷加于此点。

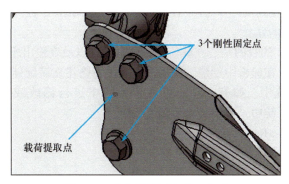

图 14-2　多点刚性固定处理方法

4. 力坐标系 Marker 的建立

力坐标系 Marker（表 14-1 中的 Along_Marker 或 R_Marker）的主要作用是定义所提取载荷的方向。由于零部件强度分析前所划分的网格是在全局坐标系下完成的，故 Marker 的主体方向要和全局坐标系方向一致。同时，由于 Marker 具有归属性，原则上提取载荷时要使用部件自身的 Marker。实际建立时，对于副车架这类相对静止不动的部件，可以直接选择大地坐标系原点处的 Marker 定义力的方向；而对于控制臂、转向节这类转动的部件，则需新建自身的 Marker。左控制臂的 Marker 建立过程如图 14-3 和图 14-4 所示。

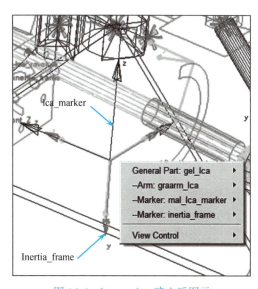

图 14-3　左下控制臂 lca_marker 建立方法　　　图 14-4　lca_marker 建立后图示

图 14-3 建立的 lca_maker 如图 14-4 所示。把光标置于新建 Marker 附近，单击右键，会看到左下控制臂还有另一个 Marker，即 inertia_frame。inertia_frame 是部件建立完成后内部继承的 Marker，由于控制臂建立时使用的是 Wizard 方式（第 90 页图 5-8），inertia_frame 的方向（图 14-4 中，X 指向车辆后方、Y 指向车辆下方、Z 指向车辆右侧）与全局坐标系的方向不一致，故不能用于定义载荷的方向。

由于 Marker 具有归属性，对于控制臂、转向节这类活动部件，在系统受到外加载荷而达到新的平衡时，部件会相对初始位置发生转动（也伴随有其他运动），也即 Marker 发生了相对转动。由于自定义 Marker 建立在设计状态，且方向与全局坐标系方向一致，尽管部件发生了转动，但最终分解出来的载荷仍是转换到设计状态所对应的载荷，结构 CAE 工程师可直接使用。

5. 载荷请求 Request 的建立

建立载荷请求 Request 的目的是建立载荷的函数定义，以最终输出所求载荷。

常规情况下，Request 在模板中创建。使用模板文件最终建立装配体后，已建立的 Request 会自动加载到对应的子系统中。如有必要，可在子系统中进行修改或新建，但修改或新建的 Request 仅保存在对应子系统中，而不会更新到模板中。

模板菜单命令：Build->Request->New。

Request 建立对话框如图 14-5 所示。

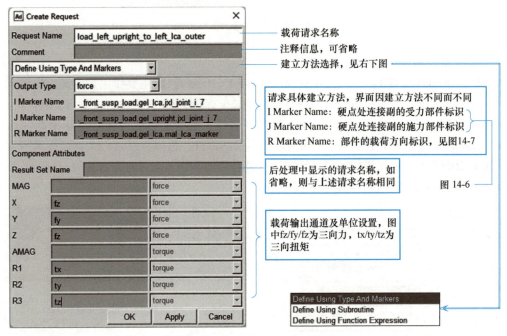

图 14-5 Request 建立对话框

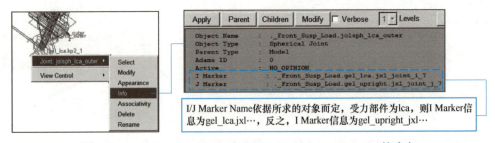

图 14-6 I_Marker（To_Marker）/J_Marker（From_Marker）的确定

图 14-5 中，Request 的建立方法主要有 3 种。

1）Define Using Type And Markers：使用软件已定义的输出类型，并使用相关 Marker 来快速创建 Request。输出类型包含 Displacement、Velocity、Acceleration、Force 四类，输出类型不同，载荷输出通道及对应单位也不相同。使用此种方法可快速创建请求，无须进入函数编辑器，

图 14-5 即为此种方法。

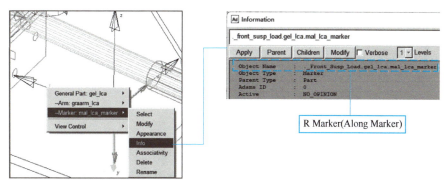

图 14-7　R_Marker（Along_Marker）的确定

2) Define Using Subroutine：将请求语句定义为用户定义的请求，初学者不建议尝试。

3) Define Using Function Expression：使用函数来定义请求，相对较为复杂，具体应用过程可参见图 3-43（第 62 页）相关内容。下面简单介绍一下函数编辑器中衬套、刚性副两类连接副的载荷函数选择，如图 14-8 所示。

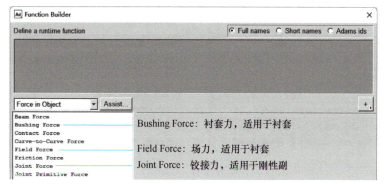

图 14-8　衬套、刚性副载荷函数

先选择图 14-8 所示函数，再单击 Assist 按钮进入函数编辑器，如图 14-9 所示。

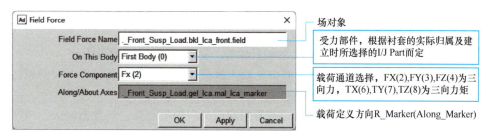

图 14-9　Force in Object 的函数编辑器

图 14-9 与图 3-43 中的函数编辑器有明显差异，这是因为图 3-43 中的 Resultant Force 方法。笔者曾经验证过，对于同一个连接副，Resultant Force 方法与图 14-9 中的方法所提取的结果是相同的。

下面讲述一下表 14-1 中 lca_outer（球头副）和 lca_front（衬套）两个硬点处的载荷请求建立过程：

1) 载荷请求 load_left_upright_to_left_lca_outer。硬点 lca_outer、球头副、施力部件 left_

upright、受力部件 left_lca 建立对话框如图 14-5 所示。

2）载荷请求 load_left_lca_outer_to_left_upright。硬点 lca_outer、球头副、施力部件 left_lca、受力部件 left_upright 建立对话框如图 14-10 所示。

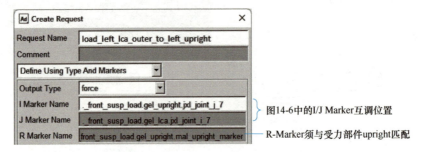

图 14-10　load_left_lca_outer_to_left_upright 的建立（仅部分，下同）

3）载荷请求 load_subframe_to_left_lca_front。硬点 lca_front，施力部件 subframe，受力部件 left_lca，对话框如图 14-11 所示。

4）载荷请求 load_left_lca_front_to_subframe。硬点 lca_front，施力部件 left_lca，受力部件 subframe，对话框如图 14-12 所示。

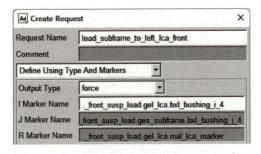

图 14-11　load_subframe_to_left_lca_front 的建立

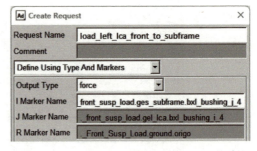

图 14-12　load_left_lca_front_to_subframe 的建立

14.1.3　车轮输入载荷的计算

1. 车轮输入载荷需求参数

载荷的提取与分解结果是一种输出，根据系统控制原理，若有输出，则必须先有输入。车轮是车辆与地面接触的唯一部件，故是载荷提取的输入。

车轮输入载荷计算前，要先收集相关的项目参数，见表 14-3。几点说明如下：

1）尽管悬架模型调参为设计状态，但车轮输入载荷计算通常以满载状态对应的单边轮荷为准，因此轴距、轮距、质心位移及高度等参数均对应满载状态。

2）转弯工况计算左、右轮荷转移量时需要用到前、后轴质心高，如数据缺失，则取整车质心高。

3）地面附着系数默认取为 1.0。

表 14-3　车轮输入载荷需求参数

项　目	代　号	单　位	数　值	备　注
满载总质量	m	kg	1920	
满载前轴荷	m_f	kg	980	$F_{zf0}=m_f g$（N）

(续)

项　　目	代　号	单　位	数　　值	备　　注
满载后轴荷	m_r	kg	940	$F_{z0} = m_r g \ (N)$
轴距	L	mm	2700	
前轮距	T_f	mm	1572	
后轮距	T_r	mm	1572	
整车满载质心高	H	mm	650	
质心至前轴距离	L_f	mm	1321.9	
质心至后轴距离	L_r	mm	1378.1	
前轴质心高	H_f	mm	650	如数据缺失，则等于整车质心高
后轴质心高	H_r	mm	650	
重力加速度	g	m/s^{-2}	9.8	
地面附着系数	μ		1	

2. 静载工况系数

静载工况系数是汽车行业借鉴和基于试验数据而总结出来的宝贵经验，通常以满载单边轮荷为基准，根据不同的工况，按工况系数施加对应的车轮载荷。国内各主机厂或技术服务公司的工况系数不完全相同，主要有 9 或 11 个工况，多分为普通工况和极限工况两大类，两类工况的 CAE 分析结果评判标准也不完全相同。表 14-4 中列出了普通工况和极限工况的 4 个工况系数。

表 14-4　静载工况系数

工况序号	工 况 名 称		加速度系数			工况类别	CAE 分析评判标准
			a_x	a_y	a_z		
Case_01	Forward Braking	前行制动	1.1	0	1	普通工况	<0.9×屈服强度
Case_02	Right Cornering	极限右转向	0	−1	1		
Case_03	Bump & Cornering	转弯过坑	0.4	0.6	1		
Case_04	4G Vertical Bump	4G 垂向	0	0	4	极限工况	1%~2%塑性变形

3. 车轮输入载荷

表 14-4 中，工况不同，X/Y/Z 向加载的系数也不相同。如 Case_04 仅为垂向冲击，车辆输入载荷较易计算，而 Case_03 X/Y/Z 三个方向均有冲击，此时既需考虑纵向冲击时的前、后轴荷转移量，也需考虑转弯工况下的左、右轮荷转移量。前、后轴荷和左、右轮荷转移后的平衡计算主要基于图 14-13、图 14-14 所示原理。

对于 Case_03 这种复杂工况，是先轴荷转移再轮荷转移，还是先轮荷转移再轴荷转移，往往很难界定。实际工程中，在基于图 14-13、图 14-14 基本原理的基础上，按式（14-1）~式（14-4）来计算车轮输入载荷。

以前轴为示例。

纵向轮荷转移量：
$$\Delta W = (a_x \cdot m \cdot g \cdot H)/(2L) \tag{14-1}$$

侧向轮荷转移量：
$$\Delta M = (a_y \cdot m_f \cdot g \cdot H)/T_f \tag{14-2}$$

无转移时垂向载荷：
$$F_{z0} = a_z \cdot g \cdot m_f/2 \tag{14-3}$$

车轮纵向载荷：
$$F_x = \mu \cdot a_x \cdot F_z/a_z \tag{14-4}$$

3.2.3 最大制动力工况

图3-10示出汽车在制动过程中的受力情况。汽车前、后轴上的垂直力F_{zf}、F_{zr}表示为

$$G=mg$$

$$F_{zf}=\frac{L_r}{L}\cdot G+\frac{h}{L}\cdot m\cdot a_B=F_{zfo}+\frac{h}{L}\cdot m\cdot a_B \quad (3\text{-}6)$$

$$F_{zr}=\frac{L_f}{L}\cdot G-\frac{h}{L}\cdot m\cdot a_B=F_{zro}-\frac{h}{L}\cdot m\cdot a_B \quad (3\text{-}7)$$

其中，L为轴距；L_f为汽车质心与前轴之间的距离；L_r为质心与后轴之间的距离；h为质心高度；G为整车重量；m为整车质量；a_B为制动减速度；F_{zfo}、F_{zro}分别为前、后轴的静负荷。

L_f
ma_B
h
F_{zf}
F_{Bf}
G
L_r
F_{zr}
F_{Br}
L

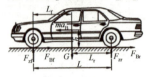

图3-10 汽车制动过程中的受力分析图

前轴的最大地面制动力F_{Bf}可以表示为

$$F_{Bf}=\mu\cdot F_{zf}=\mu\cdot\left(\frac{L_r}{L}\cdot G+\frac{h}{L}\cdot m\cdot a_B\right)=\mu\cdot\left(F_{zfo}+\frac{h}{L}\cdot m\cdot a_B\right) \quad (3\text{-}8)$$

图 14-13 前、后轴荷转移计算原理

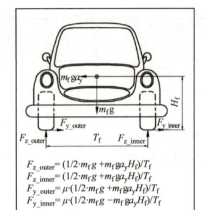

$m_f g a_y$
$m_f g$
H_f
F_{y_outer}
F_{y_inner}
F_{z_outer}
T_f
F_{z_inner}
$F_{z_outer}=(1/2\cdot m_f g+m_f g a_y H_f)/T_f$
$F_{z_inner}=(1/2\cdot m_f g+m_f g a_y H_f)/T_f$
$F_{y_outer}=\mu\cdot(1/2\cdot m_f g+m_f g a_y H_f)/T_f$
$F_{y_inner}=\mu\cdot(1/2\cdot m_f g-m_f g a_y H_f)/T_f$

图 14-14 左、右轮荷转移计算原理

车轮侧向载荷： $F_y=\mu\cdot a_y\cdot F_z/a_z$ （14-5）

车轮垂向载荷： $F_z=F_{z0}+\Delta W+\Delta M$ （14-6）

根据软件对车轮输入载荷正负的定义，按上式计算时，需注意下面几点：

1）前行制动及前行过坑中，纵向工况系数 a_x 为正，向后时为负。

2）左转弯时，侧向工况系数 a_y 为正，右转弯为负。

3）对于转向工况，按上式计算如出现内轮垂向载荷为负，则说明车轮离地，此时整车轴荷由外轮承受，原计算需要进行调整。如工况 Case_03，按公式推算，3 个车轮离地，仅右前轮着地。

根据表 14-3 和表 14-4，按上述公式计算出的车轮载荷见表 14-5。

表 14-5 车轮载荷

工况系数	工况系数			前轮						后轮					
				左前轮受力/N			右前轮受力/N			左后轮受力/N			右后轮受力/N		
	a_x	a_y	a_z	F_x	F_y	F_z	F_x	F_y	F_z	F_x	F_y	F_z	F_x	F_y	F_z
Case_01	1.1	0	1	8022.7	0	7293.4	8022.7	0	7293.4	2326.1	0	2114.6	2326.1	0	2114.6
Case_02	0	−1	1	0	−8773.1	8773.1	0	−830.9	830.9	0	−8415	8415	0	−797	797
Case_03	0.4	0.6	1	1330	1995	3325.3	3236.3	4854.4	8090.6	565.8	848.8	1414.6	2394.2	3591.3	5985.5
Case_04	0	0	4	0	0	19208	0	0	19208	0	0	18424	0	0	18424

14.1.4 仿真分析及结果输出

1. 仿真分析

仿真分析是在悬架静态载荷工况下进行的，表 14-4 中的 4 个工况对应的车轮输入载荷如图 14-15~图 14-18 所示。

1）仿真步长仅设置一步即可，最终提取的是最后一步结果。

2）以图 14-15 中的纵向力为例，力值下限为 0，上限为 8022.7N，即轮胎接地点纵向力从 0 逐步增加到 8022.7N，最终提取的是纵向力达到 8022.7N 时对应的硬点载荷。

3）图 14-16 中，左轮侧向力的上限为−8773.1N，软件定义向左为正，相当于地面在轮胎接地点处对车轮施加向右的侧向力 8773.1N，与车辆运动方向及力平衡方向是符合的，这也是定义

右转时 a_y 为负的原因。

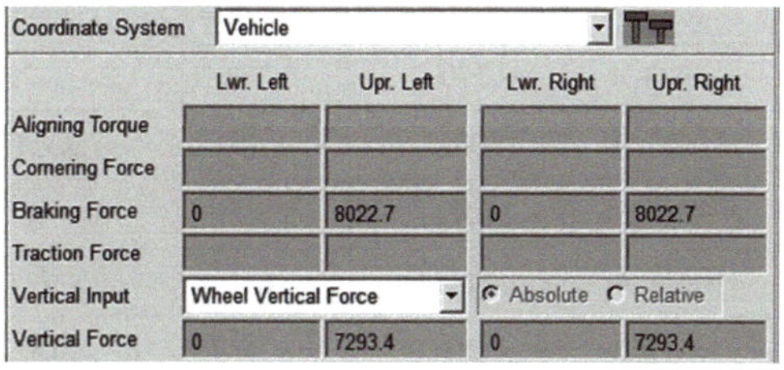

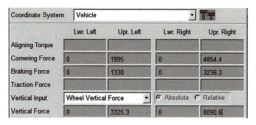

图 14-15　Case_01 车轮输入载荷

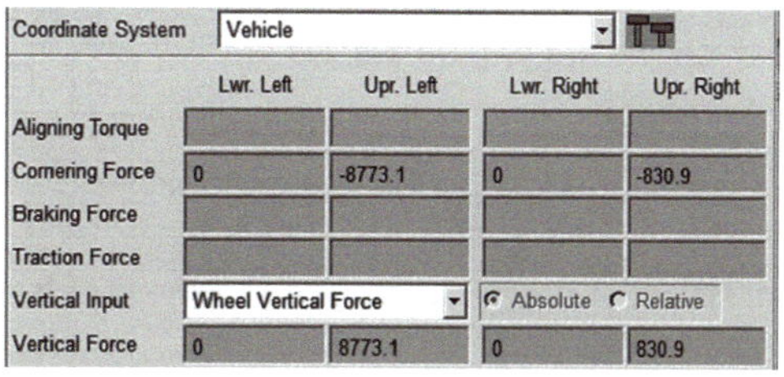

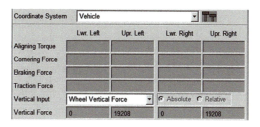

图 14-16　Case_02 车轮输入载荷

图 14-17　Case_03 车轮输入载荷

图 14-18　Case_04 车轮输入载荷

2. 仿真分析结果查看

用户自定义的请求位于 Request 列表栏对应的子系统下，如图 14-19 所示。

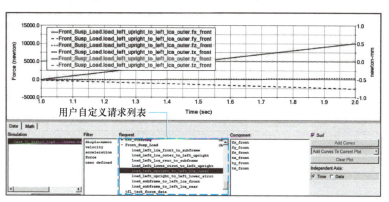

图 14-19　仿真分析结果查看

3. 仿真分析结果输出

最终提取出来的结果需输出给结构 CAE 工程师使用，输出清单须包含下述基本信息：硬点名称、硬点坐标、受力部件、各工况下的六分力通道数值，参见表 14-6。

表 14-6　零部件硬点载荷列表

硬点名称	硬点坐标	受力部件	载荷通道	Case_01	Case_02	Case_03	Case_04
lca_outer 左控制臂外点	−16.737, −751.747, −108.023	left_lca 左下控制臂	f_x (N)	10079.4	−12668.4	1660.5	−1980.8
			f_y (N)	−2575.5	−5691.5	−2657.9	−5078
			f_z (N)	351.2	−240.2	66.4	89
			t_x (N·mm)	0	0	0	0
			t_y (N·mm)	0	0	0	0
			t_z (N·mm)	0	0	0	0

(续)

硬点名称	硬点坐标	受力部件	载荷通道	Case_01	Case_02	Case_03	Case_04
lca_front 左控制臂前点	-12.865, -360.777, -108.108	left_lca 左下控制臂	f_x (N)	-3973.4	6590.7	-772.5	837.6
			f_y (N)	15635.9	-10642.6	4827.5	2551.6
			f_z (N)	-157.5	107.1	-14	-88.8
			t_x (N·mm)	16924.6	21174	1641.8	32711.4
			t_y (N·mm)	-1618.3	4681.9	45.7	2152.4
			t_z (N·mm)	-62407.1	66394	-10041	11258.5
lca_rear 左控制臂后点	287.021, -348.664, -99.8	left_lca 左下控制臂	f_x (N)	-6103.3	6079	-887.9	1143.7
			f_y (N)	-13065.2	16327.1	-2170	2516.6
			f_z (N)	150.8	175.6	-9.3	41.8
			t_x (N·mm)	8042.7	12599.8	727.8	16761.3
			t_y (N·mm)	860.5	-4793.9	-77.2	-3330.7
			t_z (N·mm)	-29100.3	30738.2	-4654	4334
lca_outer 左控制臂外点	-16.737, -751.747, -108.023	left_upright 左转向节	f_x (N)	-10350.2	13435	-1738.8	2304.3
			f_y (N)	1026.4	3204.7	2607.6	4817.4
			f_z (N)	414.5	1473.5	-56.3	-1059.4
			t_x (N·mm)	0	0	0	0
			t_y (N·mm)	0	0	0	0
			t_z (N·mm)	0	0	0	0
lca_front 左控制臂前点	-12.865, -360.777, -108.108	subframe 前副车架	f_x (N)	6152.4	-4811.2	882	-914.8
			f_y (N)	-14798.7	11375.1	-4808.5	-2439.1
			f_z (N)	1855.3	-2040.5	53	658.6
			t_x (N·mm)	-15221.5	-20205.3	-1589.7	-32782.2
			t_y (N·mm)	-929.5	-18661.3	-20	-3211.1
			t_z (N·mm)	-1524.7	-103830	7516.6	-9009.4

如果输出结果较多，可以将仿真分析结果导出成 Excel 或 Tab 格式，利用第三方插件将所需结果导入到目标文件中。

14.2 动态载荷的提取与分解

动态载荷主要用于零部件的疲劳耐久分析或试验。动态载荷的提取与分解相对于静态载荷复杂许多，还涉及第三方软件，本节简单介绍一下主要方法及提取流程，更深入的应用需要读者在实际工作中不断地尝试和探索。

目前，行业内对于动态载荷的处理方法主要有下面两种：
1) 基于 VPG 技术的虚拟路面动态载荷提取。
2) 基于道路载荷谱的动态载荷提取。

14.2.1 基于 VPG 技术的虚拟路面动态载荷提取

VPG（Virtual Proving Ground，虚拟试验场）技术是汽车行业近几年发展起来的一种新型虚拟试验及验证技术，其集成数字化虚拟路面模型、轮胎模型、汽车多体动力学模型而形成一个虚拟仿真平台，主要应用于分析车辆动力学、疲劳耐久、NVH 及整车行驶性能等问题，能有效减少整车试验次数，缩短研发周期，降低研发成本，提高工程质量。图 14-20 和图 14-21 显示了 VPG 在汽车工程中的技术路线及应用方案。

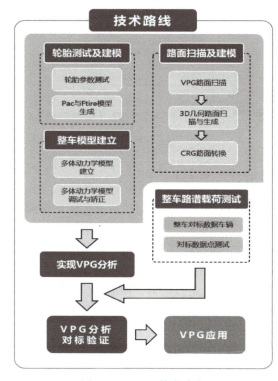

图 14-20　VPG 技术路线　　　　　图 14-21　VPG 应用案例

虚拟路面是 VPG 技术中最为关键的一项工程，其使用专业设备对试验道路进行路面不平度采集，并制作成 CRG 数字路面文件。基于 VPG 技术的虚拟路面动态载荷提取让整车动力学模型在虚拟路面上运行，进而提取出目标部件的动态载荷，如图 14-22 所示。

根据上述介绍，基于 VPG 技术的虚拟路面动态载荷提取需要下面几个基本要素：
1) 数字化虚拟路面，常见为 CRG 格式。
2) 整车动力学模型，可以正常运行且质量状态要调整至目标状态。
3) 适用于高频路面的 Ftire 或 CDtire 轮胎模型。

仿真时，需使用自带中心轨迹循迹功能的 3D 路面工况，对话框设置如图 14-23 所示。加载 CRG 路面文件后单击视图，可以显示出路面几何轮廓；在车速控制上常使用 DCD File，同时也可设置中心轨迹侧向偏移量。

基于 VPG 技术的虚拟路面动态载荷提取整车仿真并不复杂，其过程简单介绍如上，难点在于虚拟路面的获取。

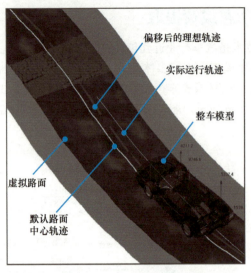

图 14-22 整车仿真动画

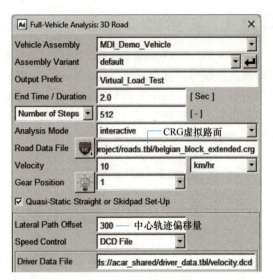

图 14-23 仿真对话框

14.2.2 基于道路载荷谱的动态载荷提取

因数字虚拟路面的获取从最初的试验车辆准备、试验设备安装与标定到后面的实际路面采集、原始数据处理、CRG 路面文件制作都需要花费大量时间和精力，同时费用也比较昂贵（行业内目前的一种做法是，专业试验场按年对外提供加密式数字虚拟路面），实际工程中，各主机厂大多采取实车采集道路载荷谱，然后借助整车动力学模型，使用虚拟迭代的方法提取出目标零部件的动态载荷。与基于 VPG 技术的虚拟路面方法相比，其优点是费用低、周期短；不足之处在于采集的道路载荷谱仅适用于项目车型或其小改款车型，其他平台车型无法使用。

目前行业内的虚拟迭代主要涉及的软件包含 ADAMS/Car 和 FEMFAT LAB，下面简单介绍一下虚拟迭代的原理及主要过程，其深入应用需要读者在实际工作中不断地学习和探索。

1. 虚拟迭代基本原理

图 14-24 所示为虚拟迭代基本原理，其解释如下：

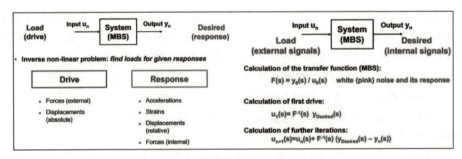

图 14-24 虚拟迭代基本原理

1）虚拟迭代模型由多体系统（MBS System）、外部驱动（Drive Load）输入 Input u_n，期望响应（Desired Response）Output y_n 三部分构成。外部驱动主要包含力及位移两种信号，而期望响应包含加速度、应力、位移、力等信号，亦是实际车辆所采集到的信号。

2）首先给系统一个白噪声输入 $u_0(s)$，得到对应的白噪声输出响应 $y_0(s)$，根据 $y_0(s)$ 和

$u_0(s)$ 计算出系统的传递函数 $F(s)=y_0(s)/u_0(s)$。

3) 根据上述传递函数的逆函数 $F^{-1}(s)$ 得到第一次驱动输入 $u_1(s)=F^{-1}(s)y_{\text{Desired}}(s)$。

4) 以 $u_1(s)$ 作为第一次驱动,得到对应的响应 $y_1(s)$,$y_1(s)$ 与期望信号 $y_{\text{Desired}}(s)$(试验采集的信号)相比较,如果误差较大,则开始第二次迭代。如此循环,得到第 n 次的响应 $y_n(s)$,当 $y_{\text{Desired}}(s)-y_n(s)$ 小于给定误差时,说明多体模型中的响应(包含力、加速度、位移等)与试验采集到的信号基本一致,此时即可提取出对应的部件载荷。

2. 整车动力学模型

图 14-25 所示为由软件自带的 actuation_example.asy 模型修改而来的整车模型,由前/后悬架、前/后车轮、转向、车身、动总 6 个子系统构成。其与传统操纵稳定性整车模型的最大区别在于前、后弹性车轮被替换成刚性车轮。

本小节主要以车轮处的轮心垂向力、垂向加速度、悬架弹簧位移为迭代期望信号,以左上控制臂总成载荷为输出目标进行虚拟迭代,车轮和悬架需提前做一些特殊处理。

(1) 车轮

车轮模板如图 14-26 所示,其结构建立过程略,读者可参考软件自带的 _wheel_forces.tpl 研究。因在轮心驱动,故需在轮心建立相应的驱动输入,主要包含一般驱动力(General Force)和垂向运动(Motion),对话框分别如图 14-27 和图 14-28 所示。同理,因以轮心处垂向力和加速度为迭代期望信号,故需建立对应的请求,分别如图 14-29 和图 14-30 所示。

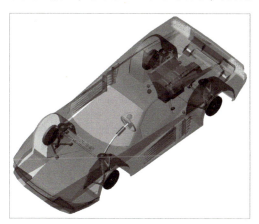

图 14-25 整车动力学模型

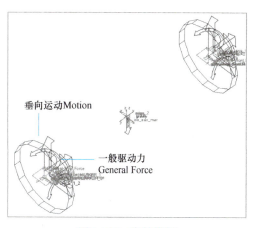

图 14-26 车轮模板

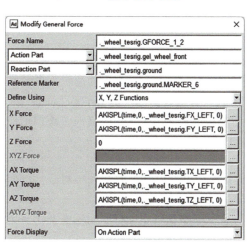

图 14-27 轮心处一般驱动力

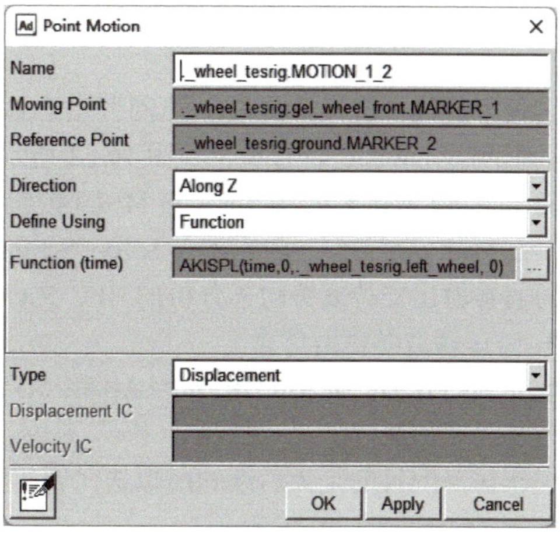

图 14-28 轮心处垂向运动

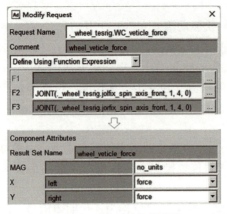

图 14-29 轮心垂向力请求

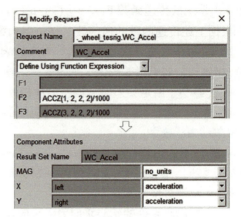

图 14-30 轮心垂向加速度请求

图 14-30 中，ACCZ（1，2，2，2）/1000（左轮垂向加速度，右轮略）的完整信息是：ACCZ（._wheel_tesrig.gel_wheel_front.MARKER_1，._wheel_tesrig.ground.origo，._wheel_tesrig.ground.origo，._wheel_tesrig.ground.origo）/1000。

（2）悬架

悬架弹簧位移的请求建立过程如图 14-31 所示，左上控制臂 3 个硬点的请求可参考 14.1.2 小节相关内容。

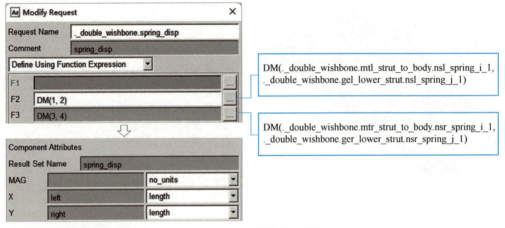

图 14-31 悬架弹簧位移请求

为便于后续一次性输出前上控制臂动态载荷（3 个硬点，18 个通道），可通过 Request Map Editor 对话框对请求进行管理，如图 14-32 所示。单击 Browse 按钮选择对应的请求，再分别单击 Save to Request Map File 和 Apply to Model 按钮，便在默认写入数据库中的 req2rpc_maps.tbl 下创建了 uca_load.rrm 文件。随后需在 Solver Settings 对话框中设置输出 RPC Flie（s），虚拟迭代完成后便可直接输出支持疲劳耐久分析的 RPC 文件，如图 14-33 所示。

3. 整车动力学模型仿真

在正式仿真前，需将 FEMFAT LAB 和 ADAMS/Car 默认工作目录设置为同一目录，以便于两个软件相互调用文件。

整车仿真的目的是为后续的虚拟迭代创建所需的 .adm 及载荷输出文件，对话框及仿真创建的文件如图 14-34 和图 14-35 所示。

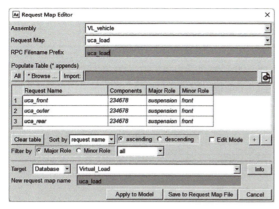

图 14-32　上控制臂载荷请求管理　　　　图 14-33　求解器输出文件类型

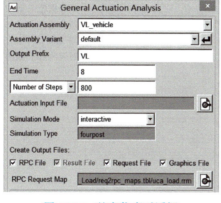
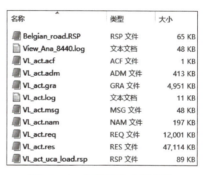

图 14-34　整车仿真对话框　　　　图 14-35　仿真后生成的文件

图 14-35 中，Belgian_road.RSP 为实车采集的载荷，也即迭代的期望信号；VL_act.adm 为 MBS 模型，将被虚拟迭代软件 FEMFAT LAB 所引用；VL_act_uca_load.rsp 为目标部件的载荷谱文件，根据迭代次数，其结果会被实时更新。

4. 虚拟迭代

FEMFAT LAB 虚拟迭代主界面如图 14-36 所示，根据操作内容不同而不同。

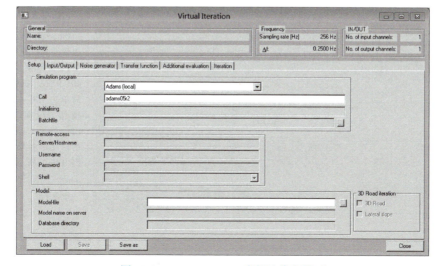

图 14-36　FEMFAT LAB 虚拟迭代主界面

下面以表14-7来介绍每个关键步骤的操作。

表14-7 虚拟迭代关键步骤的操作

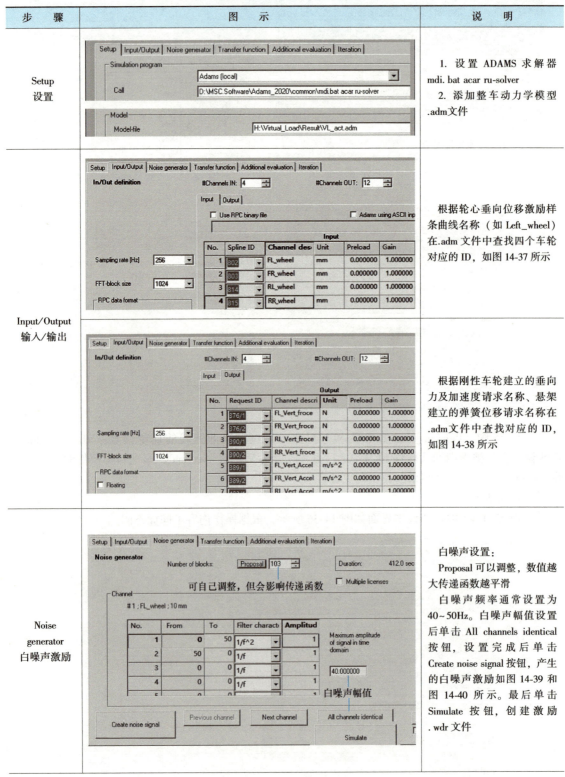

步骤	图示	说明
Setup 设置		1. 设置 ADAMS 求解器 mdi.bat acar ru-solver 2. 添加整车动力学模型 .adm 文件
Input/Output 输入/输出		根据轮心垂向位移激励样条曲线名称（如 Left_wheel）在.adm 文件中查找四个车轮对应的 ID，如图 14-37 所示 根据刚性车轮建立的垂向力及加速度请求名称、悬架建立的弹簧位移请求名称在.adm 文件中查找对应的 ID，如图 14-38 所示
Noise generator 白噪声激励		白噪声设置： Proposal 可以调整，数值越大传递函数越平滑 白噪声频率通常设置为40~50Hz。白噪声幅值设置后单击 All channels identical 按钮，设置完成后单击 Create noise signal 按钮，产生的白噪声激励如图 14-39 和图 14-40 所示。最后单击 Simulate 按钮，创建激励 .wdr 文件

(续)

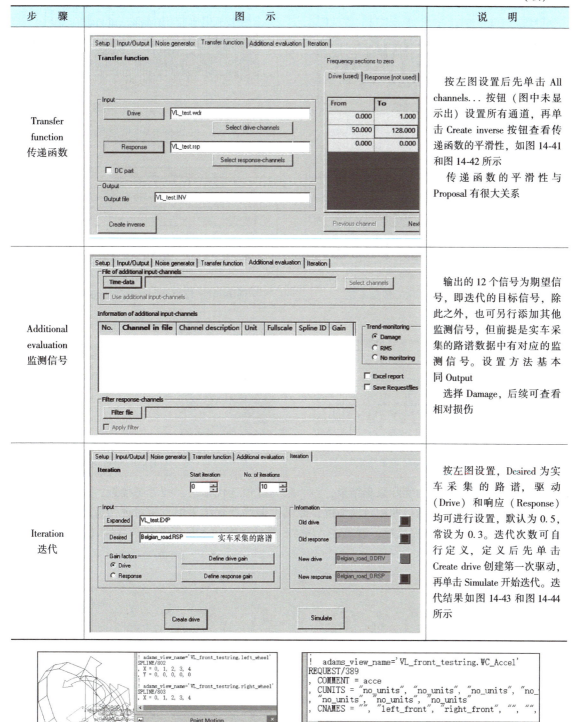

图 14-37 轮心垂向位移激励样条曲线 ID

图 14-38 轮心请求 ID

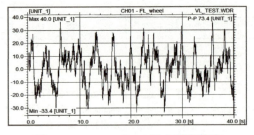

图 14-39　Proposal＝10 的白噪声激励

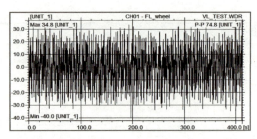

图 14-40　Proposal＝103 的白噪声激励

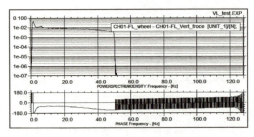

图 14-41　轮心垂向力传递函数

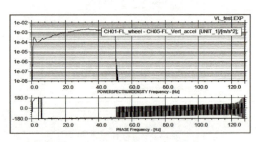

图 14-42　轮心垂向加速度传递函数

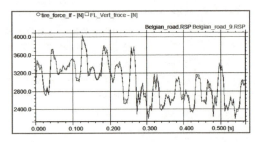

图 14-43　迭代结果与实际采集结果对比

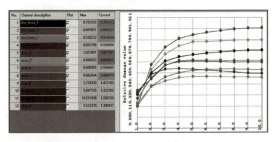

图 14-44　前 8 个通道的相对损伤值

图 14-43 中，一条线为实际采集结果，另一条为虚拟迭代结果，两者越接近，说明迭代结果越好。图 14-44 为前 8 个通道的相对损伤值，原则上最终迭代结果中，相对损伤值越高越好，通常达到 0.8~1 即可。迭代完成后，即可在 ADAMS 后处理中导入目标并查看部件（前上控制臂）的载荷谱，如图 14-45 所示。

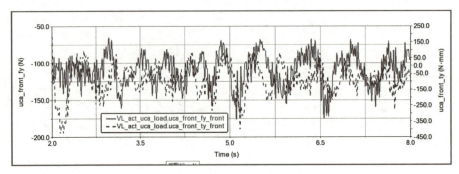

图 14-45　目标部件的载荷谱

说明：因实际采集车辆与所用整车动力学模型存在严重不匹配情况，故上述迭代出的部件载荷也存在一定不合理现象，此处仅作迭代过程操作说明。

附 录

因篇幅所限，书中所讲内容无法面面俱到，为便于读者学习，本书部分章节配套了一些附件，见附表。

附表 本书配套附件清单

序号	章节号	附件类型	附件名称	备注
1	1.3.1	视频文件	ADAMS/Car 软件学习常见问题解决方法	
2	2.3	视频文件	ADAMS/Car 基础界面操作	基础界面操作
3	5.2.1	3D 数据	Mac_Susp.stp	麦弗逊前悬架 ds：带传动轴
4	5.2.1	模板文件	_mac_susp.tpl	
5	5.2.1	模板文件	_mac_susp_ds.tpl	
6	5.2.1	数据库文件	mac_susp.cdb	
7	5.2.1	视频文件	麦弗逊前悬架动力学建模	
8	5.2.1	视频文件	传动轴建模	
9	5.2.3	3D 数据	ML_F_Susp.stp	多连杆前悬架
10	5.2.3	模板文件	_ML_F_Susp.tpl	
11	5.3.1	扭力梁 3D 数据	torsion_beam_susp.stp	扭力梁后悬架
12	5.3.1	扭力梁 MNF 文件	torsion_beam.mnf	
13	5.3.1	模板文件	_torsion_beam_susp.tpl	
14	5.3.1	数据库文件	torsion_beam_susp.cdb	
15	6.3.1	3D 数据	front_arb.stp	多段梁稳定杆
16	6.3.1	多段梁模板文件	_front_arb_beam.tpl	
17	6.3.1	数据库文件	front_arb_beam.cdb	
18	6.3.2	稳定杆 MNF 文件	arb_body.mnf	柔性体稳定杆
19	6.3.2	柔性体模板文件	_front_arb_flex.tpl	
20	6.3.2	数据库文件	front_arb_flex.cdb	
21	7.3	转向模板文件	_EPS_steering.tpl	EPS 转向系统
22	7.3	转向助力曲线文件	EPS_steering_assist.spl	
23	7.3	扭杆弹簧属性文件	EPS_Tbar.bus	
24	8.3	装配体数据库	Front_mac_susp.cdb	麦弗逊悬架数据库
25	12.3	操稳工况文件	Step_Steering.dcf	转向角阶跃试验
26	12.3	操稳工况文件	Impulse.dcf	转向角脉冲试验
27	12.3	操稳工况文件	CAC.dcf	定转角稳态回转
28	12.3	操稳工况文件	On_Center_Steering.dcf	转向中心区试验
29	14.1	静载模板文件	_Front_Susp_Load.tpl	静态载荷提取
30	14.2	模板文件	_wheel_testrig.tpl	虚拟迭代

371

参 考 文 献

［1］陈军．MSC.ADAMS 技术与工程分析实例［M］．北京：中国水利水电出版社，2008．
［2］余志生．汽车理论［M］．5 版．北京：机械工业出版社，2009．
［3］王霄锋．汽车悬架和转向系统设计［M］．北京：清华大学出版社，2015．
［4］范成建，熊光明，周明飞．虚拟样机软件 MSC.ADAMS 应用与提高［M］．北京：机械工业出版社，2009．
［5］路军凯，张朝军，王香云，等．基于虚拟试验场（VPG）整车强度耐久开发技术［J］．内燃机与配件，2021（16）：7-8．
［6］全国汽车标准化技术委员会．汽车操纵稳定性试验方法：GB/T 6323—2014［S］．北京：中国标准出版社，2014．
［7］全国汽车标准化技术委员会．汽车操纵稳定性术语及其定义：GB/T 12549—2013［S］．北京：中国标准出版社，2013．
［8］全国汽车标准化技术委员会．汽车平顺性试验方法：GB/T 4970—2009［S］．北京：中国标准出版社，2009．
［9］全国汽车标准化技术委员会．汽车操纵稳定性指标限值与评价方法：QC/T 480—2009［S］．
［10］Passenger cars—Test track for a severe lane-change manoeuvre—Part 1：Double lane-change：ISO 3888-1：2018［S/OL］．
［11］Road vehicles—Lateral transient response test methods—Open-loop test methods：ISO 7401：2011［S/OL］．
［12］MTS．K&C Test Definition and Analysis，revision K012610［Z］．
［13］ABD．SPMM Calculation Reference Manual［Z］．